本书列入

2017年国家社会科学基金重大委托项目
“十三五”国家重点图书出版规划项目

中华传统文化百部经典

徐霞客游记（节选）

徐弘祖 著
赵伯陶 解读

科学出版社

图书在版编目（CIP）数据

徐霞客游记：节选 /（明）徐弘祖著；赵伯陶解读．--
北京：科学出版社，2022.12
（中华传统文化百部经典 / 袁行霈主编）
ISBN 978-7-03-074081-6

Ⅰ．①徐… Ⅱ．①徐… ②赵… Ⅲ．①《徐霞客游记》-
注释 Ⅳ．① K928.9

中国版本图书馆 CIP 数据核字（2022）第 231204 号

科学出版社官方微信　　科学商城二维码

书　　名　徐霞客游记（节选）
著　　者　（明）徐弘祖　著　赵伯陶　解读
责任编辑　李春伶　李秉乾
责任校对　王晓茜
封面设计　敬人工作室　黄华斌

出版发行　科学出版社（100717　北京市东城区东黄城根北街 16 号）
　　　　　010-64031293　64017321　64030059　64034548
　　　　　64009435（图书馆）　64034142（网店）
E-Mail　lichunling@mail.sciencep.com
网　　址　www.sciencep.com
印　　装　北京科信印刷有限公司
版次印次　2022 年 12 月第 1 版　2022 年 12 月第 1 次印刷

开　　本　710×1000　1/16
印　　张　32.75
字　　数　296 千字
书　　号　ISBN 978-7-03-074081-6
定　　价　96.00 元（精装）

中华传统文化百部经典

本册审订

陈庆江　周晓薇　徐建春

中华传统文化百部经典

编纂办公室

张　洁　梁葆莉　徐　慧　张毕晓　马　超　华鑫文

编纂缘起

文化是民族的血脉，是人民的精神家园。党的十八大以来，围绕传承发展中华优秀传统文化，习近平总书记发表了一系列重要讲话，深刻揭示出中华优秀传统文化的地位和作用，梳理概括了中华优秀传统文化的历史源流、思想精神和鲜明特质，集中阐明了我们党对待传统文化的立场态度，这是中华民族继往开来、实现伟大复兴的重要文化方略。2017年初，中共中央办公厅、国务院办公厅印发《关于实施中华优秀传统文化传承发展工程的意见》，从国家战略层面对中华优秀传统文化传承发展工作作出部署。

我国古代留下浩如烟海的典籍，其中的精华是培育民族精神和时代精神的文化基础。激活经典，熔古铸今，是增强文化自觉和文化自信的重要途径。多年来，学术界潜心研究，钩沉发覆、辨伪存真、提炼精华，做了许多有益工作。编纂《中华传统文化百部经典》（简称《百部经典》），就是在汲取已有成果基础上，力求编出一套兼具思想性、学术性和大众性的读本，使之成为广泛认同、传之久远的范本。《百部经典》所选图书上起先秦，下至辛亥革命，包括哲学、文学、历史、艺术、科技等领域的重要典籍。萃取其精华，加以解读，旨在搭建传统典籍与大众之间的桥梁，激活中华优秀传统文化，用优秀传统文化滋养当代中国人的精神世界，提振当代中国人的文化自信。

这套书采取导读、原典、注释、点评相结合的编纂体例，寻求优秀传统文化与社会主义核心价值观之间的深度契合点；以当代眼光审视和解读古代典籍，启发读者从中汲取古人的智慧和历史的经验，借以育人、资政，更好地为今人所取、为今人所用；力求深入浅出、明白晓畅地介绍古代经典，让优秀传统文化贴近现实生活，融入课堂教育，走进人们心中，最大限度地发挥以文化人的作用。

《百部经典》的编纂是一项重大文化工程。在中宣部等部门的指导和大力支持下，国家图书馆做了大量组织工作，得到学术界的积极响应和参与。由专家组成的编纂委员会，职责是作出总体规划，选定书目，制订体例，掌握进度；并延请德高望重的大家耆宿担当顾问，聘请对各书有深入研究的学者承担注释和解读，邀请相关领域的知名专家负责审订。先后约有 500 位专家参与工作。在此，向他们表示由衷的谢意。

书中疏漏不当之处，诚请读者批评指正。

2017 年 9 月 21 日

凡　例

一、《中华传统文化百部经典》的选书范围，上起先秦，下迄辛亥革命。选择在哲学、文学、历史、艺术、科技等各个领域具有重大思想价值、社会价值、历史价值和学术价值的一百部经典著作。

二、对于入选典籍，视具体情况确定节选或全录，并慎重选择底本。

三、对每部典籍，均设“导读”“注释”“点评”三个栏目加以诠释。导读居一书之首，主要介绍作者生平、成书过程、主要内容、历史地位、时代价值等，行文力求准确平实。注释部分解释字词、注明难字读音，串讲句子大意，务求简明扼要。点评包括篇末评和旁批两种形式。篇末评撮述原典要旨，标以“点评”，旁批萃取思想精华，印于书页一侧，力求要言不烦，雅俗共赏。

四、原文中的古今字、假借字一般不做改动，唯对异体字根据现行标准做适当转换。

五、每书附入相关善本书影，以期展现典籍的历史形态。

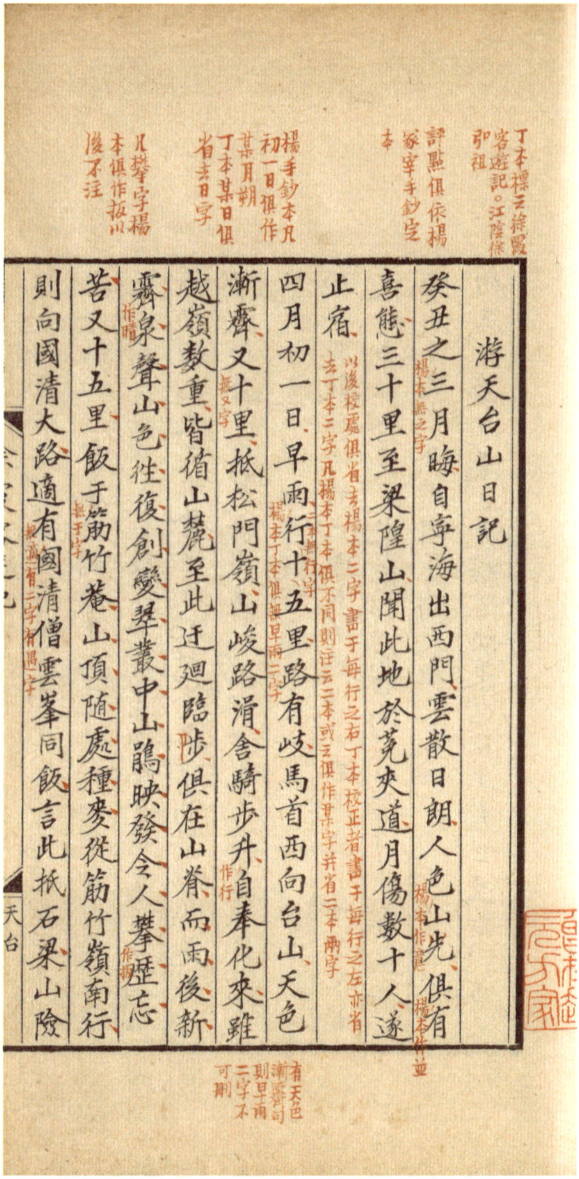
丁本標云徐霞客遊記。江陰徐弘祖

評點俱依楊參宰手鈔定本

楊手鈔本凡初一日俱作某月朔丁本某日俱省去日字

凡攀字楊本俱作扳以後不注

游天台山日記

癸丑之三月晦自寧海出西門雲散日朗人色山光俱有喜態三十里至梁隍山聞此地於菟夾道月傷數十人遂止宿

以後校處俱省去楊本二字書于每行之右丁本校正者書于每行之左亦省去丁本二字凡楊本丁本俱不同則注云二本或云俱作某字并省二本兩字

四月初一日早雨行十五里路有岐馬首西向台山天色漸霽又十里抵松門嶺山峻路滑舍騎步升自奉化來雖越嶺數重皆循山麓至此迂迴臨陟俱在山脊而雨後新霽泉聲山色往復創變翠叢中山鵑映發令人攀歷忘苦又十五里飯于筋竹菴山頂隨處種麥從筋竹嶺南行則向國清大路適有國清僧雲峯同飯言此抵石梁山險

有天色漸霽句則早雨二字不可刪

徐霞客游记不分卷　（明）徐弘祖撰　清鲍氏知不足斋抄本

国家图书馆藏

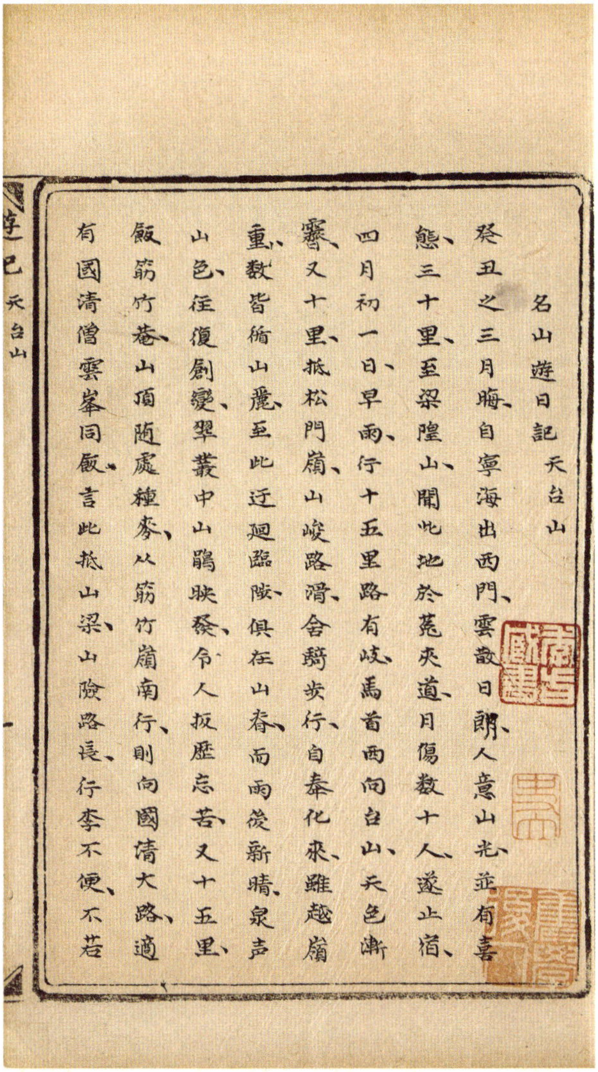
名山遊日記　天台山

癸丑之三月晦、自寧海出西門、雲散日朗、人意山光、並有喜態、三十里、至梁隍山、聞此地於菟夾道、月傷數十人、遂止宿、

四月初一日、早雨、行十五里路有岐、馬首西向台山、天色漸霽、又十里、抵松門嶺、山峻路滑、舍騎步行、自奉化來、雖越嶺重數、皆循山麓、至此迂迴臨險、俱在山脊、而雨後新晴、泉声山色、往復創變、翠叢中山鵑映發、令人扳歷忘苦、又十五里、飯筋竹菴、山頂隨處種麥、从筋竹嶺南行、則向國清大路、適有國清僧雲峰同飯、言此抵山梁、山險路長、行李不便、不若

徐霞客游记十二卷　（明）徐弘祖撰　清抄本　国家图书馆藏

目　录

导　读

徐霞客游记

导 读

徐霞客，名弘祖，字振之，别号霞客，明南直隶江阴（今江苏省江阴市）人。生于万历十四年十一月二十七日（1587 年 1 月 5 日），卒于崇祯十四年正月二十七日（1641 年 3 月 8 日）。他以中国明末旅行家、探险家、地理学家驰名中外，文学成就也引人瞩目，日记体的《徐霞客游记》最初即以文学价值见称于世，是他留给后人的一笔丰厚的文化遗产，“霞客”的别号也因此超过了他的本名“弘祖”而享誉海内外。明末清初的文坛领袖钱谦益在《嘱徐仲昭刻游记书》中曾说：“唯念霞客先生游览诸记，此世间真文字、大文字、奇文字，不当令泯灭不传。”①

一、突破传统的人生追求

（一）志在四方的价值取向

徐霞客出身于江阴地主家庭，家道殷实，这是他从二十一岁以后就能够有仆从跟随周游大半个中国的经济基础。书香门第典藏丰富，诗书史籍、山经地志应有尽有，这是他能够突破儒家传统思维，确立其不同寻常人生价值观的文化基础。晚明社会商品经济发达，王纲解纽，文人士大夫流连山水蔚成风气，这是徐霞客能够以双足丈量祖国山水的社会基础。然而徐霞客的成功人生，最重要的还是其“奇情郁然，玄对山水”与“争奇逐胜，欲赌身命”的性格因素使然[②]，这最终令他坚韧不拔、义无反顾地完成了一己壮行天下的伟业。

徐霞客自幼聪颖，性情似乎也有异于常人。陈函辉《徐霞客墓志铭》称誉徐霞客：“童时出就师塾，矢口即成诵，搦管即成章，而膝下孺慕依依，其天性也。又特好奇书，侈博览古今史籍及舆地志、山海图经以及一切冲举高蹈之迹，每私覆经书下潜玩，神栩栩动。特恐违两尊人意，俯就铅椠，应括帖藻芹之业，雅非其所好。”[③]他没有像通常的读书人那样汲汲于通过科举跻身仕途的向往，而是很早就放弃了对八股功名的追求，甚至从未进学（进学的童生称秀才）就开始从事于他问奇名山大川的事业。这也与其父去世后，母亲的有力支持分不开。为鼓励霞客好男儿志在四方意愿的践行，这位大有见识的妇女特为儿子缝制远游冠以壮其行色。读书人从事科举需要耗费大量的精力，明代士子皓首穷经不得一第者占大多数，有些人甚至一辈子以童生终老，屈辱一世。粥少僧多的矛盾难以解决，明代中期以后朝政日非，千奇百怪的荒诞社会更能令莘莘学子对仕途懈怠乃至失望。明田汝成曾经记述已经举人中式的黄省曾（1490--1540），因慕西湖美景而放弃了一次至京师礼部应试机会：“苏州黄勉之省曾，风流儒雅，卓越罕群。嘉靖十七年当试春官，适予过吴门，与谈西湖之胜也，便辍装，不果北上，来游西湖，盘桓累月。勉之自号五岳山人，其自称于人，亦曰山人。”[④]错过一次考进士的礼部试，就意味着还要再等三年方能重试身手。徐霞客毅然决然地“走自己的路”，与晚明有这样的社会氛围密不可分。

（二）游记文学与晚明社会氛围

南朝梁刘勰《文心雕龙·明诗》论南朝宋山水诗的兴起，有所谓“庄、老告退，而山水方滋”的记述⑤。南朝山水诗对于魏晋玄言诗的胜利意味着文人审美趣味的转向，以枯燥的哲理入诗，远不如用韵语传达放浪形骸于山山水水的兴寄那样怡情适性。从此，模山范水遂成为旧时代文人士大夫的心灵寄托。当然这不排除游记文学中闪现出哲理的光辉或蕴含忧国忧民的情怀，宋代王安石的《游褒禅山记》、范仲淹的《岳阳楼记》皆属古人游记文学中的优秀篇章。明代文学性灵派的崛起，与阳明心学、李贽“异端”思想的广泛传播分不开，袁宏道（1568—1610）、王思任、张岱等的山水游记就是性灵文学的极致。生活年代稍早于徐霞客的王士性（1547—1598）也属于明代著名的旅行家，所不同者，为官为宦的游山玩水不必有披荆斩棘的辛苦；而徐霞客登山涉水，审美而外，地学考察是其主要目的，难能可贵与艰苦卓绝造就了一代“游圣”无与伦比的崇高地位。同是山水胜地的游历旅行，目的不同或曰兴趣有异，就会有不同的面貌展示。清初文人王士禛曾对古往今来有山水癖好者加以简括的总结：“古来如谢康乐、宗少文辈，癖好山水者多矣。明临海王恒叔士性宦游所至，辄登临山水间，穷极幽奥，作游记数十篇。江阴徐霞客终身于游，至历绝域徼外，牧翁为作传，可谓好事者矣。予同年吴君，顺治末进士，尝游武林，宿留数月始归。予询以西湖、西溪诸名胜，曰：‘皆不知也。’询其未往游之故，则大笑曰：‘吾跋涉水陆二千馀里，岂为山水往耶！’予为先兄西樵言之，以为人嗜好径庭乃如此。”⑥这一评价似乎没有触及上述人物“嗜好径庭”的目的性原因，因为目的的不同也会导致方法的各有千秋。英国著名科学技术史学者李约瑟曾这样评价《徐霞客游记》：“他的游记读来并不像是 17 世纪的学者所写的东西，倒像是一位 20 世纪的野外勘测家所写的考察记录。”⑦言简意赅，较为中肯，对于当代研究者而言，颇具启发性。

山水审美与史地研究，两者既有联系又有区别。以撰写《史记》名扬天下的司马迁曾自谓："迁生龙门，耕牧河山之阳。年十岁则诵古文。二十而南游江、淮，上会稽，探禹穴，窥九疑，浮于沅、湘；北涉汶、泗，讲业齐、鲁之都，观孔子之遗风，乡射邹、峄；厄困鄱、薛、彭城，过梁、楚以归。"⑧可见古人治学，读万卷书与行万里路相辅相成，不可或缺。然而同是行万里路，托兴登临的价值取向有异，效果也不尽相同。通过具有典型性的几位古人的比较也许更能形象地通晓古代旅行家类型的不同。以研究《水经注》著名的学者陈桥驿有《晚明三位旅行家评述》一文，文中曾对明末王士性、袁宏道、徐霞客三位旅游达人进行过简略的比较与评述，他认为王士性是学术型旅行家、袁宏道是文学型旅行家，徐霞客则属于纪实型旅行家⑨，如此划分虽稍嫌简括，却要言不烦，不无道理。但若将徐霞客与稍后的顾祖禹（1631—1692）加以比较，也许更能深刻理解《徐霞客游记》的地理学价值之所在。顾祖禹并非仅局限于书斋写作，但其《读史方舆纪要》一百三十卷的撰述却非实地踏勘而来。这部被魏禧誉为"数千百年所绝无而仅有之书"⑩，堪称尽瘁顾氏毕生精力，其著述方法则是博览文献典籍，爬梳剔抉，悉据正史考订折中，着重于山川险易与古今战守成败之迹，书写舆地因革迁替，三十年始成此三百万言之巨著。《徐霞客游记》的撰述则以实地踏勘为方法，目测足量，临危陟险，细大不捐，间事考证，时见精要之论。《四库全书总目》著录是书十二卷有云："宏祖耽奇嗜僻，刻意远游。既锐于搜寻，尤工于摹写。游记之夥，遂莫过于斯编。虽足迹所经，排日纪载，未尝有意于为文。然以耳目所亲，见闻较确。且黔滇荒远，舆志多疏，此书于山川脉络，剖析详明，尤为有资考证。是亦山经之别乘，舆记之外篇矣。"⑪

比较《徐霞客游记》与《读史方舆纪要》，由于撰述方法迥然有别，实在难分伯仲，唯春兰秋菊，各极一时之妍而已。但若仅以“艰苦卓绝”四字加以衡量，前者似更加难能可贵。清人潘耒《徐霞客游记序》有云：“其行不从官道，但有名胜，辄迂回屈曲以寻之。先审视山脉如何去来，水脉如何分合，既得大势，然后一丘一壑，枝搜节讨。登不必有径，荒榛密箐，无不穿也；涉不必有津，冲湍恶泷，无不绝也。峰极危者，必跃而踞其巅；洞极邃者，必猿挂蛇行，穷其旁出之窦。途穷不忧，行误不悔。瞑则寝树石之间，饥则啖草木之实。不避风雨，不惮虎狼，不计程期，不求伴侣。以性灵游，以躯命游。亘古以来，一人而已！”[12]文中除“不求伴侣”四字与事实有较大出入外，其馀论述皆极中肯，基本勾画出这位千古奇人特立独行、非同凡响的风貌。

（三）性格即命运

人生道路的选择与其人生价值取向密切相关。传统儒家理念讲究“舍生取义”“杀身成仁”，但古代读书人对于仁义的追求并非“苦行僧”的翻版。据《宋史》本传，文天祥“性豪华，平生自奉甚厚，声伎满前”，然而一旦国家危难，即“痛自贬损，尽以家赀为军费”[13]，最终因大势已去独木难支，被元军拘系三年，从容就义，悲壮地走完了自己取义成仁的一生。西汉司马迁遭受宫刑之辱还能维护生命的尊严，就是怀抱“成一家之言……藏之名山，副在京师，俟后世圣人君子”[14]的崇高理想而勇于直面惨淡的人生。东汉伏波将军马援以“马革裹尸”为自己人生的最终归宿，其堂弟马少游的人生观则与马援大异其趣：“士生一世，但取衣食裁足，乘下泽车，御款段马，为郡掾史，守坟墓，乡里称善人，斯可矣。致求盈馀，但自苦尔。”[15]两种人生观皆有一定的代表性，不宜简单评定高下。唐代韩愈有《送李愿归盘谷序》一文，借读书人李愿之口将“人之称大丈夫者”分为三类：第一类为“遇知于天子，用力于当世者”，不但有“坐于庙朝，进退百官，而佐天子出令”的威严，而且享受“曲眉丰颊，清声而便体，秀外而惠中，飘轻裾，翳长袖，粉白黛绿者，列屋而闲居，妒宠而负恃，争妍而取怜”的侍奉；第二类为“穷居而野处，升高而望远，坐茂树以终日，濯清泉以自洁”的隐士之流，晋代陶渊明就是这一类人的代表；第三类人则是“伺候于公卿之门，奔走于形势之途，足将进而趑趄，口将言而嗫嚅”[16]的势利小人，不足为训。这三类人的人生价值取向只是大略言之，其中有些人还属于迫于形势而万般无奈的选择。至于凭仗祖业馀荫，一生斗鸡走狗、花天酒地者，就更不足挂齿了。

社会的进步，物质文化与精神文化的日益丰富，令人生道路的选择也呈现出多样化态势。徐霞客探险人生的道路选择，社会因素、家境因素兼而有之，但最主要的还是其性格因素与特殊的审美情怀使然。他不屑于功名利禄，也不愿意循规蹈矩地走完平庸的一生。他没有汉人张骞、班超通使西域的官方背景，也没有东晋法显西行求法与唐代玄奘天竺取经的宗教情怀，更无法展示元代汪大渊航海远洋的观光色彩，徐霞客登山涉水没有任何明显的功利性目的，他只是为了某种理想的实现而献身。他执着而坚韧的精神来源，当发自异乡漂泊中一种特殊审美感受，远非常人所能体味。现代诗人海子有一首著名的短诗《日记》:“姐姐，今夜我在德令哈，夜色笼罩/姐姐，我今夜只有戈壁//草原尽头我两手空空/悲痛时握不住一颗泪滴/姐姐，今夜我在德令哈/这是雨水中一座荒凉的城//除了那些路过的和居住的/德令哈……今夜/这是唯一的，最后的，抒情/这是唯一的，最后的，草原//我把石头还给石头/让胜利的胜利/今夜青稞只属于她自己/一切都在生长/今夜我只有美丽的戈壁空空/姐姐，今夜我不关心人类，我只想你。”[17]这首诗没有华丽的辞藻与矫情的抒怀，只用怯弱而稚拙的孩子口吻向一位莫须有的“姐姐”低声倾诉，却因情真意切而异常感人。这是1988年7月25日诗人海子乘火车去西藏，经过青海省的德令哈市时写下的短章。虽有时代的隔膜，但低吟海子的这首诗，对于体味徐霞客异乡揽胜的审美情怀或许有只可意会、难以言传的助益。

有“中国的托马斯”“当代徐霞客”之称的现代传奇人物余纯顺（1951—1996），自1988年7月1日起开始孤身徒步行走全中国，八年间跋山涉水，风餐露宿，足迹踏遍二十三个省份的土地，寻访过三十三个少数民族主要聚居地，曾因其创下人类史上第一个孤身徒步考察“世界第三极”——青藏高原的纪录而震惊海内外。他的旅行日记沿途加盖有一千五百多个邮戳，完成了五十九个探险项目，总里程有四万两千千米有馀，写下了上百万字的科考记录与日记。同属自费旅行，余纯顺家境远不如三百多年前的徐霞客优裕；至于独自一人徒步穿越戈壁，不断挑战生命的禁区，余纯顺相较徐霞客似乎又有所超越，他把全部生命都投入于一种壮丽的精神追求之中。1996年6月13日，这位战胜平庸，超越古人的独行侠终于永远倒在了穿越新疆罗布泊的探险途中。小行星83600号，发现于2001年9月25日，即以余纯顺命名，他不同寻常的生命历程将与宇宙同辉。

徐霞客的游记内容丰富，徐霞客的事业后继有人，徐霞客艰苦卓绝与奋发进取的精神将光照未来。

二、名山游踪与万里遐征

（一）徐霞客壮游人生的分期

论者一般将徐霞客一生壮游行迹分为前、后两期，即名山游踪与万里遐征。名山游踪从霞客二十一岁以后开始直到其五十岁左右，断断续续历时近三十年；万里遐征只有一次，历时将近四年，以今浙江、江西、湖南、广西、贵州、云南为主，尤以后三者即祖国西南一带边陲的旅行探险最引人瞩目。

徐霞客前期之游的足迹遍及今江苏、浙江、安徽、山东、河南、河北、北京、天津、陕西、山西、江西、福建、广东、湖北等十多个省市，但仅留下十七篇日记，被学者称为“名山游记”，这些名山游记依次为游历今浙江的《游天台山日记》（1613 年 5 月）、《游雁宕山日记》（即雁荡山，1613 年 5 月至 6 月），游历今安徽的《游白岳山日记》（即齐云山，1616 年 3 月）、《游黄山日记》（1616 年 3 月），游历今福建的《游武彝山日记》（即武夷山，1616 年 4 月），游历今江西的《游庐山日记》（1618 年 10 月），游历今安徽的《游黄山日记后》（1618 年 10 月），游历今福建的《游九鲤湖日记》（1620 年 6 月），游历今河南的《游嵩山日记》（1623 年 3 月），游历今陕西的《游太华山日记》（即华山，1623 年 3 月至 4 月），游历今湖北的《游太和山日记》（即武当山，1623 年 4 月），游历今福建的《闽游日记前》（1628 年 4 月至 5 月）、《闽游日记后》（1630 年 9 月），游历今浙江的《游天台山日记后》（1632 年 5 月）、《游雁宕山日记后》（1632 年 6 月），游历今山西的《游五台山日记》（1633 年 9 月）、《游恒山日记》（1633 年 9 月）。据陈函辉《徐霞客墓志铭》，在上述名山游记之前的万历己酉（1609），徐霞客就已经“历齐、鲁、燕、冀间，上泰岱，拜孔林，谒孟庙三迁故里，峄山吊孤桐”[18]，至于纬度略高于北岳恒山（北纬 39° 42'）的盘山（北纬 40° 05'——位于今天津市蓟州区西北二十五里），徐霞客也曾登临（见黄道周《七言古一首赠徐霞客》之陈仁锡跋语）。徐霞客这一段齐、鲁、燕、冀的壮游，乃至他南达广东罗浮山的游踪等，可惜皆没有留下日记。

徐霞客后期之游的足迹从今江苏、浙江起步，历经今江西、湖南、广西、贵州与云南，依次为《浙游日记》一篇（1636 年 10 月至 11 月），《江右游日记》一篇（1636 年 11 月至 1637 年 2 月），《楚游日记》一篇（1637 年 2 月至 5 月），《粤西游日记》四篇（1637 年 5 月至 1638 年 5

月),《黔游日记》二篇(1638 年 5 月至 6 月),《滇游日记》十三篇(1638 年 6 月至 1639 年 10 月)。崇祯十二年九月十五日(1639 年 10 月 11 日)以后,徐霞客的日记即告绝笔。此后三个月,徐霞客应云南丽江府纳西族土知府木增之邀,一度在鸡足山悉檀寺创修《鸡足山志》,其间足疾发作,日渐严重,不良于行。崇祯十三年正月,木增特意派遣纳西汉子用竹舆护送徐霞客踏上归途,辗转半年,又经湖北黄冈乘舟东下,终于在当年六月间回到家乡江阴。第二年正月,徐霞客寿终正寝,享年五十五岁。

徐霞客前期的名山寻踪之游,除前、后两篇《闽游日记》外,其他十五篇皆属于古今名山的专题游记,因而较受一般读者的垂青。其实在今所遗存的将近六十三万字的《徐霞客游记》中,其前期十七篇游记仅约五万字,不足现存游记文字的百分之八。这一期间,霞客因其老母在堂加之子嗣尚幼,遵从"父母在,不远游"的古训,出游皆较短暂,少则十天半月,多则月馀,最长不超过三个月。天启五年(1625)九月,其母王孺人卒,九年以后,其长子徐屺、次子徐岘陆续成家,即古人所谓"向平愿了",而这时的徐霞客年已半百,时不我待,这位"游圣"终于从崇祯九年九月开始其将近四年之久的"万里遐征"。徐霞客西南之旅共遗存游记二十二篇,且篇篇文字皆长于前期游记的各篇,共约五十八万字,占现存游记文字的百分之九十二;特别是《滇游日记》十三篇,字数共约二十五万字,占全部游记篇幅的百分之四十。若仅从文学角度考察,霞客前期游记似乎更有动人的魅力,这与"名山"对一般读者的吸引力密切相关。但若从地学等科学角度考察,霞客后期游记的学术价值更高。

(二)《徐霞客游记》的科学与历史认识价值

徐霞客以日纪游,多属于有备之作,每游一地,都事先或事后做足功课，翻检当地方书地志，以为先导或印证，其万里遐征中尤为如此。例如，《楚游日记》崇祯十年（1637）二月十二日日记记述湘江遇盗时被焚毁的随身所携方志稗乘：“曹能始《名胜志》三本、《云南志》四本及《游记》合刻十本，俱焚讫。”[19] 另有记述作者为求得《广西府志》而专候数日的记述，《滇游日记二》崇祯十一年八月初七日日记：“余作书投署府何别驾，求《广西府志》。是日其诞辰，不出堂，书不得达。”（第838页）又如《滇游日记十》崇祯十二年五月初四日日记：“参府令门役以《州志》至。方展卷而李君来候。”（第1219页）又同上初九日日记：“大雨，复不成行，坐李君家录《腾志》。”（第1226页）这是徐霞客为去腾冲探险而阅览《腾越州志》的实录。在20世纪20年代以前，人们多将《徐霞客游记》视为一部优秀的文学著作或游览日记，随着社会的进步，科学昌明，人们终于发现这部游记的科学价值在古代典籍中几乎无与伦比。《徐霞客游记》中作者对于诸多山脉及其分支走向，对于江河源流起止，考察不遗馀力，细大不捐，用功甚勤。至于对山岳地貌、流水地貌、火山地貌、冰缘地貌、丹霞地貌、岩溶地貌的准确描述与探索，特别是对于岩溶地貌如石笋、石钟乳、仙人田、落水洞、干谷、石芽、溶沟、眢井、盲谷、盘洼、穿山、岩溶泉等诸多形态的精确记述乃至有关规律的探寻，皆领先于国外有关喀斯特地貌（即岩溶地貌）的探索历程。详见导读第五部分“开中国地貌学之先河”。

《徐霞客游记》并非纯粹的游历山水之作，在展现明末的社会百态中，也属于实录性的历史记述。尤为难能可贵的是，其中蕴含了作者深沉的家国之思。《粤西游日记四》崇祯十一年三月初九日日记记述庆远府（今广西河池市宜州区）民生艰难与聚落衰败状况，作者有痛彻心扉之语：“城内外俱茅舍，居民亦凋敝之甚，乃粤西府郡之最疲者或思恩亦然。闻昔盛时，江北居民濒江瞰流亦不下数千家，自戊午饥荒，蛮贼交出，遂鞠为草莽，二十年未得生聚，真可哀也。”（第704页）蒿目时艰，关心民瘼，悲伤之情溢于言表。《徐霞客游记》对祖国西南一带的少数民族聚集区域的考察，无论当时的地方政权、制度，还是边陲的民生、民俗，其历史书写的准确性，皆堪称信史，可为今天的研究者取资。研究明末西南地区的政治、经济等问题，《徐霞客游记》自有其难以取代的认识价值。

徐霞客作为一位正直的读书人，在以其双足丈量祖国山山水水的同时，“位卑未敢忘忧国”，对于日蹙的国势深感不安，体现了传统儒家“先天下之忧而忧”深沉的忧患意识。在其《滇游日记一》中有《随笔二则》，第一则记录了沐氏勋贵家族的飞扬跋扈，入木三分。作者所记述的与清人所纂《明史》的相关内容近似，可见当时问题的严重性非同小可。沐府为了家族特权的传之久远，付出了昂贵的代价，宋夫人毒死其亲生子的人伦惨剧的发生，可谓“自作孽，不可活”“多行不义必自毙”。《随笔二则》中第二则所记述的，也是有明一代西南民族错综复杂矛盾的真实反映，其相关议论可谓一针见血，洞见症结。本书已收录《随笔二则》，此不赘言。

三、晚明小品精神的张扬

（一）阳明心学、童心说与性灵文学

明代公安派文学家袁宏道在致友人书信中曾说：“借山水之奇观，发耳目之昏瞶；假河海之渺论，驱肠胃之尘土。咄咄，袁生不复人间事，亦不复人世间人矣。”[20] 晚明小品精神源于公安派的性灵说，而公安三袁的文学倡导又与阳明心学在中晚明社会的广泛传播密不可分，更与李贽标举“童心说”有直接的关系。同时，道家的“无为”说与佛家的禅悦之思也滋润着晚明小品精神的内涵丰富性[21]。归根结蒂，明代市井文化

的繁荣促进了代表文人士大夫思想的士林文化自我意识的觉醒，进而开辟了中国传统文人在专制主义统治下一条思想解放的途径。徐霞客的故乡是南直隶常州府的江阴，在明代邻近长江出海口，其南有运河，交通便利，商贾云集，经济与文化皆可得天下风气之先。徐霞客年逾弱冠即能够毅然放弃科举，我行我素地壮游天下，与其家乡当时的相对开放密切相关，其《游记》文字具有晚明小品精神的确不足为奇。

正是对于自然景物的人文化书写以及晚明散文小品精神的张扬，《徐霞客游记》的写作方能大体摆脱"记里鼓"式或"流水账"式刻板的记述，而具有了灵动活泼的文学书写特点。叙事与议论相结合，且繁简有致，体现了其《游记》的科学精神；刻画地理地貌辅之以艺术渲染，使《游记》犹如一轴青绿山水画卷展现于读者面前；将科学考察与文学描写成功嫁接，作者培育出辉映千秋的智慧之树；粗线勾勒与精雕细琢相结合，白描手法与彩笔铺写相间，《游记》所浮现出的绘画美、意境美，壮丽秀美兼而有之。在徐霞客笔下，山有气魄，水有情怀，是审美与求知的融合。

（二）《徐霞客游记》中的个性天趣

明代小品作家的山水游记极其重视创作主体主观感受的抒发，晚明小品作家王思任《游唤·石门》有云："夫游之情在高旷，而游之理在自然，山川与性情一见而洽，斯彼我之趣通。"[22] 徐霞客在其《游记》中，对山川主观感受的书写逼真，绝非矫情之笔，如《粤西游日记四》崇祯十一年（1638）三月初九日日记云："余晚停杖雪花洞，有书生鲍姓者引至横突石上，俯瞰旁瞩，心目俱动。忽幽风度隙，兰气袭人，奚啻两翅欲飞，更觉通体换骨矣，安得百丈青丝悬辘轳而垂之下也！"（第710页）又如《滇游日记三》崇祯十一年（1638）九月初七日日记记述亦佐（今云南富源县南境）群山胜境："由此历级西下一里，有壑回环，中洼四合，复有中悬之台，平瞰其中，夹坑之冈，横亘其外，石痕木荫，映彩流霞，令人神骨俱醒。”（第 881 页）如此山川之趣，非身临其境者不能道其万一。《滇游日记四》崇祯十一年（1638）十一月初八日日记云：“游禾木亭。亭当坡间，林峦环映，东对峡隙，滇池一杯，浮白于前，境甚疏窅，有云林笔意。亭以茅覆，窗棂洁净。”（第 972 页）以元代画家倪瓒（号云林子，1301—1374）的山水画卷为喻，又随意点染，涉笔成趣，如此描绘滇池及其周围景象，令读者印象深刻。

徐霞客描述风景的灵动之笔，也体现于他对山中浓雾的描写。例如，《游黄山日记后》万历四十六年（1618）九月初四日日记云：“时浓雾半作半止，每一阵至，则对面不见。眺莲花诸峰，多在雾中。独上天都，予至其前，则雾徙于后；予越其右，则雾出于左。”（第 47 页）又如《江右游日记》崇祯十年正月初四日日记云：“然雾犹时时笼罩，及身至其侧，雾复倏开，若先之笼，故为掩袖之避，而后之开，又巧为献笑之迎者。”（第 230 页）写雾与游人巧为周旋，变幻莫测，特别是后者拟人化的描写，三言两语即衬托出作者登山的欣喜情怀。雾中观山川景色，朦胧缥缈，别有一番情趣，庐山雾中的石门就是如此美不胜收。《游庐山日记》万历四十六年八月十九日日记云：“仰见浓雾中双石屼立，即石门也。一路由石隙而入，复有二石峰对峙。路宛转峰罅，下瞰绝涧诸峰，在铁船峰旁，俱从涧底矗耸直上，离立咫尺，争雄竞秀，而层烟叠翠，澄映四外。其下喷雪奔雷，腾空震荡，耳目为之狂喜。”（第 37—38 页）游兴浓烈以至于忘我，在狂喜中身心俱化。晚明文人的山水之癖具有普遍性，绝非个别人的嗜好。稍早于徐霞客生活时代的文人宋懋澄（1569—1620）即有云：“平生雅好游，兴之所至，辄竟千里，虽于陆风雨，于水波涛，靡间昼夜。”[23] 与宋懋澄大约同时的袁宏道在致其弟袁中道的书信中说：“想贤弟明春亦欲南游，登山临水，终是我辈行径，红尘真不堪也。”[24] 徐霞客与性灵派文人在思想上堪称一脉相承，其《游记》虽为长制，但相关文字的精神气象却颇同性灵派文学的山水小品，即以自然景物为审美对象，所反映的却是主观情志，从而达到物我同一的美妙境界。

徐霞客山水审美之雅趣，与晚明士大夫的群体趋尚毫无二致。稍前于徐霞客的王士性也是一位著名的旅行家，著有《五岳游草》《广游志》《广志绎》，皆属地理学著述。其《五岳游草自序》有云："吾视天地间一切造化之变，人情物理，悲喜顺逆之遭，无不于吾游寄焉。当其意得，形骸可忘，吾我尽丧，吾亦不知何者为玩物，吾亦不知何者为采真。"[25]徐霞客旅游探险，也正是怀有类似心理，就此而论，其《游记》抒发自我情性的文学书写，深具晚明小品精神就容易理解了。

（三）灵动幽默的笔触

《徐霞客游记》中有一些幽默风趣的文字，也与晚明小品精神相应共振。文字幽默是具有一定文化素养的体现，若辅之以性格因素，就更能相映生辉。晚明陈继儒、袁宏道、张岱等的散文小品皆不乏幽默因子，他们都能于各自的散文中透露出人生的几许机智与诙谐。徐霞客在其《游记》中也偶尔露峥嵘，显示出其风趣幽默的另面人生。

《江右游日记》崇祯九年（1636）十月二十一日日记云："循狮子峰之北，逾岭南转，所谓轿顶、象牙诸峰，从其外西向视之，又俱夹叠而起。中悬一峰，恍若卓笔，有咄咄书空之状，名之曰卓笔峰，不虚也，不经此不见也。"（第175页）何谓"咄咄书空"？语出《晋书·殷浩传》："浩虽被黜放，口无怨言，夷神委命，谈咏不辍，虽家人不见其有流放之戚。但终日书空，作'咄咄怪事'四字而已。"[26]后世常以"咄咄书空"形容失志、懊恨之态。书空，即用手指在空中虚画字形。徐霞客以之比况卓笔峰，显示了其幽默的文风，后世注家若不注明则徐文之文学意趣尽失。至于有译者将"咄咄书空"译之为"咄咄逼人"，则有望文生义之嫌了。

徐霞客终生未曾进学（成为秀才），却熟稔经书，《游记》中时而点缀“四书”语，不乏幽默感。《滇游日记十》崇祯十二年（1639）六月二十五日日记记述寄居刘北有书馆：“北邻花红正熟，枝压墙南，红艳可爱。摘而食之，以当井李。”（第 1256 页）所谓“井李”，语本《孟子·滕文公下》：“陈仲子岂不诚廉士哉？居於陵，三日不食，耳无闻，目无见也。井上有李，螬食实者过半矣，匍匐往，将食之，三咽，然后耳有闻，目有见。”[27]如此触景生情，全属于文学的幽默书写。

徐霞客甚至还用观音菩萨等佛家传说人物自况，尽显其幽默性格。《滇游日记三》崇祯十一年九月初七日日记云：“亡何，已下见西坞南流之江，知去桥头不远，可免虎口，乃倚石隙少憩，竟作青莲瓣中人矣。”（第 883 页）所谓“青莲瓣中人”，即喻指观音菩萨，元揭傒斯《题辛澄莲花观音像应制》诗：“至人不可测，宴坐青莲花。珠缨被玉体，白豪贯彤霞。从何得此相，来置玉皇家？”[28]此外，《粤西游日记一》崇祯十年闰四月十七日日记云：“从定心桥下过脊处，觅莲瓣隙痕，削崖密附，旁无馀径。”（第 359 页）《粤西游日记一》崇祯十年闰四月二十三日日记云：“傍裂穴如圭，梯崖入其中，不甚敞，空合如莲瓣。”（第 366 页）《粤西游日记四》崇祯十一年三月初十日日记云：“盖自堡北望之，则南峰回环如玦，人至堡后，又如莲瓣自裂，可披而入也。”（第 714 页）有意将岩石裂隙以“莲瓣”为喻，晚明小品的个性天趣尽皆显现。

四、地学考察的文学书写

（一）内容丰富的地学百科全书

地学考察是《徐霞客游记》彪炳后世的主要因素，但其文学书写的成功更有利于是书的广泛传播，两者堪称相得益彰。地理学涵盖于地学范畴，又有自然地理学与人文地理学的分殊，徐霞客在其《游记》中对于山势来龙去脉的描述，尽管掺杂一些古代风水堪舆学名词，但其主旨则在于追求实地考察的精准性。作者似乎有这方面的天赋，每至一处，就能在极短的时间内摸清山脉的主干与分支，并加以文学性的描述，令读者印象深刻。对于江河水系源头与流域的考察，也无不渗透着作者苦心孤诣的追求。实地考察中若发现《明一统志》以及有关方志的错误记述，徐霞客都能一一加以辨明驳正，《盘江考》与《溯江纪源》（即《江源考》）皆堪称自然地理学方面的专题论文。前者对属于珠江水系之南盘江的考察，源于作者实地踏勘目验的努力，因而结论可靠，得到后世论者的赞誉。

地热资源、气象与气候资料、地方物产、农业、商业、手工业等有关经济地理学方面的内容，在《徐霞客游记》中也不乏有价值的生动记述，可为后世的相关研究者取资。至于明代行政区划、地名以及关隘、桥梁、哨所、交通驿站等设置的记述，在今天也不无认识价值。由于这方面的内容涉及面广泛，笼统概论不如在《徐霞客游记》各篇正文注释与“点评”中逐一展示，这里恕不赘言。有关地貌学的内容，虽也属地学范畴，但为“徐学”研究中的重中之重，故在此下专列“开中国地貌学之先河”一节专门讨论。这部内容丰富的地学百科全书，因辅以传神写照的灵动之笔，故而成为地学研究与文学嫁接的成功典范。

（二）穷形尽相的描写

对《徐霞客游记》有关文学书写的梳理，对理解作者的写作风格与真情表达至关重要，不可或缺。《游嵩山日记》天启三年（1623）二月二十日日记云：“水行其中，石峙于上，为态为色，为肤为骨，备极妍丽。不意黄茅白苇中，顿令人一洗尘目也！”（第59页）所谓“黄茅白苇”，无非连片生长的黄色茅草或白色芦苇，似无深意，但若明其所本，则意象全出。四字源于宋苏轼《答张文潜书》：“王氏欲以其学同天下，地之美者，同于生物，不同于所生。惟荒瘠斥卤之地，弥望皆黄茅白苇，此则王氏之同也。”㉙徐霞客在此的文学书写属于文字“藏头”手法的运用，这显然是对当时中原一带土地较为瘠薄的含蓄表达。

《徐霞客游记》中常用“芙蓉”二字喻山，如《游庐山日记》万历四十六年（1618）八月二十二日日记云：“惟双剑崭崭众峰间，有芙蓉插天之态。”（第41页）清同治《德化县志》卷七《地理·古迹》云：“双剑峰，在府治城南龙门西，形势插天，宛如双剑，与县治正对。”显然，“芙蓉”在日记中比喻庐山双剑峰形如利剑插天。以芙蓉喻剑，语本作者与成书年代尚难确定的《越绝书》所载越王勾践有宝剑名“纯钧”，相剑者薛烛以“手振拂，扬其华，捽如芙蓉始出”㉚。《游雁宕山日记》万历四十一年四月十一日日记云：“登盘山岭。望雁山诸峰，芙蓉插天，片片扑人眉宇。”（第9页）《游雁宕山日记后》崇祯五年（1632）四月二十八日日记云：“西南云雾中，隐隐露芙蓉一簇，雁山也。”（第117页）上两例之“芙蓉”，也显然皆是用利剑的隐喻来形容插天的山峰。然而《游太华山日记》天启三年（1623）二月三十日日记云：“行二十里，忽仰见芙蓉片片，已直造其下，不特三峰秀绝，而东西拥攒诸峰，俱片削层悬。”（第72页）这里的“芙蓉”则是以荷花或莲花的别名出现的，当为形容华山西峰即莲花峰或称芙蓉峰的山峰形状，与利剑之喻明显无关。此有明袁宏道《华山后记》可证：“西峰最幽奥，石态生动，有石叶如莲瓣，覆崖巅，其下有龟却立，昂首如欲行，盖叶上物也，是即所谓莲花峰矣。”㉛

（三）使事用典的灵动

化用古人诗句或相关掌故以传达自己的内心情感，也是《徐霞客游记》文学书写的技法之一。《滇游日记八》崇祯十二年（1639）三月十二日日记云：“踞石坐潭上，不特影空人心，觉一毫一孔，无不莹彻。”

（第 1127 页）所谓“影空人心”，意谓潭水令人心旷神怡。语本唐常建《题破山寺后禅院》诗颈联：“山光悦鸟性，潭影空人心。”[32]只有明其出处，方能深刻体会霞客此间行文之妙。又如《粤西游日记二》崇祯十年（1637）八月十五日日记云：“时州守为吾郡诸楚馀名士翘，有寄书者，与郁林道顾东曙家书俱置箧中，过衡州时为盗劫去。故前在郁，今过横，俱得掉头而去。若造物者故借手此盗，以全余始终不见之义，非敢窃效殷洪乔也。”（第 546 页）按殷羡，字洪乔，陈郡长平（今河南西华）人，东晋官员，官至豫章太守、光禄勋。南朝宋刘义庆《世说新语・任诞》云：“殷洪乔作豫章郡，临去，都下人因附百许函书。既至石头，悉掷水中，因祝曰：‘沉者自沉，浮者自浮，殷洪乔不能作致书邮。’”[33]若不明“窃效殷洪乔”的出处，徐霞客行文诙谐的特点即被完全湮没。此外如《滇游日记一・游颜洞记》“余一至滇省，每饭未尝忘钜鹿也”（第 829 页），语本《汉书・冯唐传》：“冯唐，祖父赵人也。父徙代。汉兴，徙安陵。唐以孝著，为郎中署长，事文帝。帝辇过，问唐曰：‘父老何自为郎？家安在？’具以实言。文帝曰：‘吾居代时，吾尚食监高祛数为我言赵将李齐之贤，战于钜鹿下。吾每饮食，意未尝不在钜鹿也。父老知之乎？’”[34]《游黄山日记后》万历四十六年（1618）九月初四日日记“石块丛起则历块”（第 47 页），《滇游日记八》崇祯十二年三月十二日日记中“岂尚当从涧中历块耶”（第 1128 页），皆是行进艰难的意思，有自我调侃的意味，语本《汉书・王褒传》：“过都越国，蹶如历块。”唐颜师古注：“如经历一块，言其速疾之甚。”[35]蹶，疾行。《国语・越语下》云：“臣闻从时者，犹救火、追亡人也，蹶而趋之，唯恐弗及。”三国吴韦昭注：“蹶，走也。”[36]徐霞客这里巧用“藏头”加“飞白”修辞法，着意将“历块”解释为在山涧中翻越岩崖，又藏头“蹶”，而仅用其“颠仆”或“跌倒”的义项。搞清楚徐霞客文学书写的技法对于体味其日记的文字妙趣不可或缺。

《粤西游日记四》崇祯十一年（1638）二月十三日日记记述南丹卫

（三里城）外白崖堡南岩：“此洞甚高，呼吸可通帝座，其前夹崖下陷，以木横架而补其阙，即堪憩托，然止可凭揽诸峰，非久栖地也。”（第668页）《粤西游日记四》崇祯十一年三月初九日日记云：“夜宿洞侧台上，三面陡临绝壑，觉灏气上通帝座。”（第709页）《黔游日记一》崇祯十一年四月十六日日记云：“此室旷而不杂，幽而不闷，峻而不逼，呼吸通帝座，寤寐绝人寰，洵栖真之胜处也。”（第764页）《徐霞客游记》中屡次用“通帝座”之语，可见作者对这一典故的偏爱。帝座，亦作“帝坐”，并非帝王的宝座或借指天庭，而是古星名，属天市垣，战国甘德、石申《星经》著录，即今所称武仙座 α 星。所谓“呼吸通帝座”云云，意谓寄身高远，呼吸之间皆可与天或自然相接近。此用典出旧题后唐冯贽所撰《云仙杂记》卷一引《搔首集》：“李白登华山落雁峰，曰：‘此山最高，呼吸之气想通天帝座矣，恨不携谢朓惊人诗来，搔首问青天耳。’”[37]

《徐霞客游记》对于山川林木的色彩美描写如同一位技法高妙的画师，笔下五彩斑斓，极尽刻画渲染之能事，显示出其积极修辞的卓越效果。例如，《浙游日记》崇祯九年十月初四日日记云：“其地东为三九，西为洞山，环坞一区，东西皆石峰嶙峋，黑如点漆，丹枫黄杏，翠竹青松，间错如绣，水之透壁而下者，洗石如雪，今虽久旱无溜，而黑崖白峡，处处如悬匹练，心甚异之。”（第149页）《浙游日记》崇祯九年十月初八日日记云：“水流沙岸中，四山俱远，丹枫疏密，斗锦裁霞，映叠尤异。”（第152页）作者有意将山水云林的不同色彩通过对比，错落安排又不露斧凿之迹，文字一气呵成，流畅自然。《粤西游日记二》崇祯十年八月初十日日记记述晓行浔州府（桂平）南之郁江：“未明发舟，晓霞映江，从篷底窥之，如行紫丝步帐中，彩色缤纷，又是江行一异景也。”（第537页）在“晓霞映江”的衬托下，以“紫丝步帐”形容晓江之景色，色彩之美，令读者叹为观止。《滇游日记三》崇祯十一年（1638）九月二十三日日记云：“崖南峡中，箐木森郁，微霜乍染，标黄叠紫，错翠铺丹，令人恍然置身丹碧中。”（第 901 页）作者特意向读者展示的，就是一幅白、黄、紫、翠、丹五色炫目的山水画卷。至于通过掩映迂回巧写大自然色彩斑斓的鬼斧神工，徐霞客也不遗馀力。例如，《滇游日记六》崇祯十二年正月初三日日记云：“有石崖傍峡而起，高数十丈，其下嵌壁而入，水自崖外飞悬，垂空洒壁，历乱纵横，皆如明珠贯索。余因排帘入嵌壁中，外望兰宗诸人，如隔雾牵绡，其前树影花枝，俱飞魂濯魄，极罨映之妙。崖之西畔，有绿苔上翳，若绚彩铺绒，翠色欲滴，此又化工之点染，非石非岚，另成幻相者也。”（第 1031 页）这一段文字热情奔放，挥洒自如，令人神往。

（四）对比手法的活用

通过对比描写山川壮丽，《徐霞客游记》常有出色的文学书写。《粤西游日记一》崇祯十年五月二十一日日记云：“横山、碧崖，二岩夹江右左立，其势相等，俱不若削崖之崇扩也。碧崖之南，隔江石峰排列而起，横障南天，上分危岫，几埒巫山，下突轰崖，数逾匡老。于是扼江而东之，江流啮其北麓，怒涛翻壁，层岚倒影，赤壁、采矶，失其壮丽矣。”（第 422 页）《粤西游日记二》崇祯十年六月二十日日记用文学性语言比较漓江、洛青江、柳江之不同：“此处余所历者，其江有三，俱不若建溪之险。阳朔之漓水，虽流有多滩，而中无一石，两旁时时轰崖缀壁，扼掣江流，而群峰逶迤夹之，此江行之最胜者；洛容之洛青，滩悬波涌，岸无凌波之石，山皆连茅之坡，此江行之最下者；柳城之柳江，滩既平流，涯多森石，危峦倒岫，时与土山相为出没，此界于阳朔、洛容之间，而为江行之中者也。”（第 466—467 页）漓江为石灰岩岩溶地貌发育的完善区域，柳江属“时与土山相为出没”的石灰岩与非石灰岩间杂区域，洛青江流域则为砂岩与页岩为主的碎屑岩地层构成，故景观较前两者为逊，是“江行之最下者”。石山与土山的不同，就是喀斯特地貌与其他类型地貌的比较。《滇游日记二》崇祯十一年（1638）八月二十八日日记云："粤西之山，有纯石者，有间石者，各自分行独挺，不相混杂。滇南之山，皆土峰缭绕，间有缀石，亦十不一二，故环洼为多。黔南之山，则界于二者之间，独以逼耸见奇。滇山惟多土，故多壅流成海，而流多浑浊。惟抚仙湖最清。粤山惟石，故多穿穴之流，而水悉澄清。而黔流亦界于二者之间。"（第 864 页）此外，《滇游日记九》崇祯十二年四月十六日日记对云南腾越跌水河（叠水河）瀑布与安庄白水河（今黄果树瀑布）的比较也很精彩。这些文学书写与科学探索精神交融在一起，是《徐霞客游记》人文地理学与自然地理学相结合的产物。

通过对比描写河床水流缓急，更能体现《徐霞客游记》文学书写所深蕴的科学精神。《闽游日记前》崇祯元年四月初一日日记云："宁洋之溪，悬溜迅急，十倍建溪。盖浦城至闽安入海，八百馀里，宁洋至海澄入海，止三百馀里，程愈迫则流愈急。况梨岭下至延平，不及五百里，而延平上至马岭，不及四百里而峻，是二岭之高伯仲也。其高既均，而入海则减，雷轰入地之险，宜咏于此。"（第 96—97 页）《游太华山日记》天启三年（1623）三月初八日日记云："雨后，怒溪如奔马，两山夹之，曲折萦回，轰雷入地之险，与建溪无异。"（第 75 页）这两段文字皆以"建溪"为标的，分别用之与宁洋之溪（九龙江）、丹水（今丹江，为汉江最大支流）相比较，显示了作者科学思维的缜密。在河流发源地高度相等的情况下，宁洋之溪与建溪比较，前者流程短，流水的落差和流速就大；落差和流速大，侵蚀力就大。徐霞客这一解释符合现代地学的"河床比降"原理，很有科学认识价值。

以写景，特别是以描绘夜间月景或拂晓月色衬托旅途劳顿中达观自处的心态，在《徐霞客游记》中也多有表现。《粤西游日记一》崇祯十年五月十五日日记记述桂林东的寨山周围夜色："余先是中夜为蚊所驱，时出坐其上。月色当空，见平畴绕麓，稻畔溢水，致甚幽旷。"（第 413

页）这是书写月色下的山野平畴。《粤西游日记一》崇祯十年（1637）五月二十二日日记记述桂林至阳朔之漓江拂晓月色：“鸡鸣，恭城客登陆去，即棹舟南行。晓月漾波，奇峰环棹，觉夜来幽奇之景，又翻出一段空明色相矣。”（第 423 页）这是书写月色下客舟江上晓行景况。《粤西游日记二》崇祯十年八月十五日日记记述夜宿横州宝华寺：“既而日落西陲，风吼不息，浮云开合无定。顷之而云痕忽破，皓魄当空。参一出所储酝醉客，佐以黄蕉丹柚。空山寂静，玉宇无尘，一客一僧，漫然相对，洵可称群玉山头，无负我一筇秋色矣。”（第 547 页）这是书写中秋夜色下山中对饮的景象。所谓“群玉山头”，乃檃括唐李白《清平词三首》其一：“若非群玉山头见，会向瑶台月下逢。”[38]原诗比喻唐玄宗的杨贵妃美貌如花，这里借以咏月色皎洁。李白的这一诗意常出现于《徐霞客游记》的文学书写中，可见作者偏爱之情。例如，《浙游日记》崇祯九年十月初一日日记谓飞来峰下山洞云：“洞顶灵石攒空，怪树搏影，跨坐其上，不减群玉山头也。”（第 147 页）《粤西游日记一》崇祯十年六月初十日日记记述平塘街借宿之夜：“迨晚餐后，出坐当衢明月下，而清风徐来，洒然众峰间，听诸村妇蛮歌谑浪，亦是群玉峰头一异境也。”（第 450 页）作者有时甚至巧用其意，自我调侃中用来书写失意心态，例如《黔游日记一》崇祯十一年四月十五日日记：“是日自晨至暮，清朗映彻，无片翳之滓；至晚阴云四合，不能于群玉峰头逢瑶池夜月，为之怅然。”（第 764 页）文笔灵动，摇人心旌。

五、开中国地貌学之先河

（一）描绘丹霞地貌的传神之笔

作为中国地貌学研究的先行者，徐霞客在其《游记》中也用文学手法准确描述了山岳地貌、流水地貌、火山地貌、冰缘地貌、丹霞地貌与岩溶地貌的不同特点。《滇游日记五》崇祯十一年（1638）十二月初六日日记记述云南元谋土林：“半里，涉枯涧，乃蹑坡上。其坡突石，皆金沙烨烨，如云母堆叠，而黄映有光。时日色渐开，蹑其上，如身在祥云金粟中也……有枯涧自西来，其中皆流沙没足，两傍俱回崖亘壁夹持而来，底无滴水，而沙间白质皑皑，如严霜结沫，非盐而从地出，疑雪而非天降，则硝之类也。”（第 991 页）元谋盆地属于燥热河谷地区，有论者认为这是徐霞客用文学笔触所描述的、在我国西北地区习见的、主要以风蚀为特征的雅丹地貌，因南方不易见到，故其记述尤为珍贵。

丹霞地貌的山峰系由红色砂岩或砾岩构成，这与雅丹地貌的构成并无二致，但形成发育的过程有异，一般在降水充沛的东南、西南地区多见，常年的流水冲蚀与风化作用，形成丹霞地貌碧水丹崖、洞穴清幽的瑰丽景观，以中国广东韶关附近之丹霞山最为典型，故称。《游武彝山日记》万历四十四年（1616）二月二十一日日记云：“望落日半规，远近峰峦，青紫万状。”（第 30 页）这是用文学手法对武夷山丹霞地貌色彩绚丽的准确描述。杨载田先生曾撰文分析说：“福建省的丹霞地貌由上白恶（垩）纪赤石群的紫红色陆相岩系构成。岩石的色泽以紫红色为其本色。但由于各部位富集红色氧化铁含量的差别而产生色彩的变化。在温和湿润的亚热带季风气候环境下，有些岩石表面覆盖有深浅不一的苔藓、地衣而呈青色、黑色和黑褐色等颜色，更加丰富了岩石的色彩。”[39]江郎山俗称三爿石，位于今浙江衢州市江山市东南的石门镇。山形主体为三个高耸入云的巨石，三座石峰呈川字形排列，形成江郎山“三峰列汉”的奇景。亿万年的沧桑巨变，砂砾岩层因河流深切作用，可形成顶部平齐、四壁陡峭的方山，或被切割成各种各样的奇峰，有直立的、堡垒状的、宝塔状的等，这是丹霞地貌壮观而奇特山峰发育的晚期阶段。《游九鲤湖日记》泰昌元年（1620）五月二十三日日记云：“悬望东支尽处，其南一峰特耸，摩云插天，势欲飞动。问之，即江郎山也。望而趋，二十里，过石门街。渐趋渐近，忽裂而为二，转而为三；已复半岐其首，根直剖下；迫之，则又上锐下敛，若断而复连者，移步换形，与云同幻矣！”（第 51 页）这一文学书写将丹霞地貌的山势与形貌生动传神地表达了出来。

（二）展示千姿百态的岩溶地貌

《游记》对于岩溶地貌的描述，更是穷形尽相，淋漓尽致，有论者认为比欧洲学者有关喀斯特地貌的系统论述早约两百年。徐霞客对于岩溶地貌的记述有石笋、石钟乳、仙人田、落水洞、干谷、石芽、溶沟、智井、坎泉、盲谷、天窗、盘洼、穿山等，其中大多数名称，现代地貌学仍然沿用，可见徐霞客在这方面的贡献巨大。特别是他对喀斯特溶洞的考察不畏艰难，有时甚至置生死于度外，为后世留下了宝贵的科考资料。徐霞客一生探索过多少洞穴，论者说法不同：“有人曾作过统计，《游记》中记载的溶洞和非溶洞共 357 个，溶洞中，亲自入洞考察的达 306 个，占 86%。由此可见徐霞客在云南喀斯特风景地貌区的考察足迹之广。”[40] 另有论者统计：“《游记》中记载的石灰岩溶洞有 288 个，他亲自入洞考察的就有 250 个。他对洞穴的形状、大小、深浅和洞的朝向都有详略不同的记载。”[41]《徐霞客游记》对溶洞的文学书写异常精彩而又准确细致，在科学史上功绩卓著。

《闽游日记前》崇祯元年（1628）三月二十日日记云：“东折入山，登滕岭。南三里，为玉华洞……初入，历级而下者数尺，即流所从出也。溯流屈曲，度木板者数四，倏隘倏穹，倏上倏下，石色或白或黄，石骨或悬或竖，惟‘荔枝柱’、‘风泪烛’、‘幔天帐’、‘达摩渡江’、‘仙人田’、‘葡萄伞’、‘仙钟’、‘仙鼓’最肖。沿流既穷，悬级而上，是称九重楼。遥望空蒙，忽曙色欲来，所谓‘五更天’也。”（第 91 页）徐霞客对玉华洞洞中碳酸钙各种化学堆积的记述生动形象，琳琅满目，在今天仍有极高的认识价值。即以所谓“仙人田”而论，它又被称为仙田、石田、石田坝、边石坝，系岩溶洞洞穴堆积形态之一。所谓“洞穴堆积”，是指洞穴中堆积的各种不同成因的堆积物，包括碎屑堆积、化学沉积、河流冲积物、有机充填物及混合充填物等。其中化学沉积物又分滴水形态、水下形态和流水形态三种。滴水形态是指各种形态的石钟乳及石柱、石笋等，水下形态包括各种石果、石珠等。仙人田属于流水形态的化学沉积，类似的形态沉积，徐霞客或称之为石榻、石棋盘、珠盘、石盆、石床、荔枝盆等，皆因物象形，各臻其妙。仙人田的成因为溶洞底部凸凹不平，形成一块块浅小积水区，由于含有碳酸氢钙的水在积水区边缘蒸发较快，遂沿其曲折的边缘析出结晶，长年积累，形成稍高于积水小区的沉淀，其规模大小有异：或一块一块，犹如畦垄纵横的水田；或高下错落，如同梯田的模型。《浙游日记》崇祯九年（1636）十月初四日日记记述位于今杭州市富阳区西北万市镇与桐庐县交界处洞山：“南者为水洞，一转即仙田成畦，塍界层层，水满其中，不流不涸。”（第 150 页）《粤西游日记四》崇祯十一年二月二十六日日记记述在庆远府九龙洞之仙田地貌：“直进十馀丈，转而东，下虽平，而石纹涌起，屈曲分环，中有停潦，遂成仙田。东二丈，忽下陷为深坑。由坑上南崖伛偻而出坑之东，其下亦平，而仙田每每与西同。”（第 687 页）上揭两例对于仙人田的文学书写穷形尽相，其中“仙田每每”，则从《左传》脱化而来，“僖公二十八年”云：“听舆人之诵曰：‘原田每每，舍其旧而新是谋。’”[42]这无疑显示出作者“腹有诗书气自华”的文学修养。

大自然之天工机缘巧合，仙人田也可以形成一串蜿蜒龙蛇般的形态，若随岁月流逝再沉潜于流水中，则宛然一条龙身在水了。《楚游日记》崇祯十年（1637）四月初四日日记记述今湖南郴州市临武县石门村后龙山龙洞中的左支洞：“乃北逾石限穿隘而入，即下石池中。其水澄澈不流，两崖俱穹壁列柱，而石脚汇水不漏，池中水深三四尺。中有石埂中卧水底，水浮其上仅尺许，践埂而行，褰裳可涉。十步之外，卧埂又横若限，限外池益大，水益深，水底白石龙一条，首顶横脊而尾拖池之中，鳞甲宛然。挨崖侧又前两三步，有圆石大如斗，莩插水中，不出水者亦尺许，是为宝珠，紧傍龙侧，真睡龙颔下物也。珠之旁，又有一圆石大倍于珠，而中凹如臼，面与水平，色与珠共，是为珠盘。然与珠并列，未尝盛珠也。"（第 321 页）中国中央电视台《地理·中国》2018 年 3 月 21 日"探秘地下空间·'神龙'谜影"节目对此支洞中石龙有介绍：水潭中石龙长约十米，粗约半米，龙身即边石坝，盘旋在几个边石坝（梯田状）的最上层，水位的升降变化引起石龙的巧妙形成。不过徐霞客笔下的白石龙于今已经变化为黄色，这或许是三百多年以来氧化的作用。至于身侧龙鳞，当由石幔形成，龙珠即石笋，珠盘即"莲花盆"，皆属于溶洞化学沉积中的滴水形态或流水形态。显然，《徐霞客游记》的文学书写是在其细致耐心的科学考察下实现的，并非随意发挥想象的产物。

（三）缜密细致的科学考察

《粤西游日记三》崇祯十年十一月十八日日记记述广西向武州（今崇左市天等县）百感岩之西崖洞："其中悬柱亦多，不及百感之林林总总。而下有丸石如珠，洁白圆整，散布满坡坂间。坡坂之上，其纹皆粼粼如绉簇，如鳞次，纤细匀密，边绕中洼，圆珠多堆嵌纹中，不可计量。余选其晶圆者得数握，为薏苡，为明珠，不能顾人疑也。"（第 618—619 页）文中所谓"圆珠"，当属于溶洞化学沉积中水下形态的沉积物，其成因为溶洞水中碳酸氢钙析出时，黏附在泥粒、沙粒或腐殖质上的灰华球沉积，如同滚雪球似的越滚越大，成为同心圆灰华球沉积物，形似石果或石珠。这些球状沉积物随着流水经常滚动，所以不和水底面黏结，往往成群地积聚在流水较为缓慢的地方。《徐霞客游记》对这类溶洞沉积物多有记述，如《楚游日记》崇祯十年（1637）三月二十四日日记记述湖南宁远九嶷山杨梅洞中石果：“洞中产石，圆如弹丸，而凹面有猬纹，‘杨梅’之名以此。然其色本黄白，说者谓自洞中水底视皆殷紫，此附会也。”（第306页）又如《粤西游日记一》崇祯十年六月初十日日记记述广西桂林荔枝洞中石果：“在右水窍之侧，有小石块如弹丸，而痕多磊落，其色玄黄，形如荔枝，洞名以此，正似九疑之杨梅，不足异也。”（第448页）《粤西游日记四》崇祯十一年三月初九日日记记述九龙洞石山：“岩之西下又有一峡门，南入甚深而隘，秉炬入，十馀丈而止。底多丸石如丹，第其色黄，不若向武者莹白耳。”（第708页）可见，“圆珠”“杨梅”“荔枝”“丸丹”全属溶洞中化学沉积物，只不过其大小形态有所不同而已。应当指出的是，上揭所谓“为薏苡，为明珠，不能顾人疑”三句系用典，语出《后汉书·马援传》：

> 初，援在交阯，常饵薏苡实，用能轻身省欲，以胜瘴气。南方薏苡实大，援欲以为种，军还，载之一车。时人以为南土珍怪，权贵皆望之。援时方有宠，故莫以闻。及卒后，有上书谮之者，以为前所载还，皆明珠文犀。㊸

东汉伏波将军马援因南征载还不值钱的薏苡而遭诬陷，后世因称蒙冤被谤为“薏苡之谤”或“薏苡明珠”。徐霞客以此自我调侃，反映了其《游记》具有浓厚的文学色彩。

岩溶溶洞因其发育形成的年代有异，以亿万年计的地质条件变迁也各不相同，因而洞洞不同，千变万化，各有千秋。《粤西游日记一》崇祯十年（1637）五月初二日日记记述桂林东郊之七星岩洞：“仍由隘口东门，过凤凰戏水，抵红、白二毡，始由岐北向行。其中有弄球之狮，卷鼻之象，长颈盎背之骆驼；有土冢之祭，则猪鬣鹅掌罗列于前；有罗汉之燕，则金盏银台排列于下。其高处有山神，长尺许，飞坐悬崖；其深处有佛像，仅七寸，端居半壁；菩萨之侧，禅榻一龛，正可趺跏而坐；观音座之前，法藏一轮，若欲圆转而行。深处复有渊黑，当桥涧上流。”（第381页）《粤西游日记二》崇祯十年六月二十五日日记记融县真仙洞：“峰转溪回，始见真仙洞门，穹然东北高悬，溪流从中北出，前有大石梁二道骈圈溪上。越梁而西，乃南向入洞焉。洞门圆迥，如半月高穹，中剜一山之半。其内水陆平分，北半高崖平敞，南半回流中贯。由北畔陆崖入数丈，崖叠而起，中壁横拓，复分二道。壁之西有窍南入，而僧栖倚之；壁之东南，溯溪岸入其奥扃，则巨柱中悬，上缀珠旒宝络，下环白象、青牛，稍后则老君危然，须眉皓洁，晏坐而对之，皆玉乳之所融结，而洞之所以得名也。其后则堂皇忽闷，曲户旋分，千门万牖，乳态愈极缤纷，以无炬未及入。”（第473页）《粤西游日记三》崇祯十年十一月十八日日记记述广西向武州百感岩洞：“西壁上有奥室围环中拓，若悬琉璃灯一盏，乃禅室之最闷者。出由其东，又北过一隘，下悬梯三十级，其底甚平旷，石纹粼粼，俱作荔枝盆。其西悬乳萎蕤，攀隙而入，如穿云叶。稍北转而西上，望见微光前透甚遥，蹑沙坂从之，透隘门西出，则赫然大观，如龙宫鹅阙，又南北高穹，光景陆离，耳目闪烁矣。此乃洞之由暗而明处也。其洞内抵西南通偏门，外抵东北通后门，长四十丈，阔十馀丈，高二十馀丈。其上倒垂之柱，千条万缕，纷纭莫有纪极；其两旁飞驾之悬台，剜空之卷室，列柱穿崖之榭，排云透夹之门，上下层叠，割其一脔，即可当他山之全鼎。”（第615页）又云：“此洞外险中闷，既穿历窅渺，忽仰透崇宏，兼一山之前后以通奇，汇众流于壑底而不觉，幽明两涵，水陆济美，通之则翻出烟云，塞之则别成天地。西来第一，无以易此。”（第616页）溶洞千奇百怪的身姿，被徐霞客的如椽巨笔栩栩如生地描绘了出来。

比较徐霞客对上揭七星岩洞、真仙洞、百感岩洞这三个喀斯特溶洞的文学书写，可见作者文笔纵横之态，明喻、暗喻、借喻兼而有之，内外纤巨，无不了了。《徐霞客游记》向读者展现了一个光怪陆离、万象缤纷的奇妙世界，读后令人如亲临其境，驰情运想，神往形留。应当指出的是，三百多年前游历考察的溶洞，多属于未经开发者，几无路径可寻，且照明全凭火炬，光影飘忽不定；远不如今天参观溶洞有修整的栈道，照明则角度多方、五彩绚烂。徐霞客在极其简陋的物质条件下，能够写下如此旖旎美妙的文字，且不失严谨的科学精神，的确非同凡响。更难能可贵的是，徐霞客并非孤立地记述溶洞之奇，而是具有横向比较的整体观，并借以抒发感慨。《滇游日记四》崇祯十一年（1638）十一月初十日日记记富民附近东洞："余虽未穷其奥，已觉幽奇莫过，次第滇中诸洞，当与清华、清溪二洞相为伯仲。而惜乎远既莫闻，近复荒翳，桃花流水，不出人间，云影苔痕，自成岁月而已！"（第981页）

（四）科学与文学的融会嫁接

徐霞客对溶洞内部堆积物的细致观察，体现了他将科学与文学嫁接的成功。《粤西游日记三》崇祯十年十月二十五日日记记述广西飘岩山洞："由中窦入，其门甚隘，已而渐高，其中悬石拱把，翠碧如玉柱树之，其声铿然。旁又有两柱，上垂下挺，中断不接，而相对如天平之针焉。"（第590—591页）这一段描写将石钟乳与石笋即将对接形成乳柱的形态言简意赅地表现了出来。"如天平之针"对于乳柱的发育过程的比喻，与今天人们所津津乐道溶洞中"千年之吻"的比喻略同，不过"天平之针"更为形象传神。

对于溶洞以外的岩溶奇景，徐霞客亦自有其诠解，显示了他对地貌学的深刻认识。《滇游日记十一》崇祯十二年（1639）七月初九日日记记述永昌府（今云南保山）水帘洞外景象："崖间有悬干虬枝，为水所淋漓者，其外皆结肤为石。盖石膏日久凝胎而成，即片叶丝柯，皆随形逐影，如雪之凝，如冰之裹，小大成象，中边不欹，此又凝雪裹冰，不能若是之匀且肖者。”（第 1265 页）这似乎是在探索石灰岩一类碳酸钙堆积的另一种成因。《楚游日记》崇祯十年闰四月初二日日记记述再过湘水关，追忆从祁阳至此岩溶地貌石峰景观的渐次变化：“自冷水湾来，山开天旷，目界大豁，而江两岸，啖水之石时出时没，但有所遇，无不赏心悦目。盖入祁阳界，石质即奇，石色即润；过祁阳，突兀之势，以次渐露，至此而随地涌出矣。及入湘口，则耸突盘亘者，变为峭竖回翔矣。”（第 348 页）徐霞客对于岩溶地貌并非孤立地加以考察认识，而是常用文学书写方式联系对比描述其所见，颇可为今天的地貌学研究借鉴参考。

《徐霞客游记》对于岩溶地貌“穿山”景观的文学书写也值得一提。所谓“穿山”，又称穿洞、月亮山、空明岩或月岩，属于古地下河道的残留部分，因新生代喜马拉雅运动一类的地壳变化而抬升。那些地理位置较高的穿洞在近山顶处，人们从下往上看，犹如一轮明月高挂，因此有月亮山之名。《粤西游日记一》崇祯十年五月初九日日记云：“乃南行一里，渡漓江东岸，又二里抵穿山下。其山西与斗鸡山相对。斗鸡在刘仙岩南，崖头山北，漓江西岸濒江之山也。东西夹漓，怒冠鼓距，两山当合名斗鸡，特东山透明如圆镜，故更以穿山名之。”（第 394 页）《粤西游日记一》崇祯十年五月二十一日日记中，作者形象地描述了另一座穿山：“过龙门塘，江流浩然，南有山嵯峨骈立，其中峰最高处，透明如月挂峰头，南北相透。”（第 422 页）《粤西游日记四》崇祯十一年三月二十六日日记记述黔粤交界处六寨一带的穿山更富于文学书写的魅力：“东望一峰尖迥而起，中空如合掌，悬架于众峰之间，空明下透，其上合处仅徒杠之凑，千尺白云，东映危峰腋间，正如吴门匹练，香炉瀑雪，不复辨其为山为云也。自桂林来，所见穿山甚多，虽高下不一，内外交

透，若此剜空环翠者，得未曾有。此地极粤西第一穷徼，亦得此第一奇胜，不负数日走磨牙吮血之区也。”（第741页）

徐霞客笔下的喀斯特地貌，由于其文学书写的成功，形象而又不失科学的严谨性，因而至今仍有极高的认识价值，值得我们进一步探讨。

六、版本流传与文本校读

（一）《徐霞客游记》的版本概述

《徐霞客游记》在作者生前没有整理成书，随之明清易代，兵连祸结，导致原稿残缺错简，加之辗转抄录，颇易致误。清杨名时（1661—1737）的整理本《徐霞客游记》十二卷（各卷又分上下）被收录于《四库全书》，属于历史上较为重要的版本，对《徐霞客游记》文字校勘的价值不能忽视。不计明清间各种抄本，《徐霞客游记》首次付梓刊行，已在作者逝世一百三十五年之后，是为清乾隆四十一年（1776）刻本，简称乾隆本，系霞客族孙徐镇根据杨名时、陈泓的校本刊刻。嘉庆十三年（1808）又有叶廷甲重校本《徐霞客游记》刊行，补编了徐霞客及与友人酬唱的若干诗文。民国间，上海扫叶山房于1924年出版《徐霞客游记大观》线装石印本；同年，上海群众图书公司出版沈松泉新式标点本《徐霞客游记》，平装铅印，卷首有梁启超“代序”（实为梁启超对沈松泉求序的复函）。丁文江（1887—1936），字在君，江苏泰兴人，为中国近代地学奠基人之一，他整理的《徐霞客游记》二十卷是近现代最具代表性的标点整理本，其底本系据叶廷甲本，1928年上海商务印书馆出版。商务本附有丁文江所编《徐霞客先生年谱》及有关作者生平的诸多材料（外编），并编绘徐霞客旅行路线图三十六幅。

（二）当今两部权威的全本《徐霞客游记》

随着原藏于邓之诚先生处的徐建极（1634—1693，徐霞客之孙）钞本、原藏于北京图书馆（今国家图书馆）的季会明钞本的陆续发现（后者题为《徐霞客西游记》），上海古籍出版社于1980年出版褚绍唐、吴应寿整理的《徐霞客游记》十卷（卷各分上下），即分别以乾隆本（卷一上下、卷四下至卷十上）、季会明钞本（卷二至卷四上）为底本，而校以徐建极钞本等不同《徐霞客游记》版本，人名、地名皆标有专名线。上海古籍本所收日记比旧刊本多出一百五十六天，字数多出十四万字，是目前最为完善的《徐霞客游记》。此本于1987年出版第二版，以后又多次重版再印，并渐有改正或增删；2016年6月上海古籍出版社出版国学典藏本《徐霞客游记》，横排简体，仍于人名、地名下标有专名线，删去原版卷十下的“附编”与《徐霞客年谱》等部分，又改正一些讹误。

1985年，云南人民出版社出版朱惠荣校注的《徐霞客游记校注》，是为国内第一部全注本，文字校勘和标点与上海古籍本小有不同；此后云南人民出版社于20世纪90年代又先后两次出版朱惠荣校注的《徐霞客游记校注》增订本。贵州人民出版社1997年出版朱惠荣等译注的《徐霞客游记全译》，是为国内第一部全译本；贵州出版集团于2008年又出版该本的修订本。台北三民书局2002年出版黄珅注译的《新译徐霞客游记》（《古籍新译今注丛书》），也有注释。中华书局2015年出版朱惠荣、李兴和译注的《徐霞客游记》，纳入该社《中华经典名著全本全注全译丛书》，影响较大。2017年中华书局出版朱惠荣校注的《徐霞客游记校注》，纳入《中华国学文库》，横排简体，下标书名线与专名线，甚便读者。本书根据有关学者建议，即以《徐霞客游记校注》为底本，而以上海古籍出版社2016年出版之国学典藏本《徐霞客游记》为参校本。删去正文中作校勘标记之用的六角括号，个别标点或文字校勘有所改易，

"余"作"剩余"等义时，一律作"馀"，以免与作我之"余"混淆，致文义不清。

此外，20 世纪 80 年代以后，诸多出版社还出版了不少《徐霞客游记》的选注本，各有千秋，此处不详论。刘瑞升所著《徐霞客游记书影》，对他多年所陆续收藏的 1912—2016 年国内乃至国外外文出版的《徐霞客游记》(包括选本)逐一著录，"提要"外并附书影，将近有二百种之多(上海远东出版社 2017 年出版)，可参考。当下研究《徐霞客游记》，自以上海古籍本与中华书局本最为权威，两者对于"徐学"研究的贡献有目共睹。有关《徐霞客游记》版本问题，上述两种版本皆有详述，有兴趣的读者可自行参阅。

目前，"徐学"研究在国内已有相当规模，这与 20 世纪 20 年代以后丁文江、竺可桢、谭其骧、侯仁之、陈桥驿等著名学者的巨大努力分不开。1993 年 7 月 10 日在北京成立了全国性民间学术团体——中国徐霞客研究会。嗣后，云南省、浙江省、江苏省乃至一些市县也先后成立了徐霞客研究会，有力地推动了"徐学"的发展。特别是在"重走霞客路"口号的感召下，地方上涌现出一批"徐学"的"粉丝"，其中不乏极有素养的文化工作者，他们或撰文出书，或在互联网上书写"博客"，解决了《徐霞客游记》中许多有关地名或山峰位置不清的问题。至于一些地理、地貌以及语言学研究者相关论文的发表，为我们更进一步认识《徐霞客游记》的价值所在提供了依据。英、法、美、韩等国也不乏徐霞客研究者，在中国传统文化走向世界的进程中，"徐学"也无疑名列前茅。

(三)《徐霞客游记》的断句问题

然而不容否认的是，"徐学"中还有不少问题亟待解决，甚至某些标点断句也存在异议。例如，《游五台山日记》中，作者转述北台灵应寺僧人石堂的话："北台之下东台西中台中南台北有坞曰台湾此诸台环列之概也。"所谓"台湾"即"台怀"（今台怀镇），反映了作者吴方言"影匣不分"的语音特点，论者早有指出，此处不论。中华书局本标点："北台之下，东台西，中台中，南台北，有坞曰台湾，此诸台环列之概也。"（第130页）这一断句与丁文江本同，读来如绕口令，让读者一头雾水。上海古籍本标点："北台之下，东台，西中台，中南台，北有坞曰台湾，此诸台环列之概也。"㊹从五台山五个台的相互位置而论，中台与南台基本处于南北连线上，中台与东台则基本处于东西连线上，三个台恰成一近似的等边三角形，环峙台怀镇，而北台与西台则在南北连线与东西连线之外，不直接与台怀镇发生关系。徐霞客地理方位感极强，故借僧人之口言简意赅地道出"环列之概"，显然后者标点为是。又如《滇游日记八》崇祯十二年（1639）三月十一日日记云："迤逦从邓川之卧牛、溪始，而北尽于天马。"（第1123页）上海古籍本将"卧牛溪"下加专名线连标，认为是溪水名，误。卧牛，即卧牛山，位于今云南洱源县邓川镇西部偏南；溪始，即溪始山，位于弥苴佉江（今云南洱源县东弥苴河）上大石梁桥的正西方。该日记初十日日记云："钟山峙桥西北，溪始峙桥正西，盖钟山突而东，溪始环而西。溪始之上，有水一围，汇绝顶间，东南坠峡而下，高挈众流之祖，故以'溪始'名。"㊺此可为本证。中华书局本标点不误。应当一提的是，本书虽以中华书局本为底本注评，但标点特别是逗号、句号与分号等的用法并不尽依底本。

（四）《徐霞客游记》的文本校读问题

本书遇到的标点以外的困难即文本的校读问题。徐霞客的家乡江阴属于吴方言区，在他走南闯北旅行大半个中国的过程中，各地方言的相互影响与旅程中相关典籍的难以寻觅，致令一些地名、人名错讹甚至记述错位，不妨称之为"游圣的笔误"。《日记》因当地地名发音致讹，并不罕见。对此，论者或注家已经指出一些，如《游天台山日记后》中“江司陈氏”，当系“张思陈氏”的音讹。

《游太华山日记》天启三年（1623）三月初十日日记云：“出蜀西楼，山峡少开，已入南阳淅川境，为秦、豫界。”（第76页）所谓“蜀西楼”，当即“梳洗楼”的音讹，这一景观位于今陕西商南县东南隅荆紫关街北十里，有梳洗楼村，地处今陕西、河南省界。乾隆《商南县志》卷二《山川》列“高楼梳洗”为其县八景之一，形容此“高楼”：“如怪石垒成，层层高耸，下列二石，形肖狮犀。”原来“梳洗”并非梳妆打扮之意，而是当地人对“狮犀”两字的音讹，徐霞客又对“梳洗”再生音讹，反映了徐霞客吴方言“阴入对转”的语音特点。于是《徐霞客游记》就留下了“蜀西楼”的记述。

《粤西游日记一》记述阳朔“水绿村”，当即今“水洛村”，位于螺蛳岩以南鲤鱼翅的东南方，在漓江U形转弯处的东南岸。“绿”与“洛”，当系音讹，也反映了徐霞客吴方言的语音特点。至于吴方言“王”“黄”不分，更是自唐以来即如此，尽人皆知。《游五台山日记》中地名“黄葵”，即系音讹，当作“王快”，即王快镇，位于明阜平县东南五十里，今河北阜平平阳镇有王快村。该篇日记中又误“塔子铺”为“太子铺”，也系吴方言语音特点的反映，并非古今地名变迁使然。按塔子铺，位于今河北阜平县西北，在382省道北侧。

本书在文本校读中亦有当今论者尚未指出者，如《游黄山日记》中之“虎岭”，当系“阜岭”之音讹，道光《休宁县志》卷一《山川》云：“阜岭，在县北六十里，界于歙，登其巅，黄山诸峰如在目前。凤凰诸山，皆其支也。”民国《歙县志》卷一《舆地志·山川》云：“黄山之西南支为歙、休交界之天马山脉，其山曰阜岭，为休、歙界山，登其巅，黄山诸峰如在目前。”《游黄山日记》万历四十四年（1616）二月初二日日记云：“由小路登虎岭，路甚峻。十里，至岭。五里，越其麓。北望黄山诸峰，片片可掇。”（第20页）《徐霞客游记》与方志所记述之相应景观略同，可证“阜”误为“虎”之讹。至于《游白岳山日记》误“辅岩”为“傅岩”，则非作者音讹所致，而是沿袭前人音讹之误。明黄汝亨《游白岳记》云：“棋盘石，石如菌芝，下窄上敞，可坐数十人。与诸生共坐石上，道士复以樽罍进，共浮白浸醉，纵观诸山，则傅岩前峙，而后踞者为观音岩。坐此则神超气静，尘嚣俱绝，又成一境界矣。”㊻傅岩，有关方志未见著录，或为“辅岩”之音讹，明鲁点《齐云山志》卷一即著录辅岩。可见，徐霞客正是沿袭黄汝亨文之讹称傅岩。黄贞父，即黄汝亨（1558—1626），字贞父，号寓庸，钱塘（今浙江杭州）人，较徐霞客年长近三十岁。黄汝亨《游黄山记》：“寺前为汤池，人浮一白，以次解衣浴汤池中。汤气涤疴疏理，浴者都爽，谢武林、冯开之两公尤称。而余从盘山汤泉中浴来，澄泓香冽，尚胜之耳。”㊼《游黄山日记》万历四十四年（1616）二月初三日日记记述黄山汤泉有云：“黄贞父谓其不及盘山，以汤口、焦村孔道，浴者太杂遝也。”（第20页）可见，徐霞客对黄汝亨相关文章极其熟稔，故能运用之妙，存乎一心。

《游天台山日记后》崇祯五年（1632）三月二十日日记云：“复南入小径，隙行十里，路左一峰兀立若天柱，问知为青山茁。”（第113页）所谓“青山茁”，实为“青山桌”之音讹，又名青山岊，位于今天台县西南平桥镇下曹村以东，为一粗硕巨石兀然蹲坐于一小山上。当地又有西张岊，与青山岊隔天台盆地相望，被当地人称为天台县入口的两张“桌子”。

诸如此类的音讹现象，《徐霞客游记》中的确不罕见，如果细读文本并查考相关方志稗乘、清顾祖禹《读史方舆纪要》乃至参阅历史与当代地图，就会发现一些耐人寻味的问题。例如，《游黄山日记》中“猪坑”，当作“珠坑”。《游太华山日记》中“草树沟”，当作“栲树沟”；“坞底岔”，当作“糊涂岔”；“胡村”，当作“吴村”。《游恒山日记》中“北路口”，当作“北娄口”，又作“北楼口”，位于小石口、大石口东北，全属明长城关口；“箭箪岭”，当作“箭杆梁”，位于今山西浑源县官儿乡土岭村以北偏西。《粤西游日记一》中有“榕村”或“熔村”两个前后不一致的称谓，其实都是“雄村”的音讹；“佛力司”，当即广西阳朔福利古镇，位于今阳朔县漓江下流东岸，古代因此地多荔枝树，村舍隐伏其间，故名伏荔村，后改今名。古代这里是漓江水运码头，明代建有巡检司。所谓“佛力”即是“福利”的音讹，以有巡检司，故讹称“佛力司”。

《徐霞客游记》中地名还有原为三字因音讹而变为两字者。《浙游日记》崇祯九年（1636）十月初十日日记云：“玲珑岩之西，又环而为钮坑，则兰溪之东界矣。”（第155页）所谓“钮坑”，即“鸟窠岩”，或名“鹞窠岩”之音讹。嘉庆《兰溪县志》卷二《山川》云：“鹞窠岩，玲珑岩下，岩如鹞窠，广十馀丈，深五六丈，可容二三百人。”“窠岩”与“坑”即因音讹变两字而为一字。《游记》中地名还有两字衍为三字者，就出于音讹以外的原因了。《游太华山日记》三月初六日日记云：“又二十五里，上仓龙岭。”（第75页）或谓所指即苍龙岭，或谓今之蟒岭，似皆非是。今陕西丹凤县北境有仓岭，属于留仙坪乡，位于20世纪70年代中所新修之鱼岭水库北端，与《徐霞客游记》中之“仓龙岭”当同一。若然，则所谓“仓龙岭”衍一“龙”字。

《徐霞客游记》中地名字因同音而讹，如“鹦”与“莺”：《江右游日记》崇祯十年正月初三日日记云：“白云鼎建禅庐，有白鹦之异，故名白法佛殿。”（第229页）据说白法庵选址即因“白莺入池”之异而定。康熙《安福县志》卷五《人物·仙释》云：“白云和尚……乃历秦晋、吴越，遍参诸尊宿。复归武功，见白莺入池，即其处创刹，徒侣盈千。”显然，“白鹦”当作“白莺”。

《徐霞客游记》中地名另有倒文致讹者。《游恒山日记》首段：“去北台七十里，山始豁然，曰东底山。”（第133页）所谓“东底山”，当作

“东山底”，为当时村名，道光《繁峙县志》卷二《村庄·南乡》著录“东山底”，当即今东山村，位于今繁峙县野子场以北的302省道大石线侧。这篇日记其后又两次提及“东底山”，皆为“东山底”之倒文。《徐霞客游记》中也有人名因倒文致讹者：《游嵩山日记》天启三年（1623）二月二十二日日记云：“有旧殿石柱一，大半没于土，上多宋人题名，可辨者为范阳祖无择、上谷寇武仲及苏才翁数人而已。”（第65页）其中“寇武仲”，当作“寇仲武”，见清叶封《嵩阳石刻集记》卷下。霞客时代，书写或记录工具远不如现代便利，因延时而误记也在所难免。该日记所述《大唐嵩阳观纪圣德感应之颂碑》，谓“裴迥撰文”，当作“裴迥篆额”，撰文者乃李林甫，史书称其“口蜜腹剑”，名列唐玄宗时代的“奸相”中。

书写误记在《游记》中并非个别。《游天台山日记后》崇祯五年（1632）三月十七日日记云：“左转得大悲寺，寺旁有石，为智者拜经台……余与仲昭兄以轻装东下高明寺。寺为无量讲师复建。”（第111页）这一段文字有两处误记：所谓“大悲寺”，当作“大慈寺”，陈太建七年（575）为智者所建，系其第二宴坐处。后因国清寺建成，遂改寺为道场。所谓“无量讲师”，当作“无尽讲师”，即释传灯（1554—1628），衢州（今属浙江）人，俗姓叶，字无尽，号有门。为天台宗一代宗师，著有《楞严经圆通疏》《性善恶论》《天台传佛心印记注》《天台山方外志》《幽溪别志》等二十四种一百馀卷，影响巨大。《楚游日记》崇祯十年正月二十一日日记云：“崖北石上大书‘朱陵大沥洞天’，并‘水帘洞’‘高山流水’诸字，皆宋、元人所书，不辨其款。”（第257页）所谓“朱陵大沥洞天”，当作“朱陵太虚洞天”，为宋代著名词人张孝祥所书。湖南省地方志编纂委员会编的《南岳志》第三篇《石刻·宋代石刻》著录甚详。“水帘洞”三字为宋潘畤所书，“高山流水”四字则为明人所书。《徐霞客游记》所谓“宋、元人所书”的记述亦有微误。

《楚游日记》崇祯十年（1637）正月二十八日日记云：“盖自马迹南

五里孟公坳分衡阳、衡山界处，其水北下者，即由白高下一殒江，南下者，即由沙河下草桥，是孟公坳不特两县分界，而实衡山西来过脉也。”（第261页）所谓“一殒江”，未详所指，当因音讹兼形讹致误。殒，《康熙字典》《中华大字典》《汉语大字典》皆未收录此字。一殒江，似因衡阳方言关系先音讹“易俗江”为“一锁江”，后又因日记转相钞录，行书偏旁“金”形讹为“歹”，生造出一个怪字。若然，则当指湘江支流涓水。涓水，位于今湖南湘潭县西，一名易俗水。清顾祖禹《读史方舆纪要》卷八〇《湖广六·湘潭县·湘江》云：“涓水，在县西南十里，一名易俗水。源自南岳山，北合数溪流入县界，经龙口东流入湘江。”[48]可以为证。

值得称道的是，互联网有关“博客”也可以解决《徐霞客游记》中的一部分模糊不清的地名问题。《游太和山日记》天启三年（1623）三月十一日日记云：“登仙猿岭。十馀里，有枯溪小桥，为郧县境，乃河南、湖广界。东五里，有池一泓，曰青泉，上源不见所自来，而下流淙淙，地又属淅川。盖二县界址相错，依山溪曲折，路经其间故也。”（第79页）“仙猿岭”，方志未见著录，据互联网署名“武当官方旅游助手”博客称，此岭位于今湖北十堰市郧阳区、河南淅川县交界处，当地人称猴山或猿岭，是一座人迹罕至的荒山，山不高，也不陡峭。从淅川县滔河乡喻家沟村通过一条小路翻越猴山行十馀里，即可达十堰市郧阳区谭山镇乌峪村。旧时这里为陕西香客朝拜武当山的必经之路。所谓“枯溪”，据上引博文，即乌峪河，宽约五米，长两千五百米，今仍为干河，属于岩溶地貌中所谓“干谷”地貌——因远古造山运动致地壳上升，从前的地表河降而为地下河，原地表的河床干涸而形成“干”。附近的乌峪村即因此干谷而得名。《滇游日记六》崇祯十二年正月二十四日日记记述云南鹤庆境内干谷地貌：“松桧之南，山盘大壑而无水，沟涧之形，似亦望东南去。”（第1058页）可作旁证。所谓“青泉”，据上引博文，当作“清泉”，当地人称为老龙泉，为直径十二米、水深四米左右的泉池。泉池位于今河南淅川县滔河乡清泉村，泉侧今存有明正德间所立《清泉碑记》石碑，高约二点五米。一篇博客竟然解决了三个问题，应当受到重视。

地方文化学者的有关图书或文章，对于注释《徐霞客游记》也至关重要。《游雁宕山日记后》崇祯五年（1632）五月初四日日记云："又二里，渐闻水声，则大龙湫从卷崖中泻下。水出绝顶之南、常云之北，夹坞中即其源也。"（第121页）当地学者阮伯林指出："根据上下文内容，这里的'大龙湫'应是龙湫背上的'上龙湫'，这个错误可能是整理《徐霞客游记》的人因不知道有'上龙湫'之名而改写出来的，徐霞客自己则不可能有这个错误。"[49]今知雁荡山主峰"百岗三尖"，乃清乾隆以后所命名。所谓"夹坞"，谓山顶上的较低平处。阮伯林认为，联系前后"绝顶"之称谓，这里当指"百岗三尖"中的白云尖与百岗尖的山坞，当时"三尖"尚未命名，故含混称之[50]。

《徐霞客游记》中也有作者因自己一时疏漏而造成错讹的问题。《游五台山日记》记述台怀有马跑泉与马跑寺，按《徐霞客游记》所记方位及里程，此处当即今所称之龙泉寺，位于五台山台怀镇西南五千米的九龙岗山腰，在万佛洞以北偏西，始建于宋代，原为杨家将的家庙，明代嘉靖间曾加以整修。寺东侧有一眼清澈的龙泉，龙泉寺亦因此得名。然而根据明释镇澄《清凉山志》，明代五台山台怀镇内及其附近计有佛刹六十八处，并无有关马跑寺及马跑泉之著录，亦无龙泉寺之著录。该书卷二所著录之龙泉寺则另有其处，即在东台外与阜平交界的旧路岭一带。长城岭东侧的阜平县西境有龙泉关，马跑寺与马跑泉恰在其附近。徐霞客游览五台山路线涵盖龙泉关与长城岭，而事后于无意中又张冠李戴，错将龙泉关附近的马跑寺与马跑泉一同位移至五台山九龙岗，造成讹误。值得一提的是，五台山龙泉寺是清代以后逐渐知名的，特别是民国间精雕石牌楼的树立以及山门外一百零八级台阶的建置，更令这座龙泉寺驰名海内。或许明末此处的杨氏家庙尚无正式寺名，故令徐霞客的记述发生混淆。或谓此处所记马跑泉与马跑寺乃清凉泉与古清凉寺之讹写，似非。

《徐霞客游记》提及的一些著名的植物或景观，如黄山的扰龙松与衡山的飞来船，今天皆已不存，令读者通晓其前世今生实为必要。以扰龙松为例,《游黄山日记》万历四十四年（1616）二月初七日日记云：“坞半一峰突起，上有一松裂石而出，巨干高不及二尺，而斜拖曲结，蟠翠三丈余，其根穿石上下，几与峰等，所谓‘扰龙松’是也。”（第23页）扰龙松，又称帝松，名列黄山七大名松之首。原松植根于始信峰与狮子峰之间的山谷散花坞中一巨石上，石与松竟然融合为一。李金水等《黄山扰龙松考》一文记述了扰龙松于万历四十一年（1613）始由吴郡文人黄习远命名，载于明潘之恒《黄海》：“由散花坞鸟道历二阜，见巨石屏立，上平如砥，一松高仅三尺，广覆盈亩，下视曲干撑石崖而出，殆长数仞，盖自上而下生，石为中裂以容合抱，其蜿蜒樛结，蛟舞虬偃，不足拟之，故题以‘扰龙’云。”[51]该文认为这是第一代扰龙松，并谓此松于清乾隆十二年（1747）前已枯死。此后巨石上又生一松，耸于岩尖，是为第二代扰龙松，形态与前者不同，即近人所谓“笔峰”或“梦笔生花”景观。此松又于1982年枯死，2004年3月黄山园林部门又为笔峰成功移植另一棵松树，堪称第三代扰龙松。然而考清刘大櫆撰于乾隆二十九年（1764）的《游黄山记》，对扰龙松仍有如下记述：“散花坞亦千峰排列壑底……而一峰拔壑而起，独立无倚，可十丈，有松焉，其根长二丈余，蜿蜒出走，未知其干所在，循峰右转，则见峰有裂罅，而松于罅中直上达顶，露其半，可窥，更旁裂一石，乃屈曲蟠结于峰顶之四周，而横曳一枝复下垂者，其长犹三丈，名其松曰扰龙。”[52]此文可证所谓“第一代扰龙松”于清乾隆中仍健在，枯死时间当在清末叶。

诸如扰龙松一类极为有趣的问题，在《徐霞客游记》中在所多有，作者笔下的木胆、优昙树、蛱蝶树、龙女树、扶留藤等，林林总总，皆能引来读者的关注，凸显了云南植被品类的丰富多彩。山茶花、杜鹃花与花红，虽并非滇地所独有的植物，但因地域气候关系，仍保留许多有别于其他产地品种的特征。《徐霞客游记》中有关岩溶地貌的记述更能引人入胜，若在注释中参考有关学者的地学研究成果，并以《徐霞客游记》中有关联的记述相互印证，就如作者在《徐霞客游记》中描述某一景观而有意前后对照呼应一样，这对于提高《徐霞客游记》的认识价值当有事半功倍之效。

本书注释中尽量多地引用相关方志稗乘或正史材料，并对某些地名尝试用方志有关著录或清初顾祖禹所著《读史方舆纪要》佐证《徐霞客游记》，同时注意引证霞客前人、同时人或后人游记中的材料，以令读者有所比照参考，加深印象。总之，“知之为知之，不知为不知”，本书遇到《徐霞客游记》中地名方位不清时，概以“位置不详”为释，以便给方家留下进一步辨识的乐趣。“点评”与“旁批”作为对“注释”的一种补充，特别是后者，如果善于利用，将会有助于读者全面把握一篇游记的宗旨所在。

《徐霞客游记》内容包罗万象，是一部百科全书式的日记，前人研究成果已极其丰富，若欲“更上一层楼”实属不易。本书初稿完成后，审订组专家陈庆江、周晓薇、徐建春三位先生认真负责，无论从宏观上还是从微观上，皆评审到位，并有针对性地提出了宝贵意见，对本书修订大有裨益。《中华传统文化百部经典》编纂办公室张洁女士、马超先生在组稿、定稿中为人作嫁，不辞辛苦。在本书即将出版之际，对以上诸位先生谨致谢忱。书中如有不妥之处，祈读者不吝赐教。

2022 年 7 月

① 丁文江编《徐霞客游记》卷二〇，商务印书馆 1928 年版，第

43 页。丁编本主要根据清嘉庆十三年（1808）叶廷甲刊本《徐霞客游记》重加标点问世，而叶本则以清乾隆四十一年（1776）徐霞客族孙徐镇所始刊之《徐霞客游记》为底本。嘉庆本与乾隆始刊本分卷与篇目、附录等皆同，凡十卷，每卷各分上、下。丁编本重编为二十卷，末卷即第二十卷，是为“外编”，除收录徐霞客有关诗文外，还收录了其友人的题赠诗文等，其中包括钱谦益的《嘱徐仲昭刻游记书》《嘱毛子晋刻游记书》尺牍二通。此二通尺牍，钱谦益的《初学集》《有学集》《牧斋杂著》等皆未见收录。丁文江《重印〈徐霞客游记〉及新著年谱序》有云：“惟叶本又有旧印新印之分：旧印本不载钱牧斋所作传，仅载其二书，其一下有其名而后涂去（叶氏藏版，原为乾隆间徐镇所刻；叶氏仅为添补修正。传另立一页，去之甚易；书牍则篇幅相连，故仅去作者之名）。盖当日距乾隆时不远，钱氏著作，列在禁书，故有所忌讳，新印本则载其传而隐其名。”已迁址北京的商务印书馆于 1986 年重印丁文江编《徐霞客游记》。

② 《徐霞客传》，见（清）钱谦益著，（清）钱曾笺注《牧斋初学集》卷七一，上海古籍出版社 1985 年版，第 1593—1594 页。

③ 丁文江编《徐霞客游记》卷二〇，第 46 页。

④ （明）田汝成辑撰《西湖游览志馀》卷二〇，上海古籍出版社 1958 年版，第 371 页。

⑤ （梁）刘勰著，陆侃如、牟世金译注《文心雕龙译注》，齐鲁书社 1995 年版，第 144 页。

⑥ （清）王士禛撰《香祖笔记》卷一〇，上海古籍出版社 1982 年版，第 206 页。

⑦ ［英］李约瑟著《中国科学技术史》第五卷《地学》，《中国科学技术史》翻译小组译，科学出版社 1976 年版，第 62 页。

⑧ （汉）司马迁撰《史记》卷一三〇《太史公自序》，中华书局

1959 年版，第 3293 页。

⑨ 陈桥驿《晚明三位旅行家评述》，见徐霞客逝世 360 周年纪念活动暨学术研讨会组委会:《徐霞客逝世 360 周年纪念文集》,2001 年版，第 6—10 页。

⑩（清）魏禧《读史方舆纪要 · 叙》，见（清）顾祖禹撰《读史方舆纪要》，贺次君、施和金点校，中华书局 2005 年版，第 1 页。

⑪（清）永瑢等撰《四库全书总目》卷七一，中华书局 1965 年版，第 629 页。

⑫ 丁文江编《徐霞客游记》卷首，第 1 页。

⑬（元）脱脱等撰《宋史》卷四一八《文天祥传》，中华书局 1977 年版，第 12534 页。

⑭（汉）司马迁撰《史记》卷一三〇《太史公自序》，第 3319—3320 页。

⑮（南朝 · 宋）范晔撰，(唐)李贤等注《后汉书》卷二四《马援传》，中华书局 1965 年版，第 838 页。

⑯（唐）韩愈《送李愿归盘谷序》，见余冠英、周振甫、启功，等主编《唐宋八大家全集》，国际文化出版公司 1997 年版，第 187 页。

⑰《日记》，见海子著，荣光启选编《那幸福的闪电：海子经典抒情短诗精选》，湖南文艺出版社 2015 年版，第 126 页。

⑱ 丁文江编《徐霞客游记》卷二〇，第 47 页。

⑲（明）徐弘祖撰，朱惠荣校注《徐霞客游记校注》，中华书局 2017 年版，第 275 页。本“导读”以下称引中华书局本《徐霞客游记校注》即于引文后括注此本页码，不另出注，以省篇幅。

⑳（明）袁宏道著，钱伯城笺校《袁宏道集笺校》卷六《锦帆集 · 尺牍 · 陶石篑》，上海古籍出版社 1981 年版，第 286 页。

㉑ 赵伯陶《17 世纪：小品精神的末路》，《武汉大学学报（人文科

学版）》2003 年第 5 期。

㉒（明）王思任撰《王季重杂著·游唤·石门》，伟文图书出版社有限公司 1977 年版，第 749 页。

㉓（明）宋懋澄撰《九籥集》卷二《积雪馆手录序》，中国社会科学出版社 1984 年版，第 49 页。

㉔（明）袁宏道著，钱伯城笺校《袁宏道集笺校》卷五五《未编稿·诗　尺牍·答小修》，第 1617 页。

㉕（明）王士性撰《五岳游草·自序》，周振鹤点校，中华书局 2006 年版，第 24—25 页。

㉖（唐）房玄龄等撰《晋书》卷七七，中华书局 1974 年版，第 2047 页。

㉗ 杨伯峻译注《孟子译注》，中华书局 1960 年版，第 158 页。

㉘（元）揭傒斯《揭傒斯全集·诗集》卷八，李梦生标校，上海古籍出版社 1985 年版，第 231 页。

㉙（宋）苏轼《答张文潜书》，见余冠英、周振甫、启功，等主编《唐宋八大家全集》，第 3461 页。

㉚（汉）袁康、吴平辑录，俞纪东译注《越绝书全译》卷一一《越绝外传记宝剑第十三》，贵州人民出版社 1996 年版，第 220 页。

㉛（明）袁宏道著，钱伯城笺校《袁宏道集笺校》卷五一，第 1471 页。

㉜《全唐诗》卷一四四，中华书局 1960 年版，第 1461 页。

㉝ 余嘉锡撰《世说新语笺疏》，周祖谟、余淑宜整理，中华书局 1983 年版，第 746 页。

㉞（汉）班固撰《汉书》卷五〇，中华书局 1962 年版，第 2313 页。

㉟（汉）班固撰《汉书》卷六四下，第 2823—2825 页。

㊱《国语》卷二一《越语》下，上海师范大学古籍整理组校点，上

海古籍出版社 1978 年版，第 652 页。

㊲ 周勋初主编《唐人轶事汇编》卷一四，上海古籍出版社 1995 年版，第 700 页。

㊳（清）王琦注《李太白全集》卷五，中华书局 1977 年版，第 304 页。

㊴ 杨载田《徐霞客闽游与福建丹霞风景名胜及其开发》，《热带地理》2001 年第 1 期。

㊵ 陶犁《徐霞客与云南喀斯特旅游资源》，《云南教育学院学报》1995 年第 2 期。

㊶ 陈计兵《徐霞客——世界喀斯特地貌研究之父》，《地理教学》2013 年第 2 期。

㊷ 杨伯峻编著《春秋左传注》“僖公二十八年”，中华书局 1981 年版，第 458 页。

㊸（南朝·宋）范晔撰，（唐）李贤等注《后汉书》卷二四，第 846 页。

㊹（明）徐弘祖《徐霞客游记》，上海古籍出版社 2016 年版，第 43 页。

㊺（明）徐弘祖《徐霞客游记》，第 468 页。

㊻（明）黄汝亨撰《寓林集》卷一〇《游白岳记》，见《续修四库全书》编纂委员会编《续修四库全书》集部，第 1369 册，上海古籍出版社 2002 年版，第 122 页。

㊼（明）黄汝亨撰《寓林集》卷一〇《游黄山记》，见《续修四库全书》编纂委员会编《续修四库全书》集部，第 1369 册，第 118 页。

㊽（清）顾祖禹撰《读史方舆纪要》卷八〇《湖广六·湘潭县·湘江》，贺次君、施和金点校，中华书局 2005 年版，第 3755 页。

㊾ 阮伯林编《雁荡山古代游记选注》，西藏人民出版社 2003 年版，

第 126 页。

⑳ 阮伯林《雁山片石 · 曾造雁山绝顶百岗尖——徐霞客在雁山一段被人忽视的游踪》，香港天马图书有限公司 2002 年版，第 71—72 页。

51 李金水、叶要清、汪治平《黄山扰龙松考》，《徽州社会科学》2013 年第 8 期。

52 （清）刘大櫆《刘大櫆集》卷九《游黄山记》，吴孟复标点，上海古籍出版社 1990 年版，第 288 页。

徐霞客游记

游天台山日记[1] 浙江台州府[2]

癸丑之三月晦[3]　自宁海出西门[4]。云散日朗，人意山光[5]，俱有喜态。三十里，至梁隍山[6]。闻此地於菟夹道[7]，月伤数十人，遂止宿焉。

外出旅游即拥抱自然，移情于山色，即把自己的情感转移到客观事物“山光”，仿佛外物也染有作者欣喜的情感。在旅游中讨生活，恍如佛家之“得大自在”。

［注释］

[1] 天台（tāi）山：位于今浙江省中东部，地处宁波、绍兴、金华、温州四市的交界地带，在今台州市天台县北，主峰华顶峰（或称华顶山），海拔 1110 米，山体主要由花岗岩构成，多悬崖、

峭壁、瀑布。清顾祖禹《读史方舆纪要》卷九二《浙江四·台州府》云："天台山，县北三里。一名桐柏山，亦名大小台山，以石桥大小得名……《山经》：'天台超然秀出，入山者路由福溪，水险而清，前有石梁，下临绝涧，逾梁而上。攀藤梯壁，始得平路，其诡异奇秀，非记载所能尽也。'今在县北者曰赤城山，土皆赤色，状似云霞，俨如雉堞，孙绰所云'赤城霞起而建标'者。西有玉京洞，道书以为第六洞天。"此地为我国佛教天台宗的发源地，有华顶寺与国清寺等古刹（chà）。《天台县志》第三编《天台山·自然景观》云："天台山（包括大雷山的一部分）'顶对三辰，或曰当牛、女之分，上应台宿，故名'（见《十道志》）。其主要山峰有赤城山、桐柏山、紫凝山、寒石山及华顶峰、玉霄峰、双女峰等十一山二十七峰。山峰蜿蜒起伏，景色奇丽。" [2] 台（tāi）州府：明洪武初改元台州路置，隶浙江布政司，治所在其附郭县临海县（今浙江临海市）。辖境相当于今浙江临海、台州温岭、天台、仙居、宁海、三门等地。 [3] 癸丑之三月晦（huì）：明神宗万历四十一年三月三十日，即 1613 年 5 月 19 日。晦，农历每月的最后一日。2001 年 5 月 19 日，浙江宁海徐霞客旅游俱乐部向社会发出设立"中国旅游日"的倡议，建议把《徐霞客游记》首篇《游天台山日记》开篇之日（5 月 19 日）定名为中国旅游日。2011 年 3 月 30 日，国务院常务会议通过决议，自 2011 年起，每年 5 月 19 日为"中国旅游日"。 [4] 宁海：县名，明属台州府，今属浙江宁波。 [5] 人意山光：谓人的情绪与山的景色。 [6] 梁隍山：即梁皇山，或称梁王山，又称桐柏山，在今宁海县城西南 11.4 千米处，主峰海拔 768 米。明崇祯《宁海县志》卷一《山川》云："梁王山，西三十里。旧传梁太清末侯景作乱，陈霸先兵起，有王子避地于此，故名。或以为宣帝瞽也。" [7] 於菟（wūtú）：虎的别称。《左传》宣公四年云："楚人谓乳谷，谓虎於菟。"唐陆德明《释文》:“於，音乌。”这里当指华南虎，在今天台山一带早已绝迹。

四月初一日 早雨。行十五里，路有歧[1]，马首西向台山[2]，天色渐霁[3]。又十里，抵松门岭[4]，山峻路滑，舍骑步行。自奉化来[5]，虽越岭数重，皆循山麓[6]；至此迂回临陟[7]，俱在山脊。而雨后新霁，泉声山色，往复创变[8]，翠丛中山鹃映发[9]，令人攀历忘苦。又十五里，饭于筋竹庵[10]。山顶随处种麦。从筋竹岭南行[11]，则向国清大路[12]。适有国清僧云峰同饭[13]，言此抵石梁[14]，山险路长，行李不便，不若以轻装往，而重担向国清相待[15]。余然之，令担夫随云峰往国清，余与莲舟上人就石梁道[16]。行五里，过筋竹岭。岭旁多短松[17]，老干屈曲，根叶苍秀，俱吾阊门盆中物也[18]。又三十馀里，抵弥陀庵[19]。上下高岭，深山荒寂，恐藏虎，故草木俱焚去。泉轰风动，路绝旅人。庵在万山坳中[20]，路荒且长，适当其半，可饭可宿。

山路险峻，雨后尤其难行，但有泉水叮咚盈耳，有杜鹃花缤纷满目，跋涉之艰辛何有于我！《世说新语·言语》所谓“从山阴道上行，山川自相映发，使人应接不暇。”古人早有此经验。

旧时读书人案头清玩，即清雅的玩品，常用以寄托其闲情逸致，盆景小巧玲珑，有纳须弥于芥子之效，最适于书房摆设。

[**注释**]

[1] 歧：岔路，这里当指岔路镇，位于宁海县西南部，距县城约 15 千米，为明清时期的通衢要道。 [2] 台（tāi）山：即天台山。 [3] 霁（jì）：雨止天晴。 [4] 松门岭：位于今宁海县岔路镇西南，是上金村至黄泥塘之间的山岭，属于王爱山脉。 [5] 奉化：明代县名，属宁波府，即今浙江宁波市奉化区。 [6] 山麓：山脚。 [7] 临：由上看下，居高面低。陟（zhì）：由低处向高处走。 [8] 创变：改变。 [9] 山鹃：即杜鹃花，也称映山红，常绿或落叶灌木，全属约 850 种，中国约有 560 种，80% 以上的种类集中分布于云南、西藏和四川。叶卵状椭圆形。春季开花，花冠阔漏斗形，红色，是著名的观赏植物。这里当指当地粉红色的云锦杜鹃。映发：照耀，辉映。 [10] 筋竹庵：故址位于王爱山高塘村（即王爱山村）。徐霞客《游天台山日记后》崇祯五年（1632）三月十五日日记云："饭于筋竹岭庵，其地为宁海、天台界。"据周明礼《开篇第一庵——筋竹庵考》（见中国地质学会徐霞客研究分会、江阴市人民政府编：《徐霞客研究》第 32 辑，地质出版社 2016 年版），筋竹庵与位于宁海、天台界的筋竹岭庵相距五里。 [11] 筋竹岭：当即今所称之金岭、金竹岭。明崇祯《宁海县志》卷一《山川》云："筋竹岭，西六十里。"此地当以盛产筋竹得名。筋竹，一种中实而强劲的竹，竹梢尖锐，可作矛用。 [12] 国清：即国清寺，位于天台县城北六里，隋开皇十八年（598）晋王杨广命司马王弘建。初名天台寺，老僧定光示谶于智者谓："寺若成，国即清。"故改今名。唐武宗灭佛，寺被毁，后经重建。现存建筑为清雍正十二年（1734）重修，1973 年又经全面整修。为汉传佛教天台宗祖庭，今为省级重点文物保护单位。 [13] 云峰：国清寺僧人法号，生平不详。 [14] 石梁：即"石梁飞瀑"，一名石桥，位于天台县城北三十里石桥山中，为"天

台八景”之一。两崖峭壁对峙，一长两丈、厚约六尺长石横跨其间，上如牛脊，狭处不足尺，涧水穿梁下而过，从高约六丈的峭壁飞泻碧泓潭。石梁左侧有宋人米芾所书“第一奇观”四字，宋人建中方广寺、下方广寺在其附近。唐孟浩然《寻天台山》诗：“高高翠微里，遥见石梁横。” [15] 重担：斤量重的担子。相待：等待。 [16] 莲舟上人：作者家乡江阴迎福寺僧人，与徐霞客结伴旅游天台、雁荡诸山。上人，道德高尚的人，自南朝宋以后，多用作对和尚的尊称。 [17] 短松：指植物分类学中的日本五针松，属于观赏类松柏植物。或谓金松，唐李德裕《春暮思平泉杂咏二十首·金松》（出天台山，叶带金色）诗：“台岭生奇树，佳名世未知。纤纤疑大菊，落落是松枝。” [18] 阊（chāng）门盆中物：指以苏州为中心的苏派盆景，成于唐宋，兴于明清，以树桩盆景为主，常用的树种有松、柏、雀梅、榔（láng）榆、黄杨、三角枫、石榴、鸟不宿等，古雅质朴，老而弥健，气韵生动。阊门，苏州城西城门名，这里指代苏州。徐霞客为江阴人，明代江阴属常州府，与苏州府接壤。 [19] 弥陀（tuó）庵：据今人奚援朝先生田野考察，弥陀庵故址当在今天台县泳溪乡杨家岙村北的山坳中，据称：“上世纪 50 年代还有倒塌的旧屋，但在‘大跃进’时被拆除，庵基被夷成平地，石块被用作砌筑地坎。”（参见《徐霞客进天台山之路线考——中国旅游日，不妨重走霞客路》，《台州晚报》2013 年 5 月 14 日）。 [20] 坳（ào）：山间的平地。

初二日 饭后，雨始止。遂越潦攀岭[1]，溪石渐幽。二十里，暮抵天封寺[2]。卧念晨上峰顶[3]，以朗霁为缘[4]，盖连日晚霁，并无晓晴。及五更梦中[5]，闻明星满天，喜不成寐。

缘分可遇而不可求，随遇而安，方称达人。晋葛洪《抱朴子·行品》云：“顺通塞而一情，任性命而不滞者，达人也。”

"一日之计在于晨"，晓雨晚霁，不利于旅人攀山越岭。是以梦寐以求者，不过晓晴而已。古语有云："未晚先投宿，鸡鸣早看天。"古代旅人心理，不可不知。

[注释]

[1] 潦（lǎo）：雨后的积水。 [2] 天封寺：故址位于今天台县东北二十六里天封村，南朝陈太建七年（575）智顗建，五代后汉乾祐中（948—950）改智者院，宋治平三年（1066）改天封寺。20 世纪 60 年代中毁于大火。 [3] 峰顶：华顶峰顶。华顶峰为天台山主峰，位于天台县城东北 30 千米。清顾祖禹《读史方舆纪要》卷八九《浙江一・天台》云："华顶峰，在县东北六十里，周回百馀里，高万丈。绝顶东望沧海，俗称望海尖。少晴多晦，夏犹积雪，自下望之，若莲花之萼，亭亭独秀，因名。此天台之第八重，为最高处，李白云'天台邻四明，华顶高百越'是也。"唐灵澈《天姥岑望天台山》诗："天台众峰外，华顶当寒空。有时半不见，崔嵬在云中。"《天台县志》第三编《天台山・自然景观》载，华顶峰，在县东北 30 千米，顶峰高 1110 米，登绝顶望沧海，弥漫无际，号望海尖，下瞰众山，如龙虎盘踞、旗鼓布列之状。群峰犹如莲华，此峰为华心之顶，故名。相传南朝高僧智顗与唐高道司马承祯曾在此宴坐修真。旁有古迹葛玄丹井、王羲之墨池、李白读书堂等。华顶下有善兴寺，或称华顶寺，五代晋天福元年（936）德韶大师建，后改名华顶圆觉道场，几经兴废，今存者已非旧观。 [4] 朗霁为缘：以峰顶天气晴好为旅人缘分。 [5] 五更：旧时分黄昏至拂晓一夜间为甲、乙、丙、丁、戊五段，称"五更"，又称"五鼓""五夜"。五更相当于现代计时的凌晨 3—5 点。

黄经洞本系自然景观，附会书圣藏其《黄庭经》墨迹，又成人文景观。洞口为带发修行者堵塞，犹如焚琴煮鹤般大煞风景，真令崇尚自然者惋惜。

初三日 晨起，果日光烨烨[1]。决策向顶。上数里，至华顶庵[2]；又三里，将近顶，为太白堂[3]，俱无可观。闻堂左下有黄经洞[4]，乃从小径。二里，俯见一突石，颇觉秀蔚[5]。至则一发僧结庵于前[6]，恐风自洞来，以石甃塞其门[7]，大为叹惋[8]。复上至太白，循路登绝顶。荒草靡靡[9]，山高风冽[10]，草上结霜高寸许，而四山回映[11]，琪花玉树[12]，玲珑弥望[13]。岭角山花盛开[14]，顶上反不吐色[15]，盖为高寒所勒耳[16]。

［注释］

[1] 烨烨（yèyè）：灿烂，鲜明。 [2] 华顶庵：当指华顶茅蓬之一。所谓“茅蓬”，分布于华顶最高处至华顶寺四周，多用石块砌墙，木板为壁，屋顶上盖有厚厚茅草，为旧时僧尼修炼之所。茅蓬或以“庵”为名，分东茅蓬和西茅蓬两大片，其名如不昧居、慧明庵、天兴庵、法镜院、文殊院、兜率寺、彩云庵、高茅蓬、宝云寺、香林庵以及至今尚存的药师庵、长春庵、耕耘庵等。 [3] 太白堂：传说为唐代诗人李白读书处。明王士性《五岳游草》卷四《越游上·入天台山志》云：“度莲花峰下，为华顶禅林。出其左三里，逾岭有王右军墨池焉，上为太白堂，堂废池存。” [4] 黄经洞：传说曾经贮藏晋王羲之所书写《黄庭经》的山洞，在天台山拜经台下西南坡的峰谷中，有一处三面临空的石洞，洞口朝东南，呈倒三角形，与崖顶相通。据说东晋道士许元度（字紫真，号白云先生）曾传授王羲之“永”字八法，王羲之为此书写了《黄庭经》。 [5] 秀蔚：山陵秀美，草木繁茂。明宋濂《元故秘书郎萧府君阡表》曰：“所居溪山秀蔚，高阁崇榭，连冈跨陌，

“向阳花木易为春”，山地存在垂直温差，导致同种植物花期有异。类似观点，将近两百年后的1806年才由德国地理学家洪堡（1769—1859）提出。

徐建春《徐霞客游浙日记管窥》载：“我们在天台山考察后，发现了如下的植物垂直带谱：600米以下，以马尾松为主；600—800米，以短叶松（黄山松）、毛竹、柳杉为主；800米以上以矮小的茅草、小竹、野黄花菜为主。这与霞客的记载多有吻合。”（见中国科协、中国地理学会、中国国土经济研究会，等编：《纪念徐霞客诞辰四百周年文集》，1987年）。

丛错如画。” [6] 发僧：或称“行者”，指居住佛寺但留着头发修行的人。结庵：指构筑简易的僧房。 [7] 甃（zhòu）塞（sè）：砌石堵塞。 [8] 叹惋：嗟叹惋惜。晋陶渊明《桃花源记》曰：“此人一一为具言，所闻皆叹惋。” [9] 靡靡：草随风倒伏貌。战国楚宋玉《高唐赋》曰：“薄草靡靡，联延夭夭。” [10] 风冽（liè）：指风寒冷。 [11] 回映：回环掩映。 [12] 琪花玉树：古人谓仙境中的花木，这里用以形容寒霜中的花木景象。元杨维桢《梦游沧海歌》云：“风光长如二三月，琪花玉树不识人间秋。” [13] 玲珑：明彻貌。弥望：充满视野。 [14] 岭角：即“山角”，指山的转角向外突出处。北魏郦道元《水经注·巨洋水》曰：“水出剧县南角崩山，即故义山也。俗人以其山角若崩，因名为角崩山。”山花：当指当地山矾科植物的花，在我国东南一带有分布。 [15] 吐色：指开花。 [16] 勒：阻止。

石梁全长约7米，梁下有洞高约2.3米，桥下有一瀑飞挂，落差约有35米。人在石梁之下仰望，唯见水从天降，声如轰雷，气象万千。

仍下华顶庵，过池边小桥，越三岭。溪回山合[1]，木石森丽[2]，一转一奇，殊慊所望[3]。二十里，过上方广[4]，至石梁，礼佛昙花亭[5]，不暇细观飞瀑。下至下方广，仰视石梁飞瀑，忽在天际。闻断桥、珠帘尤胜[6]，僧言饭后行，犹及往返。遂由仙筏桥向山后[7]。越一岭，沿涧八九里，水瀑从石门泻下，旋转三曲。上层为断桥，两石斜合，水碎迸石间，汇转入潭；中层两石对峙如门，水为门束，势甚怒；下层潭口颇阔，泻处如阈[8]，水从坳中斜下。三级俱高数丈，各极神奇，但循级而下，宛转处为曲所遮，不能一望尽收。又里许，为珠帘水，水倾下处甚平阔，其势散缓，滔滔汩汩[9]。余赤足跳草莽中[10]，揉木缘崖[11]，莲舟不能从。暝色四下[12]，始返。停足仙筏桥，观石梁卧虹[13]，飞瀑喷雪，几不欲卧。

［注释］

[1] 回：围绕。合：合拢。《山海经·大荒西经》云："西北海之外，大荒之隅，有山而不合，名曰不周负子。" [2] 森丽：繁茂秀丽。 [3] 慊（qiè）：满足，满意。《孟子·公孙丑上》云："行有不慊于心，则馁矣。"汉赵岐注："慊，快也。" [4] 上方广：即上方广寺，故址位于今天台县北四十六里处，原有上、中、下三座古刹，上寺于20世纪60年代初被焚毁。 [5] 礼佛：顶礼于佛，拜佛。昙花亭：位于中方广寺大雄宝殿前，登亭可以俯视"石梁飞瀑"的壮观。 [6] 断桥、珠帘："天台八景"之一"铜壶滴漏"附近的两处景观。断桥，在"石梁飞瀑"的下游，以两岸巨石几乎相合，故称。珠帘，即下文所述"珠帘水"，在断桥以北。 [7] 仙筏桥：位于"石梁飞瀑"下游的一座老石拱桥。立于桥上，"石梁飞瀑"可尽收眼底。 [8] 阈（yù）：门槛。 [9] 滔滔汩汩（gǔgǔ）：水涌流貌。 [10] 草莽：草木丛生的荒原。 [11] 揉木缘崖：攀援树木，沿着悬崖而行。揉，牵引，攀援。 [12] 暝色四下：暮色四面垂下。暝色，暮色。 [13] 石梁卧虹：形容石梁如虹横跨。

虹，桥的代称。南朝梁简文帝《石桥》诗："写虹便欲饮，图星逼似真。"

初四日 天山一碧如黛[1]。不暇晨餐，即循仙筏上昙花亭，石梁即在亭外。梁阔尺馀，长三丈，架两山坳间。两飞瀑从亭左来[2]，至桥乃合流下坠，雷轰河隤[3]，百丈不止。余从梁上行，下瞰深潭，毛骨俱悚。梁尽，即为大石所隔，不能达前山，乃还。过昙花，入上方广寺。循寺前溪，复至隔山大石上，坐观石梁。为下寺僧促饭，乃去。饭后，十五里，抵万年寺[4]，登藏经阁[5]。阁两重，有南北经两藏[6]。寺前后多古杉[7]，悉三人围[8]，鹤巢于上[9]，传声嘹呖[10]，亦山中一清响也。是日，余欲向桐柏宫觅琼台、双阙[11]，路多迷津[12]，遂谋向国清。国清去万年四十里，中过龙王堂[13]。每下一岭，余谓已在平地，及下数重，势犹未止，始悟华顶之高，去天非远[14]！日暮，入国清，与云峰相见，如遇故知，与商探奇次第[15]。云峰言："名胜无如两岩[16]，虽远，可以骑行。先两岩而后步至桃

明王士性《五岳游草》卷四《越游上·入天台山志》云："又循鸟道二十里而至石梁，山壁对峙，一巨石如长虹横架之，龟背莓苔，广不盈咫，前临万仞壑。上游涧水二，并流堕石梁下，如雷霆昼夜鸣。非遗生死，真莫能度。上有昙华亭，楹半外垂。"

源[17]，抵桐柏[18]，则翠壁、赤城[19]，可一览收矣[20]。”

［注释］

[1] 黛：青黑色。南朝宋鲍照《登大雷岸与妹书》云：“从岭而上，气尽金光，半山以下，纯为黛色。” [2]“两飞瀑从亭左来”二句：是说“石梁飞瀑”的水源有两道，东为金溪，西为大兴坑溪，两溪至中方广寺附近合流，至石梁下喷坠而下，直泻深谷。 [3] 雷轰河隤（tuí）：形容飞瀑如雷声轰鸣，似河堤崩溃。隤，底本作“隙”，此从上古本。 [4] 万年寺：位于天台县城西北三十里万年山麓。《天台山全志》卷六云：“唐太和七年（833）创平田禅院，八峰回抱，双涧合流，以为真福田也，梁龙德中改名福田，宋雍熙二年改寿昌寺，敕造罗汉像五百十六身。”寺中有览众亭、妙莲亭、藏（zàng）经阁等。屡经兴废，今仅存大雄宝殿、金刚殿、后殿。 [5] 藏经阁：寺院讲经说法藏经的场所，一般建于寺院后身，多为两层楼阁式建筑。据明释传灯《天台山方外志》载，万历十五年（1587），慈圣皇太后颁赐藏经并紫方袍。万年寺藏经阁为王士性族叔王宗沐所建，以收藏万历帝母亲李太后（1545—1614）即慈圣皇太后所赐大藏经。王宗沐（1523—1592），字新甫，号敬所，临海（今浙江台州）人，嘉靖二十三年（1544）进士，历官刑部左侍郎，卒赠刑部尚书。明王士性《五岳游草》卷四《越游上・入天台山志》云：“（万年寺）门外巨杉百本，其大参天，凡供五百大士，必于是邀请。家司寇公建阁其后，藏向慈圣所赐经。” [6] 南北经两藏：即南藏与北藏两部《大藏经》。明朝永乐年间（1403—1424），明成祖下诏南京与北京分别写录、翻刻《大藏经》，是为南藏、北藏。南藏，明初在京师应天府（今

江苏南京）刻成的官版《大藏经》，通称为南藏。南藏实际刻过两次，初刻于洪武年间，再刻于永乐年间。初刻完成不久就遭火灾焚毁，印本流传既少，文献记载又不分明，因而后人都只认永乐刻本为南藏，而不知道有刻印两次的事。 [7] 古杉：当指柳杉，又名孔雀杉，属常绿乔木，高可达 40 米，胸径可达 3 米。树冠呈尖塔形或卵圆形，小枝下垂，叶钻形，螺旋状互生。 [8] 三人围：指树围需三人手接手合抱。 [9] 鹤：有论者据明释传灯《天台山方外志》卷一三《异产考・禽属》并无有关鹤栖居的著录，认为文中所记者当为与鹤形体近似的白鹳［参见陈谅闻：《天台山旅游路线设计的重要依据——论徐霞客天台行的旅游路线》，《浙江大学学报（人文社会科学版）》1999 年第 29 卷第 2 期］。白鹳，这里当指分布于中国东部的东北亚种，或名黑嘴白鹳，体形修长，嘴长而直，颈与腿亦长，体纯白，但肩羽、两翅的大覆羽、初级覆羽及飞羽等均呈光辉黑色，眼周、颊部裸区及腿脚均为红色。夏季繁殖，在大树高处以枝桠、茅草等营巢，是一种珍稀的观赏鸟类。 [10] 嘹呖（liáolì）：形容声音响亮凄清。《宣和遗事》后集云："俄空中雁声嘹呖，自北而南。" [11] 桐柏宫：即桐柏观，故址位于今天台县北桐柏山中，唐景云二年（711）司马承祯建，宋张伯端著《悟真篇》于此，创南宗（紫阳派），遂成为道教东南圣地。20 世纪 70 年代初因建水库，桐柏观沉入水底。琼台、双阙：指琼台山两处岩石景观。琼台山位于今天台县北。晋孙绰《游天台山赋》云："双阙云竦以夹路，琼台中天而悬居。"《天台县志》第三编《天台山・自然景观》云："琼台、双阙两山，在县城西北 10 千米的百丈坑山谷中，为天台山风景菁华所在。从'百丈渡槽'循西灵溪北行，两旁山壁对峙……行 5 里，琼台、双阙隔坑相望……岗西端陡降，一峰拔地而起，迥然卓立，若美玉琢成的高台，此即琼台，恰如驼首，三面绝壁，唯峰肩有鸟道与驼颈相接。台呈矩形，大十多平方米……溪左，两峰门立，峭壁百丈，顶部略为平坦，颇似古代皇宫前面两侧的楼阙，故名双阙。北阙略高，奇岩瑰垒层叠，艳阳映照之下似七宝楼台。南阙稍低而夷，中为冲积扇。双阙如星拱月，朝向琼台。”徐霞客《游天台山日记后》崇祯五年（1632）四月十六日日记云：“峰前复起一峰，卓立如柱，高与四围之崖等，即琼台也。台后倚百丈崖，前即双阙对峙，层崖外绕，旁绝附丽。”又云：“琼台之奇，在中悬绝壑，积翠四绕。双阙亦其外绕中对峙之崖，非由涧底再上，不能登也。”另参见该日记初七日日记。　[12] 迷津：指道路迷失不清。津，渡口。　[13] 龙王堂：当即龙皇堂，吴语“王”“皇”不分。在天台县城北二十二里。明王士性《五岳游草》卷四《越游上・入天台山志》云：“别一岐而东行，既逾岭，折而西北数里，两崖如阙，巨石踞其表，罡风蓬蓬起，驱石如舞，人行不成步，即六月披裘而栗，名寒风阙。过阙数里为龙王堂。西岐乃去石梁，东则上华顶。”　[14] 去天非远：天台山主峰华顶，海拔 1110 米，言其与天相近，是文学夸张手法的运用。　[15] 探奇：寻找奇景。唐王维《蓝田山石门精舍》诗：“探奇不觉远，因以缘源穷。”次第：次序，顺序。　[16] 两岩：指明岩山与寒岩山。明岩山位于今天台县西南，与寒岩山同山相背。传说唐代寒山、拾得、丰干三僧曾隐居于此。宋王象之《舆地纪胜》卷一二云：“明岩在天台县西北七十里。岩前峭壁屹立，亦号幽石，其下窍穴逶邃，日光穿漏，怪石森然。”山中有狮口洞、初来洞、朝阳洞、仙人洞与石月岩、响岩、将军岩、合掌岩、仙人井等胜迹。寒岩山，一作寒石山，位于今天台县西南龙溪乡，在紫凝山西三十里。《舆地纪胜》卷一二云：“寒石山……寒山子尝居之，今呼为寒岩。”岩上有石室，旧有寒岩寺，今不存。　[17] 桃源：地名，在天台县城西北三十里。据南朝宋刘义庆《幽明录》，传为汉刘晨、阮肇入天台山采药遇仙处。桃源地处深山曲谷，桃源溪水依谷蜿蜒，有桃花坞、金桥潭、双女峰、迷仙坞、桃源洞、神女石诸景点，为“天台八景”之一。 [18] 桐柏：即桐柏山，位于今天台县北，为天台山支脉。《太平寰宇记》卷九八云：“桐柏山在县（宁海县）西五十里。《登真隐诀》云：其山八重，四面观之如一。金庭不死之乡，方四十里。”山有玉女、卧龙、紫霄、翠微、玉泉、莲华、华琳、香琳、玉霄九峰，故又称九峰山。相传三国吴葛玄炼丹于此。山中有桐柏观、元明宫、妙乐院与玉霄宫诸道院。《天台县志》第三编《天台山·自然景观》载，“桐柏山，在赤城山西北 5000 米，中心处为桐柏宫。三国吴赤乌元年（238），高道葛玄来此炼丹，建法轮院，后改崇道观，久废。唐代高道司马承祯、冯惟良等亦居此修炼”。 [19] 翠壁：指双阙，明王士性《五岳游草》卷四《越游上·入天台山志》云：“自桐柏西行，五里至琼台。台在大壑之心，石山突起，状如削瓜，下俯百丈潭，心骨惊悸。沿流南转至双阙，皆翠壁一抹，森倚相向，宋山人张无梦结趺焉，称仙人座。”另参见前文“桐柏宫”条注释。赤城：即赤城山，又名烧山，位于天台县西北约四里处，以石皆呈赤霞色，望之如城堞，故称。山体由层次分明的砂岩、砂砾岩构成，顶部较为平缓，最高处海拔 339 米。地质学称之为“丹霞地貌”。山多洞穴，以紫云、灵霞、玉京等洞较大。山顶有赤城塔，南朝梁时所建，故又称梁塔，1978 年重修。“赤城栖霞”为“天台八景”之一。 [20] 一览：即一次游赏。

山环水绕，相互映发，加之山间植被茂密，树木丛秀，怪石磊磊，置

初五日 有雨色，不顾，取寒、明两岩道，由寺向西门觅骑[1]。骑至，雨亦至。五十里至步头[2]，雨止，骑去。二里，入山，峰萦水映[3]，

木秀石奇，意甚乐之。一溪从东阳来[4]，势甚急，大若曹娥[5]。四顾无筏，负奴背而涉。深过于膝，移渡一涧，几一时[6]。三里，至明岩。明岩为寒山、拾得隐身地[7]，两山回曲，《志》所谓八寸关也[8]。入关，则四围峭壁如城。最后，洞深数丈[9]，广容数百人。洞外，左有两岩[10]，皆在半壁；右有石笋突耸[11]，上齐石壁，相去一线，青松紫蕊[12]，蓊苁于上[13]，恰与左岩相对，可称奇绝。出八寸关，复上一岩[14]，亦左向。来时仰望如一隙，及登其上，明敞容数百人。岩中一井，曰仙人井[15]，浅而不可竭。岩外一特石[16]，高数丈，上岐立如两人[17]，僧指为寒山、拾得云。入寺，饭后云阴溃散[18]，新月在天，人在回崖顶上[19]，对之清光溢壁[20]。

身其中，真令人心旷神怡。《文心雕龙》所谓“登山则情满于山”，是文人士大夫情怀。

新月之微光如水，洒落于崖壁，一派安谧景象。唐崔备《奉陪武相公西亭夜宴陆郎中》诗：“剪烛清光发，添香暖气来。”

［注释］

[1] 寺：指国清寺，位于赤城山以东。西门：指天台县城西门，位于国清寺西南。 [2] 步头：地名，位于天台县城以西偏北，在明岩山西北。或谓步头乃“埠头”之音讹，系旧时码头所在。 [3] 峰萦水映：山峰环绕并有水光辉映。 [4] 一溪：指始丰溪，又名大溪，流经今浙江省东部，为灵江最大支流，因流经旧始丰县境，故名。其源出金华市磐安县大盘山南麓，横贯天台

县中部，再折南入临海市，在三江村与永安溪汇合后称灵江。其支流有崔岙溪、三茅溪、苍山倒溪、雷马溪、小溪坑等，属于山溪性河流。东阳：明代县名，属金华府，在天台县以西偏北。治所即今东阳市（属浙江金华）。 [5] 曹娥：即曹娥江，又称柯水、上虞江，流经今浙江省东部，为钱塘江下游的最大支流，因汉代曹娥投江殉父故事而得名。源出金华市磐安县齐公岭，流经宁绍平原，最终在绍兴与上虞一带入钱塘江。曹娥江上游穿行山地，坡陡流急，属于山溪性河流，故作者以曹娥江比喻始丰溪。 [6] 一时：一个时辰，相当于现代计时的两小时。 [7] 寒山：唐代僧人兼诗人，姓氏、籍贯、生卒年均不详，因长期隐居台州始丰（今浙江天台）西之寒岩（即寒山），故号寒山子。与台州国清寺丰干、拾得友善，时相过从，传世诗歌三百馀首。拾得：唐代僧人兼诗人，幼孤，由天台国清寺丰干禅师收养为僧，故名“拾得”，有《丰干拾得诗》一卷传世。因寒山、拾得二人踪迹怪异，其典型形象总是满面春风，拍掌而笑，故被民间奉为“和”“合”二仙。文中谓明岩为寒山、拾得隐身地，系笼统言之。 [8] 八寸关：又称“八寸岩”，明岩峡谷最为狭窄之处，位于明岩寺以东，旧时仅容一人侧身而过，今因通路垫高，已非复旧观。徐霞客《游天台日记后》崇祯五年（1632）四月十七日日记云：“南转入明岩寺。寺在岩中，石崖四面环之，止东面八寸关通路一线。” [9] 洞：当指仙人洞，或称神龙通天洞。 [10] 岩：当谓石窟。唐杜甫《西枝村寻置草堂地，夜宿赞公土室二首》诗其一：“昨枉霞上作，盛论岩中趣。”五代齐己《赠岩居僧》诗：“石如麒麟岩作室，秋苔漫坛净于漆。” [11] 石笋：当指俗称之“螳螂钓蝉”石柱，或称“将军岩”，高约 40 米，围约 20 米，其上端与南崖相去咫（zhǐ）尺，有“一线天”之称，下文“上齐石壁，相去一线”即谓此。 [12] 青松紫蕊：当指马尾松及其雌花蕊。马尾松，常绿乔木，针叶细长柔软，淡绿色，雄花黄色，雌花紫色，果实长卵形，暗褐色。蕊，花蕊，植物的生殖器官，有雄、雌之分，雌蕊受雄蕊之粉，结成果实。 [13] 蓊苁（wěngcōng）：茂盛高耸貌。苁，通“摐”，高耸。 [14] 一岩：当指狮口洞，明岩北面山崖上的一处山洞。 [15] 仙人井：或称日月井，据说井水可医百病。 [16] 特石：单独之石，这里当指“合和石”，在狮口洞左上侧山崖。石柱高十馀米，顶部有两个球状风化物，俗称“和尚背道姑”“和尚背道妪”“目莲背母”。 [17] 岐：同“歧”，分开，岔出。 [18] 云阴：云翳（yì），阴云。溃散：被风吹散。 [19] 回崖：曲折的山崖。唐李绅《山出云》诗：“回崖时掩鹤，幽涧或随人。” [20] 清光：清亮的月光。

初六日 凌晨出寺，六七里至寒岩。石壁直上如劈，仰视空中，洞穴甚多。岩半有一洞[1]，阔八十步，深百馀步，平展明朗[2]。循岩右行，从石隘仰登[3]。岩坳有两石对耸[4]，下分上连，为鹊桥[5]，亦可与方广石梁争奇[6]，但少飞瀑直下耳。还饭僧舍，觅筏渡一溪。循溪行山下，一带峭壁巉崖，草木盘垂其上，内多海棠、紫荆[7]，映荫溪色[8]，香风来处，玉兰芳草[9]，处处不绝。已至一山嘴[10]，石壁直竖涧底，涧深流驶，旁无馀地[11]。壁上凿孔以行，孔中仅容半趾[12]，逼身而过[13]，神魄为动[14]。自寒岩十五里至步

有论者据明释传灯《天台山方外志》卷一三有关记述，认为“玉兰”即指早春先叶开花的落叶乔木玉兰，“芳草”则指天台上具有观赏或药用价值的多年生草本植物，如蕙兰、观音草（龙胆）、长生草（浙独活）等。参见陈谅闻《天台山旅游路线设计的重要依据——论徐霞客天台行的旅游路线》[《浙江大学学报（人文社会科学版）》1999 年第 29 卷第 2 期]。

头，从小路向桃源[15]。桃源在护国寺旁[16]，寺已废，土人茫无知者[17]。随云峰莽行曲路中[18]，日已堕，竟无宿处，乃复问至坪头潭[19]。潭去步头仅二十里，今从小路，反迂回三十馀里，宿。信桃源误人也[20]。

所谓“桃源误人”，文笔灵动，行文幽默，随意点染，即谐趣盎然。补此一句，绝非赘笔。

［注释］

[1] 一洞：当指搿石洞，因宋代大书法家米芾在洞中书有“潜真”二字，故又名潜真洞。今或径称寒岩洞。《清一统志》卷二二九云：“寒岩山，在天台县西南七十里，前有盘石，曰宴坐峰，上有石室，旧名搿石洞，上矗云汉，其下嵌空。为天台绝胜处。” [2] 平展：平整光滑。 [3] 石隘：石崖狭窄处。 [4] 岩坳：山岩间的低洼处。 [5] 鹊桥：在寒岩洞右半山上，两崖对峙，中架一石桥，桥洞高五六米，桥下冬夏无水，故称旱石梁，又称“鹊桥”。 [6] 方广石梁：指中方广寺附近的“石梁飞瀑”景观，参见前文“石梁”条注释。 [7] 海棠：落叶乔木，叶呈卵形或椭圆形，春季开花，白色或淡红色。品种颇多，多供观赏。紫荆：落叶乔木或灌木。叶圆心形，春开红紫色花，供观赏。 [8] 映荫（yìn）：即荫映，覆照，覆映。晋左思《吴都赋》云：“喧哗喤呷，芬葩荫映。” [9] 玉兰芳草：这里泛指山间的奇花异草。 [10] 已：随后。山嘴：山脚伸出去的尖端。 [11] 旁无馀地：或作“旁临无地”，犹言看不见地面。形容位置高渺或范围广袤。《楚辞·远游》云：“下峥嵘而无地兮，上寥廓而无天。视倏忽而无见兮，听惝恍而无闻。” [12] 半趾：半个脚掌。趾，脚。 [13] 逼身：缩紧身体，指以身靠紧石壁。逼，迫近，靠近。 [14] 神魄：心魄。

宋张耒《广化遇雨》诗："萧森异人境，坐视动神魄。" [15] 桃源：即桃源洞，一名刘阮洞。明释传灯《天台方外志》卷三《形胜考》云："刘阮洞，又名桃源洞，在县西北二十里十四都，护卫国寺东北。先是汉永平中，有刘晨、阮肇入山采药失道，见桃实食之，觉身轻。行数里至溪浒，有二女方笄，笑迎以归，留半载谢去。至家，子孙已七世矣。"另据南朝宋刘义庆《幽明录》，刘、阮后复入天台山寻访，旧踪渺然。 [16] 护国寺：故址位于今天台县白鹤镇宝相村，在天台县西北三十里，旧名般若寺。后周显德四年（957）建，僧德韶第九道场。宋大中祥符元年（1008）改为护国寺。清道光间寺遭大火焚毁。2012年始于原址重建。《游天台山日记后》崇祯五年（1632）四月十八日日记云："桃源在护国东二里，西去桐柏仅八里。" [17] 土人：世代居住本地的人。北魏郦道元《水经注・汶水》云："出谷有平丘，面山傍水，土人悉以种麦。" [18] 莽行曲路：指在无际荒草遮蔽的山间曲折行进。 [19] 坪头潭：即今天台县平桥镇。位于步头以东、桃源西南。或谓坪头潭乃"平头潭"之音讹，原来始丰溪流至平镇岩头下时，曾冲出一个几亩大的水潭，据说成人站在潭中，因水刚能漫过头顶而名"平头潭"，于是村镇皆因此潭而得名。 [20] 信桃源误人也：元杂剧中有王子一撰《误入桃源》，即用刘、阮事。徐霞客以"桃源误人"为自己寻觅桃源洞不得并走许多冤枉路解嘲，属于自我调侃。

初七日 自坪头潭行曲路中三十馀里，渡溪入山。又四五里，山口渐夹[1]，有馆曰桃花坞[2]。循深潭而行[3]，潭水澄碧，飞泉自上来注，为鸣玉涧[4]。涧随山转，人随涧行。两旁山皆石骨[5]，攒峦夹翠[6]，涉目成赏[7]，大抵胜在寒、明两岩间[8]。涧穷路绝，一瀑从山坳泻下[9]，势甚纵横[10]。出饭馆中，循坞东南行，越两岭，寻所谓“琼台”“双阙”，竟无知者。去数里，访知在山顶。与云峰循路攀援，始达其巅。下视峭削环转[11]，一如桃源，而翠壁万丈过之。峰头中断，即为双阙；双阙所夹而环者，即为琼台。台三面绝壁，后转即连双阙。余在对阙，日暮不及复登，然胜已一日尽矣[12]。遂下山，从赤城后还国清，凡三十里。

［注释］

[1] 山口：山与山交会的隘口。夹（xiá）：通“狭”，窄。 [2] 桃花坞：当为王士性在桃源景观附近所构筑者。明王士性《五岳游草》卷四《越游上·入天台山志》云：“又北行五里过清溪，入护国寺，寻桃源……中折有潭，清冽沁骨，名金桥潭……余乃于离别岩下，凿石通道，构一室于洞口为桃花坞，扁以‘俪仙’，屋头种桃千树，茶十畦，买山田二十双，计作菟裘（旧时谓告老隐居之所）。他日二娥，想当相俟于桃花碧落间也。” [3] 深潭：当指金桥潭。 [4] 鸣玉涧：位于桃花坞以西。明王士性《五岳游草》卷四《越游上·入天台山志》形容鸣玉涧：“绣壁夹涧，岩崿而立，水流乱石间，声如佩环者十里，三折乃至其奥。” [5] 石骨：坚硬的岩石。宋王炎《游砚山》诗：“涧水抱石根，石骨多

绀碧。”[6] 攒峦夹翠：指山峦会聚，掩映在翠色中。[7] 涉目成赏：映入眼帘的景物皆赏心悦目。[8] 胜：形容山水优美之所在。[9] 山坳：两山间的低下处。[10] 纵横：形容瀑布水流交错分散。[11] 峭削：指山峰陡峭如削。明顾起元《客座赘语》卷九《守心戒行》曰：“法堂后，山壁峭削，中开一洞，深数尺许，因构小屋附之。”环转：谓山峦环绕。[12] 一目：朱惠荣、李兴和译注的《徐霞客游记》出注“然胜已一目尽矣”云：“‘四库’本作‘然胜已一日兼收’。‘一目’原作‘一日’。上海中华图书馆印本作‘一目’，较合文意。《游黄山日记后》九月五日记有‘不能一目尽也’，亦可比对。”可参考。

初八日 离国清，从山后五里登赤城。赤城山顶圆壁特起[1]，望之如城，而石色微赤。岩穴为僧舍凌杂，尽掩天趣[2]。所谓玉京洞、金钱池、洗肠井[3]，俱无甚奇。

赤城山属于天台山唯一的丹霞地貌景观。丹霞地貌即在巨厚红色砂、砾岩层中沿垂直节理发育的各种丹崖奇峰的总称，主要发育于侏罗纪至古近纪的水平或缓倾的红色地层中，以中国广东仁化县丹霞山为典型，1928年由地质学家冯景兰首次命名。徐霞客则是历史上最早准确描述丹霞地貌者。

［注释］

[1] 圆壁特起：丹霞地貌的典型特征之一，因砂岩具有球状风化的特征，可使呈棱角状的峰顶和圆柱风化剥蚀成浑圆形，至后期阶段还可成为馒头形的孤立残丘。徐霞客《游白岳山日记》万历四十四年（1616）正月二十七日日记云：“峰突起数十丈，如覆钟。”特起，耸立。北魏郦道元《水经注·渐江水》云：“山上有石，特起十丈，上峰若剑杪。”[2] 天趣：自然的情趣，天然的风致。[3] 玉京洞：古洞名，在今天台县北赤城山西。《明一统志》卷四七云：“玉京洞，在赤城山，道书十大洞天之第

六。晋许迈尝居此，与王羲之书云‘自山阴至临海，多有金庭玉堂、仙人芝草’，谓此。”《天台县志》第三编《天台山·自然景观》云：“玉京洞，在赤城山，俗名上岩。高轩宽敞，随岩构筑三开间楼房。道家称汉茅盈、晋魏夫人、许迈均炼丹修道于此，号天下第六大洞天。洞右上方有文昌阁，原祀奎宿及三台星。壁镌‘丹栖如霞’。”金钱池：在今天台县北赤城山北，池水终年不竭。相传晋高僧昙兰来此在池畔诵经，有神献钱于池中而得名。洗肠井：位于赤城山下。《浙江通志》卷一〇五云：“《天台山记》：赤城山有洗肠井，昔昙猷礼石桥应真，怪其腹中有韭气，猷出肠洗之。至今韭尚丛生焉。《天台胜迹录》：今井边生韭青而香。”

［点评］

据徐霞客友人陈函辉（1589—1645）所作《徐霞客墓志铭》，明崇祯五年（1632）的秋天，年已四十六岁的徐霞客第三次游罢天台山归来，曾与其族兄徐仲昭同过陈函辉位于临海的居所“小寒山”，三人“烧灯夜话”，徐霞客追述了自己前半生的旅游行程：万历三十五年丁未（1607），徐霞客二十一岁即开始了他“行万里路”的生涯：首游太湖，登眺东、西洞庭山；此后两年又在山东一带如泰山、孔庙、孟子故里以及峄山、盘山（今属天津市）等名胜古迹留下游踪。这篇《游天台山日记》记述了徐霞客于万历四十一年癸丑四月间的浙江行迹，而稍前，二十七岁的徐霞客还曾朝拜了观音大士修行得道的圣地洛迦山（位于今浙江舟山市普陀区），稍后，徐霞客首游雁荡山大、小龙湫以及缙云的石门、仙都。万历四十二年至四十三年（1614—1615），徐霞客又游览了与故乡江阴同属明代南直隶的南京与扬州一带的山水胜迹。然而除天台山以外，这一期间徐霞客于上述景观都没有日记传世，是这位大旅行家、探险家根本没有文字记述行程，还是其相关日记业已散佚，今天已经难以考证。有论者将天台山定为徐霞客的“首游”之地，并进一步讨论其日记为何以天台山开篇的原因，认为陈函辉的《答友人问台州有何佳境》就是在回答徐霞客之问。诗云：“万仞嵯峨壁立青，古云地阔海冥冥。琪花瑶草山中果，雨髻风鬟洞口婷。鹤驭吹笙开石壁，鹅群染翰写金经，无端醉后逢天姥，月照琼台梦未醒。”这无疑是一种猜测，其根据是，在《徐霞客墓志铭》的小寒山之会中，陈函辉于席间曾问徐霞客：“君曾一造雁山绝顶否？”结果次日一早徐霞客即告别主人，登雁荡山之巅，三宿始下，十日后又出现于小寒山陈舍中。论者以此类推徐霞客游览天台必是陈函辉吟诗怂恿所致。其实小寒山之三人聚会前，徐、陈两人是否相识姑且不论，即以年纪轻轻就已经“读万卷书”的徐霞客本人而论，他对于晋孙绰著名的《游天台山赋》当不会陌生，此赋有序云：“天台山者，盖山岳之神秀者也。涉海则有方丈、蓬莱，登陆则有四明、天台。皆玄圣之所游化，灵仙之所窟宅。夫其峻极之状，嘉祥之美，穷山海之瑰富，尽人神之壮丽矣。”有古人淋漓尽致的天台壮观书写，徐霞客正不必待友人之诗歌推荐而后方游天台。

此外，还有中国山势的“南龙大脉”以天台为源头一说。徐霞客有《江源考》一文，转引宋人堪舆学所谓

"中国三大龙"之说，认为三龙大势："北龙夹河之北，南龙抱江之南，而中龙中界之，特短。"接下又进一步论述云："惟南龙磅礴半宇内，而其脉亦发于昆仑，与金沙江相持南下……南龙自五岭东趋闽之渔梁，南散为闽省之鼓山，东分为浙之台、宕，正脉北转为小箬岭（闽浙界）……于是回龙西结金陵，馀脉东趋余邑。是余邑不特为大江尽处，亦南龙尽处也。"考其全文，天台山并无南龙大脉"源头"之荣，徐霞客反而认为其家乡江阴为"南龙尽处"，可见在他心目中，天台山并非处于"南龙大脉"的重要位置。退一万步讲，即使天台山真为"南龙大脉"的关捩，未到而立之年尚未探索到黄河、长江之源头的徐霞客也不会未卜先知地定位天台山为其日记的首篇。

天台山"首游"论既不真实，其他诸多猜测如徐霞客尊崇明初不畏强权的忠正之臣方孝孺家乡宁海等诸说便可休矣。总之就事论事，根据现存《徐霞客游记》的日记顺序，《天台山游记》居于卷首无可置疑，以之确定"中国旅游日"并无不妥，但若以之为徐霞客旅游考察之发轫则有悖于事实。至于其日记以天台山开篇是否有明确的价值取向，则更有伪命题之嫌了。

作为旅行家兼地理学家的徐霞客，其出行目的并非游山玩水或消遣排闷，搜奇览胜中，科学考察占有其游记的大量篇幅，书写自然景观的文字常多于人文景观就是其突出的表现。在诸多古人的著名游记文学作品中，唐代柳宗元的《永州八记》以模山范水映衬孤怀，别有寄托；宋代王安石的《游褒禅山记》议论多于景物描写，属于人生抱负的展示；宋代苏轼的《石钟山记》注重实地考察，已深具科学精神；明代稍早于徐霞客的袁宏道则以其游记抒发性灵机趣，浑然天成。徐霞客的这篇《游天台山日记》是其初游天台的逐日记述，再游、三游见于其《游天台山日记后》，已是十九年以后的事情了。其初游路线：农历三月末从宁海西门出发，止宿于梁隍山；四月初一日经松门岭至筋竹庵午饭，走筋竹岭，止宿弥陀庵；四月初二日因有雨，暮至天封寺止宿；四月初三日登华顶，游黄经洞、太白堂，纵观石梁飞瀑，探视铜壶滴漏及其附近的断桥、珠帘水胜景，并止宿于石梁附近的下方广寺；四月初四日游万年寺，过龙皇堂，至国清寺止宿；四月初五日经坪头潭（平镇）、步头至明岩，止宿于明岩寺；四月初六日由明岩至寒岩，再经步头，欲从小路向桃源方向行进，未找到桃源附近的护国寺，迂道返回至坪头潭寄宿；四月初七日由坪头潭出发再往桃源，访桃花坞，登山游览琼台、双阙后返国清寺止宿；四月初八日由国清寺西行五里游览天台县城西北的赤城山，最后结束了这次天台山的考察。

徐霞客第一次游天台山，全部旅程历时九天。由于虚心听从了国清寺僧人云峰的指引，其旅行路线安排合理，食宿皆有一定之规。儒家“仁者乐山，智者乐水”已经不足以概括徐霞客的探险旅游行程，道家“无为而无不为”的自在逍遥审美理想或可道其崇尚自然山水观的价值取向。无论徐霞客于四月初三日对岭中山花垂直分布异象的观察，还是四月初八日对赤城山丹霞地貌的描述，非有相当的科学精神不可。至于日记中文学性语言的生动传神、穷形尽相，更是引人入胜的文字媒介，可令读者会心颔首。

游雁宕山日记[1] 浙江温州府[2]

自初九日别台山[3]，初十日抵黄岩[4]。日已西，出南门，步行三十里，宿于八岙[5]。

［注释］

[1] 雁宕山：又称雁山，即雁荡山，荡，通“宕”，谓浅水湖或沼泽。旧时因岗顶有湖，多芦苇丛，为秋雁所喜栖宿，故称。位于今浙江省东南部，为括苍山支脉，西南—东北走向，绵亘于泰顺、苍南、平阳、瑞安、瓯海、永嘉、乐清等县（市、区），瓯江以北称北雁荡山，以南称南雁荡山。 [2] 温州府：明洪武初改元温州路置，隶浙江布政司，治所永嘉县（今浙江温州），下

雁荡山山体主要由流纹岩、凝灰岩构成，间有花岗岩山体。徐霞客所游者为北雁荡山，山主体位于今乐清东北，有东外谷、东内谷、西外谷、西内谷“四谷”之分。主峰百岗尖，由三尖合成，东尖低，最高者为西尖白云尖，海拔1150米。有百二奇峰、六十四岩、四十六洞等景观。

辖永嘉、瑞安、乐清、平阳、泰顺五县（市）。 [3] 初九日：明神宗万历四十一年四月初九日，即1613年5月28日。 [4] 黄岩：明代黄岩县，属浙江台州府。治今台州市黄岩区。 [5] 八岙（ào）：地名，当位于今台州市黄岩区南。光绪《黄岩县志》未见著录。岙，山中曲折隐秘处，亦指山中平地。

十一日 二十里，登盘山岭[1]。望雁山诸峰，芙蓉插天[2]，片片扑人眉宇[3]。又二十里，饭大荆驿[4]。南涉一溪，见西峰上缀圆石[5]，奴辈指为两头陀[6]，余疑即老僧岩[7]，但不甚肖[8]。五里，过章家楼[9]，始见老僧真面目：袈衣秃顶[10]，宛然兀立[11]，高可百尺。侧又一小童[12]，伛偻于后[13]，向为老僧所掩耳。自章楼二里，山半得石梁洞[14]。洞门东向，门口一梁，自顶斜插于地，如飞虹下垂[15]。

芙蓉，即芙蓉剑，将雁荡山诸峰比喻为宝剑上指插天，气魄绝大。汉《越绝书·外传记宝剑》载，越王勾践有宝剑名“纯钧”，相剑者薛烛以“手振拂，扬其华，捽如芙蓉始出”。后因以形容利剑。唐卢照邻《长安古意》诗：“相邀侠客芙蓉剑，共宿娼家桃李蹊。”

［注释］

[1] 盘山岭：即盘山，为黄岩与乐清之界岭，位于今台州市黄岩区西南茅畲（shē）乡，与乐清境内的北雁荡山相望。宋王象之《舆地纪胜》卷一二云：“盘山在黄岩县西南四十里。王十朋诗云：一岭迢迢十里赊，行人半日踏烟霞。青山遮莫盘千匝，归梦何曾不到家。” [2] 芙蓉插天：形容远观雁荡山诸峰群岭如利剑一样高耸入天。远古频繁的造山运动令雁荡山形成诸多锐利的山峰与擎天的石柱。 [3] 扑人眉宇：指雁荡山诸峰耀眼夺目。眉宇，

眉额之间。 [4] 大荆驿：又称岭店驿，元明驿站名，在乐清东北一百馀里，位于台州、温州两府间交通要道的大荆镇。驿，即驿站，古时供传递文书、官员来往及运输等中途暂息、住宿的地方，又称旅店。 [5] 缀：点缀。 [6] 奴辈：这里指雇佣的仆人。头陀：梵（fàn）文的音译，意为“抖擞”，即去掉尘垢烦恼。故用以称僧人。 [7] 老僧岩：又称接客僧，亦名石佛岩，高近 70 米，位于今温州市乐清市大荆镇中庄村内，属于雁荡山东外谷。这座岩石为一秃头老僧形象，面朝东南方，拱手做迎客状。今以石佛亭为理想观赏地点。清周清源《游雁荡山记》云：“老僧岩者，雁山门户也，去大荆五六里……低眉偏袒，绝似老僧。” [8] 不甚肖（xiào）：不十分相似。肖，相似，类似。 [9] 章家楼：又称“章义楼”，为明代名臣章纶（1413—1483）从弟章巘所建，故址位于今雁荡山东外谷，后因修坝，已沉于石门潭中。徐霞客《游雁宕山日记后》云：“五里，宿于章家楼，是为雁山之东外谷。章氏盛时，建楼以憩山游之屐，今旅肆寥落，犹存其名。” [10] 袈衣：即袈裟，梵文的音译，原义为“不正色”，佛教僧尼的法衣。佛制，僧人必须避免用青、黄、赤、白、黑五种正色，而用似黑之色，故称。 [11] 宛然：真切貌。兀（wù）立：矗（chù）立。 [12] 小童：即小童岩。 [13] 伛偻（yǔlǚ）：恭敬貌。汉贾谊《新书·官人》云：“柔色伛偻，惟谀之行，惟言之听，以睚眦之间事君者，厮役也。” [14] 石梁洞：或称东石梁洞，位于雁荡山东外谷谢公岭以东约二里处，洞口东向，高广十馀丈，深二十馀丈，有一长数十丈的危石虚悬洞前，横架如梁。石梁洞，明人或称石梁堡。清顾祖禹《读史方舆纪要》卷九四《浙江六·温州府》云：“（石梁堡）在（乐清）县东八十里，即雁荡山之石梁洞也，嘉靖中筑堡。” [15] 如飞虹下垂：石梁洞洞口有石如虹横跨，故又名石虹洞。洞外故有石梁寺，为雁荡山十八古刹之一。元陈德永《游石梁洞记》云："梁拔起地上百馀丈，穹窿悬跨，隔竹林望之，如白虹下饮。"明王士性《五岳游草》卷四《越游上·游雁宕记》云："石梁者，侧石如枯木斜倚崖端，空其下，入可坐百人，远望之，又如长虹下饮于涧。"

明王士性《游雁宕记》云："谢公岭者，俗称灵运为临海峤开山而至也，然谢无诗。"一说其岭以居民多姓谢而名。元李孝光《游灵峰洞记》云："自石梁南出五百步，折而西行，过谢公岭，岭东居民多姓谢，故名。"

由梁侧隙中层级而上[1]，高敞空豁[2]。坐顷之，下山。由右麓逾谢公岭[3]，渡一涧，循涧西行，即灵峰道也[4]。一转山腋[5]，两壁峭立亘天[6]，危峰乱叠，如削如攒[7]，如骈笋[8]，如挺芝[9]，如笔之卓[10]，如幞之欹[11]。洞有口如卷幕者[12]，潭有碧如澄靛者[13]。双鸾、五老[14]，接翼联肩[15]。

[注释]

[1] 层级而上：谓沿岩石形成的层级攀登而上。 [2] 空豁：空旷。 [3] 右麓：山脚右侧。谢公岭：位于雁荡山东外谷与东内谷的分界处，传说南朝宋谢灵运曾登山至此而掉落屐（jī）齿，有落屐亭遗址。 [4] 灵峰道：谓通往灵峰之路。灵峰，位于雁荡山东内谷，高约 270 米，与其右之倚天峰相合如掌，又称合掌峰、夫妻峰，与灵岩、大龙湫并称为雁荡三绝。峰侧有观音洞，即下文所称"灵峰洞"，峰下有灵峰寺。 [5] 山腋：山峡，即两山之间的峡谷。 [6] 亘（gèn）天：连天。 [7] 攒（cuán）：簇聚，聚集。 [8] 骈（pián）笋：并列而生的竹笋，这里当形容雁荡山的双笋峰，又称蜡烛峰，与合掌峰相对，两石峰并立，高近 80 米，

顶部尖锐而通体浑圆，形如双笋，故称。明孙縠《游雁山记》云："寺前为灵峰洞，崖为幞头，峰为仙掌，为双笋，为灵芝，绘事者不肖也。" [9] 挺芝：直挺的灵芝。灵芝，即芝草，菌属，古以为瑞草，服之能成仙。这里当形容雁荡山灵峰上怪石形状。清施元孚《灵芝峰记》云："灵峰左抱，有怪石曰灵芝，孤立山脊，为兀傲之态。"灵芝峰又称金鸡峰，位于合掌峰左侧对面的倒灵峰山脊上。 [10] 卓：竖立。这里当形容雁荡山的卓笔峰，位于雁荡山东内谷插龙峰下、独秀峰前，尖锐如毛笔直指蓝天。明王士性《游雁宕记》云："卓笔者，孤峰直立而锐如笔卓。" [11] 幞（fú）：即"幞头"，古代一种头巾。古人以皂绢三尺裹发，有四带，二带系脑后垂之，二带反系头上，令曲折附项，故称"四脚"或"折上巾"。至北周武帝时裁出脚后幞发，始名"幞头"。其形式随时代屡有变化。攲（qī）：歪斜。这里当形容雁荡山的幞头岩，或谓形容玉屏峰的纱帽岩。 [12] 卷幕：卷起来的帷幕。这里当指位于雁荡山东内谷的果盒岩侧天冠峰底部的响板洞，洞口有石下垂如钟乳石。元李孝光《游灵峰洞记》云："欲观罗汉洞，于篁竹窥见水西大石壁下，有谷若竖橐（tuó）。子约曰：'嘻，此或一奇也，不可失。'呼家僮扶过涧，入谷中，见谷口石崭（chán）然下垂如悬户，卷然中抱如怀璧，坐其下而啸，如语瓮盎中。" [13] 澄靛（diàn）：清澈不流动而呈深蓝色。靛，靛青，蓝草浸沤而成的液体。这里当形容雁荡山的照胆潭，位于雁荡山东内谷灵峰寺前鸣玉溪中，深不见底。明王光美《灵峰洞记》云："（灵峰）寺右折数十步，岩下注潭曰照胆，方可丈许，不以水旱滥涸，渊渟泓澄，眉发可数。" [14] 双鸾：即双鸾峰，位于雁荡山东内谷天柱峰北侧、玉女峰东南，本为一峰，因巨大石隙而呈双峰并立之态，高百馀米，顶部尖小，其下圆壮，如双鸾蹲踞，故称。鸾，传说中凤凰一类的鸟。明王士性《游雁宕记》云："双鸾峰者，去玉女不远，丽立作舞势，亦如灵峰之翔鸾也。”五老：即五老峰，又名五云峰，位于雁荡山东内谷，与倚天峰相对，五座石峰如同五位老人并肩而立，故称。明王士性《游雁宕记》云：“五老峰者，洞前五石相撑，为人立而肩摩者，似庐山而小。” [15] 接翼联肩：相互亲近并立的样子。汉枚乘《梁王菟园赋》：“翱翔群熙，交颈接翼。”南朝梁锺嵘《诗品·总论》：“抱玉者联肩，握珠者踵武。”

灵峰洞，洞高113米，深70米，宽14米，洞内倚岩建楼九层，顶层观音殿，供奉观音与十八罗汉塑像。

罗汉，据《法住记》等记载，原为“十六罗汉”，五代张玄等始画十八罗汉像。此后汉传佛教的佛寺中多供奉“十八罗汉”。

如此里许，抵灵峰寺[1]。循寺侧登灵峰洞[2]。峰中空，特立寺后[3]，侧有隙可入。由隙历磴数十级[4]，直至窝顶[5]，则窅然平台圆敞[6]，中有罗汉诸像[7]。坐玩至暝色，返寺。

［注释］

[1] 灵峰寺：在雁荡山东内谷灵峰下，宋天圣元年（1023）建寺，是雁荡山十八古刹之一，几经兴废，今存者为民国间重建，已非旧观。 [2] 灵峰洞：即“观音洞”，又称“罗汉洞”，为雁荡山第一大洞，位于梅岭西麓灵峰寺后合掌峰的“掌心”中，天然生成，洞内有一石柱悬垂至地。 [3] 特立：独立，挺立。 [4] 磴（dèng）：石台阶。从灵峰洞口拾（shè）级而上，据说要走377级石阶，方可到达最高层的大殿。 [5] 窝顶：山洞最上端处。 [6] 窅（yǎo）然：幽暗貌。 [7] 罗汉：佛教语，梵语阿罗汉的省称，为小乘的最高果位，称为“无学果”。谓已断烦恼，超出三界轮回，应受人天供养的尊者。我国寺庙中供奉者，有十六尊、十八尊、五百尊、八百尊之分。灵峰洞有十八尊罗汉雕塑。

十二日 饭后，从灵峰右趾觅碧霄洞[1]。返旧路，抵谢公岭下。南过响岩[2]，五里，至净名寺路口[3]。入觅水帘谷[4]，乃两崖相夹，水从崖顶飘下也。出谷五里，至灵岩寺[5]。绝壁四合，摩天劈地，曲折而入，如另辟一寰界[6]。寺居其中，南向，背为屏霞嶂[7]。嶂顶齐而色紫，高数百丈，阔亦称之[8]。嶂之最南，左为展旗峰[9]，右为天柱峰[10]。嶂之右胁介于天柱者[11]，先为龙鼻水[12]。龙鼻之穴从石罅直上[13]，似灵峰洞而小。穴内石色俱黄紫，独罅口石纹一缕，青绀润泽[14]，颇有鳞爪之状。自顶贯入洞底，垂下一端如鼻，鼻端孔可容指，水自内滴下注石盆。此嶂右第一奇也。

明陈善《游雁荡记》云："（风洞）东行里许，为碧霄洞，峰形若卧狮，洞在峰足。"阮伯林编的《雁荡山古代游记选注》有注云："这个碧霄洞在灵峰寺往真济寺道中一侧的碧霄峰下。按：雁荡山灵峰景区共有四个山洞都曾名为碧霄洞。其他三个分别是：将军洞，因洞口正朝碧霄峰，曾取名为南碧霄，后因在洞中发现洞壁上有天然的白色将军的形象而名为将军洞。另二个洞在灵峰寺旁的紫云谷中，其一即现在称为雪洞，因为该洞所处的倚天嶂最早名为碧霄峰而得名，因为洞口朝南，所以也称为南碧霄；另一个碧霄洞在凌霞峰下，因

［注释］

[1] 右趾：山脚之右。趾，山趾，即山脚（山接近平地的部分）。汉焦赣《易林·小畜之咸》云："原出陵足，行于山趾。"碧霄洞：有南北二洞，遥遥相对，分别位于南、北碧霄峰下。光绪《乐清县志》卷二上《邑里志·叙山》云："碧霄洞，南北凡二洞，俱东谷石洞。"或谓洞口朝南今所称"雪洞"者，位于灵峰景区紫云谷中倚天嶂下。 [2] 响岩：位于雁荡山灵峰与灵岩之间，岩高 30 米有馀，与位于其北面的云霞嶂相对成门，故又称响岩门。

洞口向北，又名为北碧霄洞。徐霞客在两篇游记中都谈到了游碧霄洞的事；第一篇游记中的碧霄洞即为雪洞。”（西藏人民出版社2005年版，第125页）可参考。

响岩门当中为碧玉溪，响岩即居溪南。响岩属于喷出火成岩，碱性，由于沿其节理击打时能发出各种悦耳的响声，故称。一说响岩门因有回声而得名，明王献芝《游雁山记》云：“明日出谷，过响岩，人呼则应，言则传。”清施元孚《过响岩门记》云：“出灵岩东走三里，有岩屹然当空，路绕其北，号呼辄应，故为响岩门。” [3] 净名寺：雁荡山十八古刹之一，位于东内谷净名谷谷口。清周清源《游雁荡山记》云：“西灵峰五里而寺者，曰净名精舍，在深谷中，数过绝涧始至门。前有地宽平百亩，果木皆成行列。”清施元孚《铁城障记》云：“自响岩门走百馀步，转入谷中，有寺曰净名寺。寺西有鼎峰。” [4] 水帘谷：即位于雁荡山净名谷的铁城障，坑两侧悬崖壁立，高耸入云，游丝、铁城两障对峙，于谷口仰望，天空如蛾眉初月；铁城障下有涧，旁有水帘洞、维摩洞、梅花桩诸景观。清施元孚《铁城障记》云：“铁城障，在二灵中道，即所称初月谷、水帘谷也……独往障中，旁瞩两崖，轩然膀露，渐入渐胜……入之益深，矫首瞻顾，若不可极。左右水帘数道，如檐溜并垂，如炉烟袅袅而不散，如珠玑晶莹而粒粒可数，然在东壁者为最。” [5] 灵岩寺：位于雁荡山东内谷灵岩下，雁荡山十八古刹之一。初建于北宋太平兴国四年（979），宋真宗赐额“灵岩禅寺”，宋仁宗赐金字藏经。明清时重建，规模缩小。四周群峰屹立，环境清幽。明郑汝璧《游雁荡山记》云：“灵岩寺者，雁山中明庭也。山以东西谷分两戒，东谷峰五十有四，西谷峰四十有八，称百二峰。寺当其中扃（jiōng）。” [6] 寰界：犹世界。 [7] 屏霞嶂：在灵岩寺后，即灵岩，嶂高广两百馀米，壁立于霄，色五彩相间，如大锦屏，故称。嶂，耸立如屏障的山峰。《文选·沈约〈钟山诗应西阳王教〉》云：“郁律构丹巘，崚嶒起青嶂。”唐吕向注：“山横曰嶂。” [8] 称（chèn）：相当，符合。 [9] 展旗峰：位于雁荡山东内谷，如大旗横展两百馀丈。明慎蒙《游雁荡山记》云："其一峰如军中竖旗而飘然者，展旗峰也。"明王士性《游雁宕记》云："展旗者，群峰联络于左，横曳之，如取郑伯蝥弧以登也。" [10] 天柱峰：位于雁荡山东内谷，其形如柱挺立，与展旗峰相对，形成南天门。明王士性《游雁宕记》云："独西南一柱，白而长身者也，盖谓天柱峰云。" [11] 右胁：谓屏霞障右侧。 [12] 龙鼻水：位于灵岩寺右侧的龙鼻洞内。明王士性《游雁宕记》云："龙鼻水者，障胁洞顽石而窍，高侔阁，陷入一龙，独绀碧夭矫，鳞鬣咸具，从洞西南峡中奔而下，一爪踞地垂首悬鼻如瓠，鼻孔石髓，时时下一滴，甘已目翳。"元李孝光《暮入灵岩记》云："上观所谓龙鼻水，山半横石作鳞甲状，陷入石中，独见其脊从西南石峡中绕出数十丈，势尽乃垂入谷中作悬鼻。疑是石髓积岁月化为石故，独此鼻如瓠大，乃绀碧腻滑异他石，鼻端泉时时一下，滴谷口。" [13] 龙鼻之穴：即龙鼻洞，又名龙鼻龛（kān），位于灵岩寺右侧的插龙峰下。可从寺后或寺旁的石蹬小路盘旋而上。洞口朝南，正对玉女峰。宽约 10 米，深约 30 米，高约 100 米。紫黑色两壁顶端接合处，中嵌一条青铜色横石，鳞甲宛然，酷肖一条巨龙蜿蜒下绕，将至洞底，一爪踞地，似保护颔中之珠。石罅（xià）：岩石裂缝。 [14] 青绀（gàn）：黑中透红之色。润泽：滋润，使不干枯。

西南为独秀峰[1]，小于天柱，而高锐不相下[2]。独秀之下为卓笔峰[3]，高半独秀[4]，锐亦如之。两峰南坳轰然下泻者[5]，小龙湫也[6]。隔龙湫与独秀相对者，玉女峰也[7]。顶有春花，宛然插髻。自此过双鸾，即极于天柱。双鸾止两

龙湫，谓上有悬瀑下有深潭。元李孝光《暮入灵岩记》云："谷口洞西，有立石长三十丈，如卓笔，曰卓笔峰。峰旁流泉堕入涧中，亦三十丈，曰小龙湫。"明王献芝《游雁山记》云："明日缘乱石寻小龙湫，有岩腹如珊瑚玛瑙色，悬岩环峙，高视大龙湫之半，而谷之广亦三之一。泉飞崖上，触石腾空，如烟雾团结，旋而流转，飞洒沾人，乍巨乍细，亦无定迹。"

峰并起，峰际有“僧拜石”[8]，袈裟伛偻[9]，肖矣。由嶂之左胁，介于展旗者，先为安禅谷[10]，谷即屏霞之下岩。东南为石屏风[11]，形如屏霞，高阔各得其半，正插屏霞尽处。屏风顶有“蟾蜍石”[12]，与嶂侧“玉龟”相向[13]。

［注释］

[1] 独秀峰：位于雁荡山东内谷，山形孤峭高耸，有老松生于其顶，与卓笔峰相对，两峰之间即藏珠谷，又名栖贤谷。明何白《灵岩记》云：“挺而亭亭，古松盘攫其顶者，曰独秀。” [2] 高锐：高耸貌。不相下：谓与天柱峰不相上下。 [3] 卓笔峰：位于雁荡山东内谷插龙峰下、独秀峰前，尖锐如毛笔直指蓝天。 [4] 高半独秀：谓卓笔峰高度仅有独秀峰的一半。 [5] 南坳：南侧山曲间的平地。轰然：这里形容水声大而嘈杂。 [6] 小龙湫（qiū）：雁荡山小瀑布名，位于东内谷灵岩寺右侧后面的隐龙嶂底，落差 50 馀米。 [7] 玉女峰：位于雁荡山东内谷，与龙鼻洞相对。明王士性《游雁宕记》云：“玉女峰者，洞口端正一瘦石，锐顶如髻，杂蔓奇葩，宛如簪花状。” [8] 僧拜石：又名僧抱石或老僧拜塔，在天柱峰西南侧有一高一低两块岩石，低者形似老僧，向东南方做合掌礼拜状。明王士性《游雁宕记》云：“僧抱石者，寺右一石如浮屠礼拜状，前凭一几。” [9] 袈裟：佛教僧尼的法衣。 [10] 安禅谷：位于雁荡山东内谷屏霞嶂下。明何白《灵岩记》云：“半壁烂烂若五云，曰屏霞障。嶂之趾，清旷若步廊者，曰安禅谷。”明王士性《游雁宕记》云：“安禅谷者，障左半崖，缘鸟道攀之，谷邃无人声，泉出谷入池，临寺如听下界钟鼓。” [11] 石屏风：

位于雁荡山东内谷屏霞嶂东南的山峰名。明慎蒙《游雁荡山记》云："其一峰如军中竖旗而飘然者，展旗峰也；形如木板中断不相联者，石屏风也。" [12] 蟾蜍石：形状如同蛤蟆的岩石，通体银白，又称"玉蟾蜍"。 [13] 玉龟：形状如同乌龟的岩石，亦通体银白。

屏风南去，展旗侧褶中[1]，有径直上，磴级尽处，石阈限之[2]。俯阈而窥，下临无地[3]，上嵌崆峒[4]。外有二圆穴，侧有一长穴，光自穴中射入，别有一境，是为天聪洞[5]，则嶂左第一奇也。锐峰叠嶂，左右环向[6]，奇巧百出，真天下奇观！而小龙湫下流，经天柱、展旗，桥跨其上，山门临之[7]。桥外含珠岩在天柱之麓[8]，顶珠峰在展旗之上[9]。此又灵岩之外观也。

徐霞客《粤西游日记二》崇祯十年（1637）六月十四日日记云："从门隙内窥，洞甚崆峒，而路无由入。"作者每喜用"崆峒"两字形容空间宽广。

［注释］

[1] 褶（zhě）：谓山岩如衣之折纹的交叠之处。 [2] 石阈：如同门槛的岩石。 [3] 无地：犹言看不见地面。形容位置高渺或范围广袤。《楚辞·远游》云："下峥嵘而无地兮，上寥廓而无天。视倏忽而无见兮，听惝恍而无闻。" [4] 崆峒（kōngdòng）：山洞，洞窟，这里形容高广无际的天空。 [5] 天聪洞：即天窗洞，位于雁荡山东内谷展旗峰北胁壁间，洞口形似耳窍，洞内有洞，洞底见天。洞口朝西南，面对天柱峰，沿屏霞嶂右侧拾级而上可到。明王士性《游雁宕记》云："天聪洞者，展旗之半有穴焉，空

百尺，光自下生，投以石，訇然不及其底，外复有孔如口、目然。” [6] 环向：团聚相对。 [7] 山门：原指佛寺的外门，这里谓雁荡山的南天门，位于展旗峰与天柱峰之间。 [8] 含珠岩：又称含珠峰，位于雁荡山东内谷天柱峰侧。明王献芝《游雁山记》云：“入谷，有双石壁峙，中含圆石，曰含珠峰。” [9] 顶珠峰：又名绀珠岩，位于雁荡山东内谷展旗峰上，因其顶有一圆石而得名。明王士性《游雁宕记》云：“绀珠岩者，入寺有峰累一石如珠。”明何白《灵岩记》云：“左峰之颠有石若累丸者，曰绀珠。”

明吴子孝《雁山观大龙湫记》云：“出灵岩，行经小剪刀峰，又板嶂峰，又老鹰峰，而后登马鞍岭。岭高十馀里，曲十馀折。其初上也，众山以渐而低，及最高处，则此岭如大父，而众山皆儿孙绕膝，此岭如天阙，而众山皆大海波纹矣。”

十三日 出山门，循麓而右[1]，一路崖壁参差[2]，流霞映彩[3]。高而展者，为板嶂岩[4]。岩下危立而尖夹者，为小剪刀峰[5]。更前，重岩之上，一峰亭亭插天[6]，为观音岩[7]。岩侧则马鞍岭横亘于前[8]。鸟道盘折[9]，逾坳右转，溪流汤汤[10]，涧底石平如砥[11]。沿涧深入，约去灵岩十馀里，过常云峰[12]，则大剪刀峰介立涧旁[13]。剪刀之北，重岩陡起，是名连云峰[14]。从此环绕回合，岩穷矣。

[**注释**]

[1] 麓：山脚。 [2] 参差（cēncī）：不齐貌。 [3] 流霞映彩：意谓在朝霞的映衬下，山岩色彩斑斓变化。 [4] 板嶂岩：又名板嶂峰、铁板障，另有玉屏峰、巾子峰、纱帽岩等别称，位于雁荡山东内谷。明孙縠《雁荡游记》云：“于是舍灵岩出，有版嶂峰、

笔架山、观音岩，岩高天柱又不知其几也。” [5] 小剪刀峰：位于雁荡山东内谷紫微嶂西端，峰形下合上开如剪刀，但不如大剪刀峰高大。 [6] 亭亭：直立貌。 [7] 观音岩：位于雁荡山西外谷东岭上，自石门村观赏，颇似观音朝北趺（fū）坐，前有二岩似童子和净瓶，因此又名观音岩，高七十馀丈。 [8] 马鞍岭：又名石城岭，位于雁荡山东、西谷的中界，北接石城嶂，南至飞泉寺所在之南山，中间凹下如马鞍，故称。明王士性《游雁宕记》云：“马鞍岭界东西二谷，谷东峰五十有三，谷西峰四十有八，谓之百一峰。东西亘五十里，咸片石为底，插汉为峰，如巧匠园丁叠缀而成。” [9] 鸟道：险峻狭窄的山路。唐李白《蜀道难》诗：“西当太白有鸟道，可以横绝峨眉巅。”盘折：回环曲折。北魏郦道元《水经注·沔水一》云：“（汉水）又南迳阳都坂东，坂自上及下盘折十九曲。” [10] 汤汤（shāngshāng）：流水声。宋范成大《初发太城留别田父》诗：“流渠汤汤声满野，今年醉饱鸡豚社。” [11] 砥（dǐ）：质地较细的磨刀石。 [12] 常云峰：位于雁荡山西内谷马鞍岭北端西侧，高度仅次于百岗尖与雁湖顶，因雾随峰转而得名。相传游人抱着至诚登山，云雾便会自行消退，因此也叫“灵府山”。元李孝光《宿能仁寺东庵记》云：“雁山西南，一峰绝高，下视众大山，犹当是大父行。舟行南海月馀，长望见直西北有物，如高髻乱发，才一握大，倚为指南。又其上常有云气，居人不呼某山，而呼曰‘常云’。旁出二里有能仁院，亦名常云。” [13] 大剪刀峰：位于雁荡山西内谷大龙湫附近。明王士性《游雁宕记》云：“剪刀峰者，石千丈，上成两歧画天，每朝云夕雾，当歧过之，真如剪绮。”从另一角度观赏剪刀峰则形如天柱，故有西天柱峰之名，以与东内谷的天柱峰区别。介立：卓异独立。 [14] 连云峰：又名连云嶂，位于雁荡山西内谷，全长 300 米以上，高 200 米左右，浅绛色。中间有一裂阙如门，称连云阙。清施元孚《入大龙湫记》

云："大龙湫，水之最奇者也。其障曰连云，壁立千仞，怀抱里馀，独开东南一面，如天阙焉。剪刀峰适立其间，而湫则在于障底。"

明王士性《游雁宕记》云："大龙湫者，高山四围，中盘一谷。初至剪刀峰下，疑有大声起壑底，四盼不知其倪，逼近之，则见一飞瀑从天下，然无水状，仅如烟云搏聚而落，落地为珠玑。或朔风久盘桓不下，忽迸裂响如震霆，又谷围如瓮，声出则谷传。"

龙湫之瀑[1]，轰然下捣潭中，岩势开张峭削[2]，水无所着，腾空飘荡，顿令心目眩怖[3]。潭上有堂，相传为诺讵那观泉之所[4]。堂后层级直上，有亭翼然[5]。面瀑踞坐久之[6]，下饭庵中。雨廉纤不止[7]，然余已神飞雁湖山顶[8]。遂冒雨至常云峰，由峰半道松洞外[9]，攀绝磴三里，趋白云庵[10]。人空庵圮[11]，一道人在草莽中[12]，见客至，望望去[13]。再入一里，有云静庵[14]，乃投宿焉。道人清隐[15]，卧床数十年，尚能与客谈笑。余见四山云雨凄凄[16]，不能不为明晨忧也。

［注释］

[1] 龙湫：谓雁荡山大龙湫，位于西内谷马鞍岭以西八里，源出"百岗三尖"的白云尖（西尖），为我国著名的大瀑布。水从高约190米的连云嶂凌空而下，如同白练飞泻，壮观异常。 [2] 开张：张开，舒展。 [3] 眩（xuàn）怖：目迷心惊。 [4] 诺讵那：佛典中罗汉之一梵文的音译，又译作诺讵罗，传说他出家前为一猛士，出家后，佛陀让他静坐，但他仍显示出大力士的体魄，所以又称静坐罗汉。据《法住记》，诺讵那为西天十六阿罗汉中的

第五位尊者，率八百罗汉居南赡部洲守护佛法。另据宋郑尚文《敕赐灵岩寺额碑记》，诺讵那所居南赡部洲即为雁荡山。又据宋沈括《梦溪笔谈》卷二四《杂志一》："按西域书，阿罗汉诺讵罗居震旦东南大海际雁荡山芙蓉峰龙湫，唐僧贯休为《诺讵罗赞》，有'雁荡经行云漠漠，龙湫宴坐雨蒙蒙'之句。"明郑汝璧《游雁荡山记》云："东为讵那尊者亭，尊者自西域来，观瀑示寂，睛犹上视，后有僧喝云：'潭下水同，何必仰瞻？'遂瞑。"在雁荡山的有关民间传说中，这位罗汉在唐代化身为眉州（今属四川眉山市）的罗尧运，最先进入雁荡山，在大龙湫前观瀑坐化。 [5] 翼然：鸟展翅貌，这里用以形容观瀑亭高耸开张之状。明王士性《游雁宕记》云："东为讵那观瀑亭，抱膝如瞑，扁其亭者云：'六龙卷海上银汉，万马呼风下铁城。'庶几哉。" [6] 踞坐：坐时两脚底和臀部着地，两膝上耸。 [7] 廉纤：细小，细微，这里用以形容微雨。 [8] 雁湖山：又称雁湖岗、雁湖岭，位于雁荡山西外谷，海拔 990 米。顶上原有雁湖，分北、中、东三部分，以中湖较大，有数十亩之广，今因湖荡淤塞，仅剩面积不大的水塘一口。 [9] 道松洞：位于雁荡山西内谷常云峰半山腰，据说为明末道松和尚所开发。 [10] 白云庵：又称白云院，位于大龙湫上，为明嘉靖间五台山僧人白云、云外所构筑，故名。明孙縠《雁荡游记》云："闻之山中人曰，湫背有庵，往时北僧白云、云外居之，去地十里许。"明王士性《游雁宕记》云："旧有白云庵，嘉靖间五台二僧来居之。" [11] 圮（pǐ）：毁坏，坍塌。 [12] 道人：这里当谓佛教徒，即和尚。草莽：草丛。 [13] 望望：瞻望貌，《礼记·问丧》曰："其往送也，望望然，汲汲然，如有追而弗及也。" [14] 云静庵：位于雁荡山西内谷龙湫背的寺院。 [15] 清隐：云静庵僧人法号。 [16] 凄凄：云兴起而欲雨貌。

明孙毂《雁荡游记》云："望常云腰半有洞，绝地三里许，僧曰，此道松迹也，昔道松僧隐其中。"明王献芝《游雁山记》云："缘西谷观大龙湫，有峰如祥云缥渺，万丈巉岏，曰常云峰。峰半有洞，曰道松，为道松修炼之所，下有瑞鹿寺遗址。"

十四日 天忽晴朗，乃强清隐徒为导[1]。清隐谓湖中草满，已成芜田[2]，徒复有他行，但可送至峰顶。余意至顶，湖可坐得[3]，于是人捉一杖，跻攀深草中[4]，一步一喘，数里，始历高巅[5]。四望白云，迷漫一色，平铺峰下。诸峰朵朵，仅露一顶，日光映之，如冰壶瑶界[6]，不辨海陆。然海中玉环一抹[7]，若可俯而拾也。北瞰山坳壁立，内石笋森森[8]，参差不一。三面翠崖环绕，更胜灵岩。但谷幽境绝[9]，惟闻水声潺潺，莫辨何地。望四面峰峦累累[10]，下伏如丘垤[11]，惟东峰昂然独上[12]，最东之常云，犹堪比肩[13]。

[注释]

[1]徒：佛家弟子。导：向导。 [2]芜田：野草丛生的荒地。 [3]坐：正，恰好。唐杜甫《答杨梓州》诗："闷到房公池水头，坐逢杨子镇东州。" [4]跻（jī）攀：犹攀登。唐杜甫《白水县崔少府十九翁高斋三十韵》曰："清晨陪跻攀，傲睨俯峭壁。" [5]历：登临。高巅：山顶。 [6]冰壶瑶界：比喻茫茫清凉高洁的神仙境界。 [7]玉环：即玉环山，或称玉环岛，位于浙江东南沿海，为浙江第二大岛，今为玉环市政府驻地。《太平寰宇记》卷九九云："玉环山……在海中，周回五百馀里，去郡（温州永嘉）二百里。上有流水，洁白如玉，因以为名。"又嘉靖《太平县志》卷二云："宋高宗南渡，遗玉环于此，故名。"一抹：犹一片，多用于痕迹、

景物等。 [8] 石笋：挺直的大石，其状如笋，故名。森森：众多貌。 [9] 谷幽境绝：指山谷幽深，地处偏远。 [10] 累累（lěilěi）：重叠。 [11] 丘垤（dié）：小山丘，小土堆。《孟子·公孙丑上》云："泰山之于丘垤，河海之于行潦，类也。" [12] 东峰：这里当指百岗尖，为雁荡山主峰，当时尚未命名。 [13] 比肩：并列，居同等地位。

导者告退，指湖在西腋一峰，尚须越三尖[1]。余从之，及越一尖，路已绝；再越一尖，而所登顶已在天半。自念《志》云[2]："宕在山顶，龙湫之水，即自宕来。"今山势渐下，而上湫之涧[3]，却自东高峰发脉[4]，去此已隔二谷。遂返辙而东[5]，望东峰之高者趋之，莲舟疲不能从[6]。由旧路下，余与二奴东越二岭，人迹绝矣。已而山愈高，脊愈狭[7]，两边夹立，如行刀背。又石片棱棱怒起[8]，每过一脊，即一峭峰，皆从刀剑隙中攀援而上。如是者三，但见境不容足，安能容湖？既而高峰尽处，一石如劈，向惧石锋撩人[9]，至是且无锋置足矣！踌躇崖上[10]，不敢复向故道。俯瞰南面石壁下有一级，遂脱奴足布四条[11]，悬崖垂空，先下一奴，余次从之，意可得攀援之路。及下，仅容足，无馀地。望岩

唐杜甫《送张二十参军赴蜀州，因呈杨五侍御》诗："两行秦树直，万点蜀山尖。"

《明一统志》，九十卷，明李贤等修撰，成书于明英宗天顺五年（1461），属于官修地理总志。其体例沿袭《大元一统志》，以南北两京及十三布政司分区，各府、直隶州分建置沿革、郡名、形胜、风俗与古迹、人物诸目，其后殿以"外夷"。有内府刻本与嘉靖二十八年（1549）重刻本，另有万历

十六年（1588）修补本。此书资料引用颇多错讹，故常为学界所诟病。

下斗深百丈[12]，欲谋复上，而上岩亦嵌空三丈馀[13]，不能飞陟[14]。持布上试，布为突石所勒[15]，忽中断。复续悬之，竭力腾挽[16]，得复登上岩。出险，还云静庵，日已渐西。主仆衣履俱敝，寻湖之兴衰矣。遂别而下，复至龙湫，则积雨之后[17]，怒涛倾注，变幻极势[18]，轰雷喷雪[19]，大倍于昨。坐至暝始出，南行四里，宿能仁寺[20]。

［注释］

[1] 三尖：谓三座陡峭的山峰。 [2]“自念《志》云”四句：出处不详，待考。或谓出自《明一统志》，不确。自念，自己思量。《志》，或谓指《明一统志》。宕，通“荡”，浅水湖。大龙湫之水源于雁湖的揣测系受前人误导，如宋袁采《雁荡山记》即云：“荡水南出为大龙湫。”徐霞客在三游雁荡山时方解决大龙湫源头何在的问题。参见《游雁宕山日记后》。 [3] 上湫：即上龙湫，又称上瀑布，位于大龙湫之上。明薛应旂《雁荡山志》云：“又有上龙湫，在大龙湫上数里，飞流悬泻，亦数百尺。” [4] 发脉：发源。 [5] 返辙：返行。 [6] 莲舟：徐霞客家乡江阴迎福寺僧人，前曾与其结伴旅游天台山。 [7] 脊：即山脊，谓山的高处像兽类脊骨似的隆起部分。 [8] 棱棱（léngléng）：形容山石突兀、重叠。怒起：尖锐突起。 [9] 石锋：岩石尖锐如刀锋的棱角。撩人：这里是令人犯难、不知所措的意思。 [10] 踌躇：犹豫，迟疑不决。 [11] 足布：即裹腿，缠在裤子外边小腿部分的布条，旧

时士兵行军时常用以保护腿部并使步履轻便有劲。[12] 斗：通“陡”，谓陡峭。[13]嵌空：凹陷。宋范成大《吴船录》卷下云：“沿江石壁下，忽嵌空为大石屋，即石壁凿为像设。”[14] 飞陟：飞升。[15] 勒：抑制，这里有阻碍的意思。[16] 腾挽：下面的人攀登，上面的人牵引。[17] 积雨：犹久雨。唐韩愈《符读书城南》诗：“时秋积雨霁，新凉入郊墟。”[18] 变幻极势：谓极尽变化莫测之能事。极势，使势力丧尽。《晋书》卷六〇《索綝传》云：“帝王之师，以义行也。孤将军十五年，未尝以谲诡败人，必穷兵极势，然后取之。”[19] 轰雷喷雪：形容雨后的瀑布水势浩大，发出雷霆般的声响，水流如喷雪一样壮观。[20] 能仁寺：曾名常云院，俗称大镬寺，位于雁荡山西内谷丹芳岭下，大锦溪下游，雁荡山十八古刹之一。明何白《能仁寺记》云：“自乐成东行八十里，抵四十九盘岭，由筋竹涧过行春桥，拾级数十武，拓而为寺，曰能仁，为十八丛林首刹也。”明王士性《游雁宕记》云：“能仁者，西谷外寺，僧了全于太平兴国间，始居山之浅者，曰芙蓉庵，即此，则其开山始也。”

十五日 寺后觅方竹数握[1]，细如枝；林中新条，大可径寸，柔不中杖[2]，老柯斩伐殆尽矣[3]！遂从岐度四十九盘[4]，一路遵海而南，逾窑岙岭[5]，往乐清[6]。

［注释］

[1] 方竹：竹之一种，外形微方，高 3—8 米，直径 1—4 厘米，质坚，产于我国华东和华南一带。可供观赏外，古人多用以制作手杖。[2] 柔不中（zhòng）杖：谓新竹质地柔软，不适宜

做手杖。中，符合。 [3] 老柯：老竹。柯，草木的枝茎。殆（dài）尽：几乎罄（qìng）尽。汉孔融《论盛孝章书》云："海内知识，零落殆尽。" [4] 岐：同"歧"，分开，岔出。这里是岔路的意思。四十九盘：又名七七岭、丹芳岭，位于雁荡山西内谷。明薛应旂《雁荡山志》云："又东十里，曰丹芳岭，路入雁荡西谷，凡四十九盘，昔人有'岭号登山七七盘，登危陟险到云端'之咏。又东曰谢公岭。" [5] 窑岙岭：即窑岙山，位于乐清市以东五十里，其下有窑岙镇，南临海。见清顾祖禹《读史方舆纪要》卷九四《浙江六・温州府》。 [6] 乐清：这里当谓乐成镇，为明乐清县治所在。

［点评］

宋戴复古《湘中遇翁灵舒》诗："天台山与雁山邻，只隔中间一片云。一片云边不相识，三千里外却逢君。"尽管古代交通不便，但在文人墨客心目中，天台山与雁荡山仍属于相邻的两处游览胜地。

明神宗万历四十一年（1613）四月初九日，徐霞客第一次游天台山后即踏上前往雁荡山的旅途。同三游天台山一样，徐霞客一生对于雁荡山也有三次旅游的经历，本篇日记所记述者就是徐霞客第一次游览雁荡山的过程。至于二游雁荡山，徐霞客没有留下日记，三游雁荡山则有《游雁宕山日记后》为证，此不赘述。徐霞客一游雁荡山，从万历四十一年四月十一日进山至十五日踏上归途，历时五天，其具体行程为：十一日游览灵峰景区，历经盘山岭、大荆驿、章家楼、老僧岩、石梁洞、谢公岭、灵峰洞，止宿于灵峰寺。十二日从灵峰向灵岩景区进发，沿途经碧霄洞，过响岩，再经净名寺、水帘洞，进入灵岩景区，游赏了屏霞嶂、展旗峰、天柱峰、龙鼻洞、小龙湫、独秀峰、卓笔峰、玉女峰、双鸾峰、安禅谷、石屏风、天聪洞等景观，或亲自登临，或极目远眺，游踪虽稍显匆促，却也令其目不暇接，大饱眼福。夜晚止宿于灵岩寺。十三日从灵岩寺出发，历经板嶂岩、小剪刀峰、观音岩，翻越马鞍岭，过常云峰、大剪刀峰、连云峰，终至名闻遐迩的大龙湫。面对这天下奇瀑，作者“踞坐久之”，沉醉于自然壮观之下。在细雨迷茫中，徐霞客晚间投宿云静庵。十四日天虽放晴，却是徐霞客一游雁荡山中历经艰险而绝处逢生的一天。徐霞客探求大龙湫之源头受古人误导，以为雁湖为大龙湫之源，又因云静庵住持清隐的徒弟作为向导半途而退，徐霞客一行四众（包括两仆与从家乡随同而来的迎福寺僧人莲舟）翻山越岭，攀援竟日，并没有寻觅到山顶之雁湖所在，大龙湫之源头何在更无从谈起。解决这一疑难问题，已经是十九年以后徐霞客三游雁荡山之际了，这是后话。所幸徐霞客三众（莲舟因疲劳已提前下山）知难而退，方有惊无险，归宿能仁寺。十五日，徐霞客一行经四十九盘岭，沿海边越过窑岙岭到达乐清县治乐成镇，结束了五天的旅程。

清顾祖禹《读史方舆纪要》卷九四《浙江六·温州府》云：“雁荡山，县东九十里。岩峦盘曲凡数百里，其峰百有二谷十，洞八，岩三十，争奇竞胜，游历难遍。《志》云：山跨乐清、平阳二县，在平阳西南者曰南雁荡，此为北雁荡。群峰峭拔，上耸千尺，皆包谷中，自岭外望之，都无所见，至谷中则森然干霄。有大、小龙湫会诸溪涧水，悬岩数百丈，飞瀑之势，如倾万斛水从天而下也。绝顶有湖，方十馀里，水常不涸，雁之春归者留宿焉，故曰雁荡。”雁荡山山体的岩石构成以破火山的流纹岩为主，多呈现为灰色、粉红色与砖红色，有斑状结构和流纹状结构，并有节理。这种岩石虽与花岗岩同属于火山酸性的喷出岩石，但两者样貌多有不同，岩体的物理性状与化学性能也有所区别，这是雁荡山与天台山山体形势有所差异的重要原因。雁荡山的奇峰怪岭密集，且“横看成岭侧成峰，远近高低各不同”，这无疑令置足其间者有美不胜收的奇异感。由于处在远古火山频繁活动的地带，雁荡山山体呈现出独具特色的峰、柱、墩、洞、壁等奇岩怪石，称得上是一个“世界真奇妙”的造型地貌博物馆。徐霞客用文学笔法描绘了雁荡山风景的奇妙，形象生动，令读者有身临其境之感；对于各处景观的方位以及相互关系与距离的准确记述，更是其科学精神的反映，绝非一般游山玩水者所能企及。

游黄山日记[1] 徽州府[2]

初二日[3]　自白岳下山[4]，十里，循麓而西，抵南溪桥[5]。渡大溪[6]，循别溪[7]，依山北行。十里，两山峭逼如门，溪为之束。越而下，平畴颇广[8]。二十里，为猪坑[9]。由小路登虎岭[10]，路甚峻。十里，至岭。五里，越其麓。北望黄山诸峰[11]，片片可掇[12]。又三里，为古楼坳[13]。溪甚阔[14]，水涨无梁[15]，木片弥布一溪[16]，涉之甚难。二里，宿高桥[17]。

黄山，位于今安徽黄山市，在明代则横跨南直隶之歙县、太平、休宁和黟县，最高峰莲花峰海拔1864米，光明顶海拔1840米，天都峰海拔1810米，清凉峰海拔1787米。是中国历史上著名风景区之一，山峰劈地摩天，苍松千姿百态，云海气象万千。

平畴，晋陶渊明《癸卯岁始春怀古田舍二首》诗其二云："平畴交远风，良苗亦怀新。"

［注释］

[1] 黄山：秦称黟（yī）山，唐天宝六载（747）改今名，以传说黄帝曾在此炼丹而得名。 [2] 徽州府：元至正二十七年（1367）朱元璋改兴安府置，治所在歙（shè）县（今属安徽）。 [3] 初二日：万历四十四年二月初二日，即 1616 年 3 月 19 日。 [4] 白岳：即白岳山，又称白岳岭，属于齐云山的组成部分。齐云山位于今安徽休宁县城以西 15 千米处，最高峰（位于碧霄峰背）海拔 585 米，山不甚高而风光绮（qǐ）丽。 [5] 南溪桥：位于齐云山镇岩脚村，为一单孔石桥，今存。 [6] 大溪：当指横江，又名吉阳水、白鹤溪、东岗，发源于黟县漳岭的白顶山，最终与率水汇流，注入新安江。主河道上游流经齐云山。 [7] 别溪：当谓横江之分支。 [8] 平畴：平坦的田野。 [9] 猪坑：当地村名，未见方志著录。今黟县西递镇有珠坑，位于阜岭下以南偏东。“猪坑”当系音讹。 [10] 虎岭：当系“阜（fù）岭”之音讹，位于休宁东北。道光《休宁县志》卷一《山川》云：“阜岭，在县北六十里，界于歙，登其巅，黄山诸峰如在目前。凤凰诸山，皆其支也。”民国《歙县志》卷一《舆地志·山川》云：“黄山之西南支为歙、休交界之天马山脉，其山曰阜岭，为休、歙界山，登其巅，黄山诸峰如在目前。” [11] 黄山诸峰：黄山有七十二峰之胜，如天都峰、莲花峰、光明顶、炼丹峰、狮子峰、始信峰、鳌鱼峰等为其最著名者。 [12] 掇（duō）：拾取。 [13] 古楼坳：即今休宁县龙田乡古楼村。 [14] 溪：当指苦竹溪。 [15] 梁：桥。 [16] 弥：遍，满。 [17] 高桥：村名，位于今休宁县蓝田镇北。

初三日 随樵者行[1]，久之，越岭二重。下而复上，又越一重。两岭俱峻，曰双岭[2]。共十五里，过江村[3]。二十里，抵汤口[4]，香溪、温泉诸水所由出者[5]。折而入山，沿溪渐上，雪且没趾。五里，抵祥符寺[6]。汤泉在隔溪，遂俱解衣赴汤池。池前临溪，后倚壁，三面石甃[7]，上环石如桥。汤深三尺，时凝寒未解[8]，而汤气郁然[9]，水泡池底汩汩起[10]，气本香冽[11]。黄贞父谓其不及盘山[12]，以汤口、焦村孔道[13]，浴者太杂遝也[14]。浴毕，返寺。僧挥印引登莲花庵[15]，蹑雪循涧以上[16]。涧水三转，下注而深泓者[17]，曰白龙潭[18]；再上而停涵石间者[19]，曰“丹井”[20]。井旁有石突起，曰“药臼”[21]，曰“药铫”[22]。宛转随溪，群峰环耸，木石掩映。如此一里，得一庵，僧印我他出[23]，不能登其堂。堂中香炉及钟鼓架，俱天然古木根所为。遂返寺宿。

黄贞父，即黄汝亨（1558—1626），字贞父，号寓庸，钱塘人。万历二十六年（1598）进士，历官进贤知县、南京工部主事，改礼部，历郎中，官至江西布政司参议。擅长散文小品写作，著有《天目记游》及《寓林集》三十八卷。盘山，又名徐无山、四正山、盘龙山，位于今天津蓟州区西北12千米，属于燕山馀脉，主峰挂月峰海拔864米，历史上有“京东第一山”之誉。徐霞客于崇祯二年（1629）赴京师（今北京市），曾有盘山之游，惜无日记传世。

［注释］

[1] 樵者：打柴人。 [2] 双岭：位于高桥以北偏东，今已打通双岭隧道。道光《休宁县志》卷一《山川》云：“双岭，在县北七十五里，界于歙。”民国《歙县志》卷一《舆地志·山川》云：“黄山之东南支曰双岭，岭高峻，在曹溪左。” [3] 江村：疑当作“岗村”，原属歙县，今属黄山区汤口镇。“江”“岗”，当系作者音讹

致误。 [4] 汤口：镇名，位于黄山南缘，为当时从南线游览黄山的门户。 [5] 香溪：或称香溪河，源于黄山诸峰和情人谷，流经汤口。据传说，上古轩辕黄帝于黄山炼丹，曾入此溪洗涤，因香气经久不散而得名。温泉：即下文之“汤泉”，又称“汤池”，古名朱砂泉，位于黄山紫云峰下。水质含有碳酸氢盐，水温常年保持在42℃，久旱不涸，具有一定的医疗价值。据传说，轩辕黄帝入浴此泉，返老还童，故被誉为灵泉。 [6] 祥符寺：故址位于今安徽黄山市黄山风景区温泉小补桥南头、桃花溪南岸高坝上。唐玄宗开元十八年（730），志满和尚始建于桃花峰麓的桃花涧，名汤院；唐宣宗大中五年（851），徽州刺史李敬量梦见白龙，移建于汤泉对面，号为龙堂；南唐元宗保大二年（944），敕名灵泉院；宋真宗大中祥符元年（1008），敕名祥符寺。清乾隆间毁于山洪。 [7] 石甃：谓以石砌汤池壁。甃，以砖石等砌池壁。 [8] 凝寒：严寒。《文选·刘桢〈赠从弟〉诗之二》云：“岂不罹凝寒，松柏有本性。”唐李善注：“凝，严也。” [9] 郁然：香气浓重貌。 [10] 汩汩：象声词，这里形容水泡上升发出的声响。 [11] 香洌：芳香清凉。 [12] 黄贞父谓其不及盘山：黄汝亨《寓林集》卷一〇《游黄山记》云：“寺前为汤池，人浮一白，以次解衣浴汤池中。汤气涤疴疏理，浴者都爽，谢武林、冯开之两公尤称。而余从盘山汤泉中浴来，澄泓香洌，尚胜之耳。” [13] 焦村：明代村名，辖于太平县，与歙县接壤，位于今黄山风景区的西北部，与位于今黄山风景区东南部的汤口镇在当时属于由徽州北上的交通要衢。孔道：这里是通道的意思。民国《歙县志》卷一《舆地志·山川》云：“主峰曰黄山，其来脉曰汤岭，踞白龙潭上，冈阜蟠结，凿石开径，通太平之焦村。” [14] 杂遝（tà）：同“杂沓”，纷杂繁多貌。 [15] 挥印：黄山僧人法号。莲花庵：明人于唐汤院遗址所建。民国《歙县志》卷二《营建志·寺观》云：“莲花庵，在桃花涧上，即唐汤院遗址。明鲍正元为僧印我建。” [16] 蹑（niè）：踩，踏。涧：谓桃花涧。 [17] 深泓：指深潭。明高启《白云泉》诗：“潜龙未起出深泓，渴鸟时来下高树。” [18] 白龙潭：位于黄山紫云峰山麓。明黄汝亨《游黄山记》云：“三生石，傍临香溪，观白龙潭，潭水深碧不可测。”清钱谦益《游黄山记》之八云：“山之奇，以泉，以云，以松。水之奇，莫奇于白龙潭。泉之奇，莫奇于汤泉。皆在山麓。”清刘大櫆《游黄山记》云：“入（莲花）庵登阁，下瞰白龙潭。潭广十馀丈，其上大石横亘，高三丈馀，而药铫合诸溪之水，从叠石乘高而下，而潭以一石仰承之，其势撞冲奋跃，鸣吼如雷。”位于黄山北麓松谷溪中五龙潭之一也有名白龙潭者，非是。 [19] 停涵：停蓄沉浸。明徐渭《览越篇序》云：“平居用力于道，既早见而握揽之。停涵既久，一与古今人遇，便引吭而鸣，响溢于据梧扣竹之表。” [20] 丹井：位于黄山虎头岩附近，为巨石上一圆穴。据说轩辕黄帝曾在此炼丹，故名。丹井直径 0.6 米，深 1.7 米，口小底小腹大，最深处为螺形尖底。旁刻“丹井”二字，苍劲古朴，为明汪道昆手书。 [21] 药臼：当为石上的凹坑，距丹井 30 米，直径 1.5 米，深 1 米，据说黄帝炼丹时常在此捣药，故名。 [22] 药铫（diào）：一种带柄有嘴的煎药小锅，亦当为石上凹坑，位于药臼附近。明黄汝亨《游黄山记》云：“伏乱石间为丹井，上即莲花庵，庵前群峰簇列。”清刘大櫆《游黄山记》云：“而山之左腋，有水穿乱石而下，是曰药溪。溪石广丈馀，中凹如臼，仰承上流，是曰药铫。铫左欹，而水出悬溜，承溜一石如圆盎弃口，而中如螺旋，异石五色，白者如珠，是曰丹井。折而右，为莲花庵。”近年来由于河道淤塞，药臼、药铫皆已被淹没，或有再发现者，不无附会之嫌。 [23] 印我：莲花庵住持僧人法号。

初四日 兀坐听雪溜竟日[1]。

[注释]

[1] 兀坐：独自端坐。唐戴叔伦《晖上人独坐亭》诗："萧条心境外，兀坐独参禅。"雪溜：雪融化时的滴水。北齐魏收《棹歌行》云："雪溜添春浦，花水足新流。"

初五日 云气甚恶，余强卧至午起。挥印言慈光寺颇近[1]，令其徒引。过汤池，仰见一崖，中悬鸟道，两旁泉泻如练[2]。余即从此攀跻上，泉光云气，撩绕衣裾[3]。已转而右，则茅庵上下[4]，磬韵香烟[5]，穿石而出，即慈光寺也。寺旧名朱砂庵。比丘为余言[6]："山顶诸静室[7]，径为雪封者两月。今早遣人送粮，山半，雪没腰而返[8]。"余兴大阻，由大路二里下山，遂引被卧。

[注释]

[1] 慈光寺：故址位于黄山朱砂峰下，现为慈光阁宾馆所在。民国《歙县志》卷二四《营建制·寺观》云："慈光寺，在朱砂峰下。明隆庆间邑人程玄阳结茅修真于此，额曰步云亭，俗因呼为朱砂庵。万历三十四年，僧普门入黄山，玄阳之徒福阳道人以庵畀之，改创法海禅院。比入都，慈圣皇太后颁内帑为剃发赐紫。

三十九年，神宗赐寺额慈光，并赐藏经、佛像、莲花座等……咸、同间大殿毁，仅存僧舍及后殿，而观音堂、功德堂均近重建。”清钱谦益《游黄山记》之六云：“寺踞天都之陇，枕桃花、莲华二峰，左则朱砂、青鸾、紫石，右则叠嶂、云门，并外翼焉。普门安公者，缚禅清凉山中，定中见黄山，遂由清凉徙焉。比入都门，愿力冥感，慈圣皇太后颁内帑为剃发，赐紫金幡杖。神宗赐寺额曰慈光，降敕护持。今寺尊奉藏经，慈圣所钦赐装池也。四面金像，像七层，层四尊，凡二十有八，层有莲花坐，坐有七准提居叶中，一叶一佛，佛不啻万计。慈圣及两宫所施造也。” [2] 两旁泉泻如练：谓黄山汤泉，又称朱砂泉，位于紫石山南麓，有两个出口，汤泉水质以含重碳酸为主，无硫，自唐代开发以来，享誉千年。练，练过的布帛，一般指白绢。南朝齐谢朓《晚登三山还望京邑》诗：“馀霞散成绮，澄江静如练。” [3] 撩绕：回环盘旋。衣裾（jū）：衣襟。 [4] 茅庵：茅庐，草舍。旧时修真或学佛者所结。 [5] 磬（qìng）韵：谓僧人诵经之声。磬，诵经用的钵形打击乐器。 [6] 比丘：佛教语，为梵文的译音，意译则为“乞士”，以上从诸佛乞法，下就俗人乞食而得名，为佛教出家“五众”之一。一般即指已受具足戒的男性，俗称和尚。 [7] 静室：指寺院住房或隐士、居士修行之室。唐綦毋潜《题灵隐寺山顶禅院》诗：“观空静室掩，行道众香焚。” [8] 雪没腰：形容黄山积雪之大。参见王振东《徐霞客两游黄山考》（见徐霞客逝世 360 周年纪念活动暨学术研讨会组委会：《徐霞客逝世 360 周年纪念文集》，2001 年版，第 181 页）：“徐霞客生活的十七世纪，正是我国 5000 年来气候变迁中最后一个冷期，亦称‘小冰期’。那时全国气候比现在寒冷得多……上述文字是研究三百八十多年前我国气候状况的宝贵资料。”

初六日 天色甚朗。觅导者各携筇上山[1]，过慈光寺。从左上，石峰环夹，其中石级为积雪所平，一望如玉。疏木茸茸中[2]，仰见群峰盘结[3]，天都独巍然上挺[4]。数里，级愈峻，雪愈深，其阴处冻雪成冰，坚滑不容着趾[5]。余独前，持杖凿冰，得一孔，置前趾，再凿一孔，以移后趾。从行者俱循此法得度。上至平冈，则莲花、云门诸峰[6]，争奇竞秀，若为天都拥卫者。由此而入，绝巘危崖[7]，尽皆怪松悬结[8]。高者不盈丈，低仅数寸，平顶短鬣[9]，盘根虬干[10]，愈短愈老，愈小愈奇，不意奇山中又有此奇品也！

清刘大櫆《游黄山记》云："自（翠微）寺西望，有两峰相并，巉绝而锐，其高刺天，云之往来于其中者，晨夕不绝也。以其为云所径，故名之曰云门。"

［注释］

[1] 筇（qióng）：手杖。 [2] 茸茸：丛集。 [3] 盘结：回环联结。 [4] 天都：位于黄山东南部，西对莲花峰，东连钵盂峰，海拔 1810 米，为黄山三大主峰（莲花、天都、光明顶）中之最险峻者。峰顶平如掌，据说为群仙所居，属天上都会，故称。古人攀登此峰甚艰难，万历四十二年（1614）僧人普门历经艰难，始攀登至峰顶。以后因凿石开路，逐步安装铁链护栏等，登上天都峰已非难事。 [5] 着趾：放脚的地方。 [6] 莲花：即莲花峰，位于黄山中部，为三大主峰之最高峰，海拔 1864 米。因其主峰突出，又有小峰簇拥，俨若莲花初放，故称。据记载，宋度宗咸淳四年（1268），吴龙翰、鲍云龙、宋复一一行费时三天方攀登至绝顶，

属于先行者。今因建有石阶，登顶已非难事。云门：即云门峰，又称剪刀峰，位于黄山西南部石柱峰南面，与云际峰、浮丘峰相毗邻，为黄山三十六大峰之一，海拔 1645 米。此峰岩壁分开如门，相对而立，高入天际，唯有云气可从中穿梭而过，故得名“云门峰”。因其两侧均为百米以上的悬崖绝壁，至今无人登顶。 [7] 绝巘（yǎn）：极高的山峰。北魏郦道元《水经注・江水二》云：“绝巘多生怪柏。” [8] 怪松：黄山松是在独特地貌和气候条件下形成的一种中国特有品种，属松科松属，生长于海拔 600 米—1800 米的山坡，属于喜光、深根性树种，喜凉润、耐瘠薄，但生长迟缓。大多生长石缝中，千姿百态。黄山松造型独特，其枝干往往侧重于一方。由于山高风急，树干大都短而粗，针叶密而短，而且树冠平如削，有的几乎平贴在石上生长。即使在断崖峭壁之上，也能破石而出，而且形体奇特，或偃蹇盘旋，或仰曲倒挂，或异干同体。在现代，除了著名的迎客松外，还有蒲团松、探海松、麒麟松、凤凰松、黑虎松、连理松、龙爪松，以及驰名古今的接引松、扰龙松和卧龙松等，不一而足。悬结：盘结悬挂。 [9] 鬣（liè）：植物花、叶、穗芒形状如马鬃的，这里谓松针。唐段成式《酉阳杂俎・木篇》云：“松，凡言两粒、五粒，粒当言鬣。” [10] 虬（qiú）干：树木枝干盘曲如龙。

松石交映间，冉冉僧一群从天而下[1]，俱合掌言：“阻雪山中已三月，今以觅粮勉到此。公等何由得上也[2]？”且言：“我等前海诸庵[3]，俱已下山，后海山路尚未通，惟莲花洞可行耳[4]。”已而从天都峰侧攀而上，透峰罅而下[5]，东转即莲花洞路也。余急于光明顶、石笋矼之胜[6]，遂循莲花峰而北。上下数次，至天门[7]。两壁夹立，中阔摩肩，高数十丈，仰面而度，阴森悚骨。其内积雪更深，凿冰上跻，过此得平顶，即所谓前海也。由此更上一峰，至平天矼[8]。矼之兀突独耸者[9]，为光明顶。由矼而下，即所谓后海也。盖平天矼阳为前海，阴为后海，乃极高处，四面皆峻坞[10]，此独若平地。前海之前，天都、莲花二峰最峻，其阳属徽之歙[11]，其阴属宁之太平[12]。

清钱谦益《游黄山记》之九另有解释："山之巅曰海子，由天平矼循炼丹峰里许，名曰海门，光明顶为前海，师子林为后海，修广可数里。如以兹山峻绝，目其平衍处为海，则华山之顶，高岩四合，重岭秀起，不名之曰华海。如以云生之候，弥望云浪，目之曰海，则泰山之云，触石而出，肤寸而合，不名之曰岱海。以海名山，以黄名海，纰谬不典，当一切镌削，为山灵一洗之也。"

[注释]

[1] 冉冉：渐进貌，这里形容缓慢移动的僧人。 [2] 公：古代对男子的尊称。 [3] 前海：黄山自古以来就以云海著称，所谓云海，是指在一定的天气条件下形成的云层，并且云顶高度低于山顶高度。或将黄山分为所谓前海、天海、北海、东海、西海等五大景区，一般称莲花峰、天都峰以南为南海，也称前海；称狮子峰、始信峰以北为北海，又称后海。徐霞客以平天矼（gāng）以南为前海，平天矼以北为后海，详下文。 [4] 莲花洞：位于莲花峰下贝叶寺侧。清刘大櫆《游黄山记》云："越岭而西，有寺曰贝叶。石洞方广三丈，左壁峭绝直出，水悬溜作声，一折如墉。其前大石突起数十尺，直当洞门。右劈一峡，凌洞巅，背负悬崖如覆。洞口水不绝如帘，旁一池泓碧，是曰莲花之洞。" [5] 峰罅：山岩缝隙处。 [6] 光明顶：位于黄山中部，海拔 1841 米，为黄

山三大主峰的第二高峰。其状如覆钵，为看日出、观云海的最佳处。石笋矼：位于始信峰与仙人峰之间。矼上怪石参差，犹如雨后春笋，故称。矼，石岗。明黄汝亨《游黄山记》描绘石笋矼景象："神秀迭见，纤若指，锐若戟，森若林环，列若屏，若蹲踞，若冠佩，若翔，若垂，若舞，短者径寸，长者千尺，若斧劈剑削。每一奇峰必有一怪松覆之如盖，目眩心惊。" [7] 天门：即天门坎，半山寺到玉屏楼之间，两边都是石壁，路中间天然地突起一道石脉，看起来跟门槛很像，旁边镌刻三个大字"天门坎"。 [8] 平天矼：海拔 1805 米，南山、北山在此分界。矼西为仙桃、石柱、石床诸峰；东端为光明顶；矼南是天海和南海；北为后海。矼长 1000 米，是长江水系和钱塘江水系的分水岭。 [9] 兀突：高耸突出貌。 [10] 峻坞：高峻的釜状凹地。 [11] 徽之歙：徽州府的歙县，为徽州府治。位于今安徽省东南部、新安江上游，邻接浙江省，黄山风景区位于其县境西北。 [12] 宁之太平：宁国府的太平县（今安徽黄山市黄山区），位于黄山北麓，青弋江上游。宁国府，治所宣城县（今安徽宣城市），明直隶南京，下辖宣城、宁国、南陵、泾（jīng）县、旌德、太平等县。

余至平天矼，欲望光明顶而上。路已三十里，腹甚枵[1]，遂入矼后一庵。庵僧俱踞石向阳。主僧曰智空[2]，见客色饥，先以粥饷[3]。且曰："新日太皎[4]，恐非老晴。"因指一僧谓余曰："公有馀力，可先登光明顶而后中食[5]，则今日犹可抵石笋矼，宿是师处矣[6]。"余如言登顶，则天都、莲花并肩其前，翠微、三海门环绕于后[7]，下瞰

唐段成式《酉阳杂俎·玉格》云："忽见一寺，门宇炳焕，遂求中食。"《释氏要览·中食》引《僧祇律》云："时食，谓时得食，非时不得食。今言中食，以天中日午时得食，当日中，故言中食。"

绝壁峭岫[8]，罗列坞中，即丞相原也[9]。顶前一石，伏而复起，势若中断，独悬坞中，上有怪松盘盖。余侧身攀踞其上，而浔阳踞大顶相对[10]，各夸胜绝[11]。下入庵，黄粱已熟[12]。

［注释］

[1] 枵（xiāo）：指腹空，谓饥饿。 [2] 主僧：佛寺的住持。智空：住持僧的法号。 [3] 饷（xiǎng）：馈食于人。《孟子・滕文公下》云："有童子以黍肉饷，杀而夺之。" [4] "新日太皎"二句：是说太阳初升过于明亮，恐怕晴天不会持续太久。 [5] 中食：指佛教徒于中午进斋食。 [6] 是师：这位师父，谓主僧智空所指的狮子林僧人。 [7] 翠微：即翠微峰，黄山三十六大峰之一，位于黄山西北端，在云外峰北、洋湖矼南，海拔 1589 米，峭立孤耸，形态奇妙，遍山郁郁葱葱，青翠欲滴，故名。三海门：黄山山峰名，位于黄山中部海拔 1827 米的炼丹峰前的炼丹台附近。清刘大櫆《游黄山记》云："由丹台直出数十步至海门，悬崖夹立而中辟，黝色如铁。据门俯瞰，其下直削无底。而群峰于绝壑中奋踊以出，其势屹崒，如武士之怒立者甚众。环绝壑而峙有三海门。每百步一阙，为阙者三。入其门，径不容足，如负墙而立焉。杰然耸峙于海门之侧者，飞来峰也。" [8] 瞰（kàn）：俯视。峭岫（xiù）：陡峭的峰峦。岫，峰峦。 [9] 丞相原：又称丞相源，位于黄山钵盂峰下，在罗汉峰和香炉峰之间，海拔 890 米。相传南宋右丞相程元凤曾在此读书，故名。明人建有掷钵禅院，明代崇祯间文士傅严漫游至此，应掷钵禅僧之求，手书"云谷"二字，此后禅院即改名"云谷寺"。明黄汝亨《游黄山记》云："丞相原，从平天矼望之，不过两山中一窝耳。"清刘大櫆《游黄山记》云："黄山之峰

皆直削无枝，又拔自绝壑，及至丞相源，则阴崖蔽亏，老木森翳，如行墟落间。” [10] 浔阳：即徐霞客《游白岳山日记》中所提及之“浔阳叔翁”，丁文江《徐霞客年谱·万历四十四年丙辰》云：“浔阳叔翁不知何人，观游记则浔阳乃其号，叔翁疑即叔岳之称。先生原配许氏，然则浔阳当姓许。” [11] 胜绝：绝妙。唐薛用弱《集异记·崔商》云：“江滨有溪洞，林木胜绝，商因杖策徐步，穷幽深入。” [12] 黄粱：小米饭。这里借代饭食。

饭后，北向过一岭，踯躅菁莽中[1]，入一庵，曰狮子林[2]，即智空所指宿处。主僧霞光[3]，已待我庵前矣。遂指庵北二峰曰：“公可先了此胜[4]。”从之。俯窥其阴，则乱峰列岫，争奇并起。循之西，崖忽中断，架木连之，上有松一株，可攀引而度，所谓接引崖也[5]。度崖，穿石罅而上，乱石危缀间，构木为室，其中亦可置足，然不如踞石下窥更雄胜耳。下崖，循而东，里许，为石笋矼。矼脊斜亘，两夹悬坞中[6]，乱峰森罗[7]，其西一面，即接引崖所窥者。矼侧一峰突起，多奇石怪松。登之，俯瞰壑中，正与接引崖对瞰，峰回岫转，顿改前观。

下峰，则落照拥树，谓明晴可卜[8]，踊跃归庵[9]。霞光设茶，引登前楼。西望碧痕一缕，余

始信峰位于黄山北海散花坞东，凸起于绝壑之上，为三十六小峰之一，海拔1683米。据说明代黄习远自云谷寺游至此峰，如入画境，似幻而真，方信黄山风景奇绝，并题名“始信”，传播遐迩。这里怪石争妍，奇松林立，向为文人雅士所赏。清刘大櫆《游黄山记》云：“由海门东迤五里许，登始信之峰。峰忽中断，两壁崭然，相去可寻丈，下视嶙峋千仞，乃斩木为桥以度。桥右凭崖，其左空而临壑，而北崖有松横枝直抵南崖，蔽障其空如槛，名之曰接引之松。攀枝而过，陟其巅，则群峰环拱，怪石兵卫，尽丹台、海门所见，若皆荟萃而立其前。”

疑山影。僧谓："山影夜望甚近，此当是云气。"余默然，知为雨兆也[10]。

［注释］

[1] 踯躅（zhízhú）：徘徊不进貌。菁（jīng）莽：茂密的草木丛。　[2] 狮子林：寺庵名，又作"师子林"，故址位于黄山北部狮子峰下的天眼泉附近，建于明万历三十九年（1611），原为一茅庵，为五台山僧一乘游方到此所建。康熙二十年（1681），太平县令陈九陛与谭经远、李梦全等捐金重修，供奉观音大士，故又名观音庵，僧一齐住持。陈九陛手书明人楹联："岂有此理，说也不信；真正妙绝，到此方知。"清咸丰、同治年间毁于兵燹。　[3] 霞光：狮子林住持僧法号。　[4] 先了此胜：意谓先将这边的胜景欣赏够了再说。　[5] 接引崖：位于黄山东部始信峰渡仙桥，桥侧有著名的接引松。　[6] 两夹：谓接引崖与石笋矼在低凹的坞中交互绵延。下文"自石笋、接引两坞迤逦至此，环结又成一胜"谓此。　[7] 森罗：纷然罗列。　[8] 明晴可卜：意谓通过夕阳的光芒可以预测未来当为晴天。俗谚有所谓"早霞不出门，晚霞行千里"之说。　[9] 踊跃：欢欣鼓舞貌。《诗经·邶风·击鼓》云："击鼓其镗，踊跃用兵。"霞客喜用经书句，可见一斑。　[10] 雨兆：未来要下雨的征兆。

初七日　四山雾合。少顷，庵之东北已开，西南腻甚[1]，若以庵为界者，即狮子峰亦在时出时没间[2]。晨餐后，由接引崖践雪下。坞半一峰突起，上有一松，裂石而出，巨干高不及二尺，而斜拖曲结，蟠翠三丈馀[3]，其根穿石上下，几与峰等，所谓“扰龙松”是也[4]。

攀玩移时，望狮子峰已出，遂杖而西。是峰在庵西南，为案山[5]。二里，蹑其巅，则三面拔立坞中，其下森峰列岫[6]，自石笋、接引两坞迤逦至此[7]，环结又成一胜。登眺间，沉雾渐爽[8]，急由石笋矼北转而下，正昨日峰头所望森阴径也[9]。群峰或上或下，或巨或纤，或直或欹，与身穿绕而过。俯窥辗顾[10]，步步生奇，但壑深雪厚，一步一悚[11]。

据黄山风景区管理委员会李金水先生等《黄山扰龙松考》(《徽州社会科学》2013年第8期)记载，扰龙松于万历四十一年(1613)始由吴郡文人黄习远命名。明潘之恒《黄海》云：“由散花坞鸟道历二阜，见巨石屏立，上平如砥，一松高仅三尺，广覆盈亩，下视曲干，撑石崖而出，殆长数仞，盖自上而下生，石为中裂以容合抱，其蜿蜒樛结，蛟舞虬偃，不足拟之，故题以‘扰龙’云。”

[注释]

[1] 腻甚：形容雾气弥漫，使人感到模糊。 [2] 狮子峰：位于黄山北部，海拔1690米，以峰形酷似卧地雄狮，故名。狮首有丹霞峰，腰有清凉台，尾有曙光亭，狮子林即位于狮子张口处。 [3]蟠(pán)翠：形容松树的绿色枝干盘结蜿蜒之态。 [4]扰龙松：又称帝松，名列黄山七大名松之首（其馀六松为接引松、迎送松、卧龙松、蒲团松、棋枰松、破石松）。原松植根于始信峰与狮子峰之间的山谷散花坞中一巨石上，石与松融合为一。这是第一代扰龙松，或谓此松于清乾隆十二年（1747）前已枯死。此后巨石上又生一松，耸于岩尖，是为第二代扰龙松，形态与前者不同，即近人所谓“笔峰”或“梦笔生花”景观。此松已于1982年枯死，2004年3月黄山园林部门又为笔峰成功移植一棵松树，堪称第三代扰龙松。清钱谦益《游黄山记》之八云：“其

（始信峰）西巨石屏立，一松高三尺许，广一亩，曲干撑石崖而出，自下穿上，石为中裂，纠结攫拿，所谓扰龙松也。”此记撰于明崇祯十五年壬午（1642），距离徐霞客所记者不过二十六年，当为第一代扰龙松的真实写照。清刘大櫆《游黄山记》云：“散花坞亦千峰排列壑底……而一峰拔壑而起，独立无倚，可十丈，有松焉，其根长二丈馀，蜿蜒出走，未知其干所在，循峰右转，则见峰有裂罅，而松于罅中直上达顶，露其半，可窥，更旁裂一石，乃屈曲蟠结于峰顶之四周，而横曳一枝复下垂者，其长犹三丈，名其松曰扰龙。”此文撰于乾隆二十九年（1764），扰龙松的形貌似仍属第一代，可证第一代扰龙松于清乾隆中仍在。 [5] 案山：中国古代风水堪舆学名词，又称迎砂，指的是穴山和朝山间的山，也就是位于穴场正前方的山峰或者山丘，案山对于判断地形吉凶有很大的作用。据说案山最重形美与气局，有吉利的案山可令后代出官出贵。这里将狮子峰比喻为狮子林的案山，有赞美寺庵风水的意思。 [6] 森峰列岫：形容山峰林立绵延。 [7] 迤逦（yǐlǐ）：曲折连绵貌。 [8] 爽：清朗。 [9] 森阴：谓林木幽深茂密。 [10] 辗顾：回顾，回头看。 [11] 悚（sǒng）：恐惧，惶恐。

行五里，左峰腋一窦透明[1]，曰“天窗”。又前，峰旁一石突起，作面壁状[2]，则“僧坐石”也[3]。下五里，径稍夷[4]，循涧而行。忽前涧乱石纵横，路为之塞。越石久之，一阙新崩[5]，片片欲堕，始得路。仰视峰顶，黄痕一方，中间绿字宛然可辨，是谓“天牌”，亦谓“仙人榜”[6]。又前，鲤鱼石[7]；又前，白龙池[8]。共十五里，一茅出涧边[9]，为松谷庵旧基[10]。再五里，循溪东西行，又过五水，则松谷庵矣。再循溪下，溪边香气袭人，则一梅亭亭正发[11]，山寒稽雪[12]，至是始芳。抵青龙潭[13]，一泓深碧[14]，更会两溪，比白龙潭势既雄壮[15]，而大石磊落[16]，奔流乱注，远近群峰环拱，亦佳境也。还餐松谷，往宿旧庵。余初至松谷，疑已平地，及是询之，须下岭二重，二十里方得平地，至太平县共三十五里云。

［注释］

[1] 峰腋：即山腋，谓山峡，即两山之间的峡谷。窦：孔穴，洞。 [2] 面壁：佛教语。《五灯会元·东土祖师·菩提达摩大师》云：“当魏孝明帝孝昌三年也，寓止于嵩山少林寺，面壁而坐，终日默然。人莫之测，谓之壁观婆罗门。”后因以称坐禅，谓面向墙壁，端坐静修。 [3] 僧坐石：黄山岩石造型之一，位置不详。 [4] 夷：平。 [5] 阙：古代宫门、城门两侧的高台，中间有道路，台上起楼观。这里形容两山夹峙的地方。北魏郦道元《水经注·伊水》云：“两山相对，望之若阙，伊水历其间北流，故谓之伊阙矣。” [6] 仙人榜：又称天牌、天牌石、天榜，位于黄山飞龙峰，其峭壁数丈，色黄如皇榜，上有绿色篆书，无人能辨识。从松谷庵二道亭处可隔涧相望。另对面宝塔峰下又有一高丈馀的

岩石，状似身着道袍的仙人，似正凝视仙人榜，构成“仙人观榜”景观。清刘大櫆《游黄山记》：“将至松谷，山渐上益锐，群石参错，若有伟丈夫衣冠而立者，其旁有石如牌，中含绿字，与日光相激射，其字不可视，视之雷辄击去其字，或决欲见之，天方晴旭，行将近，忽涌云塞雾，咫尺晦冥，终莫能见云。” [7] 鲤鱼石：黄山岩石造型之一，形似多尾鲤鱼相挤竖立。 [8] 白龙池：位置不详，当非下文所云之白龙潭。 [9] 茅：茅草屋。 [10] 松谷庵：位于黄山北部叠嶂峰下，原名松谷禅林，为宋宝祐间道士张尹甫隐居处，至明宣德间重建，移今址并更名。五龙潭分布其间。 [11] 亭亭：高洁貌。 [12] 稽雪：雪留止，意谓延长了寒冷天气，故令梅花迟迟开放。 [13] 青龙潭：黄山北部松谷溪中五龙潭之一，五龙潭即青龙、乌龙、黄龙、白龙、油潭，因深浅不同，水色各异，青龙翠，乌龙黝，黄龙橙，油潭绿。明黄汝亨《游黄山记》云：“晓晴渡涧，观青龙潭，潭沉碧，以新雨沆瀁，临之洸洸。” [14] 一泓：清水一片或一道。唐李贺《梦天》诗：“遥望齐州九点烟，一泓海水杯中泻。” [15] 白龙潭：与青龙潭相距三里许。清刘大櫆《游黄山记》云：“由庵之左折而下，曰青潭，石壁青苍，奔泉出乱石间，汇入潭。有石梁覆其上，而不尽覆者十之三，望之如碧琉璃。循庵而上，可三里。闻水声潺潺，石色莹白与水称，则白潭也。” [16] 磊落：亦作“磊荦”，众多委积貌。这是花岗岩山体球状风化的结果。

清刘大櫆《游黄山记》云：“由平天冈西北行二里，登炼丹之台。台方广可容万人，俯临邃壑，深不测。而西北诸峰环峙，如人如鬼，如鸟兽、器物，状以千计。一峰当台而起，如供几案，上有松覆之如盖，其名曰紫玉屏。台畔有方池，或曰丹井也，清泠可鉴毛发，而松枝倒影入其中如画。”

初八日 拟寻石笋奥境[1]，竟为天夺[2]，浓雾迷漫。抵狮子林，风愈大，雾亦愈厚。余急欲趋炼丹台[3]，遂转西南。三里，为雾所迷，偶得一庵，入焉。雨大至，遂宿此。

［注释］

[1] 奥境：谓隐秘微妙的景观。 [2] 天夺：意谓为上天所褫夺，不能如愿。 [3] 炼丹台：又简称丹台。黄山中部有炼丹峰，海拔1827米，为黄山三十六大峰之首，传说浮丘公为轩辕黄帝炼丹于此。峰上石室内有炼丹灶，峰前有炼丹台，广可容万人，玉屏、天都、莲花、光明顶诸峰耸立于台前。台与晒药源隔谷相望，台下则有炼丹源，佳木林立，巧石争秀。

初九日 逾午少霁[1]。庵僧慈明[2]，甚夸西南一带峰岫不减石笋矼，有“秃颅朝天”“达摩面壁”诸名[3]。余拉浔阳蹈乱流至壑中[4]，北向即翠微诸峦[5]，南向即丹台诸坞，大抵可与狮峰竞驾[6]，未得比肩石笋也[7]。雨踵至[8]，急返庵。

达摩，亦作“达么”“达磨”，菩提达摩的省称。为天竺高僧，本名菩提多罗。于南朝梁普通年间（520—527）入中国，梁武帝迎至建康（今南京市）。后渡江往北魏，止嵩山少林寺，面壁九年而化。传法于慧可。后世尊达摩为中华禅宗初祖。

［注释］

[1] 少霁：天气稍稍放晴。 [2] 慈明：僧人法号。 [3] 秃颅朝天：黄山岩石造型之一，光头朝天，象形和尚。达摩面壁：黄山岩石造型之一，象形达摩面壁坐禅。 [4] 乱流：无常道可循的山间溪流。 [5] 翠微：即翠微峰，黄山三十六大峰之一。 [6] 竞驾：两马并驰，谓不相上下。 [7] 比肩：并列，居同等地位。 [8] 踵至：接踵而来。

初十日 晨，雨如注，午少停。策杖二里[1]，过飞来峰[2]，此平天矼之西北岭也。其阳坞中，峰壁森峭，正与丹台环绕。二里，抵台。一峰西垂，顶颇平伏。三面壁翠合沓[3]，前一小峰起坞中，其外则翠微峰、三海门蹄股拱峙[4]。登眺久之。东南一里，绕出平天矼下。雨复大至，急下天门。两崖隘肩[5]，崖额飞泉[6]，俱从人顶泼下。出天门，危崖悬叠，路缘崖半[7]，比后海一带森峰峭壁[8]，又转一境[9]。“海螺石”即在崖旁[10]，宛转酷肖[11]，来时忽不及察[12]，今行雨中，颇稔其异[13]，询之始知。已趋大悲庵[14]，由其旁复趋一庵，宿悟空上人处[15]。

明万历年间（1573—1620），僧智空创建，皇太子赐大悲观音像。院内设大悲道场，并募款铸钟，钟上有《金刚经》5176字。僧普门曾云：“中观音以悲，左文殊以智，右普贤以行，三禅院鼎立，山巅缺一不可。”民国《歙县志》卷二《营建制·寺观》云：“大悲院，在莲花峰右，即光明顶，又名大悲顶，供明万历间所赐大悲观音像，故名。”

［注释］

[1] 策杖：拄杖而行，也称杖策。 [2] 飞来峰：位于黄山西部，耸峙于海门之侧，其上有飞来石，孤耸于山头，高10馀米，其根部与山峰截然分离，似从天外飞来，故名。飞来石上尖下圆，其形如桃，故又名仙桃峰。 [3] 合沓：攒聚，重叠。 [4] 蹄股拱峙：形容翠微峰与三海门犹如兽类蹲踞于侧，耸峙卫护着丹台。蹄股，即蹲立，谓兽类后肢屈曲臀部着地而前肢直立，蹄与股相近。 [5] 两崖隘肩：形容天门狭窄，其宽度难以容肩。 [6] 崖额飞泉：形容天门空间狭小，山泉从额头上的山崖飞洒。 [7] 路缘崖半：形容山路险要，沿山崖绵延。 [8] 后海：位于黄山狮子林一带。 [9] 转：变化，改变。 [10] 海螺石：黄山岩石造型之一，当在鳌鱼峰附近，

峰前有数石，远望似螺蛳，构成“鳌鱼吃螺蛳”的景观。 [11] 宛转：蜿蜒曲折。酷肖（xiào）：极其相似。 [12] 忽：忽略，不经心。 [13] 稔（rěn）：原义庄稼成熟，这里引申指对岩石象形性终于完全理解。 [14] 大悲庵：即大悲院，故址位于黄山光明顶，又名大悲顶。 [15] 悟空上人：法名悟空的僧人，生平不详。

十一日 上百步云梯[1]。梯磴插天，足趾及腮[2]，而磴石倾侧嵚岈[3]，兀兀欲动[4]。前下时以雪掩其险，至此骨意俱悚[5]。上云梯，即登莲花峰道。又下转，由峰侧而入，即文殊院、莲花洞道也[6]。以雨不止，乃下山，入汤院[7]，复浴。由汤口出，二十里，抵芳村[8]，十五里，抵东潭[9]，溪涨不能渡而止。黄山之流[10]，如松谷、焦村[11]，俱北出太平；即南流如汤口[12]，亦北转太平入江[13]；惟汤口西有流，至芳村而巨，南趋岩镇[14]，至府西北与绩溪会[15]。

明万历四十一年（1613）普门和尚至此，谓在代州时梦见文殊坐石情景，与此境合，遂构文殊院，供奉文殊菩萨。崇祯十年（1637）失火焚毁，次年休宁人汪之龙重建。此后又曾多次修葺。院宇为石墙楼房，风景绝佳，四顾奇峰错列，众壑纵横，著名的迎客松即在附近。20 世纪 50 年代初被火焚毁。清钱谦益《游黄山记》之四云：“折

［注释］

[1] 百步云梯：位于莲花峰西北麓的峭壁上，梯口有两块平行的巨石，一形如龟，一形如蛇，在石壁上凿成的一百馀级险峻陡峭的磴道从两石间穿过下行。从对面鳌鱼洞观看，磴道如同靠在峭壁上的长梯，下临绝壑，常有云雾缭绕，十分险要。 [2] 足趾及腮：形容人登云梯时，前人之足可以碰到后人的脸，喻云梯陡

而陟台，是为文殊院，普门安公所荒度也。院负叠嶂峰，左象右狮，二罗松如羽盖，面拥石如覆袈裟，其上有趺迹，其下下绝。桃花峰居趺石之足，桃花之汤出焉。其东则天都峰如旒倒垂，其西则莲花峰献萼焉。”

直。清刘大櫆《游黄山记》云：“自峰巅而下，循旧径至冈。冈忽中断，下临渊渚，乃凿壁为磴百馀级。级之受足不一尺，游者肩踵相接，名之曰云梯。” [3] 峆岈（hánxiā）：深邃空广貌。 [4] 兀兀：摇晃貌。 [5] 骨意俱悚：意谓身心皆感到恐惧。 [6] 文殊院：故址位于黄山天都、莲花两峰间，背倚玉屏峰。 [7] 汤院：即祥符寺，参见前文“祥符寺”条注释。 [8] 芳村：位于黄山莲花峰以南。明黄汝亨《游黄山记》云：“登山越石碪岭，更度一岭，饭芳村黟山精舍，庭中杜鹃盛开。”清钱谦益《游黄山记》之一云：“自郡至山口一百二十里，至汤院又八里。其所径，寺曰杨干，台曰容成，潭曰长潭，岭曰石碪，石曰芗石，溪曰方溪，村曰芳村。”又《游黄山记》之七云：“出芳村，则莲花峰离立。”另见民国《歙县志》卷一《舆地志·都鄙》，为歙县十三都村名。 [9] 东潭：地名，位置不详，或即上引文所言之长潭。 [10] 黄山之流：谓流经黄山地区的溪水、河流等。 [11] 松谷：即松谷溪。或谓此水自黄山北去，即今凄溪河。焦村：即焦村溪。或谓此水自黄山西流折北，即今秧溪河。 [12] 汤口：即汤口溪。或谓此水北流，即今麻河。 [13] 江：即长江。上源沱沱河，四川宜宾以上为金沙江、通天河，宜宾以下始称长江。 [14] 岩镇：当即岩寺镇，位于歙县西二十五里。 [15] 府：明代徽州府治所在歙县。绩溪：扬溪的别名。清顾祖禹《读史方舆纪要》卷二八《南直十·绩溪县》著录绩溪：“在城东，其源亦来自扬溪。下流二十馀里乳溪水东注之。又五里徽溪水南注之。至临溪会县南诸水入歙县界。离而复合，交流如绩，县因以名。”

[点评]

在《徐霞客游记》中，作者一生两次光顾的名山，天台、雁荡、白岳（再游没有日记遗存）三山而外，就是黄山了。黄山以奇松、怪石、云海、温泉四绝驰名于世，从中生代孕育而来的花岗岩山体由于垂直节理的构造，侵蚀切割强烈，断裂和裂隙交错，球状风化特征显著，又融峰林地貌、冰川遗迹于一体。加之其山体长期受水溶蚀以及风化作用的影响，形成了千变万化的花岗岩洞穴与孔道。历来论者认为黄山兼有泰山之雄、华山之险、庐山之瀑、衡山之石、雁荡之怪、峨眉之凉，集中了众多游览胜地的优长。其风景区为 154 平方千米，内有二湖、三瀑、十四洞、十六溪、二十潭、二十四泉、七十二峰，可谓美不胜收。当丰富无比的自然景观被赋予某种人文意义时，如琳琅满目的众多怪石形态，各有趣味横生的名目或故事，就无疑增添了黄山风景区的历史纵深性与神秘感。徐霞客一游黄山是继其白岳山旅程之后的又一次山水巡游，时间在万历四十四年（1616）二月初三至十一日，历时九天。其中初四日“兀坐听雪溜竟日”，初八日为浓雾大雨所阻，半途而废，所以徐霞客真正游山的时间只有七天。他于初三日达汤口后，沿香溪北上抵祥符寺，沐浴于寺边的温泉，游览了温泉附近的莲花庵和白龙潭。初五日，徐霞客又冒雪向西北由鸟道攀上慈光寺，再由大路返回祥符寺。初六日，他再过慈光寺，经天都峰下的天门坎，沿莲花峰下的莲花沟北上光明顶；再由光明顶达狮子林，游览了狮子林附近的接引崖和石笋矼，当晚投宿于狮子林寺院。初七日，徐霞客由接引崖踏雪游览狮子峰，观赏了扰龙松、僧坐石和青龙潭，晚宿松谷庵。松谷庵在叠嶂峰下五龙潭附近。初九日，徐霞客由庵僧慈明引导游西南诸峰，观赏了始信峰一带的“达摩面壁”“秃颅朝天”等山岩造型，后因雨又返回寺院。初十日，过飞来峰，再经平天矼、天门坎下山，又因雨宿于大悲庵附近的寺院。十一日冒雨过百步云梯，经莲花沟回慈光寺，再由汤口出山，结束了其黄山首游的行程。

同以往一样，黄山之游的山水审美并不在徐霞客旅游意旨中占有主导地位，这与其同时代文人墨客明显有别。明黄汝亨《游黄山记》曾比较黄山与白岳之不同："世人不到此境，每以白岳与黄山并称。余谓黄山神秀绝伦，出奇无穷，片片如削；而白岳则魁梧垒叠，自天门、珍珠、五老而外，特整肃环峙，磊磊若培，不则颓然而已。计白岳之于黄山，不犹以程将军刁斗而比淮阴，以明妃、夷光而比洛神、姑射哉！"仅从山水审美角度书写游记，与徐霞客的山水追求有所差异。徐霞客有关黄山大雪的描写，准确把握地形、气候、植物三者的相互影响，有很高的认识价值。至于山脉走向与水系分布的描述，在《徐霞客游记》中更占有一定的比重。王振东《徐霞客两游黄山考》认为："在《徐霞客游记》中，他把黄山的水系写得十分清楚：'黄山之流，如松谷、焦村，俱北出太平；即南流如汤口，亦北转太平入江；惟汤口西有流，至芳村而巨，南趋岩镇，至府西北与绩溪会。'经我们实地勘查，现实情况与上述文字完全相符。平天矼是黄山前后山的分水岭，主体水系都流入长江，应属长江水系；只有外围的桃花峰、云门峰、浮丘峰西南部水系才流入新安江，应属钱塘江水系。"（见徐霞客逝世 360 周年纪念活动暨学术研讨会组委会：《徐霞客逝世 360 周年纪念文集》，2001 年版，第 182 页）读《徐霞客游记》应当明了其科学性的探索与分析，才能有所收获。

游武彝山日记[1] 福建建宁府崇安县[2]

二月二十一日[3]　出崇安南门，觅舟。西北一溪自分水关[4]，东北一溪自温岭关[5]，合注于县南，通郡、省而入海[6]。顺流三十里，见溪边一峰横欹[7]，一峰独耸。余咤而瞩目，则欹者幔亭峰[8]，耸者大王峰也[9]。峰南一溪，东向而入大溪者[10]，即武彝溪也[11]。

清顾祖禹《读史方舆纪要》卷八五《江西三·铅山县》云："温林关，在县东南七十里，岩峦峻绝，亦崇安八关之一也。亦见崇安县。"

幔亭峰，宋张君房《云笈七签》卷九六云："武夷君，地官也，相传每于八月十五日大会村人于武夷山上，置幔亭，化虹桥通山下。"

［注释］

[1] 武彝山：即武夷山，位于明建宁府崇安县（今福建武夷山

市）南 15 千米，方圆 60 千米，四面有溪谷环绕，不与外山相连，构成独立的风景区，有“溪曲三三水，山环六六峰”之誉，意即九曲溪与三十六峰营造出武夷山的山水之美。碧水丹山的东南丹霞地貌更显现出武夷山的独特景观。 [2] 建宁府：南宋绍兴三十二年（1162）升建州置，治所在建安、瓯宁二县（今福建建瓯市），辖境相当今福建建瓯市以北的建溪流域及寿宁、周宁等县地。元至元十六年（1279）升为建州路。明洪武元年（1368）复为府，属福建省。1913 年废。崇安县：北宋淳化五年（994）升崇安场置，属建州，治所即今福建武夷山市。元属建宁路，明清属建宁府。1928 年直属福建省，1989 年改设武夷山市。 [3] 二月二十一日：明神宗万历四十四年二月二十一日，即 1616 年 4 月 7 日。 [4] 分水关：一名大关，位于今福建武夷山市西北分水岭上，与江西铅山县接界，地当江西、福建两省襟要，自古有入闽第一关之称。五代至宋皆置寨于此，元废，明洪武初复置，设巡司戍守。 [5] 温岭关：当即温林关，位于今江西铅山县东南，与今福建武夷山市接界。 [6] 郡：建宁府府治建安、瓯宁二县。省：福建承宣布政使司，治所福州，辖境与今福建省同。入海：谓崇溪等流经延平府（治今福建南平市）汇合各溪为闽江，流经福州府至五虎门东入海。 [7] 横欹：歪斜而立。 [8] 幔亭峰：位于大王峰北侧，两山山麓相连，高不及大王峰。峰顶地势平坦，有一巨石状如香鼎，称宴仙坛。据传先秦的仙人武夷君曾在此设幔亭宴会乡人，“幔亭”之峰名即由此而来。幔亭，用帐幕围成的亭子。 [9] 大王峰：又名天柱峰、纱帽岩，海拔 530 米，位于万年宫西侧，矗立于九曲溪口，是进入武夷山的第一峰，有仙壑王的美誉。峰顶古木参天，顶大腰细，四壁陡峭，登顶四望，武夷三十六峰拱立于其下，有王者之尊。清董天工《武夷山志》卷六《一曲中·溪北》云：“大王峰，在武夷宫右，此入武夷第一峰也，巍然雄踞，拔地数百丈，矗立云表。亦名天柱峰，其麓稍陂陀，至峰腰则峭壁陡起，四面如削，下敛而上侈。架梯三重以登顶，上有岩洞、台池之属十数处。相传魏王子骞与张湛辈十三人辟谷于此。”　[10] 大溪：即崇溪（今福建武夷山市之崇阳溪），由东溪（出崇安县东北岑阳山）、西溪（出分水岭）汇流绕县城东继续南下而成，俗名大溪。南经赤石渡，纳武夷九曲诸水南入建阳，是为建溪。　[11] 武彝溪：即九曲溪，发源于三保山，流经星村镇入武夷山，折为九曲，长约 7.5 千米。

冲祐宫傍峰临溪[1]。余欲先抵九曲[2]，然后顺流探历[3]，遂舍宫不登，逆流而进。流甚驶[4]，舟子跣行溪间以挽舟[5]。第一曲，右为幔亭峰、大王峰，左为狮子峰、观音岩[6]。而溪右之濒水者曰水光石[7]，上题刻殆遍[8]。二曲之右为铁板嶂、翰墨岩[9]，左为兜鍪峰、玉女峰[10]。而板嶂之旁，崖壁峭立，间有三孔，作“品”字状。

清顾祖禹《读史方舆纪要》卷九七《福建三 · 崇安县》云：“九曲溪，在县南三十里。出县西四十里三保山，东流经大源山，合诸溪水历武夷群岫间，萦纡九曲，出石鼓渡合于大溪。”

［注释］

[1] 冲祐宫：即清人所称之冲祐万年宫，俗称武夷宫，位于九曲溪口、大王峰山麓。始建于唐天宝间，初名天宝殿，南唐改会仙观，宋称冲祐观，元名万年宫，明代又有冲元观之称，属于道教宫观。宋明两代，殿宇多达三百馀间，后逐渐衰落。因宋代陆游、辛弃疾、朱熹曾先后主管此观，从而令之名扬四海。清董天工《武夷山志》卷五《一曲图 · 图说》云：“山溪与大溪汇

流处曰山前渡。初入溪曰溪口滩，舟由此进，不数棹稍折而北复西，是为一曲。大王峰昂霄坐镇，实足雄长全山，不徒为本曲之望。而幔亭屹然并峙，以仙迹特闻。自问津亭沿溪而西，里许达山麓，为冲祐观，武夷之都会也。” [2] 九曲：这里谓九曲溪东面的一曲。 [3] 探历：探赏涉历。唐骆宾王《同辛簿简仰酬思玄上人林泉四首》诗其三云：“林泉恣探历，风景暂裴徊。” [4] 驶：疾速。 [5] 舟子：船夫。跣（xiǎn）行：赤脚行走。挽：拉，牵引。 [6] 狮子峰：位于九曲溪一曲以南，峰顶有巨石突起，形似踞地而吼的雄狮东望，故称。《武夷山志》卷七《一曲下・溪南》云：“狮子峰，溪南里许，状如蹲狮，武夷宫之案也。地势高阜，峰复挺拔，数十里外即见之。溪南以是峰为首。”观音岩：即大、小观音岩，两岩位于一曲之南的狮子峰西，对峙而立，大者顶有藤萝垂蔓，似观音之宝冠。故称。《武夷山志》卷七《一曲下・溪南》云：“大、小观音岩，狮子峰西，两岩比联，差有大小而极相类。层累及巅，人拟以观音之髻，故名。” [7] 水光石：又名晴川石，位于铁板嶂峰麓稍东，耸立于九曲溪北岸，高约数丈，朝晖夕照，时将曲水波光映射于岩石之上，故名。石上镌刻甚多，如“水光”“九曲溪”“山水奇观”“渐入佳境”“智动仁静”“兴来独往”等，共有三十馀方，字体多样，风格各异。此地原有水光渡，为溪南、溪北的游客辐辏之地。岩石之巅原有溪光亭，后废，今另加修建为观景台。 [8] 殆：大概，几乎。 [9] 铁板嶂：位于一曲西北、大王峰以南，如城墙横亘于大王峰与玉女峰之间，以其石崖峭削，色黛如铁板，故称。岩上有泉数道泻下入仙桃涧，雨季时水漫崖壁，寒光闪烁，远望更像铁板。岩下沿溪罗列有仙猿石、儒巾石等怪石，妙趣天成。清董天工《武夷山志》卷六《一曲中・溪北》云：“大王峰右，石崖峭削，色如铁板，盘衍数十丈，高称之。编梯以升，上有泉数道泻下，入仙桃涧。明万历间，崇安文学吴世济筑别业于崖半，有先月亭，今废。”翰墨岩：又称翰墨石，位于二曲东岸、仙榜岩前，形如墨块粘于岩壁间，故称。清董天工《武夷山志》卷八《二曲·溪南》云：“翰墨石，片石粘于仙榜半壁，山中类此者数处，惟此负名。其下三孔如人口目形，裘《志》称为‘回子献墨’，俚甚。” [10] 兜鍪（móu）峰：又名兜担石、赌妇石，位于二曲南、观音岩以西，以山形呈前高后下形状，酷似古代军人之头盔，故称。其附近有虎窟、太极岩等景观。兜鍪，古代战士戴的头盔，秦汉以前称胄，后称兜鍪。玉女峰：位于二曲溪南，与大王峰隔溪相峙，突兀挺拔，峰顶草木丰隆，犹如一玉立的少女山花插鬓，故称。峰下有浴香潭，据说为玉女沐浴之所；右侧有一圆石称镜台，为玉女梳妆所用。《武夷山志》卷八《二曲·溪南》云：“玉女峰，鹄立溪畔，峭拔为诸峰第一。高数十仞，无径可跻。上稍侈，其顶花卉参簇，若鬟髻。旧志云，袅袅婷婷有姝丽之态，良然。两石附于后，如仕女随行之状。”

三曲右为会仙岩[1]，左为小藏峰、大藏峰[2]。大藏壁立千仞，崖端穴数孔，乱插木板如机杼[3]。一小舟斜架穴口木末，号曰“架壑舟”[4]。四曲右为钓鱼台、希真岩[5]，左为鸡栖岩、晏仙岩[6]。鸡栖岩半有洞，外隘中宏[7]，横插木板，宛然埘榤[8]。

清董天工《武夷山志》卷九上《三曲·溪北》云：“会仙岩，二曲仙榜岩北，其顶有石平坦，名拜章石。仙榜、会仙连接而北，至金井涧一断，升日、上升，势皆随溪西转，及仙游，则又渐折往南矣。”

［注释］

[1] 会仙岩：位于三曲之北，其顶岩石平坦，据说是神仙聚会之所，故称。 [2] 小藏（zàng）峰：又名仙船岩、船场岩，位于

三曲溪南，有“万仞悬崖架两船”的景观。所谓“两船”指的是悬架在小藏峰东壁的两只3800多年前古越人的“架壑船棺”，以凌空悬挂的惊险之势而令人叹为观止。小藏峰北壁，有一石穴，名“飞仙台”，穴中也有一只船棺。民国《崇安县新志》卷二一《名胜》云：“小藏峰，峰在三曲，巍然耸立，峭壁干霄，峰半有架壑船，虹桥板横插岩隙中，人皆以为仙迹。”又云：“大藏峰，峰在四曲，陡削凌空，横亘数百丈。巅耸拔如檐，岩溜皆滴落水中……峰顶有超真亭、仙史馆，均废。峰后曰鸣鹤峰，有凝真洞。”大藏（zàng）峰：位于四曲东岸，宴仙岩左。岩体硕大，横亘数百丈，陡峭千仞，洞穴密布。峰下为潭，深不可测，名曰卧龙潭。山巅耸拔斜覆如檐，俯瞰碧水澄泓，岩溜皆滴落水中，恍如琴音。峰半人迹罕至之处则有棺木斜置于洞穴之中，用圆木刳成如小船形，也属于古越人的船棺葬。岩壁石刻颇多，具有浓郁的人文气息。 [3] 机杼（zhù）：这里专指古代织机的杼，即织梭，用以形容木板罗列纷乱如同织梭交叉。 [4] 架壑舟：古代船棺葬的形象说法。即将死者遗体放入船形棺木悬于崖壁的葬法。这种古代丧葬风俗始于商周时代，主要流行于古越人种族中。棺柩用独木刳成，上下套合。除福建、江西外，湖北、湖南、广西等地及四川古代巴人也有类似丧葬习俗，又称悬棺葬或崖葬、风葬，南朝梁陈间顾野王（519—581）最早记述了“悬棺”习俗。 [5] 钓鱼台：又称仙钓台，位于四曲东岸，与大藏峰隔溪相对，远望如老翁垂钓，故称。《武夷山志》卷九《四曲·溪北》云：“仙钓台，又名钓鱼台，近三曲仙游岩，峭绝孤立，逼临溪畔。右壁石穴，俗称真武洞，内有船盛仙蜕数函即瓷瓮、炉鼎之属。”希真岩：位于四曲溪北、钓鱼台以西，因其下有试剑石，传为控鹤仙人试剑之所，希真即有迎仙之意。《武夷山志》卷九下《四曲·溪北》云：“希真岩，小九曲右，趾临崖畔，耸若立笏，其后则亘壑而来，盖仙钓台之尾也。” [6] 鸡栖岩：当即鸡巢岩或鸡窠岩，位于四曲溪南。清董天工《武夷山志》卷九下《四曲・溪南》云：“金鸡洞、鸡巢岩（巢亦作窠），上下二洞，相去不甚远，上曰鸡巢岩，差小；下曰金鸡洞。相传昔有鸡鸣洞内。《坤元录》云，武夷涧东一岩上有鸡栖，即此也。洞口虹板乱堆，一船立悬洞外，首仅及洞，竟不坠。洞中竖一竹竿，俨然垂纶，土人谓之钓竿。内多蜕骨。”晏仙岩：即宴仙岩，位于三曲小藏峰左，据说为群仙设宴之所。晏，这里通“宴”。《武夷山志》卷九上《三曲・溪北》云：“宴仙岩，小藏峰左，山形渐南，盖二曲仙馆岩之背也。旧志或云是岩在鸡窠岩顶，或云又名鸣鹤岩，皆误。” [7] 外隘中宏：外表狭窄，内中宽敞，这是徐霞客对丹霞地貌中扁平状洞穴的准确描述。杨载田《徐霞客闽游与福建丹霞风景名胜及其开发》（载《热带地理》2001 年第 21 卷第 1 期）一文认为：“扁平状洞穴是由于软夹层在热力风化作用下发生片状或粒状剥落所形成的与岩面基本一致的大型扁平状洞穴，且多发育于溪涧两岸的悬崖峭壁之上，古越人以此进行棺葬，形成丹霞赤壁间的‘悬崖棺葬’奇观。”可参考。 [8] 埘（shí）：凿垣为鸡窝曰埘，亦指在墙上凿的鸡窝。《诗经・王风・君子于役》云：“鸡栖于埘，日之夕矣，羊牛下来。”毛传：“凿墙而栖曰埘。”榤（jié）：通“桀（jié）”，谓鸡栖息的木桩。《诗经・王风・君子于役》云：“鸡栖于桀，日之夕矣，羊牛下括。”

下一潭深碧，为卧龙潭[1]。其右大隐屏、接笋峰[2]，左更衣台、天柱峰者[3]，五曲也。文公书院正在大隐屏下[4]。抵六曲，右为仙掌岩、天游峰[5]，左为晚对峰、响声岩[6]。回望隐屏、天

清董天工《武夷山志》卷一一《五曲下・溪北》云：“隐屏峰，紫阳书院后，高峰峭拔，夷上直下，方正如屏，玉华、接笋倚于左右。接

游之间，危梯飞阁悬其上[7]，不胜神往[8]。而舟亦以溜急不得进[9]，还泊曹家石[10]。

［注释］

[1] 卧龙潭：位于大藏峰下。　[2] 大隐屏：即隐屏峰，位于五曲溪北。接笋峰：位于五曲溪北。　[3] 更衣台：位于五曲溪南。《武夷山志》卷一一《五曲下·溪南》云："更衣台，又名文峰，四曲御茶园左，编梯而上。相传魏王子骞于此更衣，登天柱上升。"天柱峰：位于五曲溪南。《武夷山志》卷一一《五曲下·溪南》云："天柱峰，更衣台左，峭拔特立，无径可跻，近有造梯建屋者。麓有五石，号五老石。　[4] 文公书院：即紫阳书院，或称武夷精舍、朱文公祠，位于五曲隐屏峰下。南宋理学家朱熹（1130—1200）字元晦，又字仲晦，号晦庵，晚称晦翁，卒谥"文"，世称朱文公。祖籍徽州府婺源县（今属江西），出生于南剑州尤溪（今属福建三明市）。绍兴十八年（1148）进士，历官江西南康、福建漳州知府、浙东巡抚，擢（zhuó）焕章阁侍制兼侍讲。著有《四书章句集注》《太极图说解》《通书解说》《周易读本》《楚辞集注》《诗集传》等，其理学思想对元、明、清三朝影响很大，成为三朝的官方哲学，是中国教育史上继孔子后的又一人。朱熹于淳熙十年（1183）在武夷山隐屏峰山麓创建武夷精舍，潜心著书立说，广收门徒，聚众讲学，从此这里即成为元、明、清三代读书人的向往之地。今仅存原止宿寮与隐求室等部分建筑。　[5] 仙掌岩：即仙掌峰，俗称晒布岩，位于六曲溪北。《武夷山志》卷一二《六曲·溪北》云："仙掌峰，在天游峰右，穹崖墙立，高矗天际，横可半里许。峰半有类掌痕者数处，淋雨则奔流自峰顶乱下，积久蠡成辙轨，若素练垂垂，俗呼为晒布岩，名

笋称小隐屏，是峰称大隐屏。"又云："接笋峰，倚大隐屏之右，高稍逊之，峭削无比。峰右贴壁一石，尖锐直上，形类立笋，横裂三痕，断而仍续，故名。接笋亦名接笋岩，又名仙接峰，连树三梯（在茶洞），约一二十丈，梯尽，凿石径于峰腰陡壁，壁势凸出，谓之鸡胸，径缠其际极窄，壁间横以铁缆，扪缆面壁侧足而行数十步，绕出壁右，径断处架木为栈，至一小亭曰定心亭，过亭稍进，两崖洞裂，孤岭中悬，诘曲百盘而上曰龙脊。缘石磴数百级乃达其巅，是为小隐屏，由此可登大隐屏，故称'隐屏真境'云。"

虽未雅，其景最奇。峰背有勒字曰‘崎岖坧’。又有洞曰剪雪洞，上有庵曰仙掌庵，今废。”天游峰：位于六曲溪北。《武夷山志》卷一二《六曲·溪北》云：“天游峰，接五曲茶洞之清隐岩，削崖耸起，仙掌峰居其西，仙游岩居其东。三峰下合，及顶始分。而是峰高拔群蜂之上，溪山全势一望而收，为武夷第一胜地，诸处皆不能及。” [6] 晚对峰：位于五曲溪南。《武夷山志》卷一一《五曲下·溪南》云：“晚对峰，原名紫石屏，天柱峰西，为隔溪大隐屏之案。宋刘忠肃珙筑室其下，以对精舍。朱子因构晚对亭向之，遂易今名（俗名弥勒峰，甚不雅）。”响声岩：又称钵盂岩，当地人称下城高，位于六曲溪南，与仙掌峰隔溪相对。据说隔岸笑语声，这里能有回响，故称。 [7] 危梯飞阁：高峻的阶梯与架空建筑的阁道，形容登山的路径峻峭险要。 [8] 不胜神往：形容内心非常向往或思慕。 [9] 溜急：谓溪流湍急。《初刻拍案惊奇》卷一九云：“湖水溜急，总无生理。” [10] 曹家石：在五曲溪水中，这里当谓泊舟处地名。《武夷山志》卷一一《五曲下·溪北》云：“曹家石，在水中，近镜潭。昔有曹姓者，举家避乱过此覆舟，忽得此石，俱免溺，因名。上镌‘曹家石’三字，旁又有蝴蝶石，亦在水中。”

登陆入云窝[1]，排云穿石[2]，俱从乱崖中宛转得路。窝后即接笋峰。峰骈附于大隐屏[3]，其腰横两截痕，故曰“接笋”。循其侧石隘[4]，跻磴数层[5]，四山环翠，中留隙地如掌者，为茶洞[6]。洞口由西入，口南为接笋峰，口北为仙掌岩。仙掌之东为天游，天游之南为大隐屏。诸

清董天工《武夷山志》卷一一《五曲下·溪北》云：“云窝，铁象岩前巨石崎岖，负山临水称胜区，岩麓名下云窝，岩背名上云窝。外有天然石门，入为丹枢

道院、幼溪草庐旧址，今虽荒芜而其境自佳。临溪石岸平衍，呼为石坪。”

峰上皆峭绝，而下复攒凑[7]，外无磴道，独西通一罅，比天台之明岩更为奇矫也[8]。从其中攀跻登隐屏，至绝壁处，悬大木为梯，贴壁直竖云间。梯凡三接，级共八十一。级尽，有铁索横系山腰，下凿坎受足[9]。攀索转峰而西，夹壁中有冈介其间[10]，若垂尾，凿磴以登，即隐屏顶也。有亭有竹，四面悬崖，凭空下眺，真仙凡敻隔[11]。仍悬梯下，至茶洞。仰视所登之处，崭然在云汉[12]。

清董天工《武夷山志》卷一一《五曲下·溪北》云："茶洞，接笋峰下，原名玉华洞，亦名升仙洞，又称幽微碧玉洞天，径绕王文成公祠右，由伏虎岩侧石门入，逾小岭，又巨石相倚如门，进此有坊，题曰'仙凡异路'（明万历时建，寻废）……而茶洞之名，则以产茶甲于武夷云。"

［注释］

[1] 云窝：有上、下云窝之分，位于五曲溪北接笋峰与六曲仙掌峰之间，倚崖临水，奇石盘错，据说晨昏间常有云雾飘过，故称。 [2] 排云穿石：形容于高险处艰难行进。排云，排开云层，多形容高。 [3] 骈附：谓并排相连接。 [4] 石隘：岩石狭窄处。 [5] 跻磴：攀登石阶上山。 [6] 茶洞：位于五曲溪北接笋峰下，乃四周峭壁环匝的小盆地，产茶，故称。 [7] 攒凑：聚集，拼凑。 [8] 天台之明岩：即明岩山，位于今天台县西南明洋乡，与寒岩山同山相背，参见前文《游天台山日记》。奇矫：奇特出众，奇特雄健。 [9] 凿坎受足：谓在岩石上凿出穴窝以容纳足踏。 [10] 冈：谓山脊。 [11] 仙凡敻（xiòng）隔：此当由茶洞中"仙凡异路"之四字题坊生发而来，意谓与山下的凡世相比，这里风景独特，属于远隔人间与天上的分界之处。敻，远。《广雅·释诂一》云："敻，远也。"清王念孙疏证："敻之言迥也。"

徐霞客《题小香山梅花堂诗五首序》云:“阴晴之态互殊,晨夕之观复别。” [12] 崭然:形容山势高峻突兀。唐柳宗元《柳州山水近治可游者记》云:“北有双山,夹道崭然。”云汉:云霄,高空。三国魏曹丕《善哉行》云:“比翼翔云汉,罗者安所羁。”

隘口北崖即仙掌岩。岩壁屹立雄展[1],中有斑痕如人掌,长盈丈者数十行。循崖北上,至岭,落照侵松[2],山光水曲,交加入览。南转,行夹谷中。谷尽,忽透出峰头,三面壁立,有亭踞其首[3],即天游峰矣。是峰处九曲之中,不临溪,而九曲之溪三面环之。东望为大王峰,而一曲至三曲之溪环之。南望为更衣台,南之近者,则大隐屏诸峰也,四曲至六曲之溪环之。西望为三教峰[4],西之近者,则天壶诸峰也[5],七曲至九曲之溪环之。惟北向无溪,而山从水帘诸山层叠而来[6],至此中悬。其前之俯而瞰者,即茶洞也。自茶洞仰眺,但见绝壁干霄[7],泉从侧间泻下,初不知其上有峰可憩。其不临溪而能尽九溪之胜,此峰固应第一也。

立台上,望落日半规[8],远近峰峦,青紫万状[9]。台后为天游观[10]。亟辞去[11],抵舟已入

杨载田《徐霞客闽游与福建丹霞风景名胜及其开发》(载《热带地理》2001 年第 21 卷第 1 期)一文说:“福建省的丹

瞑矣[12]。

[注释]

[1] 雄展：雄伟延展，形容山岩高度与宽度皆可观。 [2] 落照侵松：意谓夕阳斜照，辉映于松树一侧。 [3] 有亭：当指天游峰上的一览亭。 [4] 三教峰：位于八曲溪北。《武夷山志》卷一三下《八曲 · 溪北》云："三教峰，环佩岩右，岩巅三石耸拔，因名。峰际有三教庵、三层阁，下有香炉石。" [5] 天壶：即天壶峰，位于七曲溪北。《武夷山志》卷一三上《七曲 · 溪北》云："天壶峰，三层峰右，立于北廊岩后，而高倍之。峰腰有洞，旷朗可居。峰下岩峦环合，中为天壶道院，又名天壶观，杜清碧为书匾，今废。有石泉一坎，俗传白玉蟾浴丹其中。明末支永昌以孝廉守蜀中，后隐天壶，卒葬峰侧。" [6] 水帘诸山：指位于九曲溪北武夷山最大岩洞水帘洞一带的山，如玉柱峰、三花峰等。 [7] 干霄：高入云霄。 [8] 半规：半圆形，这里指落日衔山。宋杨万里《海门残照》诗："万里长江白，半规斜日黄。" [9] 青紫万状：这是徐霞客对武夷山丹霞地貌的准确概括描写。 [10] 天游观：天游峰有上下之分，天游观位于下天游峰，始建于宋，明永乐、嘉靖间陆续扩建，附近有啸台、妙高台、万峰亭诸胜。 [11] 亟（jí）：疾速，与"缓慢"相对。 [12] 入瞑：谓夜色降临。

二十二日 登涯[1]，辞仙掌而西。余所循者，乃溪之右涯，其隔溪则左涯也。第七曲右为三仰峰、天壶峰[2]，左为城高岩[3]。三仰之下为小桃源[4]，崩崖堆错[5]，外成石门。由门伛偻而入[6]，

霞地貌由上白垩纪赤石群的紫红色陆相岩系构成。岩石的色泽以紫红色为其本色。但由于各部位富集红色氧化铁含量的差别而产生色彩的变化。在温和湿润的亚热带季风气候环境下，有些岩石表面覆盖有深浅不一的苔藓、地衣而呈青色、黑色和黑褐色等颜色，更加丰富了岩石的色彩。徐霞客描述其'远近峰峦，青紫万状'（武夷山）、'鹤模石在峰壁罅间，霜翎朱顶'（武夷山），是其真实写照。"可参考。

清董天工《武夷山志》卷一三上《七曲 · 溪北》云："三仰峰，三层峰左。三峰叠起，状如石磴，首皆东顾。俗呼第一峰为

有地一区，四山环绕，中有平畦曲涧[7]，围以苍松翠竹，鸡声人语，俱在翠微中[8]。出门而西，即为北廊岩[9]，岩顶即为天壶峰。其对岸之城高岩矗然独上[10]，四旁峭削如城。岩顶有庵，亦悬梯可登，以隔溪不及也。

大仰，第二峰为中仰，第三峰为小仰；又以第三峰为一仰，中为二仰，上为三仰。陟其顶，四虚无际，远眺可数百里。武夷诸峰，离奇万状，皆如指掌，如盘匜，即天游亦在俯视。但是峰见山而不见溪，较天游所居稍偏耳。”

［注释］

[1]登涯：上岸。涯，水边。 [2]三仰峰：位于七曲溪北，为武夷山最高峰，海拔717米。三仰峰皆昂首向东，高者为大仰，次者为中仰，再其次为小仰，故名。 [3]城高岩：位于七曲溪南，拔地而起，尖峭峻挺，四面悬崖峭壁，恰似一座巍峨的石城。《武夷山志》卷一三上《七曲·溪南》云：“城高岩，太姥岩左，即五曲仙迹岩之背也，亘数百丈，若垣墉。四面陡壁，悬梯而上，前后俱临溪，土人呼响声岩为下城高，此为上城高。裘《志》称神皋岩，谓为仙灵窟宅也。上有庵名城高庵，明末僧圣慈建。或曰自古有庵，嘉靖间为风雷所毁。今庵乃重构者。” [4]小桃源：位于六曲溪北。《武夷山志》卷一二《六曲·溪北》云：“小桃源，自苍屏北廊之间遵小涧入深谷里许，石崖相倚成门，门数曲折，涧自门出，名松鼠涧。横石为矼，复履石磴，宛转而入，穷极幽深。其内忽平旷田畴，可一二十亩，四面环山。南为苍屏，北为三层，东为玉版，西为天壶。北廊桑麻庐舍，俨然村落。而既入其中，回视若无门径，人拟之武陵桃源，故名。” [5]崩崖堆错：意谓乱石交错堆积。 [6]伛偻：俯身。 [7]平畦：低平的田畦。 [8]翠微：指青翠掩映的山腰幽深处。《尔雅·释山》云：“未及上，翠微。”晋郭璞注：“近上旁陂。”清郝懿行义疏：“翠微者……盖未及山顶

孱颜（巉岩）之间，葱郁葐蒀，望之浵浵青翠，气如微也。” [9] 北廊岩：位于七曲溪北，沿溪横立如斜廊。《武夷山志》卷一三上《七曲·溪北》云：“北廊岩，天壶峰前，俗名八萝岩。岩后有梨花架，其左与六曲苍屏邻。沿溪横立长壁，斜覆如廊，与南岸太姥城高相对。岩后有石名将湖石，岩趾有庵曰金鸡社，祷祝灵应，溪中有上水龟石。” [10] 矗然：高耸貌，直立貌。北魏郦道元《水经注·庐江水》云：“又有孤石，介立大湖中，周回一里，竦立百丈，矗然高峻，特为瑰异。”

清董天工《武夷山志》卷一三下《八曲·溪北》云：“鼓楼岩，鼓子二峰，高据岭际，其前皆乱石罗立，乃本曲临溪之峰峦也。是岩居七曲琅玕岩右而涵翠岩之左，壁立桃花涧侧，峻拔千仞，岩溜飞洒如雨，皆落涧中，又名滴水岩。白玉蟾《云窝记》谓有詹仙人曾居于此。”又云：“鼓子峰，从七曲三仰右麓绵延而西，缘茅干岭达鼓子，两峰骈立，

第八曲右为鼓楼岩、鼓子岩[1]，左为大廪石、海蚱石[2]。余过鼓楼岩之西，折而北行坞中[3]，攀援上峰顶，两石兀立如鼓，鼓子岩也。岩高亘亦如城[4]，岩下深坳一带如廊，架屋横栏其内，曰鼓子庵[5]。仰望岩上，乱穴中多木板横插。转岩之后，壁间一洞更深敞，曰吴公洞[6]。洞下梯已毁，不能登。望三教峰而趋，缘山越磴，深木蓊苁其上。抵峰，有亭缀其旁[7]，可东眺鼓楼、鼓子诸胜。山头三峰，石骨挺然并矗[8]。从石罅间蹑磴而升[9]，傍崖得一亭。穿亭入石门，两崖夹峙[10]，壁立参天，中通一线，上下尺馀，人行其间，毛骨阴悚[11]。盖三峰攒立[12]，此其两峰之罅；其侧尚有两罅，无此整削[13]。

［注释］

[1]鼓楼岩：位于八曲溪北，临溪矗立，山麓有鼓楼洞。鼓子岩：又称鼓子峰，位于八曲溪北，以峰腰有石如鼓，故名。　[2]大廪（lǐn）石：形如粮仓的岩石，位于八曲溪南。《武夷山志》卷一三下《八曲·溪南》云："大小廪石，在烟际岩左，二石临溪而立，形圆如囷，地名廪江。宋孝濂詹先野尝隐于此。"海蚱（zhà）石：当谓形如海蜇的岩石，位于八曲溪中。蚱，海蜇，水母之一种。　[3]坞：四面高中间低的地方。　[4]高亘：谓高度与宽度。　[5]鼓子庵：道观名，位于八曲溪北鼓子峰麓。《武夷山志》卷一三下《八曲·溪北》云："石鼓道院、鼓子庵，岩半飞楼一派，殊高敞，可以远眺溪山。初为道院，唐侍宸、王文钦修炼之所，明弘治间毁于火。嘉靖时邑人江子静者乘月跻峰顶，云得丹诀，遂重构室于此曰栖仙馆，后改为庵，赵司马复易名莲子庵。内有亭曰迎仙亭，又有云影池、拂云石。"　[6]吴公洞：位于八曲溪北鼓子峰右。《武夷山志》卷一三下《八曲·溪北》云："吴公洞，鼓子峰右天成一洞，外隘中宽，可容数十人。相传为吴道人修炼处。洞右小穴，遗蜕犹存。"　[7]缀：连接。　[8]石骨：坚硬的岩石。宋王炎《游砚山》诗："涧水抱石根，石骨多绀碧。"　[9]蹑磴：攀登石阶上山。　[10]"两崖夹峙"四句：是徐霞客对丹霞地貌中巷谷景观的形象刻画。砂岩岩层沿垂直节理发生大面积崩塌以及在风化、流水浸蚀的共同作用下，可形成高大、壮观的陡崖，所谓"巷谷"即陡崖之间所形成的类似"一线天"的狭陡巷道。下文"两壁夹立"的灵峰石罅也属巷谷景观。　[11]毛骨阴悚：形容畏惧心惊的状态。　[12]攒立：聚集而立。　[13]整削：规整峭削。

凌汉摩霄。明司马赵孔昭更名并莲峰。在本曲为最高而不逼溪岸，附近峰岩皆左右侍焉。半腰有石，扣之如鼓声，土人呼为石鼓。半壁石罅有虹板、仙蜕，倚崖为屋，名石鼓道院。峰前有岩曰猴藏岩，又有庵曰碧霄庵，今废。"

已下山，转至山后，一峰与猫儿石相对峙[1]，盘亘亦如鼓子[2]，为灵峰之白云洞[3]。至峰头，

清董天工《武夷山志》卷一四《九曲·溪北》云：

“灵峰，又名白云岩，在八曲三教峰右，巍然云际，悬梯登其绝顶，产茶称佳……峰腰有石峡，叠石为磴约百级，有石门曰云关，进此左折达白云庵。”又云：“白云洞，在白云庵后，内藏小艇及仙蜕，峰下有香石。”

从石罅中累级而上，两壁夹立，颇似黄山之天门[4]。级穷，迤逦至岩下[5]，因岩架屋[6]，亦如鼓子。登楼南望，九曲上游，一洲中峙[7]，溪自西来，分而环之，至曲复合为一。洲外两山渐开，九曲已尽。是岩在九曲尽处，重岩回叠[8]，地甚幽爽[9]。岩北尽处，更有一岩尤奇：上下皆绝壁，壁间横坳仅一线[10]，须伏身蛇行[11]，盘壁而度[12]，乃可入。余即从壁坳行；已而坳渐低，壁渐危，则就而伛偻；愈低愈狭，则膝行蛇伏[13]，至坳转处，上下仅悬七寸，阔止尺五。坳外壁深万仞[14]。余匍匐以进，胸背相摩，盘旋久之，得度其险。岩果轩敞层叠[15]，有斧凿置于中[16]，欲开道而未就也。

［注释］

[1] 猫儿石：位于鼓子峰山顶西，远望如猫卧，其旁有数石如鼠。　[2] 盘亘：绵延连接。　[3] 灵峰：位于九曲溪北。白云洞：位于灵峰白云庵后。　[4] 黄山之天门：即天门坎，黄山半山寺到玉屏楼之间，两边都是石壁，路中间天然地突起一道石脉，看起来跟门槛很像，旁边镌刻三个大字“天门坎”，参见前文“天门”条注释。　[5] 迤逦：曲折连绵貌。　[6]“因岩架屋”二句：当指白云庵。《武夷山志》卷一四《九曲·溪北》云：“白云庵，在灵

峰上。近时新构者，临崖轩窗高敞，凭栏远眺，溪自西来，盘回如带，星村之田畴庐舍、野店山桥，俨然如画。庵有石井，极甘。” [7] 一洲中峙：当指道院洲，元代旧有道观故址，明永乐间毁于洪水。 [8] 重岩回叠：层层山峦环绕往复。 [9] 幽爽：幽雅爽朗。徐霞客《楚游日记》崇祯十年（1637）三月十五日日记云：“其下则中空成岩，容数百人，下平上穹，明奥幽爽，无逼仄昏暗之状病。” [10] 横坳：当指峭壁上天然形成的凹槽形的极窄通道，即下文所称之“壁坳”。 [11] 蛇行：像蛇一样伏地爬行。 [12] 盘壁而度：谓紧贴崖壁穿行。 [13] 膝行：跪着行走。蛇伏：像蛇一样身体贴地爬行。徐霞客《楚游日记》崇祯十年正月十七日日记云：“乃先以炬入，后蛇伏以进。” [14] 万仞：形容峭壁高耸。仞，古代计量单位。七尺为一仞。一说八尺为一仞。 [15] 轩敞：宽敞明亮。 [16] 斧凿：斧子与凿子，这里指开山修路的工具。

半晌，返前岩。更至后岩，方构新室，亦幽敞可爱。出向九曲溪[1]，则狮子岩在焉[2]。循溪而返，隔溪观八曲之人面石、七曲之城高岩[3]，蔚然奇丽[4]，种种神飞[5]。复泊舟，由云窝入茶洞，穹窿窈窕[6]，再至矣，再不能去！已由云窝左转[7]，入伏羲洞[8]，洞颇阴森。左出大隐屏之阳[9]，即紫阳书院[10]，谒先生庙像[11]。顺流鼓棹[12]，两崖苍翠纷飞[13]，翻恨舟行之速[14]。

清董天工《武夷山志》卷一四《九曲图说》云：“溪过星村分两道，一稍北流，复折而东纳后溪；一东注狮子林右，复绕向西北至灵峰脚下。仍合流，乃东北入山。其两溪之间则道院洲也。然九曲既驱西北，而溪南仙岩数峰亦随溪旋转，反在溪之北岸。自南岸道院洲以往，无山峰矣。灵峰耸峙溪北，为山水初接之地。游人至此放眼平川，又是一番佳境矣。”

[注释]

[1] 九曲溪：即武彝溪。 [2] 狮子岩：当即狮子林，位于九曲仙岩之前的霞斐洲（又称霞洲、虾尾洲）上。《武夷山志》卷一四《九曲·溪南》云：“狮子林，在霞斐洲上。” [3] 人面石：位于鼓子峰上猫儿石东南，以其状如人面，故称。《武夷山志》卷一三《八曲·溪北》云：“环佩岩，鼓子峰右，相传于此闻环佩之声，故名。岩右有猫儿石，远望类猫；又有人面石，大小相向如人面。” [4] 蔚然：草木茂密貌。奇丽：新奇美丽。 [5] 神飞：犹言神往。徐霞客《滇游日记六》崇祯十二年（1639）正月初四日日记云：“时余神飞玉龙阁，遂不及南下问大士阁之胜，于是仍返脊，南循峡端共一里。” [6] 穹窿：又作“穹隆”，高大貌。北魏郦道元《水经注·庐江水》云：“庐山，彭泽之山也。虽非五岳之数，穹隆嵯峨，实峻极之名山也。”窈窕（yǎotiǎo）：深远貌，秘奥貌。 [7] 已：随后。 [8] 伏羲洞：又名先天洞，位于大屏隐峰左，深广数丈，洞中有石，排列如八卦，故称。《武夷山志》卷八《二曲·溪南》云：“伏羲洞，亦与罅通，取先天一画之义，故名。自罅中如行复壁，数十步两洞相通，然风不由此，当是罅间石势所使。或云葛仙制妖时，驱六戊之神闭之，说近荒唐矣。” [9] 阳：古人以山南水北为阳。 [10] 紫阳书院：即前所称文公书院。 [11] 先生庙像：谓书院中南宋理学家朱熹的塑像。 [12] 鼓棹（zhào）：划桨，即行船。 [13] 苍翠纷飞：形容美不胜收的自然景色迅速飘逝而过。苍翠，青绿。南朝齐谢朓《冬日晚郡事隙》诗：“苍翠望寒山，峥嵘瞰平陆。” [14] 翻：副词，反而。

已过天柱峰、更衣台，泊舟四曲之南涯。自御茶园登岸[1]，欲绕出金鸡岩之上[2]，迷荆丛棘[3]，不得路。乃从岩后大道东行，冀有旁路可登大藏、小藏诸峰[4]，复不得。透出溪旁[5]，已在玉女峰下。欲从此寻一线天[6]，彷徨无可问[7]，而舟泊金鸡洞下，迥不相闻[8]。乃沿溪觅路，迤逦大藏、小藏之麓。一带峭壁高骞[9]，砂碛崩壅[10]，土人多植茶其上。从茗柯中行[11]，下瞰深溪，上仰危崖，所谓“仙学堂”“藏仙窟”[12]，俱不暇辨[13]。

清董天工《武夷山志》卷八《二曲·溪南》云：“灵岩、一线天，舞雪台西，亦称一字天。连云绝巘，长数百丈，厚半之。顶裂一罅，东西彻，两头如剑切为二，中间相去不盈咫尺。壁之趾有洞通于石罅，自罅间仰视，仅露天光一线，殆神工鬼斧之奇矣。三洞比邻，左曰灵岩洞，中曰风洞，右曰伏羲洞，深广各相埒，惟左洞不与罅通。或谓洞罅中有刘诚意伯遗米，语涉荒唐。石壁刻灵岩、风洞等字，详见岩刻。”

［注释］

[1] 御茶园：又名焙局，位于四曲溪南、更衣台之左，原为元代官府督制贡茶之所。元大德六年（1302）初创时，有仁风门、拜发堂殿、清神堂，以及思敬、焙芳、宜莅、燕宾、浮光诸亭。明嘉靖三十六年（1557）罢贡，园废。今存呼来泉（即通仙井）等遗址。 [2] 金鸡岩：即金鸡洞之山体，位于四曲溪南鸡巢岩下。 [3] 迷荆丛棘：谓在荆棘丛中找不到路径。 [4] 冀：期望。 [5] 透出：通过，穿过。 [6] 一线天：又名一字天，位于武夷山南。当地有巨石灵岩，倾斜而出，覆盖三个毗邻之岩洞，即伏羲、灵岩、风洞，前后通连。其顶有裂隙百馀丈，宽不及三尺，进洞仰视，只见天光一线，故名。风洞之风由一线天兜进，夏日身处其间顿觉凉爽。灵岩洞有终年滴水，汇成清泉一泓，称圣水。另有兰岩、石门诸胜。 [7] 彷徨：来回行走，徘徊不知所措。 [8] 迥：遥远。 [9] 高骞（qiān）：高举。 [10] 砂碛（qì）崩壅：意谓山岩崩溃，砂石落下壅积，逐渐于山麓部位形成小片平

地。 [11] 茗柯：指茶作物。 [12] 仙学堂：位于二曲溪西，在玉女峰北的学堂岩或称学馆岩的石室中。《武夷山志》卷八《二曲·溪南》云："仙馆岩，玉女峰北，横亘溪西，与溪北仙榜岩相对。岩上有厂，其中石若几榻，旧志以为仙家翰墨之馆，又名仙学堂，亦称学堂岩。"藏仙窟：位于二曲溪西学堂岩山腰处。《武夷山志》卷八《二曲·溪南》云："仙馆岩……岩畔有石窦，填以粉，封闭甚固，乃嘉靖三十七年直指樊献科所藏魏王子骞颅骨也。下嵌青石小碣，勒文记之。" [13] 俱不暇辨：谓全无时间去辨识观赏。

虚舟，《庄子·山木》云："方舟而济于河，有虚船来触舟，虽有惼心之人不怒。"

民国《崇安县新志》卷二〇《宗教》云："止止庵，大王峰下，白玉蟾所居，明景泰间重建。"止止，犹止之，语本《庄子·人间世》："瞻

已至架壑舟，仰见虚舟宛然[1]，较前溪中所见更悉。大藏之西，其路渐穷。向荆棘中扪壁而上，还瞰大藏西岩，亦架一舟，但两崖对峙，不能至其地也。忽一舟自二曲逆流而至，急下山招之。其人以舟来受，亦游客初至者，约余返更衣台，同览一线天、虎啸岩诸胜[2]。过余泊舟处，并棹顺流而下[3]，欲上幔亭，问大王峰。抵一曲之水光石，约舟待溪口，余复登涯，少入，至止止庵[4]。望庵后有路可上，遂趋之，得一岩，僧诵经其中，乃禅岩也[5]。登峰之路，尚在止止庵西。仍下庵前西转，登山二里许，抵峰下，从乱箐中寻登仙石[6]。石旁峰突起，作仰企状[7]，鹤模石在峰壁罅间[8]，霜翎朱顶，裂纹如绘。旁

路穷，有梯悬绝壁间，蹑而上，摇摇欲堕。梯穷得一岩，则张仙遗蜕也[9]。岩在峰半，觅徐仙岩[10]，皆石壁不可通；下梯寻别道，又不可得；蹑石则峭壁无阶，投莽则深密莫辨[11]。佣夫在前，得断磴[12]，大呼得路。余裂衣不顾，趋就之，复不能前。日已西薄[13]，遂以手悬棘，乱坠而下，得道已在万年宫右[14]。趋入宫，宫甚森敞[15]。羽士迎言[16]：“大王峰顶久不能到，惟张岩梯在。峰顶六梯及徐岩梯俱已朽坏。徐仙蜕已移入会真庙矣[17]。”出宫右转，过会真庙。庙前大枫扶疏[18]，荫数亩，围数十抱。别羽士，归舟。

彼阙者，虚室生白，吉祥止止。”晋郭象注：“夫吉祥之所集者，至虚至静也。”清董天工《武夷山志》卷六《一曲中·溪北》云：“止止庵，大王峰麓，三面皆穹壁，溪涧会于其前，不深而幽，不高而敞，称胜地焉。”

[注释]

[1] 虚舟：原义为无人驾驭的船只，这里用为船棺的借代。 [2] 虎啸岩：位于二曲溪南，在凌霄峰南，四壁耸峙，高入云端，形同伏虎；上有巨洞，山风穿过，呼啸传声，故名。其上有虎啸庵，旁有驻真洞，附近有语儿泉。《武夷山志》卷八《二曲·溪南》云：“虎啸岩，凌霄峰南。相传曾有仙人骑虎啸其上。四壁陡峻，悬梯数层以登。石壁上下数千尺，总为一厂，拔地而起，以渐斜出至巅，遇雨则崖溜飞下，其落处距岩趾约四五丈。厂下屋宇，风雨皆不及也。” [3] 并棹：两舟并行。 [4] 止止庵：位于一曲溪北的大王峰麓。 [5] 禅岩：位于大王峰下。清董天工

《武夷山志》卷六《一曲中·溪北》云："禅岩，又名禅庵岩，大王峰麓，横亘可里许。昔有高僧坐禅，因名。" [6] 箐（qìng）：山间大竹林，滇黔一带多有此称。登仙石：位于大王峰西。《武夷山志》卷六《一曲中·溪北》云："仙鹤岩下，方正平顶，相传控鹤真人驻驭其上。" [7] 仰企：仰慕企望。唐孟郊《贫女词寄从叔先辈简》诗："仰企碧霞仙，高控沧海云。" [8] 鹤模石：又名仙鹤岩，位于大王峰西壁，岩石裂缝所形成的鹤形如人工绘制。《武夷山志》卷六《一曲中·溪北》云："仙鹤岩，大王峰西壁有鹤形，皓翎玄颈，昂首而立，宛然如绘。" [9] 张仙遗蜕：谓汉代修道者张垓遗体，位于大王峰南壁张仙洞中，其壁或称张仙岩。据说张垓修炼成仙之际，就在张仙洞坐化，明清时，张垓肉身仍在洞中，盘膝趺坐，而头颅后顾。今已无存。遗蜕，道家认为死是遗其形骸而化去，故称其尸体为"遗蜕"。 [10] 徐仙岩：位于大王峰东壁，据说宋代修道者徐熙春遗蜕于此。明万历间其遗蜕被移置于会真庙，继又移置于张仙岩。 [11] 投莽：谓踏入无路径的荆棘丛中。 [12] 断磴：已然阻断不通的石阶。 [13] 西薄：靠近西山，意谓日将落山。 [14] 万年宫：即前所述之冲祐宫，俗称武夷宫，位于九曲溪口、大王峰山麓。 [15] 森敞：幽暗而宽敞。 [16] 羽士：道士的别称。 [17] 会真庙：即会真观，原名同亭祠，位于武夷山冲祐万年宫东廊外侧。宋政和五年（1115），宋徽宗赵佶诏赐庙额为"会真"，遂改祠为会真观，祀魏真君及从神潘遇。嗣后，观之附近又先后创建仙宫庙、仙君庙、文昌阁和会仙楼。文昌阁原祀文昌君。明万历十七年（1589），崇安县令林一焕因迎仙人徐熙春的遗蜕祷雨获应，遂建会仙楼于文昌阁以祀之。清时已毁，仙蜕仍送回张仙岩保存。 [18] 扶疏：枝叶繁茂分披貌。

二十三日 登陆，觅换骨岩、水帘洞诸胜[1]。命移舟十里，候于赤石街[2]，余乃入会真观，谒武彝君及徐仙遗蜕[3]。出庙，循幔亭东麓北行二里，见幔亭峰后三峰骈立，异而问之，三姑峰也[4]。换骨岩即在其旁，望之趋。登山里许，飞流汩然下泻[5]。俯瞰其下，亦有危壁，泉从壁半突出，疏竹掩映，殊有佳致[6]。然业已上登，不及返顾，遂从三姑又上半里，抵换骨岩，岩即幔亭峰后崖也。岩前有庵。从岩后悬梯两层，更登一岩。岩不甚深，而环绕山巅如叠嶂。土人新以木板循岩为室，曲直高下，随岩宛转。循岩隙攀跻而上，几至幔亭之顶，以路塞而止。返至三姑峰麓，绕出其后，复从旧路下，至前所瞰突泉处。从此越岭，即水帘洞路；从此而下，即突泉壁也。余前从上瞰，未尽其妙，至是复造其下。仰望突泉，又在半壁之上，旁引水为碓[7]，有梯架之，凿壁为沟以引泉。余循梯攀壁，至突泉下。其坳仅二丈，上下俱危壁，泉从上壁堕坳中，复从坳中溢而下堕。坳之上下四旁，无处非水，而中有一石突起可坐。坐久之，下壁循竹间路，越岭三

武彝君，即武夷君，《史记·封禅书》云："古者天子常以春解祠，祠黄帝用一枭破镜……武夷君用干鱼。"唐司马贞索隐引顾氏曰："《地理志》云建安有武夷山，溪有仙人葬处，即《汉书》所谓武夷君。"明吴栻《武夷杂记》曰："又考古秦人《异仙录》云：始皇二年，有神仙降此山，曰余为武夷君，统录群仙，受馆于此。史称祀以干鱼，乃汉武时事也。今汉祀亭址存焉。"

重，从山腰约行七里，乃下坞。穿石门而上，半里，即水帘洞。危崖千仞，上突下嵌[8]，泉从岩顶堕下。岩既雄扩，泉亦高散，千条万缕，悬空倾泻，亦大观也[9]！其岩高矗上突[10]，故岩下构室数重，而飞泉犹落槛外[11]。

［注释］

[1] 换骨岩：位于一曲溪南。《武夷山志》卷七《一曲下·溪南》云："换骨岩，又名均峰，幔亭峰北，高逊幔亭，而峭拔之势相埒，上有石凸出。道书云，学仙者当于天台注名，武夷换骨。岩穴间有虹桥板及蜕骨数函，相传庐山罗道人于此得宝印元文。"水帘洞：又名唐曜洞天，位于武夷山东北部，北距天心岩 1000 米。为武夷山最大的岩洞，高与宽各数十丈，上凸下凹，形成岩穴。洞内可容纳千人，随崖上下建有不施片瓦的庙宇数座，以祭祀宋代刘子翚、朱熹、刘甫的三贤祠最为著名。岩顶有两道流泉，终年不竭，微风吹动，化为水珠，俨若悬挂洞顶的两副珠帘，注入岩下浴龙池。 [2] 赤石街：集镇名，位于武夷山东麓，是从东部进入武夷山游览的一个重要入口。 [3] 武彝君：即武夷君，古代传说中武夷山的仙人，先秦时就已存在，汉武帝时曾遣使到武夷山，用"干鱼"祭祀武夷君，武夷君由此名声远播，并有八月十五大会乡人宴饮的传说。清陈朝俨《武夷游记》云："一曲入，望幔亭峰，缥缈云际，相传为武夷君宴乡人处。" [4] 三姑峰：或称"三姑石"，位于换骨岩侧。《武夷山志》卷七《一曲下·溪南》云："三姑石，换骨岩侧，卓然三石立于岩巅，各相去不寻丈。自三姑市望之差肩而立，移数武即联为一矣。" [5] 汩然：水流急

速貌。 [6] 佳致：美好的景致。 [7] 碓（duì）：古代利用水力舂（chōng）米的器械。 [8] 嵌：凹陷。徐霞客《黔游日记一》崇祯十一年（1638）四月十四日日记云："则西崖自峰顶下嵌，深坠成峡。" [9] 大观：盛大壮观的景象。宋范仲淹《岳阳楼记》云："予观夫巴陵胜状，在洞庭一湖。衔远山，吞长江，浩浩汤汤，横无际涯，朝晖夕阴，气象万千，此则岳阳楼之大观也。" [10] 高矗：高耸，向上直立。 [11] 槛：门下的横木，即门槛、门限。水帘洞与上文所述鼓子岩等皆属于丹霞地貌中因溶蚀作用而形成的规模较大且结构较为简单的地下洞穴。

先在途闻睹阁寨颇奇[1]，道流指余仍旧路[2]，越山可至。余出石门，爱坞溪之胜，误走赤石街道。途人指从此度小桥而南，亦可往。从之，登山入一隘，两山夹之，内有岩有室，题额乃"杜辖岩"，土人讹为睹阁耳。再入，又得一岩，有曲槛悬楼，望赤石街甚近。遂从旧道，三里，渡一溪，又一里，则赤石街大溪也[3]。下舟，挂帆二十里[4]，返崇安。

[注释]

[1] 睹阁寨：或称"杜葛寨""杜葛岩""杜辖岩"，或因当地方言关系造成音讹。清董天工《武夷山志》卷一五《山北·东径》云："杜葛岩，在梧桐窠北，其巅可远眺城市。相传昔有杜氏、葛氏隐此山隈，垒石为门，入径绝幽。又传为姓杜名葛者，尝纠乡

兵于此，以御乡寇，亦名杜葛寨……万历初，道人程常静建吕仙亭于此，因石为龛以安仙像……同时浦城吴司丞中立隐此，勒‘景阳洞天’于岩壁，易‘葛’为‘辖’，称‘杜辖岩’，谓路径幽曲，杜绝车辖也。扁其庵曰养恬庵，为之记。”按车辖，为车轴两端的键，即销钉。《汉书·游侠传·刘遵》云：“遵嗜酒，每大饮，宾客满堂，辄关门，取客车辖投井中，虽有急，终不得去。”今此地有石门“土国在”三字门额石遗存，款识有“康熙五十七年”数字，见于互联网署名“大红袍茶馆”2016年6月23日的博客，且附有清晰图片。“土国在”三字发音与“睹阁寨”“杜葛寨”等亦皆相近，博文认为此三字语本《周礼·地官·掌节》：“凡邦国使节，山国用虎节，土国用人节，泽国用龙节。”汉郑玄注：“土，平地也。山多虎，平地多人，泽多龙，以金为节铸象焉，必自以其国所多者于以相别，为信明也。”所谓“土国在”，意即“地处平原的国家”，而其石门内“有一大片平地，现已种茶，茶农说这里曾经是寨主的跑马场（无从考证）”。徐霞客所途闻“睹阁寨”（其题额则为“杜辖岩”），当在“土国在”之前，注者认为清代题额者以“土国”命名自己的家园，或有意借方言“睹阁寨”之谐音以自我调侃，大有“自成一统”的意味。 [2]道流：道士之辈。唐孟浩然《梅道士水亭》诗：“傲吏非凡吏，名流即道流。” [3]大溪：即崇溪（今福建武夷山市崇阳溪）。 [4]挂帆：张帆行船。唐孟郊《湖州取解述情》诗：“因兹挂帆去，遂作归山吟。”

［点评］

丹霞地貌，是由获美国哥伦比亚大学地质学硕士学位的矿床学家冯景兰在1928年考察今广东韶关市仁化县丹霞山后命名的。丹霞地貌属于岩石地貌类型之一，是由巨厚的红色砂岩、砾岩组成的方山、奇峰、峭壁、岩洞和石柱等特殊地貌的总称。福建武夷山风景名胜区位于武夷山脉主峰黄岗山东南坡下，面积约60平方千米，山地海拔一般在400米上下，最高峰超过700米。其山体为红色砂砾岩构成的单斜式丹霞地貌景观，即单斜山、单斜断块山经长期发育变迁而形成，奇峰、怪石、赤壁、巷谷、岩洞林林总总，令人目不暇接，尤以九曲溪沿岸景观最为诱人，自然景观在全国堪称独树一帜。所谓“溪曲三三水，山环六六峰”之说，就是对武夷山奇水奇峰数量高度概括的说法。

以“问奇于名山大川”为己任的徐霞客，一生共五次入闽，前四次皆有日记记述，分别见于《游武彝山日记》《游九鲤湖日记》以及《闽游日记》前、后两篇；惟第五次游闽，仅见于其友人黄道周有关诗篇的跋语。《游武彝山日记》是徐霞客第一次闽游之日记，时年三十岁。万历四十四年（1616），徐霞客在继游白岳、黄山之后，于二月十一日由新安江下行，经浙江兰溪、江西上饶以及福建、江西二省间的分水岭，于二月二十一日到达武夷山。他风尘仆仆仅用三天时间，就踏遍了武夷的山山水水。其游武夷山的路线为：先由东至西溯九曲溪舟行，抵六曲后登陆上大隐屏、天游峰，西游小桃源、鼓子岩、灵峰，至狮子岩复乘舟由九曲顺流东下，至四曲再登陆，觅大藏、小藏诸峰及一线天、会真观、换骨岩、水帘洞、杜辖岩等，最后至赤石街下舟返崇安，结束了这次闽中之游。

清代的袁枚（1716—1798）大约晚生于徐霞客一百三十年，他也有一篇《游武夷山记》，开首即云：“凡人陆行则劳，水行则逸。然山游者，往往多陆而少水。惟武夷两山夹溪，一小舟横曳而上，溪河湍激，助作声响。客或坐或卧，或偃仰，惟意所适，而奇景尽获。洵游山者之最也。”袁枚此游借宿武夷宫，只登览了幔亭峰，随后即乘舟逆流而上，船游观山，且至八曲即返，浅尝辄止，对于武夷山的丹霞地貌特征并无一语提及。袁枚所得旨趣在于“以文论山”，文人士大夫的闲情逸致尽皆显现，与徐霞客不畏艰难困苦山水跋涉式的科学考察方式迥异其趣，这正衬托徐霞客作为旅行家的独到之处与可敬之处。

游庐山日记[1] 江西九江府[2]

山之阴为九江府[3]，山之阳为南康府[4]

戊午[5]，余同兄雷门、白夫[6]，以八月十八日至九江[7]。易小舟，沿江南入龙开河[8]，二十里，泊李裁缝堰[9]。登陆，五里，过西林寺[10]，至东林寺[11]。寺当庐山之阴，南面庐山，北倚东林山[12]。山不甚高，为庐之外廓[13]。中有大溪，自东而西，驿路界其间[14]，为九江之建昌孔道[15]。寺前临溪[16]，入门为虎溪桥[17]，规

庐山为地垒式断块山，依次由断块山构造地貌景观、冰蚀地貌景观、流水地貌景观叠加而成。群峰间散布冈岭26座，壑谷20条，岩洞16个，怪石22处，瀑布22处，溪涧18条，湖潭14处。以三叠泉瀑布最为著名，落差达155米。主峰汉阳峰，海拔1474米；云中山城牯岭镇，海拔1167米。自东汉以来即为中国佛教中心之一。奇山秀水，云雾缥缈，夏季凉爽宜人，为历代著名避暑胜地。

模甚大，正殿夷毁[18]，右为三笑堂[19]。

［注释］

[1] 庐山：又名匡庐、匡山，位于今江西九江市南，东偎鄱阳湖，北枕长江，长约 25 千米，宽约 10 千米，略呈椭圆形，自古命名的山峰达 171 座。相传周朝有匡氏七兄弟上山修道，以草庐为舍，故名。 [2] 九江府：元至正二十一年（1361）朱元璋改江州路置，治所德化县（今江西九江市柴桑区），其辖境相当于今江西九江、德安、湖口、瑞昌、彭泽等地。1912 年府废。 [3] 山之阴：即庐山的北面。古人称水的南面或山的北面为阴，反之为阳。 [4] 南康府：元至正二十二年（1362）朱元璋改西宁府置，治所星子县（今江西庐山市），其辖境相当于今江西庐山市、永修县、都昌县等。1912 年废。 [5] 戊午：即明万历四十六年（1618）。 [6] 雷门：即徐应震（1587—1645），字长卿，号雷门，徐霞客族兄，曾任兵马司指挥，能诗喜游，死于顺治甲申冬春之际。白夫：即徐骏闲，白夫当为其字或号，生平不详。 [7] 八月十八日：明万历四十六年八月十八日，即 1618 年 10 月 6 日。 [8] 江：长江。龙开河：又名溢浦或溢江，源于今江西瑞昌市西南青山，东流经县南至九江市西，北入长江。《明一统志》卷五二《九江府》云："（龙开河）便于舟楫，世传古有龙开此河，因名。"清同治《九江府志》卷四《地理 · 山川》云："龙开河，在府城西一里许，长一百五十里，源发瑞昌县清溢乡，东流入大江。" [9] 李裁缝堰（yàn）：以龙开河畔水利设施为地名，文渊阁《四库全书》本作"李堰"。清同治《九江府志》、同治《德化县志》皆未见著录。堰，挡水的低坝。 [10] 西林寺：位于今九江市庐山北麓，晋太元二年（377）慧永法师创建，与东林寺相距不过百丈，有"庐山北山第一寺"之称。西林塔在其寺侧，

又称千佛塔，建于唐代开元间，六面七层，皆有佛龛。宋苏轼《题西林壁》诗有“不识庐山真面目，只缘身在此山中”之咏，更令西林寺声名远播。寺在元代毁于兵火，明代相继修复，清咸丰间再毁再建又毁。20世纪80年代末，台湾觉海法师发愿重修西林寺，历时七年终于大功告成，总建筑面积达9000平方米，不减昔日辉煌。 [11] 东林寺：位于今九江市庐山西麓，晋太元九年（384），名僧慧远来此地建寺讲学并创莲社（又称白莲社），开创佛教净土宗。至唐代建筑规模宏大，文人题咏尤多，兴盛一时。唐扬州高僧鉴真东渡日本前曾来东林寺，令净土教义弘传日本并视东林寺为祖庭。清代以后，东林寺趋于衰败，20世纪80年代以后又逐渐恢复昔日规模。 [12] 东林山：即东林岭山，位于德化县城以南三十里。清同治《德化县志》卷四《地理·山川》云：“东林岭山，在庐山之麓，势雄杰，为官道，亘三里许，距城南三十里。” [13] 外廓：外围。 [14] 驿路：驿道，大道。 [15] 建昌：明建昌县，属江西南康府，1914年改永修县，位于今江西省北部修水下游，鄱阳湖西岸。孔道：这里是通道的意思。 [16] 寺前临溪：即虎溪，位于庐山东林寺前。相传晋慧远法师居此，送客不过溪，过此，虎辄（zhé）号鸣，故名虎溪。 [17] 虎溪桥：位于庐山东林寺山门内。清同治《德化县志》卷六《地理·津梁》云：“虎溪桥，有二：一在东林路西数百步，旧有碑亭，后毁；一在东林寺山门内，为晋慧远送客处。” [18] 正殿：东林寺正殿为神运宝殿，供奉释迦牟尼、文殊、普贤等塑像。夷毁：被破坏。 [19] 三笑堂：东林寺右配殿，演绎纪念“虎溪三笑”故事。相传晋高僧慧远专心修行，送客不过虎溪桥。有一次他送诗人陶渊明、道者陆修静出山门，不觉过了桥，引来“神虎”吼叫不休，三人相视大笑而罢。

清同治《九江府志》卷六《地理·津梁·德化》云："广济桥，在石门涧，明万历间潘太监建。去城三十五里。"

十九日 出寺，循山麓西南行。五里，越广济桥[1]，始舍官道[2]，沿溪东向行。又二里，溪回山合，雾色霏霏如雨[3]。一人立溪口，问之，由此东上为天池大道[4]，南转登石门[5]，为天池寺之侧径[6]。余稔知石门之奇[7]，路险莫能上，遂倩其人为导[8]，约二兄径至天池相待。遂南渡小溪二重，过报国寺[9]，从碧条香蔼中攀陟五里[10]，仰见浓雾中双石屼立[11]，即石门也。一路由石隙而入，复有二石峰对峙。路宛转峰罅，下瞰绝涧诸峰，在铁船峰旁[12]，俱从涧底矗耸直上[13]，离立咫尺[14]，争雄竞秀，而层烟叠翠[15]，澄映四外[16]。其下喷雪奔雷[17]，腾空震荡，耳目为之狂喜。

[**注释**]

[1] 广济桥：位于庐山天池峰下，在东林寺西南。 [2] 官道：政府修筑的道路，大路。 [3] 霏霏：泛指浓密盛多。《楚辞·九章·涉江》云："霰雪纷其无垠兮，云霏霏而承宇。" [4] 天池：即大天池，位于庐山天池山，御碑亭西。系一方池，池水终年不涸，池水碧悠，光灵如玉。池侧有一长亭，据说为东晋僧人慧持所建天池寺原址。寺西有平台，即文殊台，为历来观赏云海之地。 [5] 石门：即石门涧，位于庐山西麓，因天池山、铁船峰对

峙如门，内有瀑布垂落而得名。海拔 400 米，向有“庐山西大门”之称。石门涧为庐山僧人最早开辟，东晋高僧慧远等曾游览石门涧，并写下了吟咏石门涧的诗及序；唐代诗人白居易贬官江州司马亦曾览胜于此，并留下诗篇。 [6] 天池寺：位于庐山天池山顶，为庐山山顶最古老的寺院。东晋僧人慧持创立，旧名峰顶寺，宋代更名天池院，明朱元璋赐名天池护国寺，明成祖朱棣改名天池万寿寺，遂为匡庐首刹。清咸丰间焚于兵火。清同治《德化县志》卷一三《建置·寺观》云：“天池寺，在庐山之巅，寺内左右二池，四时不涸。”侧径：狭窄的路。宋陈师道《晚望》诗：“称目有佳思，侧径无好步。” [7] 稔知：犹素知。 [8] 倩（qiàn，旧读 qìng）：请，恳求。 [9] 报国寺：位于庐山西麓。清同治《德化县志》卷一三《建置·寺观》云：“报国寺，一甘泉又一白鹤者，在云峰寺南，内有留云阁。” [10] 碧条香蔼：形容绿色植物的枝条与空气中散发的清香。蔼，通“霭”，云气，这里借代山林气味。攀陟：由低处向高处攀登。 [11] 屼（wù）立：如山峰般稳固挺立。 [12] 铁船峰：俗称桅杆石，海拔 954 米，与龙首崖隔涧相望。高峰矗立，似巨舰昂首，故名。庐山流传有东晋许逊、吴猛“铁船飞渡”的传说。 [13] 矗耸：高耸，向上直立。 [14] 咫尺：周制八寸为咫，十寸为尺，谓接近或刚满一尺。这里形容相距贴近。 [15] 层烟叠翠：层层山水云气与重重叠映的翠绿山色。 [16] 澄映：形容山光清澈明净。晋桓玄《南游衡山诗序》云：“清川穷澄映之流，涯涘无纤埃之秽。”四外：四方，四处。 [17]“其下喷雪奔雷”二句：形容石门涧瀑布的壮观景象。喷雪，形容瀑布水花飞溅。徐霞客《游天台山日记》万历四十一年（1613）四月初三日日记云：“停足仙筏桥，观石梁卧虹，飞瀑喷雪，几不欲卧。”奔雷，形容瀑布轰鸣如同声响迅猛的雷声。

明刘胤昌（不详—1614），字燕及，有《毕贯之、邹子尹招入石门社赋答》诗，有云：“久作豫章吏，数过匡庐下……邹生示有《石门集》，毕子约结石门社。便欲相牵入社中，我心多杂未能也。”

门内对峰倚壁，都结层楼危阙[1]。徽人邹昌明、毕贯之新建精庐[2]，僧容成焚修其间[3]。从庵后小径，复出石门一重，俱从石崖上，上攀下蹑，磴穷则挽藤，藤绝置木梯以上。如是二里，至狮子岩[4]。岩下有静室[5]。越岭，路颇平。再上里许，得大道，即自郡城南来者[6]。历级而登，殿已当前，以雾故犹不辨。逼之，而朱楹彩栋，则天池寺也，盖毁而新建者。由右庑侧登聚仙亭[7]，亭前一崖突出，下临无地，曰文殊台[8]。出寺，由大道左登披霞亭[9]。

［注释］

[1] 层楼危阙：形容石门涧内人工建筑的繁华兴盛。危阙，这里谓高门大户。阙，原义为宫门、城门两侧的高台，中间有道路，台上起楼观，这里即泛指门户。　[2] 徽人：徽州府人。邹昌明：人名，生平不详。毕贯之：人名，生平不详。精庐：学舍，读书讲学之所，这里谓邹、毕二人在庐山石门涧所结石门社。　[3] 容成：僧人法号。焚修：焚香修行，泛指净修。　[4] 狮子岩：又名狮子崖，位于庐山龙首崖下的石涧峡谷内，形如蹲踞的狮子，故名。明王士性《五岳游草》卷六《庐山游记》云：“塔（佛舍利塔）南下有舍身崖，崖有狮子岩，岩下为锦涧，隔涧为铁船峰。”清同治《德化县志》卷七《地理·古迹》云：“狮子岩，在佛手岩对面，山石累累如狮形。下有小洞，才容一人出入，中空约二丈

许，仍透光明。旧有高僧，一瓢一榻居内焚修。” [5] 静室：指寺院住房或隐士、居士修行之室。唐綦毋潜《题灵隐寺山顶禅院》诗：“观空静室掩，行道众香焚。” [6] 郡城：谓九江府治所德化县城。 [7] 右庑（wǔ）：堂下右边的走廊、廊屋。聚仙亭：又名老母亭、斗姆亭，位于庐山天池山以西文殊台下的灵霄石上。《五岳游草》卷六《庐山游记》云：“（天池寺）西有聚仙亭，以祀周颠、天眼、赤脚、徐道人。”清同治《德化县志》卷七《地理·古迹》云：“聚仙亭，在天池之西，明洪武二十六年建，因周颠仙、天眼尊者、徐道人、赤脚僧，故名。” [8] 文殊台：倚于天池山以西，临壑而建，顶端平面呈半月形，左旁垒有上台石阶，沿台石叠护栏，下原石室五楹，石木混合结构。台始建于东晋，后屡毁屡修。据传文殊菩萨曾骑青狮临空俯见此山秀丽，惊喜之馀不慎跌下，臀部落地印一半月痕迹，文殊随即就地朝天拜日，后人按照印痕围砌了一石台，故也称拜日台。 [9] 披霞亭：又名著衣亭，位于天池寺以北，甘露亭之上。《五岳游草》卷六《庐山游记》云：“又数里为大林寺……乃循披霞亭下甘露亭，为竹林后门。又过蹑云亭至锦绣亭，鸟道百盘，始抵山麓。复行二十里入东林寺。”清同治《德化县志》卷七《地理·古迹》云：“披霞亭，旧名著衣亭，王守仁过此，更名曰披霞亭。”

亭侧岐路东上山脊[1]，行三里。由此再东二里，为大林寺[2]；由此北折而西，曰白鹿升仙台[3]；北折而东，曰佛手岩[4]。升仙台三面壁立，四旁多乔松[5]，高帝《御制周颠仙庙碑》在其顶[6]，石亭覆之，制甚古[7]。佛手岩穹然轩峙[8]，

唐白居易《游大林寺序》曾叹赏“此地实匡庐间第一境”，又云：“大林穷远，人迹罕到，环寺多清流

深可五六丈，岩端石歧横出[9]，故称“佛手”。循岩侧庵右行，崖石两层，突出深坞，上平下仄，访仙台遗址也[10]。台后石上书“竹林寺”三字。竹林为匡庐幻境[11]，可望不可即；台前风雨中，时时闻钟梵声[12]，故以此当之。时方云雾迷漫，即坞中景亦如海上三山[13]，何论竹林？还出佛手岩，由大路东抵大林寺。寺四面峰环，前抱一溪。溪上树大三人围[14]，非桧非杉，枝头着子累累，传为宝树，来自西域。向有二株，为风雨拔去其一矣。

苍石，短松瘦竹。”并赋绝句云：“人间四月芳菲尽，山寺桃花始盛开。长恨春归无觅处，不知转入此中来。”清同治《德化县志》卷一三《建置·寺观》云：“大林寺，在庐山之巅，有上、中、下三寺。上寺晋创元毁，明正德间增修。寺前有宝树二株。莫纪其年，如秦松汉柏。一为伛僧卖作秘器，载之南下；其一尚存。中寺在锦涧桥北，晋慧远创。明初重建，弘治间僧明昆修。下寺在锦涧桥西，唐太和间建，明宣德、成化间递修。”

［注释］

[1]岐路：从大路上分出来的小路，岔路。岐，通“歧”。 [2]大林寺：故址位于庐山大林峰，故名。东晋僧人昙诜所创建，与西林寺、东林寺并称庐山三大名寺。大林寺在汉传佛教发展史上有一定影响，历代曾五次焚毁又五次重建，20世纪60年代初因兴修水利而沉于新创的如琴湖。徐霞客所记大林寺当为上大林寺。 [3]白鹿升仙台：又名御碑亭，位于庐山仙人洞西北的锦绣峰上。亭内有明太祖朱元璋所撰《周颠仙传》御碑，高约4米。据说朱元璋与陈友谅曾决战鄱阳湖，有一名叫周颠的疯僧口唱“太平歌”帮助朱元璋战胜勍敌，取得天下。周颠自称庐山竹林寺僧，朱元璋建都南京后遣使至庐山，却未见到周颠，人传已在此乘白鹿升天。朱元璋即建亭立碑，以彰显神迹。 [4]佛手

岩：位于白鹿升仙台东北，以岩石形状如人手，故名。《五岳游草》卷六《庐山游记》云："行东北里许，石阜卓立，为白鹿升仙台，台有高皇帝傅周颠碑。又东北数百武，石窍成洞，洞上石缝参差如指，为佛手岩。岩北苍崖巉嵲，下临不测，一径萦纡，广不盈咫，望之如画图然。路穷处为访仙亭，亭下二石突起为钟鼓山，后隶'竹林寺'三字。寺隐名存，风雨中时有钟梵声，周颠盖于此示幻云。" [5] 乔松：高大的松树。《诗经·郑风·山有扶苏》云："山有乔松，隰有游龙。" [6] 高帝：即明代开国皇帝朱元璋（1328—1398），字国瑞，原名重八，濠州钟离（今安徽凤阳）人，在诸雄抗元斗争中崛起，1368 年在应天府称帝，国号大明，年号洪武。周颠仙：元末建昌（今江西永修）人，无名字，年十四得狂疾，乞食南昌市中，语言怪异，人呼为"颠"。长有异状，曾协助朱元璋争天下，屡显灵异，道破"天机"。洪武中，朱元璋曾亲撰《周颠仙传》纪其事。《明史·方伎》有传。 [7] 制甚古：谓体制样式极为古老。 [8] 穹然：深阔貌。轩峙：高高屹立。 [9] 石歧：谓岩端呈叉状。 [10] 访仙台：即访仙亭，徐霞客所见者为其遗址，无亭，故仅称台。 [11] 匡庐：即江西的庐山。相传殷周之际有匡俗兄弟七人结庐于此，故称。《后汉书·郡国志四·庐江郡》云："寻阳南有九江，东合为大江。"南朝梁刘昭注引南朝宋慧远《庐山记略》云："有匡俗先生者，出殷周之际，隐遁潜居其下，受道于仙人而共岭，时谓所止为仙人之庐而命焉。"幻境：虚幻的境界。庐山本无竹林寺，仅有石刻寺名，故称。清同治《德化县志》卷一三《建置·寺观》云："竹林寺，在天池之南，有名无寺，惟钟声灯影可凭，时或见之。石罅中有'清虚灵台'四字，外有'竹林寺'三字。李梦阳云：'非篆非隶，周颠仙笔也。'" [12] 钟梵声：寺院的钟声和诵经声。 [13] 海上三山：传说中的海上有三神山。晋王嘉《拾遗记·高辛》云："三壶，则海中三山也。一曰方壶，则方丈也；二曰蓬壶，则蓬莱也；三曰瀛壶，则瀛洲也。” [14]“溪上树大三人围”至“为风雨拔去其一矣”：是说徐霞客笔下之二株宝树，故址乃位于大林寺中者，明王士性《五岳游草》卷六《庐山游记》云：“又数里为大林寺，寺有两宝树，昔西域僧自其土携种之，鸟雀不栖，其一为两龙挟风雷拔去，今尚卧路侧也。”此与徐霞客所述之宝树同一。明袁宏道《大林寺宝树》诗其一云：“铁干铜肤四十围，隔峰犹自望孙枝。涂云抹月空山里，曾见东林行道时。”另据《古今图书集成·职方典》，谓二宝树形状为“曲干垂枝，圆旋如盖”。清嘉庆间大林寺被火，另一株宝树亦未能幸免。两株宝树是何树种，今天已难于考述。今庐山有“三宝树”景观，位于黄龙潭附近黄龙寺山门前，并非王士性与徐霞客所记述者。所谓“三宝树”为一棵银杏、两棵柳杉，“三宝”或借用《徐霞客游记》中“树大三人围”五字，谓其“三抱”而已。银杏又名白果树，此间所生者古老葱郁，高约 40 米，需 4 人合抱，树龄约 1500 年。柳杉又名长叶孔雀松，乔木，高可达 40 米，胸径可达 2 米，树冠狭圆锥形或圆锥形。此间所生两株柳杉亦高耸挺拔，传为晋代僧人昙诜自西域引种而来，实则经植物学家实测，树龄不过 600 年左右。西域，汉代以来对玉门关、阳关以西地区的总称。狭义专指葱岭以东而言，广义则凡通过狭义西域所能到达的地区，包括亚洲中部、西部，印度半岛，欧洲东部和非洲北部都在内。后亦泛指中国西部地区。

二十日 晨雾尽收。出天池，趋文殊台。四壁万仞，俯视铁船峰[1]，正可飞舄。山北诸山，伏如聚蚁[2]。匡湖洋洋山麓[3]，长江带之[4]，远及天际。因再为石门游，三里，度昨所过险处，至则容成方持贝叶出迎[5]，喜甚，导余历览诸峰。上至神龙宫右[6]，折而下，入神龙宫。奔涧鸣雷，松竹荫映，山峡中奥寂境也[7]。循旧路抵天池下，从歧径东南行十里，升降于层峰幽涧；无径不竹，无阴不松，则金竹坪也[8]。诸峰隐护，幽倍天池，旷则逊之[9]。复南三里，登莲花峰侧[10]，雾复大作。是峰为天池案山，在金竹坪则左翼也。峰顶丛石嶙峋[11]，雾隙中时作窥人态，以雾不及登。

以“窥人”二字形容云雾弥漫中峰顶岩石时显时隐，如同在暗中偷看游人，属于拟人手法的运用。

［注释］

[1]“俯视铁船峰”二句：是说可由天池山飞翔而至铁船峰。按天池山海拔 670 米，低于海拔 954 米的铁船峰，所谓“俯视”当因距离关系而令徐霞客视角发生变化所致。飞舄（xì），即飞凫舄，谓会飞的仙鞋。典出《后汉书 · 方术传上 · 王乔》：“王乔者，河东人也。显宗世，为叶令。乔有神术，每月朔望，常自县诣台朝。帝怪其来数，而不见车骑，密令太史伺望之。言其临至，辄有双凫从东南飞来。于是候凫至，举罗张之，但得一只舄焉。乃诏尚方詠视，则四年中所赐尚书官属履也。”这里仅用作飞翔的畅想。 [2] 聚蚁：如蚂蚁般聚集，比喻望中庐山北麓众多的低山丘陵，这些山丘的海拔多为 150—250 米。 [3] 匡湖：总称长江以南与庐山以北呈东西带状分布的众多湖泊，如白水湖、甘棠湖、八里湖、赛城湖和长港湖等，属于长江的外流湖。所谓“匡湖”即围绕匡庐的众多湖泊的泛称，并非指位于庐山东南方向的鄱阳湖，参见黄强《对徐霞客〈游庐山日记〉若干问题的思考》［载

《江西师范大学学报（自然科学版）》1998 年第 22 卷第 2 期］。洋洋：众多貌。《诗经 · 鲁颂 · 閟宫》云：“万舞洋洋，孝孙有庆。”毛传：“洋洋，众多也。” [4] 长江带之：意谓长江如带横系于庐山北麓。 [5] 贝叶：古代印度人用以写经的树叶“贝多”，汉传佛教常用来借指佛经。 [6] 神龙宫：位于天池山文殊台以南。其东面为将军山，左壑中有龙潭，宫即以此得名。 [7] 奥寂：清幽安静。 [8] 金竹坪：位于黄龙山南。坪，山间的平地。 [9] 旷：广大，宽广。逊：不及，比不上。 [10] 莲花峰：位于庐山北麓、金竹坪西南，因山顶有好几个小峰攒簇就像一瓣瓣莲萼，故名。濂溪即源于莲花峰下，西北流合龙开河入长江，为宋周敦颐晚年移居之所。 [11] 嶙峋：形容莲花山峰顶乱石突兀高耸，这是徐霞客逼近仰视所见莲花峰形态。

明王士性《五岳游草》卷六《庐山游记》云：“匡庐无主山，以高下各自雄长，大汉阳最高，五老次之。登汉阳四望，乃知此山拔地无倚，自高梁迤逦而来，东南北三面据江湖之会，其西则大陆群山所奔奏也。南望鄱湖，烟水苍茫，轻鸥片片，落星一点，明镜之翳

越岭东向二里，至仰天坪[1]，因谋尽汉阳之胜[2]。汉阳为庐山最高顶[3]，此坪则为僧庐之最高者[4]。坪之阴[5]，水俱北流从九江；其阳，水俱南下属南康。余疑坪去汉阳当不远，僧言中隔桃花峰[6]，尚有十里遥。出寺，雾渐解。从山坞西南行，循桃花峰东转，过晒谷石[7]，越岭南下，复上则汉阳峰也。先是遇一僧，谓峰顶无可托宿[8]，宜投慧灯僧舍[9]，因指以路。

［注释］

[1] 仰天坪：位于牯岭镇以南约 7000 米，莲花峰东南，属于

一个半封闭的高海拔盆地，盆地底部海拔 1260 米，面积约 1 平方千米。坪，山间的平地。清同治《德化县志》卷七《地理 · 古迹》云："仰天坪，危峰叠石，其上坦平，故名。" [2] 汉阳：谓汉阳峰，位于庐山东南部，海拔 1474 米，为庐山最高峰。其峰形呈馒头状，又称大汉阳峰，以与其附近峰形呈金字塔形的小汉阳峰区以别之。大汉阳峰顶砌有汉阳台，据说月明风清之夜于此台上可观汉阳灯火，故名。 [3] 汉阳为庐山最高顶：庐山无主峰，以大汉阳峰为最高。 [4] 僧庐：当指仰天坪寺，位于庐山仰天坪之上。清同治《德化县志》卷一三《建置 · 寺观》云："仰天坪寺，极庐山之巅，明万历间建，僧慈度重兴。" [5] "坪之阴" 四句：黄强《对徐霞客〈游庐山日记〉若干问题的思考》[载《江西师范大学学报（自然科学版）》1998 年第 22 卷第 2 期] 一文以为 "徐霞客对仰天坪分水岭问题并未谈透"，从而认为："'坪之阴' 与 '坪之阳'，如若理解为仰天坪之阴坡与阳坡，则仰天坪分水岭符合实际，即被仰天坪分开的南、北坡水流最终分别注入鄱阳湖和长江；如若理解成仰天坪北面与南面的山地地表水流的分水岭，换句话说，能将鄱阳湖水系与长江水系分隔开来的地方便是仰天坪，这就太片面了。" 并进一步分析说："从地貌上讲，以仰天坪为界，其以北山地主要由下震旦统地层构成，形成山岭狭长、谷地宽广、岭谷相间、平行排列的地质构造地貌景观；而山南则主要是由元古界板溪群和火成岩构成的山体，以变质岩地貌为特色。山南、山北地貌分异十分明显，不能根据徐霞客日记上的两句未说透的话和庐山地貌分异的界线，就将仰天坪视为庐山地区山南、山北的分水岭。因为，仰天坪北面的庐山之水并非都流入长江，而仰天坪南面的庐山之水也并非都流入鄱阳湖。" 其最后的结论是："仰天坪是一个面积不大的高海拔敞口等轴盆地，其分水作用是客观存在的。由于徐霞客未将仰天坪分水岭问题说透，加之诸多原因，

也。北望九江，尽乎溢浦，风帆上下，千里瞬息。顺流而东，则石钟、大小孤山之所错而踞也。"

后人将仰天坪视为庐山山南、山北的分水岭，即鄱阳湖水系与长江水系的分水岭，是违背庐山水文地理实际的，因而也是错误的。”可参考。 [6] 桃花峰：又名桃花尖、般若峰，位于儒良岭西。同治《南康府志》卷二《地理・山川》云：“桃花峰，一名桃花尖，去城西四十里，在儒良岭西。”又同治《德化县志》卷四《地理・山川》云：“桃花尖，在楚城乡，与星邑交界，号般若峰，为东南第一高处。” [7] 晒谷石：又名天镜石，象形岩石名，位于庐山豆叶坪以南，在汉阳峰北匡顶寺上方。 [8] 托宿：寄宿，借住。 [9] 慧灯：庐山僧人法号，名海龙（1556—1640），郯城人（今属山东）。慧灯曾南至普陀，皈依大智和尚参学。事毕，乃登庐山，据说他于豆叶坪就竹影寺坐禅，所居虽僧侣亦难到。有采药者信步深入，遥望把茅盖处，一僧趺坐如土塑，室中无所有，觅火亦不得，返道其事，山中始知有灯公。

未至峰顶二里，落照盈山，遂如僧言，东向越岭，转而西南，即汉阳峰之阳也。一径循山，重嶂幽寂[1]，非复人世。里许，蓊然竹丛中得一龛[2]，有僧短发覆额，破衲赤足者[3]，即慧灯也，方挑水磨腐[4]。竹内僧三四人，衣履揖客[5]，皆慕灯远来者。复有赤脚短发僧从崖间下，问之，乃云南鸡足山僧[6]。灯有徒，结茅于内[7]，其僧历悬崖访之，方返耳。余即拉一僧为导，攀援半里，至其所。石壁峭削，悬梯以度，一茅如慧灯

鸡足山系中国十大佛教名山之一，为迦叶菩萨的道场，中国汉传、藏传佛教交汇地和禅宗发源地。

龛。僧本山下民家，亦以慕灯居此。至是而上仰汉阳，下俯绝壁，与世复隔矣。暝色已合[8]，归宿灯龛。灯煮腐相饷，前指路僧亦至。灯半月一腐，必自己出，必遍及其徒。徒亦自至，来僧其一也。

宋范成大《一龛》诗："一龛窄似鸟窠禅，世界悠悠任大千。"

［**注释**］

[1] 重（chóng）嶂：重叠的山峰。 [2] 蓊然：草木茂盛貌。龛：小的窟穴或房屋。这里当指后世人所谓"竹影寺"。 [3] 衲（nà）：僧衣，因其常用许多碎布拼缀而成，故称。 [4] 磨腐：谓磨豆浆以制豆腐。 [5] 衣履揖客：整理衣装向客拱手为礼，表示郑重其事。 [6] 云南鸡足山：位于今云南西北大理白族自治州宾川县境内，因其山势顶耸西北，尾迤东南，前列三支，后伸一岭，形似鸡足而得名。参见后选《滇游日记五》注。 [7] 结茅：编茅为屋，谓建造简陋的屋舍。 [8] 暝色已合：谓暮色四合。

二十一日　别灯，从龛后小径直跻汉阳峰。攀茅拉棘[1]，二里，至峰顶。南瞰鄱湖[2]，水天浩荡。东瞻湖口，西盼建昌，诸山历历[3]，无不俯首失恃[4]。惟北面之桃花峰，铮铮比肩[5]，然昂霄逼汉[6]，此其最矣。下山二里，循旧路，向五老峰[7]。汉阳、五老，俱匡庐南面之山，如两角相向[8]，而犁头尖界于中[9]，退于后，故两峰

黄强《对徐霞客〈游庐山日记〉若干问题的思考》［载《江西师范大学学报（自然科学版）》1998 年第 22 卷第 2 期］一文有评云："他站在大汉阳峰顶，实

际上是看不到湖口和建昌的。他既想突出九江府东部和南康府的众多山峰，在大汉阳峰面前，没有不低头的，又想能够以简练的文字表述之，结果在概括描述时错将东北误为‘西’，如果是失误还情有可原；如若是为求语言文字的工整、朗朗上口，而忽视其科学性，则是不可取的。”可参考。

相望甚近。而路必仍至金竹坪，绕犁头尖后，出其左胁[10]，北转始达五老峰，自汉阳计之，且三十里。余始至岭角[11]，望峰顶坦夷[12]，莫详五老面目。及至峰顶，风高水绝，寂无居者。因遍历五老峰，始知是山之阴，一冈连属；阳则山从绝顶平剖，列为五枝，凭空下坠者万仞，外无重冈叠嶂之蔽，际目甚宽[13]。然彼此相望，则五峰排列自掩，一览不能兼收；惟登一峰，则两旁无底。峰峰各奇不少让，真雄旷之极观也[14]！

［注释］

[1] 攀茅拉棘：义同“披荆斩棘”，比喻在登山过程中扫除障碍，克服困难。 [2]“南瞰鄱湖”四句：后世论者对这一段描述有异议，其实“东瞻湖口，西盼建昌”二句并非实录，而属于文学夸张想象的文字，后人似不必苛求。鄱湖，即鄱阳湖，又名彭蠡泽、彭泽、官亭湖、扬澜、担石湖等，位于今江西省北部，在庐山的东南方向，为赣江、修水、鄱江、信江等河之总汇，分南、北两湖，湖水北经湖口注入长江，面积 3583 平方千米，最深处可达 16 米，为我国最大的淡水湖。湖口，鄱阳湖北入长江之口，位于今江西省湖口县，在庐山东北方，明代属九江府。建昌，位于庐山以南偏西，在鄱阳湖西岸。 [3] 历历：清晰貌。 [4] 失恃（shì）：谓丧失依赖或凭借。 [5] 铮铮：比喻刚强。比肩：并列，居于同等地位。 [6] 昂霄逼汉：高耸逼近云天，形容山高。 [7] 五老峰：位于庐山东南，距万松坪 1000 米，海拔 1436 米，因山

的绝顶被垭口所断，分成并列的五个山峰，雄奇陡峭，从位于山麓的海会寺仰视山峰，形同五个老人并坐，故名。著名的三叠泉即在五老峰东。 [8] 两角：由下文所述之“犁头尖”想象汉阳与五老两峰如同一头耕牛的两只犄角，贴切形象。 [9] 犁头尖：庐山山峰名，位于含鄱口西侧，为著名的冰川角峰，峰形尖削如一块犀利的犁头，耕耘着茫茫云海，故名。犁头尖是庐山众多第四纪冰川遗迹的重要标志之一。 [10] 左胁：谓犁头尖山麓左侧。 [11]岭角：山的转角向外突出处。 [12]坦夷：平坦。 [13]际目：视力所及的范围，即视野。 [14] 雄旷：豪壮旷达。极观：最雄伟奇特的景象。

仍下二里，至岭角。北行山坞中，里许，入方广寺[1]，为五老新刹[2]。僧知觉甚稔三叠之胜[3]，言道路极艰，促余速行。北行一里，路穷，渡涧。随涧东西行，鸣流下注乱石，两山夹之，丛竹修枝，郁葱上下[4]，时时仰见飞石，突缀其间[5]，转入转佳。既而涧旁路亦穷，从涧中乱石行，圆者滑足，尖者刺履。如是三里，得绿水潭[6]。一泓深碧，怒流倾泻于上，流者喷雪[7]，停者毓黛[8]。又里许，为大绿水潭[9]。水势至此将堕，大倍之，怒亦益甚[10]。潭前峭壁乱耸，回互逼立[11]，下瞰无底，但闻轰雷倒峡之声[12]，心怖目眩[13]，泉不知从何坠去也。于是涧中路

三叠泉其势如奔马，声若轰雷，总落差达155米。古人有“匡庐瀑布，首推三叠”之说，历来被誉为“庐山第一奇观”。明王士性《五岳游草》卷六《庐山游记》云：“五老南下有狮子峰，其东北有九叠屏，屏下有三叠水。”

唐李贺《梦天》诗：“遥望齐州九点烟，一泓海水杯中泻。”

亦穷，乃西向登峰。峰前石台鹊起[14]，四瞰层壁，阴森逼侧[15]。泉为所蔽，不得见，必至对面峭壁间，方能全收其胜。乃循山冈，从北东转。二里，出对崖，下瞰，则一级、二级、三级之泉，始依次悉见。其坞中一壁，有洞如门者二，僧辄指为竹林寺门云[16]。

顷之，北风自湖口吹上，寒生粟起[17]，急返旧路，至绿水潭。详观之，上有洞翕然下坠[18]。僧引入其中，曰："此亦竹林寺三门之一。"然洞本石罅夹起，内横通如"十"字，南北通明，西入似无底止[19]。出，溯溪而行，抵方广，已昏黑。

［注释］

[1] 方广寺：位于五老峰山麓，明后期新建。 [2] 新刹：新建的寺院。刹，指佛寺。 [3] 知觉：方广寺僧人法号。甚稔：极其熟悉。三叠：即三叠泉，又名三叠水、三级泉、水帘泉，位于庐山东谷会仙亭侧，系因第四纪冰川作用所造成的三级台阶形成，由大月山、五老峰的涧水汇合，从大月山流出，经过五老峰背，由北崖悬口注入大盘石上，又飞泻到二级大盘石，再喷洒至三级盘石，形成三叠，故名。 [4] 郁葱：青翠繁盛貌。 [5] 突缀：谓悬空而有根基相联。 [6] 绿水潭：位于铁臂峰下，系由三叠泉冲泻形成。 [7] 喷雪：形容水花飞溅。唐李白《横江词》其四云："海神来过恶风回，浪打天门石壁开。浙江八月何如此，涛似连

山喷雪来。” [8] 毓黛：谓孕育青黑色的潭水。 [9] 大绿水潭：位于观音洞下，亦由三叠泉冲激形成，潭畔有岩石刻隶书“竹影疑踪”四字。 [10] 怒亦益甚：谓水势更加汹涌激荡。 [11] 回互：回环交错。逼立：指山崖等像墙壁一样陡立。 [12] 轰雷倒（dào）峡：谓好似江水倾峡而出，响如雷声轰鸣。形容三叠泉气势非凡。 [13] 心怖目眩：内心恐惧，眼昏发花。 [14] 鹊起：本谓见机而作，这里用为应势崛起之意。《太平御览》卷九二一引《庄子》云：“鹊上高城之绝，而巢于高树之颠，城坏巢折，陵风而起。故君子之居世也，得时则义行，失时则鹊起也。” [15] 逼侧：又作“逼仄（zè）”，犹狭窄。 [16] 辄：副词，谓立即，就。 [17] 粟起：谓皮肤触寒而收缩起粒。 [18] 翕（xī）然：凹陷貌。 [19] 底止：终止。《诗经·小雅·祈父》云：“胡转予于恤，靡所底止？”

二十二日 出寺，南渡溪，抵犁头尖之阳。东转下山，十里，至楞伽院侧[1]。遥望山左胁，一瀑从空飞坠，环映青紫[2]，夭矫滉漾[3]，亦一雄观[4]。五里，过栖贤寺[5]，山势至此始就平。以急于三峡涧[6]，未之入。里许，至三峡涧。涧石夹立成峡，怒流冲激而来，为峡所束，回奔倒涌，轰振山谷。桥悬两崖石上[7]，俯瞰深峡中，迸珠戛玉[8]。过桥，从歧路东向，越岭趋白鹿洞[9]。路皆出五老峰之阳，山田高下[10]，点错民居[11]。横历坡陀[12]，仰望排嶂者三里[13]，

宋叶梦得《石林诗话》卷上云：“两山相对，遂为一时雄观。”

唐以后栖贤寺屡有兴废，明万历二十八年（1600），袁宏道所见者早成废址，其《由天池逾含鄱岭至三峡涧记》有云：“顷之，至栖贤废址，山中

人指绿畴而坦者曰故殿址。”明万历三十六年（1608），给谏陈赤石主持清其旧址，以坐北朝南之向复建寺宇，曾辉煌一时。清代顺康间，栖贤寺一度香火兴旺，咸丰间毁于兵火。21 世纪以来，栖贤寺重建工程已经渐成规模。

直入峰下，为白鹤观[14]。

［注释］

[1] 楞伽院：位于南康府治北二十五里，含鄱口西，旧有上下两院，内有白石庵，即李氏山房。清废。 [2] 青紫：谓山崖与植物的颜色。 [3] 夭矫：纵恣貌。滉漾（huàngyàng）：闪动，摇动。 [4] 雄观：犹壮观。 [5] 栖贤寺：位于庐山南麓五老峰下栖贤大峡谷，左依石人峰，东临栖贤谷，北距牯岭、南距星子县城均为 10 千米左右，南齐参军张希之首创，系庐山山南五大丛林（即万杉、开先、海会、归宗、栖贤五寺）之一。以唐代学者李渤曾在此读书，遂名栖贤寺。 [6] 三峡涧：位于栖贤寺东南玉渊潭侧，汉阳、五老两峰间九十九条溪水汇聚合流经此涧南流奔注于玉渊潭，坡陡水流湍急，涧中又多大石，水石相激，巨响如雷，有长江三峡气势，故名。 [7] 桥：即三峡桥，又名栖贤桥、观音桥，位于庐山栖贤谷中，建于宋真宗大中祥符七年（1014），横跨三峡涧东西两崖，其下为金井潭。桥为单孔石桥，长达 24.45 米，宽 4.1 米，至今已有千年历史。上游有巨石横亘，俗称棺材石，可缓冲上游水势。桥侧有观音寺、观音亭、玉峡湾。明王士性《五岳游草》卷六《庐山游记》云：“复西南回，二十里至栖贤桥，三峡涧出焉。两崖峭壁，水堕下百仞，声撼山谷。” [8] 迸珠戛（jiá）玉：形容水花四溅、声音清脆。迸，涌出。戛，敲击。 [9] 白鹿洞：即白鹿洞书院，位于庐山五老峰下山谷中，距离南康府府治星子县城约 7000 米。唐德宗贞元元年（785），洛阳人李渤、李涉兄弟隐居庐山，渤喜养白鹿，有白鹿先生之称。唐敬宗宝历元年（825），李渤官江州（今九江市）刺史，又于其隐居旧址建台，引流种花，号称白鹿洞。此后求学者常来此聚集，南唐时在此建庐山国学，宋初扩为书院，与应天书院（在今河南商丘）、石鼓

书院（在今湖南衡阳）、岳麓书院（在今湖南长沙）合称四大书院。白鹿洞书院后遭兵火，至南宋孝宗淳熙六年（1179），理学家朱熹为南康（治今江西赣州市）郡守，重兴白鹿洞书院并在此讲学，制定规章，声名大振，陆九渊、王阳明等皆曾在此讲学。书院屡经兴废，今存者为清代道光间重修，今尚存圣殿、御书阁、彝化堂等建筑，碑廊存历代碑刻百馀通。 [10] 山田：山间开垦的田地。北魏郦道元《水经注·汶水》云："林木致密，行人鲜有能至矣。又有少许山田，引灌之踪尚存。" [11] 点错：错落点缀的意思。 [12] 坡陀：亦作"坡陁"，山势起伏貌。唐杜甫《北征》诗："坡陀望鄜畤，岩谷互出没。" [13] 排嶂：成排并列的耸立如屏障的山峰。 [14] 白鹤观：即承天白鹤观，位于南康府治西北十五里五老峰下栖贤寺西北。同治《南康府志》卷七《建置·寺观》云："承天白鹤观……唐弘道元年敕建，宋大中祥符赐名。《方舆记》云：'庐山秀丽为江南第一，而此观复为庐山第一。'旁有木瓜岩，后有刘混成丹井、药臼。元虞集有记。"

又东北行三里，抵白鹿洞，亦五老峰前一山坞也。环山带溪，乔松错落。出洞，由大道行，为开先道[1]。盖庐山形势，犁头尖居中而少逊，栖贤寺实中处焉；五老左突，下即白鹿洞；右峙者，则鹤鸣峰也[2]，开先寺当其前。于是西向循山，横过白鹿、栖贤之大道，十五里，经万松寺[3]，陟一岭而下，山寺巍然南向者，则开先寺也。从殿后登楼眺瀑，一缕垂垂，尚在五里外，

明王士性《五岳游草》卷六《庐山游记》云："遂行十里至开先寺，寺倚鹤鸣峰下，南唐中主幼慕物外，问舍兹山，后赐名开先寺。故寺后有读书台，台后石

壁镌黄太史《七佛偈》与阳明先生《纪宸濠事》，王敬美为书‘宝墨亭’。”开先寺历代迭有废兴，至清康熙四十六年（1707），康熙帝南巡，手书“秀峰寺”匾额为赐，从此即以此寺名成为庐山五大丛林之一。寺后有南唐中主读书台，台下有聪明泉、洗墨池以及唐颜真卿《大唐中兴颂碑》，月门前有漱玉亭，亭下龙潭，马尾瀑经青玉峡泻入此潭，人文景观与自然景观皆佳。

半为山树所翳[4]，倾泻之势，不及楞伽道中所见。惟双剑崭崭众峰间[5]，有芙蓉插天之态[6]；香炉一峰[7]，直山头圆阜耳[8]。从楼侧西下壑，涧流铿然泻出峡石[9]，即瀑布下流也[10]。瀑布至此，反隐不复见，而峡水汇为龙潭[11]，澄映心目[12]。坐石久之，四山暝色，返宿于殿西之鹤峰堂[13]。

［注释］

[1] 开先道：通往开先寺的道路。开先寺，位于庐山南麓鹤鸣峰下，为南唐中主李璟于保大九年（951）以其少年时读书台为基础创建，取开国先兆意，取名开先寺。 [2] 鹤鸣峰：位于开先寺上，传说曾有鹤栖鸣于此而得名。同治《南康府志》卷二《地理・山川》云：“鹤鸣峰，去城四十里。南唐郑元素隐此，鹤常栖鸣其上。下为开先寺。” [3] 万松寺：当作万杉寺，位于开先寺以东二里许，在庆云峰下。始建于南朝梁，唐为庆云寺，宋真宗景德间（1004—1007），寺中僧大超在寺附近种杉万株，受到朝廷表彰，故改寺名为万杉寺，成为庐山五大丛林之一。寺中建筑后多毁于兵火，现存者大部分为清人所修。明王士性《五岳游草》卷六《庐山游记》云：“出（开先）寺北走庆云峰，下为万杉寺，惟馀‘龙虎庆岚’四大字在邃壑，一杉不存。” [4] 翳：遮蔽，隐藏。 [5] 双剑：即双剑峰，位于鹤鸣峰西南、开先寺西北。清同治《德化县志》卷七《地理・古迹》云：“双剑峰，在府治城南龙门西，形势插天，宛如双剑，与县治正对。”崭崭：高峻。 [6] 芙蓉：指利剑，语本《越绝书・外传记宝剑》载越王勾践有宝剑名“纯钧”，相剑者薛烛以“手振拂，扬其华，捽如芙

蓉始出”。唐卢照邻《长安古意》诗：“俱邀侠客芙蓉剑，共宿娼家桃李蹊。” [7] 香炉一峰：即香炉峰，位于双剑峰西南。明王士性《五岳游草》卷六《庐山游记》云：“右转紫氛阁，睹西南两石笋，廉利插天为双剑峰。双剑之南，一员（圆）阜矗立为香炉峰，每过雨返照，紫烟缕缕，从香炉出也。”清同治《德化县志》卷七《地理·古迹》云：“香炉峰，在县治西南五十里庐山之北峰，形圆耸，气霭若烟。南有巨石如人，又曰石人峰。” [8] 直：副词，谓特，只不过。圆阜：谓山顶呈馒头形。 [9] 铿（kēng）然：声音响亮貌。 [10] 瀑布：在庐山南麓的青玉峡中有两瀑布，黄岩瀑与马尾瀑。此所言当为前者，或称开先西瀑、瀑布水。此瀑布由黄岩山顶倾泻下注，落差达数十丈，在丰水季节如同玉龙天降，银汉倒悬，奔腾而下，跌落至双剑峰下，再与开先东瀑即马尾瀑汇合流出峡谷，蔚为壮观。唐李白《望庐山瀑布》诗家喻户晓：“日照香炉生紫烟，遥看瀑布挂前川。飞流直下三千尺，疑是银河落九天。”所描绘者就是开先西瀑。下流：谓开先西瀑的下半段。 [11] 龙潭：位于青玉峡漱玉亭下，四壁多历代文人书刻，以宋米芾所书“青玉峡”“第一山”最为有名。明王士性《五岳游草》卷六《庐山游记》云：“二流合山峡石扇碕訇中为青玉峡，出峡练飞而绀汇为龙潭。前有小石坎为浴仙池，从潭引水过石溜，凿为泓曰龙井，亭其上为漱玉，今废，立小石塔当之。” [12] 澄映：形容波光清澈明净，这里用如动词。晋桓玄《南游衡山诗序》云：“清川穷澄映之流，涯涘无纤埃之秽。” [13] 殿：当指开先寺内的主殿大雄宝殿。鹤峰堂：当指开先寺中轴线以西的某堂室名。

二十三日 由寺后侧径登山。越涧盘岭，宛转山半。隔峰复见一瀑，并挂瀑布之东，即马尾明王士性《五岳游草》卷六《庐山游记》记述开先东、西双瀑："鹤鸣之右，水奔洒成千百缕而短，曰马尾水；双剑之右，悬挂千百丈如匹练而长，曰瀑布泉。"

泉也[1]。五里，攀一尖峰，绝顶为文殊台[2]。孤峰拔起，四望无倚，顶有文殊塔。对崖削立万仞，瀑布轰轰下坠，与台仅隔一涧，自巅至底，一目殆无不尽。不登此台[3]，不悉此瀑之胜。下台，循山冈西北溯溪，即瀑布上流也。一径忽入，山回谷抱，则黄岩寺据双剑峰下[4]。越涧再上，得黄石岩[5]。岩石飞突，平覆如砥[6]。岩侧茅阁方丈[7]，幽雅出尘[8]。阁外修竹数竿，拂群峰而上，与山花霜叶，映配峰际。鄱湖一点，正当窗牖[9]。纵步溪石间[10]，观断崖夹壁之胜。仍饭开先，遂别去。

［注释］

[1] 马尾泉：即开先东瀑，又称马尾水，位于庐山双剑峰与文殊峰之间，因流出之崖口狭小，泉水流喷散成数十缕下注，形如马尾飘散，故名。 [2] 文殊台：此非位于天池山的文殊台，而是位于庐山南麓文殊峰顶部的文殊台。文殊峰属于庐山南麓秀峰群峰（包括姊妹峰、香炉峰、双剑峰、文殊峰、鹤鸣峰、狮子峰、龟背峰等）之一，天池山文殊台，参见前文"文殊台"条注释。 [3]"不登此台"二句：谓于文殊台上方得以观览开先西瀑的壮观景象。明袁宏道《开先寺至黄岩寺观瀑记》云："顷之跻其巅，入黄岩寺。少定，折而至前岭，席文殊塔观瀑。瀑注青壁下，雷奔海立，孤搴万仞，峡风逆之，帘卷而上，忽焉横曳，东披西

带。”［4］黄岩寺：位于府治西十二里双剑峰下，文殊塔东北，为唐代僧人智常所创建，他先结茅于此地，后方住持归宗寺。［5］黄石岩：位于双剑峰东北，黄岩寺附近，这里深山幽谷，景色宜人。同治《南康府志》卷二《地理·山川》云：“黄石岩，在五老峰，旧传黄石公游息处。”［6］平覆如砥：谓黄石岩突出部分的底面如磨刀石般平坦。［7］茅阁：当谓简陋而齐整的小屋。方丈：一丈见方，形容其小。［8］出尘：超出世俗。［9］窗牖（yǒu）：窗户。汉枚乘《杂诗》其五云：“盈盈楼上女，皎皎当窗牖。”［10］纵步：漫步。宋王迈《观猎行》云：“出门纵步观，无遑需屐屧。”

［点评］

万历四十五年（1617），徐霞客家居一年未出行，结发妻许氏即在这一年去世。第二年八月十八日至二十三日，三十二岁的徐霞客历时六天游历考察了庐山。他乘舟江行到达庐山北麓，按照西北至东南的方向以徒步的方式穿越了庐山。徐霞客第一日投宿东林寺，第二日特意穿过难行的石门涧到达狮子岩，历览佛手岩等自然景观以及有名无实的竹林寺幻境、大林寺等人文景观，夜宿天池寺。第三天登上天池山以西的文殊台，过神龙宫，经金竹坪登莲花峰、仰天坪，寄宿于汉阳峰下的僧人慧灯茅庵。第四天攀登庐山最高峰大汉阳峰，并且遍历五老峰，反复考察了五个山峰的形状与南北山形的不同，晚投方广寺寄宿。第五天过楞伽院、栖贤寺、白鹤观，抵达白鹿洞，考察了这一带的庐山形势，又经万杉寺，眺望双剑、香炉二峰，宿于开先寺。最后一天，徐霞客经马尾泉登上南麓文殊峰顶部的文殊台，饱览开先西瀑的壮观景象，再至黄石岩流连多时，返开先寺用餐后告别了庐山。六天游踪安排合理而紧凑，景点间的穿行登临皆记以里程，凸显了其并非纯粹模山范水式旅游的特色。

庐山作为海内名山，中华典籍多有记述，更是历代文人钟情之地。晋代的陶渊明是浔阳柴桑（今江西九江）人，庐山就在其家门口，故乡情浓自不待言。唐代的李白、白居易，宋代的欧阳修、苏轼、黄庭坚、朱熹等著名文学家、哲学家与庐山也结下难以割舍的情谊，留下众多赞美庐山的诗篇或文章。如唐李白《秋于敬亭送从侄专游庐山序》曾赞美庐山胜概云："西登香炉，长山横蹙，九江却转，瀑布天落，半与银河争流，腾虹奔电，潨射万壑，此宇宙之奇诡也。"明代的开国皇帝朱元璋因在打天下的过程中曾得到过自称庐山竹林寺僧"周颠仙"的协助，也常常为庐山情结所缠绕。宋濂、刘基等明初文人士大夫的庐山情怀，儒家传统因素居多；明代中期以后文人士大夫对庐山的人文关怀，则往往带有明代商品经济发展与宗教文化繁荣的鲜明印记，"不差钱"令当时具有山水癖的骚人墨客广泛存在。万历二十八年（1600），性灵派文人袁宏道游庐山，创作了多篇游记与诗作，基本上属于拥抱自然、触景生情式的文学性书写，这与徐霞客的游记写法迥然有异。后者在保持游记文学性的同时，科学考察的敏感性与严谨性显而易见。

明代嘉靖十一年（1532）进士桑乔（不详—1564）在贬戍江西期间撰有《庐山纪事》十二卷，曾明确提出庐山无主峰之说，有论者认为徐霞客在《游庐山日记》

中突破前人成见，首先提出“汉阳为庐山最高顶”的观点。“主峰”与“最高顶”的概念是否同一或相等，这里不作辨析，但年长于徐霞客整整四十岁的王士性则可能是最早提出“大汉阳最高”认识的明代文人，有案可查，并非悬想（参见本日记二十日日记旁批）。其实徐霞客科学考察的严谨性与敏锐性，在本日记中并不体现于他是否为最先提出庐山诸峰以汉阳峰为最高的古人，而在于他对庐山地貌形态的科学阐述，如他对五老峰单面山地貌形态的考述即为一例：“因遍历五老峰，始知是山之阴，一冈连属；阳则山从绝顶平剖，列为五枝，凭空下坠者万仞，外无重冈叠嶂之蔽，际目甚宽。然彼此相望，则五峰排列自掩，一览不能兼收；惟登一峰，则两旁无底。峰峰各奇不少让，真雄旷之极观也！”这一段简洁又概括性极强的描写，一般读者或许莫名其妙，但在地貌学研究的行家里手眼中则意味深长，属于科学的论断，自非常人所能道。

黄强《简论徐霞客庐山地理考察的成就》[《江西师范大学学报（自然科学版）》1998年第22卷第1期]一文有如下论断：“单面山是一种构造地貌形态类型，它是指由单斜岩层构成并沿着该岩层走向延伸的山体。其典型特征：在其横剖面上，前后两坡不对称，后坡（又叫构造坡，即由单斜岩层面所构成的山坡）缓而长，坡度角取决于单斜岩层的倾角；另一坡称前坡，地形陡峻，常发生重力剥蚀，故又称重力剥蚀坡，若此坡受冲断层制约则显得更为陡峻。”黄强接下又结合五老峰的单面山构造地貌特征说：“五个山峰的阴坡是倾斜岩层构成的山坡，且连成一片；而阳坡像刀切下去一样十分陡峻，这个陡崖就是断层崖。庐山便是被西北面和东南面两组正断层所夹持的褶皱断块山体。此处所述说明五老峰剥蚀坡是一个被正断层控制的断层崖，垂直断距在千米以上。又由于岩层裂隙节理影响，地表流水的溯源侵蚀切割，形成了一些沟谷将单面山山体分割，才‘列为五枝’。”这一分析切中肯綮，对于我们认识《徐霞客游记》的科学精神大有裨益，读者至此，当认真思索。

游嵩山日记[1] 河南河南府登封县[2]

余髫年蓄五岳志[3]，而玄岳出五岳上[4]，慕尤切。久拟历襄、郧[5]，扪太华[6]，由剑阁、连云栈[7]，为峨眉先导[8]；而母老志移[9]，不得不先事太和[10]，犹属有方之游[11]。

［注释］

[1] 嵩山：伏牛山脉的一支，其主体位于今河南西部登封市西北，由太室山与少室山组成，东西绵延60馀千米。古代有所谓“外方”“嵩高”“崇山”等别称，在“五岳”中因地处中原，故

嵩顶又名峻极峰，海拔1491.7米，为太室山的最高峰；连天峰海拔1512米，为少室山最高峰。嵩山山峦起伏，有太阳、少阳、明月、玉柱、万岁、凤凰等著名山峰七十二座，北瞰黄河、洛水，南临颍水、箕山，东通郑汴，西连十三朝古都洛阳，是古代都城洛阳东方的重要屏障，一向为京畿之地，又是中国佛教禅宗的发源地和道教圣地，具有深厚的文化底蕴。《诗经·大雅·嵩高》有“嵩高惟岳，峻极于天”之誉，就是赞美嵩山的诗句。这里有汉代嵩山三阙（太室阙、少室阙、启母阙）、北魏嵩岳寺塔、少林寺、嵩阳书院等名胜古迹，驰名中外。

称中岳。 [2] 河南府：唐开元元年（713）改洛州置，治所洛阳、河南二县（今河南洛阳市），辖境相当于今河南济源市，以及洛宁、渑池等县以东，新密、巩义两市以西伊、洛、河流域。金兴定初改金昌府，元改河南府路，明改为河南府，1913 年废。登封县：武周万岁登封元年（696）改嵩阳县置，属洛州。唐开元元年（713）属河南府，金属金昌府，元属河南府路，明属河南府，位于其东部。1927 年直属河南省，1994 年改登封市。 [3] 髫（tiáo）年：幼年。髫，古代小孩头上扎起来的下垂头发。晋陶渊明《桃花源记》云：“黄发垂髫，并怡然自乐。”五岳：中国五大名山的总称，古书中记述略有不同，一般指东岳泰山、南岳衡山、西岳华山、北岳恒山、中岳嵩山。《周礼·春官·大宗伯》云：“以血祭祭社稷、五祀、五岳。”汉郑玄注：“五岳，东曰岱宗，南曰衡山，西曰华山，北曰恒山，中曰嵩高山。” [4] 玄岳：这里当指位于今湖北十堰市的武当山，即太和山，此山在明代有特殊的政治地位，传说真武神人（即玄武神）曾在此修道。明永乐中尊真武为帝，成为道教圣地。因尊此山为大岳，亦名玄岳。参见下文《游太和山日记》。 [5] 襄：当指襄阳府，北宋宣和元年（1119）改襄州置，治所在襄阳县（今湖北襄阳市襄州区），辖境相当于今湖北襄阳、南漳、谷城、宜城等地。元改襄阳路，明复为襄阳府，1912 年废。郧（yún）：郧阳府，明成化十二年（1476）置，属湖广布政司，治所在郧县（治今湖北十堰市郧阳区），辖境相当于今湖北十堰市郧阳区、襄阳市保康县以西地区。清属湖北省，1912 年废。 [6] 扪：攀登。宋陆游《入瞿唐登白帝庙》诗：“峭壁空仰视，欲上不可扪。”太华：太华山，即西岳华山，位于今陕西省华阴市南，因其西有少华山，故称太华。 [7] 剑阁：即剑阁道，位于今四川剑阁县东北大剑山与小剑山之间，为石牛道中一段。三国蜀汉诸葛亮重凿剑山架道，以通军旅。北魏郦道元《水经注·漾水》云："又东南迳小剑戍北，西去大剑三十里，连山绝险，飞阁通衢，故谓之剑阁也。张载铭曰：'一人守险，万夫趑趄。'信然。"东晋常璩《华阳国志·汉中志》谓汉德县"有剑阁道三十里，至险"，在古代为川陕间主要通道。连云栈（zhàn）：又名秦栈，位于今陕西汉中市西北，即褒斜栈道。 [8] 峨眉：即峨眉山，位于今四川峨眉山市西南 7000 米，处于四川盆地西南缘，与浙江普陀山、安徽九华山、山西五台山并称佛教四大名山。其山山势逶迤，犹如螓首蛾眉，细而长，美而艳，故名。有大峨、二峨、三峨之分，以大峨最为壮观，主峰万佛顶海拔 3099 米，有"峨眉天下秀"之美誉。明清佛寺众多，近百座，为佛教普贤菩萨道场。先导：开道，引路。 [9] 母老志移：谓因母亲衰老而改变初衷。据清钱谦益《徐霞客传》，徐霞客于其母去世后曾两至峨眉，第一次因发生兵乱而返，崇祯九年（1636）丙子"再登峨眉"，可惜皆未有日记留存。今人考证，或谓徐霞客平生未至四川，更未去过峨眉山。 [10] 事：这里是游览的意思。太和：太和山，即武当山，位于今湖北十堰市境内。武当山为中国名山之一，方圆 400 千米，主峰天柱峰海拔 1612 米，有七十二峰、二十四涧、十一洞、三潭、九泉、十池、九井等胜景，峰奇谷险，为著名道教圣地。明永乐、嘉靖两朝皆曾大兴土木，构建道教建筑。 [11] 有方之游：谓有一定的去向、处所的外出游历。语本《论语·里仁》："父母在，不远游，游必有方。"三国魏何晏集解："郑曰：'方，犹常也。'"宋邢昺疏："父母既存，或时思欲见己，故不远游，游必有常所，欲使父母呼己，得即知其处也。"

第沿江溯流[1]，旷日持久，不若陆行舟返，为时较速。乃陆行汝、邓间[2]，路与陕、汴略相华山南接秦岭，北瞰黄渭，自古以来就有“奇险天下第一山”之誉。华山有东（朝阳）、西（莲花）、南（落雁）、北（云台）、中（玉女）五座主峰，其中南峰即落雁峰海拔 2160.5 米，是华山最高主峰，也是五岳最高峰，古人尊称它是“华山元首”。

当[3]，可以兼尽嵩、华[4]，朝宗太岳[5]。遂以癸亥仲春朔[6]，决策从嵩岳道始。凡十九日，抵河南郑州之黄宗店[7]。由店右登石坡，看圣僧池[8]。清泉一涵[9]，渟碧山半[10]。山下深涧交叠，涸无滴水。下坡行涧底，随香炉山曲折南行[11]。山形三尖攒立如覆鼎[12]，众山环之，秀色娟娟媚人[13]。

[注释]

[1] 第：副词，谓但是，表示转折。沿江溯流：逆着长江的水流方向而行舟。 [2] 汝：即汝州，唐贞观八年（634）改伊州复置，治所在梁县（今河南汝州市西南），辖境相当今河南汝州、平顶山二市及汝阳、郏县、宝丰、襄城、叶县、鲁山等地。明成化十二年（1476）升为汝州直隶州，1913 年废，改为临汝县。邓：即邓州，隋开皇七年（587）改荆州置，治所在穰县（今河南邓州），辖境相当于今河南邓州、南阳二市及新野、内乡、西峡、淅（xī）川、镇平、南召等县。1913 年改为邓县。 [3] 陕：即陕州，北魏太和十一年（487）置，治所在陕县（今河南三门峡市陕州区）。明属河南府，清雍正二年（1724）升为陕州直隶州，1913 年改为陕县。汴：即汴州，北周建德五年（576）改梁州置，治所在浚仪县（今河南开封），以城临汴水故名。后晋复升为开封府。明仍之，为河南省治。1913 年废。 [4] 嵩：即嵩山。华：即华山，又称太华山、太山，是五岳中的西岳，位于今陕西华阴市南 5000 米，以西有少华山，故又有太华山之称。是中国道教主流全真派的圣地。 [5] 朝宗：古代诸侯春、夏朝见天子，后泛

称臣下朝见帝王。《周礼·春官·大宗伯》云:“春见曰朝,夏见曰宗,秋见曰觐,冬见曰遇。”这里是尊崇泰山为五岳之首的比喻说法。太岳:这里指太和山(即武当山),徐霞客游毕嵩山、华山,随即游览太和山,旅程与《游记》计日赓续。参见后选《游太和山日记》。 [6] 癸亥仲春朔:明熹宗天启三年农历二月初一日,即 1623 年 3 月 1 日。仲春,春季的第二个月,即农历二月。朔,月相名,农历每月初一,月球运行到地球和太阳之间,和太阳同时出没,地球上看不到月光的月相。 [7] 郑州:隋开皇三年(583)改荥州置,治所在成皋县(今河南荥阳西北),大业二年(606)移治管城县(今河南郑州),辖境相当于今河南郑州、荥阳、新郑三市以及中牟、原阳等县。元属汴梁路,明初省管城县入郑州。黄宗店:当作王宗店,位于今河南荥阳市崔庙镇王宗店村。徐霞客家乡江阴,属吴方言区,自唐以后即“黄”“王”不分,故有此音讹。 [8] 圣僧池:山泉名,位于嵩山东麓今新密市(明代密县)西北香炉山西侧半山腰处,在今郑州市西南 40 千米外。 [9] 涵:包容。这里用如量词,表示泉水一潭。 [10] 渟(tíng)碧:深碧。渟,深。 [11] 香炉山:俗称小顶山,位于今新密市西北部浮戏山(伏羲山)风景区楼院村,海拔 620 米,南北走向,长约 3000 米,总面积 4 平方千米,属于喀斯特地貌,其半山腰有“穿梭洞”溶洞。山势陡峭,四围峭壁,山顶平地建有祖师庙。 [12] 覆鼎:谓于较平缓的山顶上耸立三石,远看如同倒扣的三足鼎。 [13] 娟娟:姿态柔美貌。

涧底乱石一壑,作紫玉色。两崖石壁宛转[1],色较缜润[2];想清流汪注时[3],喷珠泄黛[4],当更何如也!十里,登石佛岭[5]。又五里,入密县清嘉庆《密县志》卷七《建置志·坛庙》云："天仙庙，在县东五里，明世宗时创建，国朝五次重修。相传黄帝三女学道十七年，一夕同逝，合葬于此。冢上生白松，一株三干，高八九丈。康熙间，松为烈风所吹，根株尽拔。"

界[6]，望嵩山尚在六十里外。从岐路东南二十五里，过密县[7]，抵天仙院[8]。院祀天仙，云黄帝之三女也[9]。白松在祠后中庭[10]，相传三女蜕骨其下[11]。

[注释]

[1] 宛转：蜿蜒曲折。 [2] 缜润：细密润泽。 [3] 汪注：漫溢下注。 [4] 黛：青黑色，形容水多的颜色。 [5] 石佛岭：山名，位于香炉山以南十里。 [6] 密县：西汉置，属河南郡，治所在今河南新密市东南三十里。隋大业十二年（616）复置，治所在法桥堡（bǔ）城（今新密市），属荥阳郡。唐初属郑州，龙朔二年（662）属洛州。开元初属河南府。宋、金属郑州，元属均州，明属禹州，清属开封府，民国初属河南开封道。1927 年直属河南省，1994 年改设新密市。 [7] 密县：谓密县县城。明密县县城位于今新密市老县城。 [8] 天仙院：即天仙庙，故址位于明密县东五里。 [9] 黄帝：古帝名。传说是中原各族的共同祖先。少典之子，姓公孙，居轩辕之丘，故号轩辕氏。又居姬水，因改姓姬，国于有熊，亦称有熊氏。以土德王，土色黄，故曰黄帝。 [10] 白松：即白皮松，叶三针一束，鳞脐背生，有刺，树皮灰绿色或灰白色，薄片脱落。主要分布于山西（吕梁山、中条山、太行山）、河南西部、陕西秦岭、甘肃南部、四川北部及湖北西部等地，垂直分布在海拔 500—1800 米地带。在秦岭山区、河南与山西交界处有纯林。明袁宏道《密县天仙庙白松》四首其一云："手抚松围数匝行，润于肤色白于珩。看来亦是夭乔种，和月和霜种始成。"中庭：庭院之中。 [11] 蜕骨：灵魂升天后的骸骨。多用于道教徒。宋苏轼《昭灵侯庙碑》："庙有穴五，往往见变异，出云雨。或投器

穴中，则见于池，而近岁有得蜕骨于池者，金声玉质，轻重不常，今藏庙中。”

松大四人抱，一本三干[1]，鼎耸霄汉[2]，肤如凝脂[3]，洁逾傅粉[4]，蟠枝虬曲[5]，绿鬣舞风，昂然玉立半空，洵奇观也[6]！周以石栏。一轩临北[7]，轩中题咏绝盛。徘徊久之[8]，下观滴水[9]。涧至此忽下跌，一崖上覆，水滴历其下[10]。还密，仍抵西门[11]。三十五里，入登封界，曰耿店[12]；南向为石淙道[13]，遂税驾焉[14]。

[注释]

[1] 一本三干：谓一个根基生出三株树干。 [2] 鼎耸霄汉：谓如三个支脚的鼎一样耸立，指向天际。 [3] 凝脂：凝固的油脂，这里用以形容白皮松灰白色的鳞状树皮形态。《诗经·卫风·硕人》云：“手如柔荑，肤如凝脂。” [4] 傅（fù）粉：古人化妆搽粉。这里形容白皮松的树皮颜色。 [5] 蟠枝：蟠曲的枝条。虬曲：盘曲貌。明蒋一葵《长安客话·戒坛》云：“辽金时所植松今尚在，围抱可四五人，高不三丈，荫布一庭，枝干径二尺；虬曲离奇，可坐可卧。” [6] 洵（xún）：诚然，实在。 [7] 轩：有窗户的长廊。 [8] 徘徊：流连，留恋。宋苏舜钦《沧浪亭记》云：“予爱而徘徊，遂以钱四万得之，构亭北碕，号沧浪焉。” [9] 滴水：当即指滴沥泉，今多称滴水棚，位于明密县天仙庙前。清同治二年（1863）《开封府志》卷五《山川》云：“滴沥泉，在密县天仙

庙前，石涧水出，滴沥如雨，昼夜不息。”[10] 滴历：同“滴沥”，象声词，谓水下滴声。唐周彻《尚书郎上直闻春漏》诗：“滴沥疑将绝，清泠发更新。”[11] 西门：明代密县的西城门。[12] 耿店：当作“景店”，位于登封市以东二十里的卢店镇景店村。清乾隆五十二年（1787）《登封县志》卷四《土地志》著录：“卢店一里、二里：旧志：在县东二十里。附有花园角、五司村、分水岭、景店。”“耿”“景”，当系音讹，反映了徐霞客吴方言“开口三等见组不腭化”的语音特点。[13] 石淙（cóng）：即石淙山，位于今河南登封市东南三十五里，峰峦叠耸，溪水绕流，为一邑奇观。山上建有三阳宫。唐武则天与群臣曾在此会饮。清顾祖禹《读史方舆纪要》卷四八《河南三·登封县》云：“又三阳宫，在县西二十里之石淙山。武后圣历三年建，自是数幸焉。长安四年毁。”[14] 税（tuō）驾：犹解驾，停车，谓休息或归宿。税，通“挩”“脱”。

《礼记·曲礼上》云：“适墓不登垄。”汉郑玄注：“垄，冢也。”

二十日 从小径南行二十五里，皆土冈乱垄[1]。久之，得一溪。渡溪，南行冈脊中[2]，下瞰，则石淙在望矣[3]。余入自大梁[4]，平衍广漠[5]，古称“陆海”[6]，地以得泉为难，泉以得石尤难。近嵩始睹蜿蜒众峰[7]，于是北流有景、须诸溪[8]，南流有颍水[9]，然皆盘伏土碛中[10]。独登封东南三十里为石淙，乃嵩山东谷之流，将下入于颍。一路陂陀屈曲[11]，水皆行地中，至此忽逢怒石[12]。石立崇冈山峡间，有当关扼险之势。

［注释］

[1] 土冈乱垄：土丘与乱坟岗子。垄，坟墓。 [2] 冈脊：山脊。 [3] 石淙：即石淙水，又称平乐涧，位于今河南登封市东南三十里，为颍河支流，源于嵩山东南麓九龙潭，一涧皆石，素有“小桂林”之美誉。《清一统志·河南府一》云：“石淙水，唐武后与群臣游宴赋诗于此。薛曜序云：‘石淙者俗谓之平乐涧。’《旧志》：源出嵩山，南流经告成镇东五里，又南入颍。” [4] 大梁：古地名，战国魏国都城，位于今河南省开封市西北。隋唐以后，通称今开封市为大梁。 [5] 平衍：平坦宽广之地。《宋史·河渠志二》云：“自河而南，地势平衍。”广漠：通“广莫”，谓辽阔空旷。《左传》庄公二十八年云：“狄之广莫，于晋为都。” [6] 陆海：物产富饶之地。《汉书·地理志下》云：“（秦地）有鄠杜竹林，南山檀柘，号称陆海，为九州膏腴。”唐颜师古注：“言其地高陆而饶物产，如海之无所不出，故云陆海。”徐霞客在这里言简意赅地总结出华北冲积平原的特征。 [7] 蜿蜒：萦回屈曲貌。唐孟郊《石淙》诗其四云：“蜿蜒相缠掣，荦确亦回旋。” [8] 景：所指不详。景，或为“洄（yǐng）”之音讹。洄水，颍水以北支流之一。新编《登封县志》第二编《地理·水文》云：“少阳河，即顾家河，古称洄水，发源于少室山南麓……至游方头注入颍水。”（河南人民出版社 1990 年版）须：即须水，一名须河，位于今河南荥阳市东南、郑州市西。《水经·济水注》谓须水：“近出京城东北二里榆子沟，亦曰柰榆沟也。又或谓之小索水……东北流，于荥阳城西南，北注索。”北宋导索水与须水合，入汴，通漕运。其后又导入金水河，入蔡河口。元以后为贾鲁河上源之一。 [9] 颍水：今称颍河，出今河南登封市西境，东南流经禹州、临颍、西华、周口，与沙河合而东流，是为沙河。东南流经项城、沈丘、界首、太和、阜阳、颍上，至西正阳关，入于淮。 [10] 碛：沙石浅滩。 [11] 陂（pō）

陀：倾斜不平貌。 [12] 怒石：高大突起的岩石。

明袁宏道《嵩游记五》云："一涧皆石，如稠林之笋，四顾不得寸肤，不知是石何时飞来，转盼之间，向之土阜何处徙去也。石错立波中，布置狷巧，四匝之山宜高，则为峰为巘为屏，若约吾目使不外见其朴也。中央之山宜平，则为砥为屿，若以供吾布席置酒之用也。"

水沁入胁下[1]，从此水石融和，绮变万端[2]。绕水之两崖，则为鹄立[3]，为雁行[4]；踞中央者，则为饮兕[5]，为卧虎。低则屿[6]，高则台，愈高，则石之去水也愈远，乃又空其中而为窟，为洞。揆崖之隔[7]，以寻尺计[8]；竟水之过[9]，以数丈计。水行其中[10]，石峙于上，为态为色，为肤为骨，备极妍丽。不意黄茅白苇中[11]，顿令人一洗尘目也[12]！

［注释］

[1] 沁：渗入。胁：旁边。 [2] 绮变万端：谓变化令人眼花缭乱。 [3] 鹄（hú）立：像鹄一样引颈而立。这里形容直立。鹄，通称天鹅。似雁而大，颈长，飞翔甚高，羽毛洁白。亦有黄、红者。 [4] 雁行（háng）：谓如空中飞雁一样排列。 [5] 饮兕（sì）：饮水的犀牛。 [6] 屿：小岛。 [7] 揆（kuí）：度量，揣度。 [8] 寻尺：喻微小或微细之物，这里形容距离微小。 [9] 竟：穷究。 [10]"水行其中"至"备极妍丽"：结合上文"从此水石融和"以下，徐霞客所记述者即"嵩山八景"之一的"石淙会饮"景观。此景观位于登封市告成镇东约 3000 米处的玉女台下，石淙水至此汇聚成潭，两岸石壁高耸，险峻如削，怪石嶙峋多姿，大小不一。潭南有巨石突立水中，石顶平整，可容数十人，称乐台。河水至此两分，北岸有一天然石洞，称娘娘洞。两岸多洞穴，水声石响，淙

淙有声，故名“石淙”。因武则天曾在此大宴群臣，饮酒赋诗，故名“石淙会饮”。妍（yán）丽，美丽。 [11] 黄茅白苇：连片生长的黄色茅草或白色芦苇，形容荒瘠斥卤、齐一而单调的景象。这是对中原一带土地较为瘠薄的简括说法。语本宋苏轼《答张文潜县丞书》：“王氏欲以其学同天下，地之美者，同于生物，不同于所生。惟荒瘠斥卤之地，弥望皆黄茅白苇，此则王氏之同也。”属于文字“藏头”手法的运用。 [12] 尘目：谓充满行旅辛苦劳顿的目光。

登陇[1]，西行十里，为告成镇[2]，古告成县地[3]。测景台在其北[4]。西北行二十五里，为岳庙[5]。入东华门时[6]，日已下舂[7]，余心艳卢岩[8]，即从庙东北循山行。越陂陀数重，十里，转而入山，得卢岩寺。寺外数武[9]，即有流铿然下坠石峡中[10]。两旁峡色，氤氲成霞[11]。

唐武则天万岁登封元年（696）改阳城县置，属洛州，治所即今河南登封市东南告成镇。唐神龙元年（705）复为阳城县，二年又改为告成县。唐开元初，属河南府。唐哀帝天祐二年（905）改为阳邑县。

［注释］

[1] 登陇：登上高地。南朝梁简文帝《艳歌行》其一云：“弋猎多登陇，酣歌每入丰。” [2] 告成镇：即今河南登封市东南二十四里告成镇。 [3] 古告成县地：谓唐人所置告成县。清乾隆《登封县志》卷五《土地志》云：“告成镇，旧志在县东二十里，即唐告成县故址。” [4] 测景（yǐng）台：即周公测景台，位于登封告成镇周公祠前。据清乾隆二十年（1755）碑文记载，东周所建测景台已不存，现存者建于唐开元十一年（723）。唐代一行（张遂）为改革历法，即以阳城为观测中心，进行天文测景。为纪念周公

于此以土圭测量，遂刻石立表。测景台为石质，分上下两部，高9.46米。其下为方形石座，北壁有明代所刻行书“道通天地有形外，石蕴阴阳无影中”。座上为直立的长方形石表，上有帽，高1.64米，正面刻行书“周公测景台”五字。 [5]岳庙：即中岳庙，位于嵩山黄盖峰下，在登封市城东4000米处。秦代在嵩山建有太室祠，汉武帝时扩建，北魏时期改今名。现址乃唐中叶所定，其规模至宋盛极一时，现存者为清人所重修，面积已达11万平方米。是中国道教全真道的著名宫观。 [6]东华门：原址位于中岳庙东侧，与西侧的西华门相对，两门分别处于崇圣门北面甬道两侧，门内有宋、金所刻“四状元碑”。 [7]下舂：古人称日落之时。《淮南子·天文训》云：“（日）至于渊虞，是谓高舂；至于连石，是谓下舂。”汉高诱注：“连石，西北山。言将欲冥，下象息舂，故曰下舂。” [8]心艳：谓从心里倾慕。卢岩：卢岩寺，今通称卢崖寺，卢岩寺当系其古称，今寺门遗存石匾额仍题“卢岩寺”。位于太室山东麓悬练峰下，在今登封市城东北7000米处。原为唐谏议大夫卢鸿（又作卢鸿一）隐居之处，唐开元间改为寺，有上寺、下寺之分。上卢崖寺在山岭之间，有卢崖瀑布泉。本日记即指上寺。 [9]数武：几步远。武，半步。《国语·周语下》云：“夫目之察度也，不过步武尺寸之间。”三国吴韦昭注：“六尺为步，贾君以半步为武。” [10]即有流铿然下坠石峡中：所记述者即卢崖瀑布，为“嵩山八景”之一。瀑布位于太室山东南麓的悬练峰下，有泉水终年不断泻于崖下，为三叠，上折常隐在云雾里，下折掩在深壑中，通常所见者为中折。平时似雨如雾，犹珠帘下垂；夏季雨后水涌，则澎湃之声如雷声轰鸣。太阳直射上面，流光溢彩，气象万千。水珠积流，形成水潭，潭上独出一个黛色圆石，其上有明袁宏道所题刻“墨浪石”三个大字。水流其上，真同墨浪，故有“卢崖瀑布墨浪流”之誉。此景观亦称“珍珠倒卷帘”。

明王士性《五岳游草》卷一《嵩游记》云：“乃由黄盖峰上，挹卢岩瀑布，不啻龙湫。” [11] 氤氲（yīnyūn）：迷茫貌，弥漫貌。

溯流造寺后[1]，峡底矗崖[2]，环如半规[3]，上覆下削[4]。飞泉堕空而下[5]，舞绡曳练[6]，霏微散满一谷[7]，可当武彝之水帘[8]。盖此中以得水为奇，而水复得石，石复能助水不尼水[9]，又能令水飞行，则比武彝为尤胜也。徘徊其下，僧梵音以茶点饷[10]。急返岳庙，已昏黑。

明袁宏道《嵩游第二》云：“山至此忽两分，如人张左右臂，当胸腹处，削壁千仞，恨虚而却，如割大瓮之半。水从了处出，初犹黏壁，雾雪纷飞，忽然坠空，千丝直下，激石为屑，散布一涧。”

［注释］

[1] 溯流：逆着水流方向。《后汉书·列女传·姜诗妻》云：“母好饮江水，水去舍六七里，妻常溯流而汲。”造：到，去。 [2] 矗：向上直立。 [3] 半规：半圆形。 [4] 上覆下削：谓崖上突出如檐，崖下陡峭如同刀削。 [5] 堕空：从空中下坠。 [6] 舞绡（xiāo）曳练：形容瀑布下泻如同舞动摇曳的轻纱白绢。绡，薄的生丝织品，轻纱。练，即白娟，参见前文《游黄山日记》“两旁泉泻如练”条注释。 [7] 霏微：飘洒。 [8] 武彝之水帘：即水帘洞瀑布，又名唐曜洞天，位于武夷山东北部，北距天心岩 1000 米。为武夷山最大的岩洞，高与宽各数十丈，上凸下凹，形成岩穴。岩顶有两道流泉，终年不竭，微风吹动，化为水珠，俨若悬挂洞顶的两副珠帘，注入岩下浴龙池，参见前选《游武彝山日记》万历四十四年（1616）二月二十三日日记。 [9] 尼（nì）：阻止，阻拦。 [10] 僧梵音：和尚梵音。梵音，法号。

《山海经·中山经·中次七经》云："苦山、少室、太室皆冢也，其祠之：太牢之具，婴以吉玉。其神状皆人面而三首，其馀属皆豕身人面也。"半人半兽的形象符合早期人类自然崇拜的特点。

二十一日 晨，谒岳帝[1]。出殿，东向太室绝顶[2]。按嵩当天地之中，祀秩为五岳首[3]，故称嵩高[4]，与少室并峙[5]，下多洞窟，故又名太室。两室相望如双眉，然少室嶙峋[6]，而太室雄厉称尊[7]，俨若负扆[8]。自翠微以上[9]，连崖横亘，列者如屏，展者如旗，故更觉岩岩[10]。崇封始自上古[11]，汉武以嵩呼之异[12]，特加祀邑[13]。宋时逼近京畿[14]，典礼大备[15]。至今绝顶犹传铁梁桥、避暑寨之名[16]。当时之盛，固可想见矣。

［注释］

[1] 岳帝：这里谓五岳大帝之一的中岳大帝，乃汉族民间信仰中中岳嵩山的山神，或称中岳嵩山中天崇圣大帝（《封神演义》谓其名闻聘）。秦代祭祀太室山神为崇奉中岳神之发轫，此后汉武帝、武则天等皆有封赐，宋真宗封之为中天崇圣帝，中岳神的地位日渐其高。 [2] 太室：即太室山，位于今河南登封市北，为嵩山之东部。其最高峰即峻极峰，又称嵩顶，海拔 1491.7 米。 [3] 祀秩：祭祀的等级。 [4] 嵩高：即嵩山。《诗经·大雅·崧高》云："崧高维岳，骏极于天。"《史记·封禅书》云："昔三代之居，皆在河洛之间，故嵩高为中岳。"晋戴祚《西征记》云："嵩高山，东太室，西少室，相去七十里。嵩高，总名也。" [5] 少室：即少室山，位于今河南登封市西北，为嵩山之西部。 [6] 嶙

峋：形容山峰、岩石等突兀高耸。 [7] 雄厉：雄伟高峻。称尊：犹言称帝。 [8] 负扆（yǐ）：背靠屏风，常指皇帝临朝听政，这里用来形容太室山至高无上的地位。扆，指古代宫殿内置于门窗之间的屏风，常借指君位。 [9] 翠微：指青翠掩映的山腰幽深处。参见前选《游武彝山日记》注释。 [10] 岩岩：高大；高耸。《诗经·鲁颂·閟宫》云："泰山岩岩，鲁邦所詹。"唐孔颖达疏："言泰山之高岩岩然，鲁之邦境所至也。" [11] 崇封：帝王高级别的祭祀。封，帝王筑坛祭天地及四方山岳之神。《周礼·春官·肆师》云："类造上帝，封于大神；祭兵于山川，亦如之。"《史记·封禅书》云："古者封泰山禅梁父者七十二家，而夷吾所记者十有二焉。" [12] 汉武：即汉武帝刘彻（前 156—前 87），汉景帝子，在位五十四年，卒葬茂陵（在今陕西兴平东北）。嵩呼：汉元封元年（前 110）春，汉武帝登嵩山，从祀吏卒皆闻三次高呼万岁之声。事见《汉书·武帝纪》。汉以后臣下祝颂帝王，高呼万岁，亦谓之"嵩呼"。今太室山逍遥谷东有万岁峰。 [13] 祀邑：即奉邑，以收取赋税作为俸禄的封地。奉，通"俸"。《汉书·武帝纪》："（元封元年）春正月，行幸缑氏。诏曰：'……亲登嵩高，御史乘属、在庙旁吏卒咸闻呼万岁者三。登礼罔不答。其令祠官加增太室祠，禁无伐其草木。以山下户三百为之奉邑，名曰崇高。独给祠，复亡所与。" [14] 京畿：国都及其行政官署所辖地区。北宋首都汴京（今河南开封）与嵩山相近，故云。 [15] 典礼：制度礼仪。 [16] 铁梁桥：即大铁梁峡。清叶封《嵩山志》卷六《形胜四》云："大铁梁峡，在中峰东山之过峡处，堪舆家所称峰腰是也。梁，峡脊也，俗称铁梁桥。小铁梁峡，在大铁梁峡东一里许。"中峰，或称嵩顶，即峻极峰。古人登太室山通道之一为从黄盖峰后直度大、小铁梁峡而上，见清乾隆《登封县志》卷六《山川志》。避暑寨：故址不详。当在峻极峰顶一带，为宋真宗登嵩避暑处。

太室东南一支，曰黄盖峰[1]。峰下即岳庙，规制宏壮[2]。庭中碑石矗立[3]，皆宋、辽以来者。登岳正道，乃在万岁峰下[4]，当太室正南。余昨趋卢岩时，先过东峰，道中见峰峦秀出[5]，中裂如门，或指为金峰玉女沟[6]，从此亦有路登顶，乃觅樵预期为导[7]，今遂从此上。近秀出处，路渐折，避之，险绝不能径越也。北就土山，一缕仅容攀跻[8]，约二十里，遂越东峰，已转出裂门之上[9]。西度狭脊，望绝顶行。是日浓云如泼墨，余不为止。至是岚气愈沉[10]，稍开，则下瞰绝壁重崖，如列绡削玉[11]，合则如行大海中。

［注释］

[1] 黄盖峰：位于太室山峻极峰东中岳庙上方。据说汉武帝登嵩山，有黄云盖其上，故名。　[2] 规制：指建筑物的规模形制。宏壮：宏大雄伟。　[3]“庭中碑石矗立”二句：是说中岳庙中宋、元、明碑刻有百馀通，辽碑则未见。中岳庙现存重要碑刻如下：中岳庙中峻极门前东侧四角亭内，有刻于北魏太安二年（456）《中岳嵩高灵庙之碑》，为中岳嵩山一带现存最早的石碑，清康有为把它列为北碑十家之首，称其“沉异奇古”，现字迹已大部剥落，仅存首尾数百字。四角亭外立有元代“猪儿年”（1335）十二月初十日元惠宗妥欢帖睦尔的口述《圣旨碑》。崇圣门前甬道东西两侧、东华门、西华门内有宋代石碑三通、金代石碑一通，因

为四通碑的撰文者都是当时状元，故称“四状元碑”。如东华门内南立者为宋大中祥符七年（1014）所刻《中岳中天崇圣帝庙碑铭》，王曾撰文，白宪书丹；北立者为金大定二十二年（1182）所刻《重修中岳庙碑》，黄久约撰文，郝史书丹，党怀英篆额。中岳庙有两通《五岳真形图碑》，立峻极门外台阶下东侧者刻于明万历三十二年（1604），碑上按照五岳的座落方位，雕刻着五岳图，图下刻记着关于五岳的传说。《五岳真形图碑》是根据“华山如立、泰山如坐、北岳如行、南岳如飞、中岳如卧”等不同特点绘制的代表五岳的象形碑。 [4] 万岁峰：位于太室山逍遥谷东，据说汉武帝登嵩山时曾闻三呼“万岁”声，因而得名。山上有万岁亭，山下有崇福宫。 [5] 秀出：美好特出。明高启《赠金华隐者》诗：“金华秀出向东南，远胜阳明与勾曲。” [6] 金峰玉女沟：当为位于嵩山东侧的一条山沟，未见方志著录。 [7] 觅樵预期为导：意谓预先寻觅打柴人以为向导。樵，樵夫，旧时称打柴人。 [8] 一缕：形容山路狭窄如线，即一般所谓“羊肠小道”。 [9] 裂门：当即指前文所称“金峰玉女沟”。 [10] 岚（lán）气：山中雾气。晋夏侯湛《山路吟》云：“冒晨朝兮入大谷，道逶迤兮岚气清。”沉：阴暗。 [11] 列绡削玉：形容山崖如同一幅幅丝织品悬挂，又如一块块琢玉耸立，晶莹剔透。这是徐霞客对于嵩山石英岩质山体在阴天里样貌的准确把握。

五里，抵天门[1]。上下皆石崖重叠，路多积雪。导者指峻绝处为大铁梁桥。折而西，又三里，绕峰南下，得登高岩[2]。凡岩幽者多不畅，畅者又少回藏映带之致[3]。此岩上倚层崖，下临绝壑，洞门重峦拥护，左右环倚台嶂[4]。初入，有洞岈然[5]，洞壁斜透；穿行数武，崖忽中断五尺，莫可着趾[6]。导者故老樵，狷捷如猿猴[7]，侧身跃过对崖，取木二枝，横架为阁道。既度，则岩穹然上覆[8]，中有乳泉、丹灶、石榻诸胜[9]。从岩侧跻而上，更得一台[10]，三面悬绝壑中。导者曰："下可瞰登封，远及箕、颍[11]。"时浓雾四塞，都无所见。出岩，转北二里，得白鹤观址[12]。址在山坪[13]，去险就夷[14]，孤松挺立有旷致[15]。又北上三里，始跻绝顶，有真武庙三楹[16]。侧一井，甚莹[17]，曰御井[18]，宋真宗避暑所浚也[19]。

［注释］

[1] 天门：又称嵩门，位于太室山玉柱峰西壁下，有两山峦对峙，其状如门，即下文所谓"嵩门待月"之地。其月出处有桂轮峰。明王士性《五岳游草》卷一《嵩游记》云："（中岳）庙在黄盖峰下，仰视东峰凹处是称嵩门。"清叶封《嵩山志》卷六《形胜四》云："天门，在太室西，两岩对起，中豁一门，门之左右，峰峦层叠，奇形怪势，不可殚述。其侧有天门泉。" [2] 登高岩：当系"高登崖"或"高登岩"之讹，位于峻极峰东南稍下、嵩阳洞上。清叶封《嵩山志》卷六《形胜四》云："高登崖，一名高登岩，中峰东南稍下三里许，有石岩形如半舫，岩边地仅丈许，上下壁

削。游人于岩西穿石窦驾木蛇行以度。岩中石隙滴水不绝者数处，置器盛之，可资栖隐。《嵩书》改曰栖静崖。” [3] 回藏：隐秘回绕。映带：景物互相衬托。晋王羲之《兰亭集序》云：“又有清流激湍，映带左右。” [4] 台嶂：石台与耸立如屏障的山岩。 [5] 岈然：深貌。唐柳宗元《始得西山宴游记》云：“其高下之势，岈然洼然，若垤若穴。”此洞当即嵩阳洞，俗称二仙洞。位于太室山三皇口东南 400 米处，途经一天然石洞，过独木桥即此。洞顶悬崖，即高登崖。 [6] 着趾：放脚的地方。 [7] 狷（juàn）捷：迅猛敏捷。 [8] 穹然上覆：物体中间隆起四周下垂的样子。 [9] 乳泉：指钟乳石上的滴水。唐陆羽《茶经·煮》云：“其山水，拣乳泉，石池慢流者上，其瀑涌湍漱勿食之。”唐段成式《酉阳杂俎续集·贬误》云：“岩中有丹灶盆，乳泉滴沥。”丹灶：炼丹用的炉灶。这是象形岩石名。 [10] 更得一台：此台当即位于嵩阳洞东侧的云崖，立陡如削，直刺横空，常有云雾缭绕。 [11] 箕：即箕山，位于今河南登封市东南。颍：即颍水，今称颍河。 [12] 白鹤观址：谓白鹤观的遗址，位于太室山三鹤峰上，一说古代蜀中道士李八百炼丹时，三鹤翔其上而得名；一说因周代太子晋控鹤而得名。明袁宏道《嵩游第四》云：“稍东为白鹤观故址，背负三峰，左右皆绝壁。太熊诸山屏其前，横者如案，拥者如髻，列者如眉，幽邃平远，实太室之奥宅也。一松亭亭立，秀杰非常。观废已久，山中树大于腕者，动遭翦伐，而此松独存，殆有物护之。”清叶封《嵩山志》卷六《形胜四》云：“白鹤观，在遇圣峰下，西去绝顶约二三里，背负三峰，左右皆绝壁，幽邃平阔，真太室之奥也。相传为浮丘接引王子晋处。旧县志云，至正十二年建，观前有古松一株，明末犹存，今亡。” [13] 山坪：谓山区内局部的平地。 [14] 去险就夷：谓遗址避开险峻之处，靠近相对平坦的地方。 [15] 旷致：谓空旷的意趣。唐张祜《早春钱塘湖晚眺》诗：

"仰视天宇旷，俯登云树重。" [16] 真武庙：清叶封《嵩山志》卷六《形胜四》云："真武庙，在玄龟峰上，庙侧有天池、玉井。"玄龟峰，道家称峻极峰侧一峰。楹（yíng）：量词，古代计算房屋的，一说一列为一楹，一说一间为一楹。 [17] 莹：光洁。 [18] 御井：当即"玉井"，见上"真武庙"条注释。明袁宏道《嵩游第四》云："山巅一颓室，侧有枯井，甚晶莹，旱岁不竭。" [19] 宋真宗：即赵恒（968—1022），宋太宗子，在位二十五年。前期勤于政事，后期崇奉道教，广建宫观，粉饰太平。浚（jùn）：开掘。

饭真武庙中。问下山道，导者曰："正道从万岁峰抵麓二十里。若从西沟悬溜而下 [1]，可省其半，然路极险峻。"余色喜，谓嵩无奇，以无险耳。亟从之，遂策杖前。始犹依岩凌石 [2]，披丛条以降 [3]。既而从两石峡溜中直下，仰望夹崖逼天。先是峰顶雾滴如雨，至此渐开，景亦渐奇。然皆垂沟脱磴 [4]，无论不能行，且不能止。愈下，崖势愈壮，一峡穷，复转一峡。吾目不使旁瞬 [5]，吾足不容求息也。如是十里，始出峡，抵平地，得正道。过无极洞 [6]，西越岭，趋草莽中，五里，得法皇寺 [7]。寺有金莲花，为特产，他处所无。山雨忽来，遂借榻僧寮 [8]。其东石峰夹峙，每月初生，正从峡中出，所称"嵩门待月"也 [9]。计

明王士性《五岳游草》卷一《嵩游记》云："复西五里法王寺，寺前石池丈许，紫金莲开中秋一月，云神光说法时从地涌也。土人往往移去即毙，惜不及其开时见之。"

余所下之峡，即在其上，今坐对之，只觉云气出没，安知身自此中来也。

［注释］

[1] 悬溜：原义为倾泻的小股水流，这里借喻从陡峭的山沟摸索下滑而行，用如动词。 [2] 凌：越过，超越。 [3] 披丛条：谓拨开草丛与枝条。 [4] 垂沟脱磴：谓山沟几乎垂直，没有作为台阶的岩石。 [5] 旁瞬：向别处看。 [6] 无极洞：位于太室山南麓逍遥谷北的山梁上，为唐代隐士潘师正所开凿，以洞形如鸡卵，又称鸡卵洞。洞高 2 米，深 4 米，宽 1 米有馀，洞内供奉无极老母塑像。洞东西逐渐形成两个道院，存碑刻数通。 [7] 法皇寺：当即法王寺，“皇”“王”系音讹。位于太室山南麓玉柱峰下，距今登封市北 5000 米。寺始建于东汉明帝永平十四年（71），后屡经变迁。唐玄宗开元间更名御容寺，至唐代宗大历间复名法王寺，此后宋、元、明三代皆沿用。寺内有石砌的紫金莲花池，池内原植有紫金莲花，据传为二祖神光在此讲经说法时的遗物，今已无存。寺后有隋塔、唐塔遗存，属珍贵文物。 [8] 僧寮：僧舍。 [9] 嵩门待月：“嵩山八景”之一。每逢中秋节晴朗之夜，古人常邀朋会友席坐于法王寺月台之上，观赏对面玉柱峰西壁下半圆形嵩门中徐徐升起的皎月，如同玉镜镶嵌，直至夜深方留恋不舍而去。此即所谓“嵩门待月”。

二十二日 出山，东行五里，抵嵩阳宫废址[1]。惟三将军柏郁然如山[2]，汉所封也；大者围七人，中者五，小者三。柏之北，有室三楹，

明袁宏道《嵩游第三》云：“东过嵩阳宫，观汉三柏，大者七人

围，皮如皴石，望之若山，干不甚修者，土掩其本也。今宫之石柱犹存其一，掘三尺馀，乃见础。古宫殿基，高常逾仞，柏之地，视阶不当高于基三尺也。柏之得封也，必以伟，在汉已为故物，前此之积埃，又不知几许。余意非去土数丈，不能尽其修伟也。”

祠二程先生[3]。柏之西，有旧殿石柱一，大半没于土，上多宋人题名，可辨者为范阳祖无择、上谷寇武仲及苏才翁数人而已[4]。柏之西南，雄碑杰然[5]，四面刻蛟螭甚精[6]。

［注释］

[1] 嵩阳宫废址：即嵩阳书院旧址，位于太室山南麓，在今登封市北约 3000 米处。原名嵩阳寺，始建于北魏太和八年（484），隋大业间更名嵩阳观。宋代理学家程颢、程颐曾在此聚徒讲学，宋景祐二年（1035）重修，赐额嵩阳书院。金大定间废除书院，更名承天宫，元代改名嵩阳宫。明朝中叶，登封县令侯泰重修嵩阳书院，并建二程祠，理学再度复兴。明中叶以后，书院又渐衰微，文人仍多以嵩阳宫称之。这里原有古柏三株，据说为汉武帝于元封元年（前 110）游嵩岳时所封，分别称大将军、二将军、三将军。大将军柏树高 12 米，围粗 5.4 米；二将军柏树高 18.2 米，围粗 12.54 米，树干下部有一南北相通的洞，树洞中可容五六人。明王士性《五岳游草》卷一《嵩游记》云：“转而西二里，入嵩阳宫。外立唐巨碑，碑后植汉封三柏，其最大者南枝一节瘇甚，从者指此木瘿也，空其中，余遂割瘿注酒满引之，毕，入拜二程夫子像。”嵩阳书院今存者为清人所重修。三将军柏毁于明末。清康熙三十五年（1696），田雯《游太室记》云：“又三里抵嵩阳观，有柏二株，大可十人围，闻在汉已为巨木，殆殷周时物。”可见“三将军”当时已不存。　[2] 郁然：繁盛貌。　[3] 二程先生：即北宋程颢、程颐两兄弟，皆著名理学家。程颢（1032—1085），字伯淳，世称明道先生，宋洛阳（今属河南）人。宋仁宗嘉祐进士，历官太子中允、监察御史里行，召为宗正丞，未赴而卒。程颐（1033—

1107），字正叔，世称伊川先生，为程颢之弟。历官秘书省校书郎、崇政殿说书，致仕卒。二程同学于周敦颐，治学强调“天理”，主张格物致知，世称“洛学”。有《二程全书》,《宋史》有传。 [4] 范阳祖无择：字择之（1011—1084），宋蔡州上蔡（今属河南）人，祖籍范阳（今河北涿州）。宋仁宗宝元元年（1038）进士，历官中正军节度副使、秘书少监分司西京，再迁光禄卿提举嵩山崇福宫，又迁秘书监充集贤院学士管勾西京留司御史台，授中大夫知信阳军，卒于任。著有《龙学文集》,《宋史》有传。上谷寇武仲：当作“上谷寇仲武”，生平不详。清叶封《嵩阳石刻集记》卷下云：“范阳祖无择、上谷寇仲武游，熙宁癸丑孟春二日。”熙宁癸丑为宋神宗熙宁六年（1073）。上谷，今河北易县，为寇氏郡望。苏才翁：即苏舜元，字才翁，宋梓州铜山（今四川中江）人，苏舜卿之兄。历官湖南提刑、太常博士、三司度支判官。任气节，善诗歌，工草书，著有《才翁集》。见《四川通志》卷九上、《蜀中广记》卷九八。 [5] 杰然：高耸雄伟貌。宋苏舜钦《东京宝相禅院新建大悲殿记》云：“京城之西南，有佛庙曰宝相院，中有层阁，杰然以庇大像。”徐霞客《游恒山日记》崇祯六年八月十一日日记云：“出危崖上，仰眺绝顶，犹杰然天半。” [6] 蛟螭（chī）：谓碑额上所刻螭首，即传说中无角龙的图案。唐封演《封氏闻见记・碑碣》云：“隋氏制，五品以上立碑，螭首龟趺，趺上不得过四尺，载在《丧葬令》。”明陈继儒《珍珠船》卷一云：“唐诸陵皆无碑记，惟乾陵西南隅有大碑，高三十馀尺，螭首龟趺岿然，表里无一字，亦不知其何为而立。”

右则为唐碑[1]，裴迥撰文[2]，徐浩八分书也[3]。又东二里，过崇福宫故址[4]，又名万寿

碑高约9米，宽2.04米，厚1.05米，形制巨大，为

嵩山地区之冠。碑系唐玄宗天宝三载（744）刻立，李林甫撰文，裴迥篆额，徐浩八分隶书书丹，字体刚柔兼济，笔法遒雅。此碑今存，1984年移近书院门数十米。

宫[5]，为宋宰相提点处[6]。又东为启母石[7]，大如数间屋，侧有一平石如砥[8]。又东八里，还饭岳庙，看宋、元碑。

［注释］

[1] 右：意谓上述“雄碑”。古人文字竖写从右至左，“右”即前面所书者。唐碑：即《大唐嵩阳观纪圣德感应之颂碑》，位于嵩阳书院西南40米处。 [2] 裴迥撰文：当作“裴迥篆额”，撰文者系李林甫（683—753），小字哥奴，出身于唐宗室，初任皇宫侍卫千牛直长，开元初，升为太子中允。历官御史中丞，刑部、吏部侍郎，开元二十三年（735）升任礼部尚书、同中书门下三品。居相位十九年，深得唐玄宗宠信。病死后，杨国忠诬奏他与番将阿不思“同构逆谋”，被追削官爵，籍没家产，子婿流配。新、旧《唐书》皆有传。裴迥，历官河南尹，善书，其馀不详。篆额，用篆字书写碑额。 [3] 徐浩：字季海（703—782），越州（今浙江绍兴）人。出身于名门望族，擢明经，历官河阳令、中书舍人、国子祭酒、吏部侍郎，卒赠太子少师，谥曰“定”。精书法，出入二王，草隶尤工。有《古迹论》《论书》传世。新、旧《唐书》皆有传。明袁宏道《嵩游第三》云：“柏之右丰碑一，与太室争杰，其文不足言，书则徐浩八分体，字字生动欲飞，书家所云‘怒猊抉石，渴骥奔泉’，不虚也。”八分书：汉字书体名。字体似隶而体势多波磔。相传为秦时上谷人王次仲所造。关于八分的命名，历来说法不一，或以为二分似隶，八分似篆，故称八分；或以为汉隶的波磔，向左右分开，“渐若八字分散”，故名八分。见唐张怀瓘《书断上》。近人以为八分非定名，汉隶为小篆的八分，小篆为大篆的八分，今隶为汉隶的八分。 [4] 崇福宫：位于太室

山南麓万岁山下。西汉元封元年（前 110），汉武帝在万岁峰上建万岁亭，山下建万岁观，后又建太乙祠坛于万岁观甘泉上。唐高宗时因天旱，道士刘道合在太乙祠坛祈雨有灵，遂改万岁观为太乙观。宋真宗时又更名为崇福宫，并扩充规模及一应配套建筑。金兵入侵中原，崇福宫被焚，仅存三清古殿。明成化间道士李本聪重建崇福宫，后因道教逐渐衰落，至明末仅存遗址与几通碑刻。 [5] 又名万寿宫：未知所据，似有讹误。 [6] 宋宰相提点：这里谓宋代的祠禄官制度。宋大臣罢职之后常除授祠禄官，即以道教宫观为名，无职事，仅借名食禄，以示优礼。《宋史・职官十》云："宋制，设祠禄之官，以佚老优贤。"如元丰中，王安石即以左仆射、观文殿大学士为集禧观使，吕公著以资政殿学士兼侍读、提举中太一宫兼集禧观公事。宋代主管提举崇福宫者如范仲淹、司马光、程颢、程颐、李纲、朱熹等，不乏著名人士。提点，官名，宋始置，寓提举、检点之意。 [7] 启母石：位于今登封市北 3000 米的太室山南麓万岁峰下。石高、宽均约 10 米，其西边有坎形窑，可容数十人。《汉书・武帝纪》载"见夏后启母石"，唐颜师古注引《淮南子》云："启，夏禹子也，其母涂山氏女也。禹治鸿水，通轘辕山，化为熊。谓涂山氏曰：'欲饷，闻鼓声乃来。'禹跳石，误中鼓。涂山氏往，见禹方作熊，惭而去。至嵩高山下化为石，方生启。禹曰：'归我子！'石破北方而启生。" [8] 侧有一平石：位于启母石北侧约 2 米处，系从启母石崩裂而来，据传即夏禹的儿子启所变化。

西八里，入登封县。西五里，从小径西北行。又五里，入会善寺[1]，"茶榜"在其西小轩内[2]，元刻也。后有一石碑仆墙下，为唐贞元《戒坛

明王士性《五岳游草》卷一《嵩游记》云："复西二里会善寺。寺为

岳神受戒于珪禅师处，后立为戒坛，今亦废，惟馀四天王石柱。门外树李学士溥光茶榜，笔阵如列戟。”清叶封《嵩阳石刻集记》记述《茶榜》有云：“为石四，与正刻凡八幅，今移立在城西峻极下院。按，王世贞跋云：‘元僧溥光书《茶榜》风骨颇遒劲，惜胸中无卍字骨，令天趣流动笔端，结习未忘，超洒不足。’又周叙记云‘元雪庵所书《茶榜》，字径三寸许，遒伟可观’。今观其书，笔虽过丰，而结提求紧，有清臣、诚悬之风。书史亦称其工大字，录之。”

记》[3]，汝州刺史陆长源撰文[4]，河南陆郢书[5]。又西为戒坛废址[6]，石上刻镂极精工[7]，俱断委草砾[8]。西南行五里，出大路，又十里，至郭店[9]。折而西南，为少林道[10]。五里，入寺，宿瑞光上人房[11]。

[注释]

[1] 会善寺：位于太室山南麓积翠峰下，在今登封市西北6000米处。北魏孝明帝正光元年（520）建闲居寺，有僧众千百，北周武帝灭佛，寺毁。隋开皇五年（585）改建嵩岳寺，后又赐名会善寺，以兵乱被焚。唐人重建，武后时赐名安国寺，五代时改名封禅寺，宋代赐名大会善寺，元至元间又赐名万寿禅寺，明末寺毁。今存者为清代以后所重修。　[2] 茶榜：明汪珂玉《珊瑚网》卷二〇云：“元僧溥光书《茶榜》……令天趣流动，而结习未忘，超洒不足。”李溥光（生卒年不详）元代高僧，书法家。又名释溥光，一作普光，字玄晖，号雪庵。大同（今属山西）人。喜读书，早年出家为僧。至元、大德间以楷书大字名世。赵孟𫖯荐之于元廷。遂奉诏蓄发，元世祖特封其为昭文馆大学士，赐玄悟大师。书法善真、行、草书，尤工于大字。大都宫廷匾额，多出其手。　[3] 唐贞元：唐德宗李适的年号（785—805）。《戒坛记》：位于会善寺西琉璃戒坛东侧，在《唐代宗敕牒戒碑》的碑阴刻有《会善寺戒坛记》，唐贞元十一年（795）刻立，陆长源撰文，陆郢八分书并篆额。　[4] 汝州刺史陆长源：字泳之（不详—799），唐吴县（今江苏苏州）人。历官建州刺史、都官郎中、汝州刺史、宣武军行军司马，因军乱被杀。工诗，与孟郊唱酬，著有《唐春

秋》六十卷。新、旧《唐书》皆有传。汝州，州治在今河南汝州市。 [5] 陆郢（yǐng）：唐德宗时人，工书法，生平不详。 [6] 戒坛废址：戒坛位于原会善寺北净藏禅师塔东侧，为唐代天文学家一行（683—727）所创建，用琉璃砌造。据文献记述，此坛四角镂刻天王像，栋柱礩石，各雕鬼怪山水，精美异常。后会善寺被焚毁，琉璃戒坛亦遭厄运。明袁宏道《嵩游第三》云："西去数十武为戒坛，颓栏败砌，皆镂隋、唐佳句，人物山水，细入毫发。石柱上有唐、宋题名，字极精。寺故魏孝文避暑宫也，唐以来习毗尼者居之，遂有坛。"今残存石柱一根，尚可见当时雕刻之精美状况。 [7] 刻镂（lòu）：雕刻。《礼记·少仪》云："食器不刻镂。" [8] 砾（lì）：小石，碎石。 [9] 郭店：疑即方志所著录之廓店，位于今登封市西二十里，在太室山通往少室山的途中。清乾隆五十二年（1787）《登封县志》卷五《土地志》云："廓店保，旧志在县城西二十里二室之界，附近诸村有夏店河、水牛屯、邢家铺。" [10] 少林道：谓通往少林寺的路。少林寺，位于嵩山少室山北麓的五乳峰下，距今登封市 13 千米。建于北魏太和十九年（495）。孝昌三年（527）印度僧人菩提达摩在此首创禅宗，故历史上称达摩为初祖，称少林寺为祖庭。明王士性《五岳游草》卷一《嵩游记》云："复西二十里少林寺。寺桓楹碍日，龙象如山，长夏无暑。碑刻种种，苏子瞻、赵孟頫辈其尤者。殿前桧柏入霄汉，问秦封槐，则风摧二十年矣。今寺东一槐，亦可数百年。"军阀石友三于 1928 年曾放火烧寺，遗存者有山门、方丈、达摩亭、白衣殿及千佛殿。千佛殿保存有"五百罗汉朝毗卢"壁画三百多平方米，极为珍贵。 [11] 瑞光上人：谓少林寺僧人法号瑞光者。上人，道德高尚的人，自南朝宋以后，多用作对和尚的尊称。

二十三日　云气俱尽。入正殿[1]，礼佛毕[2]，登南寨[3]。南寨者，少室绝顶，高与太室等，而峰峦峭拔，负“九鼎莲花”之名[4]。俯环其后者为九乳峰[5]，蜿蜒东接太室，其阴则少林寺在焉。寺甚整丽，庭中新旧碑森列成行[6]，俱完善。夹墀二松[7]，高伟而整，如有尺度[8]。少室横峙于前[9]，仰不能见顶，游者如面墙而立，辄谓少室以远胜。

明王士性《五岳游草》卷一《嵩游记》云：“为至登封二十里，遥望叠巘如蹲虎豹，意奇之，问牧者，云此名御寨，即少室。”清叶封《嵩山志》卷七《形胜五·少室顶》云：“御寨，金宣宗曾屯兵少室，因名御寨。”

明袁宏道《嵩游第一》云：“余数年前走南阳道，见远翠干霄。土人曰：‘九鼎莲花寨也。’了不知所谓，及过崿岭，忽有举此名者，始知所见在五百里外也。少室之秀特可知矣。”

［注释］

[1] 正殿：谓少林寺大雄殿，建于金代，明清曾重修，五楹，重檐歇山绿琉璃瓦。后毁于1928年的大火，今存者为20世纪80年代中所重建。 [2] 礼佛：顶礼于佛，拜佛。 [3] 南寨：当即御寨，或称御皇寨，为少室山绝顶，海拔1405米。 [4] 九鼎莲花：少室山山势峭拔，峰峦如一托莲花，层层向上高耸，故其绝顶素有“九鼎莲花”之称。 [5] 九乳峰：当为五乳峰之讹，“九”“五”，形近而讹，参见后文“五乳峰”条注释。 [6] 新旧碑：统称唐、宋、元与明人所题刻碑。少林寺至今保存有唐以来（包括清与民国）碑碣石刻三百馀通。少林寺山门后甬道两侧石刻集中，栉（zhì）比鳞次，号称“碑林”。较著名者如王知敬书写《大唐天后御制诗书碑》、崔琪撰文的《唐灵运禅师塔铭》、宋米芾的《第一山》石刻、宋参寥书写的《三十六峰赋》、元日僧邵元撰写的《息庵禅师碑》、明《释迦如来双迹灵相图碑》、明金忠士书写的《题达摩面壁》草字碑、张钦的《千崖万壑》刻石，以及《宜山竹》碑等，碑林东侧慈云堂有元代赵孟頫的《裕公碑》、明代董其昌的《道公碑》等五十二通。1985年碑廊落成，位于山门侧，碑林之碑刻多

已移入其中。森列：纷然罗列。唐李白《古风》其五云："太白何苍苍，星辰上森列。" [7] 夹墀（chí）：殿堂台阶的两侧。 [8] 尺度：规定的限度。《六韬·农器》云："丈夫治田有亩数，妇人织纴有尺度。" [9] "少室横峙于前"四句：明袁宏道《嵩游第一》云："少室奇秀，迫视不可见，远乃行修武道者，望若古钟，仰出诸山上。从汝来者，唯见千叶芙蓉，与天俱翠，摇曳云表而已。山四匝皆壁，群山翳其外，迫之乃不见巅而见翳，游人多不惬。"

余昨暮入寺，即问少室道，俱谓雪深道绝，必无往。凡登山以晴朗为佳。余登太室，云气弥漫，或以为仙灵见拒[1]，不知此山魁梧[2]，正须止露半面。若少室工于掩映[3]，虽微云岂宜点滓[4]？今则霁甚[5]，适逢其会[6]，乌可阻也[7]！乃从寺南渡涧登山，六七里，得二祖庵[8]。山至此忽截然土尽而石[9]，石崖下坠成坑。坑半有泉，突石飞下[10]，亦以"珠帘"名之[11]。

二祖，中国禅宗之第二祖慧可禅师，俗名姬光。北魏虎牢（今河南荥阳）人。他求道于初祖达摩，不得，乃在雪中以利刀断左臂，示其坚固不动之志，遂得传衣钵。后世遂称之为断臂慧可。传说他曾在此养伤，其徒众故建庵以为纪念。

［注释］

[1] 仙灵：神仙。晋左思《吴都赋》云："图以云气，画以仙灵。" [2] 魁梧：犹言高大壮实。 [3] 掩映：遮映衬托。南唐冯延巳《虞美人》词："春风拂拂横秋水，掩映遥相对。" [4] 点滓（zǐ）：谓少许污染。 [5] 霁甚：天大晴。 [6] 适逢其会：谓正好碰上这个晴天的时机。 [7] 乌：疑问副词，谓何，哪里。 [8] 二祖庵：位于嵩山少林寺西南 4000 米的钵盂峰上。庵内大殿三楹，碑碣

数通，殿前有四井，传为二祖卓锡（谓僧人居留）所凿，名卓锡泉，虽相接近，而其水味各异。庵外有古塔三座，而以武周万岁登封元年（696）所建唐塔最为秀挺。南上里许有炼魔台，又名觅心台，为二祖经行（佛教语，谓旋绕往返或径直来回于一定之地。佛教徒作此行动，为防坐禅而欲睡眠，或为养身疗病，或表示敬意）处。登此台可远眺百里景物。[9]截然：界限分明貌。[10]突：穿，破。《左传》襄公二十五年云："郑子展、子产帅车七百乘伐陈，宵突陈城，遂入之。"晋杜预注："突，穿也。"[11]珠帘：即珠帘泉，位于少室山北麓二祖庵南的越峰下。珠帘泉泉水从几十米高的山崖飞流直下，激起团团水雾，如万斛珍珠闪烁，汇积成潭后又跌崖而下，斜日映照，形成道道彩霞。此即嵩山"珠帘飞瀑"一景。

余策杖独前，愈下愈不得路，久之乃达。其岩雄拓不如卢岩[1]，而深峭过之。岩下深潭泓碧[2]，僵雪四积[3]。再上，至炼丹台[4]。三面孤悬，斜倚翠壁，有亭曰小有天[5]，探幽之屐[6]，从未有抵此者。过此皆从石脊仰攀直跻[7]，两旁危崖万仞，石脊悬其间，殆无寸土，手与足代匮而后得升[8]。凡七里，始跻大峰。峰势宽衍[9]，向之危石，又截然忽尽为土。从草棘中莽莽南上[10]，约五里，遂凌南寨顶[11]，屏翳之土始尽。南寨实少室北顶，自少林言之，为南寨云。盖其顶中裂，横界南北，北顶若展屏[12]，南顶列戟峙其前[13]，相去仅寻丈[14]，中为深崖，直下如剖。两崖夹中，坑底特起一峰，高出诸峰上，所谓摘星台也[15]，为少室中央。绝顶与北崖离倚[16]，彼此斩绝不可度[17]。俯瞩其下[18]，一丝相属[19]。余解衣从之，登其上，则南顶之九峰森立于前，北顶之半壁横障于后，东西皆深坑，俯不见底，罡风乍至[20]，几假翰飞去[21]。

《左传》成公九年云："《诗》曰：'虽有丝麻，无弃菅蒯；虽有姬姜，无弃蕉萃，凡百君子，莫不代匮。'言备之不可以已也。"唐孔颖达疏："蒯与菅连，亦菅之类……并可代丝麻之乏，故云无弃也。"

［注释］

[1] 雄拓：雄奇开阔。卢岩：即卢崖瀑布，参见前文"卢岩"条注释。 [2] 泓碧：指水色清澈碧绿。 [3] 僵雪：即枯雪，形容久积后板结的干雪。 [4] 炼丹台：当即前述所谓炼魔台，或称觅心台，位于二祖庵以南。 [5] 小有天：亭名，当位于炼魔台附近，今已不存。 [6] 探幽之屐：喻寻幽览胜的游山者。屐，即谢公屐，一种前后齿可装卸的木屐，原为南朝宋诗人谢灵运游山时所穿，故称。 [7] 石脊：山石的脊背。宋欧阳修《忆山示圣俞》诗："林枯松鳞皴，山老石脊瘦。" [8] 代匮（kuì）：指乏时取以代用。这里即谓攀爬中时常以手代足或手足并用，形容行进艰难。 [9] 宽衍：宽阔平坦。《易·需》"象曰'需于沙'，衍在中也"。唐孔颖达疏："衍谓宽衍，去难虽近，犹未逼于难，而宽衍在其中也。" [10] 莽莽：草率，鲁莽。 [11] 凌：升登。 [12] 展屏：形容北顶山峰如展开的屏风。 [13] 列戟：形容南顶山峰如宫庙、官府及显贵之府第门前作为仪仗的陈戟整齐排列。 [14] 寻

丈：泛指八尺到一丈之间的长度。《管子·明法》云："有寻丈之数者，不可差以长短。" [15] 摘星台：或名摘星楼，据下文徐霞客所记述的登顶过程，费时无多，似非少室山最高峰连天峰，而是其侧的紫霄峰或其他山峰。 [16] 离倚：若即若离，形容极为靠近的态势。 [17] 斩绝：陡峭貌。宋苏洵《忆山送人》诗："累累斩绝峰，兀不相属联。" [18] 俯瞩（zhǔ）：从上往下看。 [19] 一丝相属（zhǔ）：只有极小一部分相连接。 [20] 罡（gāng）风：道教谓高空之风，后亦泛指劲风。 [21] 假翰：谓凭借禽鸟的羽毛，犹如"插翅"。

清乾隆五十二年（1787）《登封县志》卷七《山川记下》云："按，少阳河源于少室之宝丰泉，下为五龙潭，东过少林寺前，又东南纳太子沟水。"

宋朱熹《奉陪彦集充父同游瑞岩谨次莆田使君留题之韵》云："谷泉喷薄秋逾响，山翠空蒙昼不开。"

唐綦毋潜《题灵隐寺山顶禅院》诗："观空静室掩，行道众香焚。"

唐杜牧《阿房宫赋》云："蜂房水涡，矗不知乎几千万落。"

从南寨东北转，下土山，忽见虎迹大如升[1]。草莽中行五六里，得茅庵。击石炊所携米为粥[2]，啜三四碗[3]，饥渴霍然去[4]。倩庵僧为引龙潭道[5]。下一峰，峰脊渐窄，土石间出，棘蔓翳之，悬枝以行[6]，忽石削万丈，势不可度。转而上跻，望峰势蜿蜒处趋下，而石削复如前。往复不啻数里[7]，乃迂过一坳[8]，又五里而道出，则龙潭沟也。仰望前迷路处，危崖欹石[9]，俱在万仞峭壁上。流泉喷薄其中[10]，崖石之阴森崭巘者[11]，俱散成霞绮[12]。峡夹涧转，两崖静室如蜂房燕垒[13]。凡五里，一龙潭沉涵凝碧[14]，深不可规以丈。又经二龙潭[15]，遂出峡，宿少林寺。

［注释］

[1] 虎迹：老虎的脚印。 [2] 击石：古人取火方式之一，用火镰击打火石点燃火绒取火。 [3] 啜（chuò）：吃或喝。 [4] 霍然：迅速消失的状态。 [5] 龙潭：即龙潭道，道中依次有五龙潭。嵩山又有九龙潭，源出于其东南麓的太室山，非此。 [6] 悬枝以行：谓攀援树枝而行进。 [7] 不啻（chì）：不仅，何止。 [8] 迂过：迂回行进。 [9] 欹石：歪斜的岩石。 [10] 喷薄：汹涌激荡。 [11] 阴森：幽暗惨淡。崭巀（jié）：形容山势陡峭直立。 [12] 霞绮：艳丽多彩如锦绮的云霞。 [13] 静室：指寺院住房或隐士、居士修行之室。蜂房：比喻房室密集众多。燕垒：燕子的窝，这里比喻较为简易的栖身之所。 [14] 一龙潭：即五龙潭中第一潭。沉涵凝碧：谓潭水沉浸、涵泳成碧绿的颜色。 [15] 二龙潭：即五龙潭中第二潭。

二十四日 从寺西北行，过甘露台[1]，又过初祖庵[2]。北四里，上五乳峰[3]，探初祖洞[4]。洞深二丈，阔杀之[5]，达摩九年面壁处也[6]。洞门下临寺，面对少室。地无泉，故无栖者。下至初祖庵，庵中供达摩影石[7]。石高不及三尺，白质黑章[8]，俨然西僧立像[9]。

初祖即禅宗初祖菩提达摩（生卒年不详），印度人，梁武帝时泛海到达中国的广州，武帝迎至建业，因与武帝话不投机，遂渡江入魏，在嵩山少林寺面壁九年，为中国禅宗之始祖，圆寂于东魏天平以前，葬熊耳山。明王士性《五岳游草》卷一《嵩游记》云："明日诣初祖庵，行里许，

［注释］

[1] 甘露台：位于少林寺西，又称西台。据说跋陀在此翻译佛经，天降甘露，故名，参见前文"少林道"条注释。 [2] 初祖庵：位于少林寺西北 2000 米五乳峰的阜丘上，其大殿建于宋徽宗宣和七年（1125），深广各三间，砖木结构，为河南今存最古

入谒祖，白皙修眉凤目，僧言此太子东渡像也。后居东土尝六毒，面虽稍赤，然非今所传巨眼胡僧云。”

的建筑。 [3] 五乳峰：位于少室山北麓，五座山峰突起，东西方向排列，形如五乳，故名。明王士性《五岳游草》卷一《嵩游记》云：“相携登五乳峰，盖山形为飞凤，又若五乳然者。” [4] 初祖洞：位于初祖庵后五乳峰麓，其半山腰有一自然山洞，据说就是达摩当年面壁九年（或云十年）之所。洞前立有明万历三十二年（1604）的单孔双柱石坊一座，南额题刻“默玄处”三字，北额题刻“东来肇迹”四字。 [5] 阔杀（shài）之：谓宽度逊于深度。杀，等差。 [6] 面壁：佛教语。《五灯会元·东土祖师·菩提达摩大师》云：“当魏孝明帝孝昌三年也，寓止于嵩山少林寺，面壁而坐，终日默然。人莫之测，谓之壁观婆罗门。”后因以称坐禅，谓面向墙壁，端坐静修。 [7] 达摩影石：据今人研究，“影石”当属于石英砂岩，与原达摩洞中石灰岩壁石并非同类。原石已经毁于1928年大火，今存者乃用河石所复制。明王士性《五岳游草》卷一《嵩游记》云：“庵后一小亭，为达摩面壁影石，顽高可三尺，隐隐一僧坐石中。”清姚元之《竹叶亭杂记》卷三云：“河南少林寺后殿西壁前设供桌，供一石。高几二尺强，上下宽五七寸不等。石面似平，凸凹实不平也。石质似净，黄黑实不净也。即之，一粗石了无异处。向之后退至五六尺外，渐有人形；至丈馀，则俨然一活达摩坐镜中矣。谛视，腮边短髭若有动意，与世所画无纤毫差，盖传者实真像也。” [8] 白质黑章：带有黑色花纹的白色石头。质，质地。章，纹路，花纹。 [9] 西僧：旧时称西域僧人或西番、天竺僧人。

明王士性《五岳游草》卷一《嵩游记》云：“庵前三花树，盖凌霄藤附桧而生者，花

中殿六祖手植柏[1]，大已三人围，碑言自广东置钵中携至者。夹墀二松亚少林。少林松柏俱修伟[2]，不似岳庙偃仆盘曲[3]，此松亦然。下至

甘露台，土阜矗起[4]，上有藏经殿[5]。下台，历殿三重，碑碣散布，目不暇接。后为千佛殿[6]，雄丽罕匹[7]。出饭瑞光上人舍。策骑趋登封道，过轘辕岭[8]，宿大屯[9]。

正开，深红可爱，自达摩未至时有之。左一柏高与花树并，云卢能钵盂中带至也。余为书‘六祖所植柏’字。”

千佛殿始建于明万历十六年（1588），内有明人所绘五百罗汉的大型彩色壁画。砖铺地面上有四十八个陷坑，据说是少林武僧习武时的站桩坑。其东厢即白衣殿。

［注释］

[1] 中殿六祖手植柏：禅宗六祖慧能所植柏，位于初祖庵大殿外东南角。中殿，谓初祖庵中殿，今已不存。六祖，中国佛教禅宗六祖，即慧能（638—713），一作惠能。俗姓卢，河北范阳人。幼随父流放岭南新州（今广东云浮市新兴县），后北上参学，于唐龙朔元年（661）在黄梅谒见禅宗五祖弘忍，最终受其衣钵南归。其说法以定慧为本，对于禅宗发展影响巨大。 [2] 修伟：高大健壮。 [3] 偃仆盘曲：仆倒并曲折环绕。 [4] 土阜：犹土丘。矗起：耸起。 [5] 藏（zàng）经殿：即藏经阁（法堂），为面阔五间、进深三架的歇山建筑，阁后有高地，其上建有方丈室，形成一高台院落，为少林寺住持僧所居。1928 年藏经阁毁于军阀大火。 [6] 千佛殿：又名毗卢阁，面阔七间，长 28 米，进深三架，长 12.5 米，高 20 米。 [7] 雄丽：壮丽。罕匹：很少有能配得上的。 [8] 轘（huán）辕岭：即轘辕山，在五乳峰之东，位于今河南洛阳市偃师区南缑氏山东南，接巩义市与登封市界。其山麓有轘辕关，俗称峨岭口，关分东、西两处，山势陡峭，道路崎岖。据《登封县志》，这里道路弯曲如古车之轘而又辕曲，故称。传为夏禹治水时所凿，历来为军事要塞。 [9] 大屯：明代村名，今名同，位于今登封市与洛阳偃师区之间，今属偃师区高龙镇。大屯村在明代属于嵩洛之间的食宿地。

《水经·伊水注》云："伊水又北入伊阙，昔大禹疏以通水，两山相对望之如阙，伊水历其间北流，故谓之伊阙矣。"

二十五日 西南行五十里，山冈忽断，即伊阙也[1]。伊水南来经其下[2]，深可浮数石舟[3]。伊阙连冈[4]，东西横亘，水上编木桥之[5]。渡而西，崖更危耸。一山皆劈为崖，满崖镌佛其上[6]。大洞数十[7]，高皆数十丈。大洞外峭崖直入山顶，顶俱刊小洞，洞俱刊佛其内。虽尺寸之肤[8]，无不满者，望之不可数计。洞左，泉自山流下，汇为方池[9]，馀泻入伊川[10]。山高不及百丈，而清流淙淙不绝[11]，为此地所难。伊阙摩肩接毂[12]，为楚、豫大道[13]，西北历关陕[14]。余由此取西岳道去[15]。

［注释］

[1] 伊阙：一名龙门，位于今河南洛阳市南二十五里，即春秋之阙塞。青山对峙，形如门阙，伊水经其间，从南往北流，故称伊阙。 [2] 伊水：洛水支流，源出河南栾川县伏牛山北麓，东北流至偃师县（今洛阳市偃师区）南入洛水。 [3] 可浮数石舟：用船的载重量衡量水流的深浅。数石舟，属于吃水较浅的小船，故谓其水不甚深。《太平御览》卷八二五引《颜氏家训》云："胡人见锦，不信有虫食树吐丝所成。昔在江南，不信有千人毡帐；及来河北，不信有万石舟船。皆实验也。"石（dàn），古人计算重量的单位，一百二十斤为一石。 [4] 连冈：谓山冈连绵。宋范成大《峡州至喜亭》诗："断崖卧水口，连冈抱城楼。" [5] 桥：搭

桥。这里用如动词。 [6] 满崖镌佛：这里所指即中国四大石窟之一的龙门石窟（位于今河南洛阳市南 13 千米的伊河两岸）。龙门石窟造像始于北魏孝文帝迁都洛阳（494）前后，历经东西魏、北齐、北周、隋、唐四百馀年的大规模营造，两山窟龛密如蜂窝，共计 2100 多个，造像 97 300 馀尊，题记、碑碣等 3600 馀品。佛塔 39 座。 [7] “大洞数十” 二句：在龙门石窟中，古阳洞开凿最早，位于龙门山南部，其刻品琳琅满目，内容丰富。有关造像题记的刻石书法质朴古拙，今传《龙门二十品》碑刻书法，在书法史中属于魏碑精华，其中有十九品即在此洞窟内。其他如宾阳三洞、莲花洞、药方洞、老龙洞、万佛洞、皇甫公窟等，在佛教石刻艺术中各具特色，皆不乏传神之作。奉先寺位于龙门山南端，系唐高宗初年开凿，至上元二年（675）竣工，属于龙门石窟中规模最大的露天大龛，主佛卢舍那佛高达 17.14 米，面容丰腴，长目修眉，属于唐代雕塑艺术中的代表作。 [8] 肤：谓岩崖的外表。 [9] 方池：当指禹王池，据说是唐宋时期为纪念大禹而开凿，池中清泉翻涌，池边绿草成茵。 [10] 伊川：即伊河，位于今河南栾川、嵩县、伊川等县境，《左传》僖公二十二年有 “平王之东迁也，辛有适伊川” 的记述。 [11] 淙淙：流水声。 [12] 摩肩接毂（gǔ）：肩挨着肩，形容人多拥挤，车毂相接，形容车多。这里形容伊阙为洛阳一带的交通要道。 [13] 楚：泛指今湖北、湖南一带。豫：河南的简称，因古为豫州地而得名。 [14] 关陕：指陕西一带，陕西古名关中，故称。 [15] 西岳：即五岳之一的华山。详见下文《游太华山日记》。

［点评］

嵩山堪称中国一座内容丰富的地质博物馆，面积大约为 400 平方千米，连续完整地出露着太古宙、远古宙、古生代、中生代和新生代的岩浆岩、变质岩和沉积岩的岩石样貌。五个时期的地质现象在嵩山表现齐全，地质学上称之为世界上罕见的“五代同堂”。其山体岩石复杂繁多，以石英岩岩层为主，这决定了嵩山有别于其他山岭风貌的特点。

徐霞客自幼即对五岳心向往之，成年以后，本打算取道湖北先游览五岳中最高峻的陕西华山，再由汉中经剑阁游览四川的峨眉山，后因母亲衰老多病，对原计划有所修订。为了减省旅途所花费的时间，他没有“沿江溯流”而上，而是采取“陆行舟返”的方式，选定由徐州、开封至郑州，先游中岳嵩山，再到西岳华山，然后于归途中游览湖北的太和山（武当山）。徐霞客家居两年以后，于天启三年（1623）二月初开始了他连游三山的旅程。徐霞客从家乡出发，历时十九天到达郑州，并没有直接去往嵩山，而是用一天的时间先考察了位于嵩山东麓密县西北香炉山的圣僧池、天仙院、白皮松与滴沥泉。同先前的旅行一样，显然他事先做足了“功课”，对目的地及其周边的相关景观早已了如指掌，所以才从容不迫，有条不紊，不浪费一点时间。

据《游嵩山日记》，徐霞客于二月二十日进入登封县境，从石淙观览正式开始嵩山之旅，至二十四日离开少林寺，在嵩山一共游历五天；二十五日游览伊阙山的龙门石窟之后，方取道偃师去西岳华山。在嵩山，徐霞客主要游览了中岳庙、卢岩（崖）寺、法王寺、嵩阳宫、三将军柏、崇福宫、启母石、会善寺、二祖庵、少林寺、初祖洞等名胜古迹，在太室山的峻极峰与少室山的“摘星台”，也都留有旅行家的足迹。嵩山地处中原，历史文化悠久，这篇游记堪称人文景观与自然景观并重，这两方面徐霞客都有引人入胜的精彩记述。在《徐霞客游记》中，这一篇日记对于人文景观的描述尤觉神采飞扬。徐霞客不畏艰险，无论从太室“悬溜而下”，还是登少室绝顶“解衣从之”，皆有一股大无畏的精神在起作用，至今读之，仍能令人肃然起敬。徐霞客浓郁的山水之情奔腾于其笔下，清新洗练、蕴含丰富而令读者难忘，如对石淙水的描绘，对卢岩（崖）瀑布的状写，皆绘声绘色，非同一般，令人叹为观止。清奚又溥序《徐霞客游记》有云：“其笔意似子厚，其叙事似龙门。故其状山也，峰峦起伏，隐跃毫端；其状水也，源流曲折，轩腾纸上；其记遐陬僻壤，则记里分疆，了如指掌；其记空谷穷岩，则奇纵腾迹，灿若列星。凡在编者，无不搜奇抉怪，吐韵标新，自成一家之言。”用墨无多，却分析到位，堪称的评。

《尚书·舜典》云:“西巡狩至于西岳。”唐孔颖达疏:“西岳,华山。”又称华岳。《水经·渭水注》云:“其高五千仞,削成四方,远而望之,又若花状。”古“花”“华”义通,故“华山”即“花山”。千尺幢、百尺峡、老君犁沟、擦耳崖、上天梯、苍龙岭皆异常险峻,在方圆148千米的华山景域中,名胜古迹众多,更令华山驰名海内。华山还是中国道教全真派圣地,被称为“第四洞天”。

游太华山日记[1] 陕西西安府华阴县[2]

二月晦[3] 入潼关[4],三十五里,乃税驾西岳庙[5]。黄河从朔漠南下[6],至潼关,折而东。关正当河、山隘口[7],北瞰河流,南连华岳,惟此一线为东西大道[8],以百雉锁之。

[注释]

[1] 太华(huà)山:即华山,位于今陕西华阴市南十里,是中国五岳中的西岳,又因其西有少华山,故又称太华山。华山有东、西、南、北、中五峰,皆为主峰,其中南峰(落雁峰)最

高，海拔 2154.9 米，也是五岳最高峰，古人尊称它是“华山元首”；西峰海拔 2082.6 米，因峰巅巨石形状似莲花瓣，古代文人多称其为莲花峰、芙蓉峰；东峰（朝阳峰）海拔 2096.2 米，峰顶有一平台便于观赏日出，人称朝阳台；北峰（云台峰）海拔 1614 米，四面悬绝，有若云台；中峰海拔 2037.8 米，居东、西、南三峰中央，据传为春秋时秦穆公女弄玉的修身之地，故又名玉女峰。 [2] 西安府：明洪武二年（1369）改元奉元路置，治所在长安、咸宁二县（今陕西西安），辖境相当于今陕西彬州、周至以东，铜川、韩城以南，镇安、山阳、商南以北地。清代辖区缩小，1913 年废。华阴县：西汉高帝八年（前 199）改宁秦县置，属京兆尹，以在华山之阴（北），故称华阴。县治、区划历代或有变迁，至明代属西安府，清代属同州府，华阴县治所即今陕西华阴市（1990 年撤县设市）。 [3] 二月晦：明熹宗天启三年农历二月三十日，即 1623 年 3 月 30 日。晦，农历每月的最后一日。 [4] 潼关：位于今陕西潼关县东北。古为桃林塞地，东汉建安中设潼关。明洪武九年（1376）置潼关卫，属河南都司，治所在潼关（今陕西潼关县东北港口镇）；永乐六年（1408）直隶中军都督府。 [5] 西岳庙：位于华山北 5000 米之岳镇东端，西距今华阴市 1500 米。西岳庙，汉武帝时创立，北周天和二年（567）与唐开成元年（836）皆曾重修，北宋建隆二年（961）大修，明代亦曾修葺。建筑宏伟壮丽，历代帝王来陕，多在此驻跸。庙内碑刻众多，文物丰富。 [6] 黄河：最早称河水，《汉书·高惠高后文功臣表》始见黄河之名，唐以后遂成其正名。发源于今青海省巴颜喀拉山北麓，全长 5464 千米。内蒙古自治区托克托县河口以上为上游，河口至河南省郑州桃花峪为中游，桃花峪以下为下游，河道屡有变迁。朔漠：北方沙漠地带。 [7] 河山、隘口：谓黄河流经华山的险要处。隘口，险要的关隘。 [8]“惟此一线为东西大道”二句：是说潼关以东至函谷关一线，北有黄河，南有崤山，属于沟通东西的大道，所以潼关历来是人主严加防守的要地。百雉（zhì），指城墙的长度达三百丈，属于春秋时代国君的特权。雉，古代计算城墙面积的单位，长三丈高一丈为一雉。

《史记·项羽本纪》云：“关中阻山河四塞，地肥饶，可都以霸。”南朝裴骃集解引徐广曰：“东函谷，南武关，西散关，北萧关。”

舍此而北，必渡黄河，南必趋武关[1]，而华岳以南，峭壁层崖，无可度者。未入关，百里外即见太华屼出云表[2]；及入关，反为冈陇所蔽[3]。行二十里，忽仰见芙蓉片片[4]，已直造其下[5]，不特三峰秀绝[6]，而东西拥攒诸峰[7]，俱片削层悬[8]。惟北面时有土冈，至此尽脱山骨[9]，竟发为极胜处[10]。

［注释］

[1] 武关：战国秦置，位于今陕西商南县西南丹江上，即秦之南关，为历史上军事重镇。秦末刘邦即由武关入秦，子婴降，秦亡。 [2] 云表：云外。汉张衡《西京赋》云：“立修茎之仙掌，承云表之清露。” [3] 冈陇：山冈。唐李白《宿鰕湖》诗：“明晨大楼去，冈陇多屈伏。” [4] 芙蓉：荷花的别名，这里当形容华山西峰即莲花峰或称芙蓉峰的山峰形状。明袁宏道《华山后记》云：“西峰最幽奥，石态生动，有石叶如莲瓣，覆崖巅，其下有龟却立，昂首如欲行，盖叶上物也，是即所谓莲花峰矣。” [5] 造：到。《周礼·地官·司门》云：“凡四方之宾客造焉，则以告。”汉郑玄注：“造，犹至也。” [6] 三峰：华山以南峰落雁峰、东峰朝阳峰、西

峰莲花峰为三主峰，成鼎足之势。唐刘长卿《关门望华山》诗：“客路瞻太华，三峰高际天。夏云亘百里，合沓遥相连。”秀绝：特出超群。 [7] 拥攒：相拥聚集。华山三主峰而外，又有中峰、北峰相辅，周围各小峰拱卫而立，共同构成华山胜境。 [8] 片削层悬：形容山峰形状如刀削一般分层悬空。华山山脉属于深成侵入岩体的花岗岩地貌，有较多明显的节理和断层，纵向与横向交互，又经长期水流冲刷与风化剥蚀，终于形成许多俊秀的山峰与奇形怪状的岩石样貌。 [9] 山骨：山中岩石。明袁宏道《华山记》云：“凡山之名者，必以谷，率不能倍肤，得三之一，奇乃著。表里纯骨者，唯华为然。” [10] 竞发：竞相展现。

三月初一日 入谒西岳神[1]，登万寿阁[2]。向岳南趋十五里，入云台观[3]。觅导于十方庵[4]。由峪口入[5]，两崖壁立[6]，一溪中出，玉泉院当其左[7]。循溪随峪行，十里，为莎萝宫[8]，路始峻。又十里，为青柯坪[9]，路少坦。五里，过寥阳桥[10]，路遂绝。攀锁上千尺幢[11]，再上百尺峡[12]。

［注释］

[1] 西岳神：谓西岳庙中所塑偶像，即民间信仰中西岳华山的山神。其人格化过程是从汉代开始的，东方朔《神异经》认为他是金蝉氏次子，汉代纬书《龙鱼河图》云：“西方华山君神，姓浩名郁狩。”唐玄宗“以华岳当本命”，奉西岳神为金天王，宋代封

之为金天顺圣帝，元代又加封为太利金天顺圣帝。其形象据宋张君房《云笈七签》，乃以“少昊为白帝，治西岳”，“服白素之袍，戴太初九流之冠，佩开天通真之印，乘白龙”。明徐道《历代神仙通鉴》卷四认为皋陶是西岳所化。明许仲琳《封神演义》封蒋雄为西岳华山金天愿圣大帝。其职司据《三教源流搜神大全》卷二云：“主管世界金银铜铁五金之属陶铸坑冶，兼羽毛飞鸟之事。”但在民间传说中，金天王有时又是一位霸占人妻、索贿徇私的恶神，见《古今图书集成·神异典》卷二四引《逸史》。 [2] 万寿阁：位于西岳庙后，明万历间建于层台之上，以位置较高，便于登眺。 [3] 云台观：故址位于今华阴市南八里。元末毁于火，明成化十六年（1480）始立三清殿，正德十年（1515）重建，隆庆六年（1572）重修，万历四年（1576）复修。乾隆《华阴县志》卷五《建置·观》云：“云台观，观在县南八里。后周武帝时有道士焦道广独居云台峰，辟粒餐霞，常有三青鸟报未来之事，武帝亲诣山庭，临轩问道，因于谷口置云台观。”清李榕《华岳志》卷一《名胜·华岳》云：“云台观，在华山下，去谷口二里。盖古明堂地，周末巡狩不行，老子之徒始占为观。” [4] 十方庵：即十方院，故址位于云台观西南。清李榕《华岳志》卷一《名胜·华岳》云：“仙迹坊在云台观南一里，为登山初步。十方院在仙迹坊西。” [5] 峪口：即张超谷口，是从北面进入华山的必由之路。峪，山谷。 [6] 两崖壁立：清李榕《华岳志》卷一《名胜·华岳》云：“谷口，即张超谷，出玉泉院东南，上为谷口，有崇崖崿嶂，递互亏蔽。” [7] 玉泉院：位于华山北麓谷口，院内绿荫蔽天，回廊曲折兼有泉石之胜，据传为隐士陈抟（tuán）所建。院中有清泉一股，与山顶的镇岳宫玉井潜通，甘美清冽，玉泉院即得名于此。清姚玉翿（dào）《华岳志》卷一《名胜》云：“玉泉，在张超谷口，其水色如浆，相传云玉井渗出者，清冽而甘，服之可去沉疴。” [8] 莎萝宫：即莎萝庵，又作娑罗庵，位于莎萝坪，或称娑罗坪。清李榕《华岳志》卷一《名胜·华岳》云：“莎萝坪在（第二）关南二里，山至此缩约十馀丈，谷浒宽平如几，有祠，游者过此祈祷。有莎萝庵，庵外东面可数十丈，鸣瀑挂壁而下。有莎萝树一本，盖即菩提树。”清姚玉翻《华岳志》卷一《名胜》云：“第一关：自玉泉院至关五里。玉泉院至五里关，往时避兵者就险垒石为关，额曰通天第一关。案，第一关俗称五里关。”又云：“第二关：希夷峡西折四十步为第二关，大石中分，若斧劈者。”又云：“娑罗坪，自希夷峡至娑罗坪半里。娑罗坪有娑罗树，故名。” [9] 青柯坪：位于华山谷口内约 10 千米，两侧全为天然石壁，中通小道，上下曲折，飞瀑悬流，涧水滢洄。沿途有王猛台、鱼石、壶公石室、希夷峡等古迹，依次分布于两侧石壁之上。至青柯坪，四周豁然开朗，有东道院与通仙观等建筑，游人至此可以憩息食宿。清姚玉翻《华岳志》卷一《名胜》云：“青柯坪，在十八盘之上有青柯馆，游者至此，舍舆易装。自希夷峡至青柯坪十里。青柯坪在西峰下，东西皆峻岭。” [10] 寥阳桥：当位于青柯坪右之寥阳洞附近，方志未见著录。 [11] 千尺幢（chuáng）：位于青柯坪东上三里，为峭壁上一条大裂缝，陷在两旁的巨石之间，旧时游者依靠道士手工凿出的刚刚能放下脚的“脚窝子”或岩嵌横木以及两侧可助攀爬的铁链攀登绝顶，据说共三百九十四步。游者仰望天际，但见一线天开；俯视脚下，如临深渊。石级顶端犹如一井口，若被盖住，华山之路便被断绝，故有“太华咽喉”之称。清姚玉翻《华岳志》卷一《名胜》云：“千尺幢，在青柯坪东上三里许。绝壑中裂，两旁稍凿，横木承足，凡千尺云。千尺幢乃行大霤，中才容人，左右穿受手足，间贯以横木，若悬梯两旁，垂锁自汲以上。”明袁宏道《华山别记》云：“导者引至千尺幢，见细枝柴其上，顶如覆铛，天际一隙，不觉心怖。” [12] 百尺峡：又称百丈崖，位于千尺幢东北一里许，峡之两壁欲合，只见被两块岩石撑开，摇摇欲坠，游者从岩石下过，胆战心惊，此即所谓“惊心石”；俟过后回望，其石上大下小，实难坠下，故又有“平心石”之号。北魏郦道元《水经注·河水四》云：“又复东上百丈崖，升降皆须扳绳挽葛而行矣。”清姚玉翿《华岳志》卷一《名胜》云：“百尺峡，在幢上东北转一里许。峡如幢而缩，险与幢称。”清李榕《华岳志》卷一《名胜·华岳》云：“百尺峡，幢上北转一里，东上百丈崖，升降皆须攀绳挽葛而行。壁益狭，两腋摩壁以行，上有块石撑之，若恐其复合者。凡四十步。”明王士性《五岳游草》卷一《华游记》云：“路绝，扳巨石过，至百尺峡，峡比幢为短而峻过之。又转二石磴，而百尺始尽。”

明王士性《五岳游草》卷一《华游记》云：“又再折而至老君犁沟，则片石直倚插天，亦又临绝壑，杳冥不知其际，中裂一缝如犁而成沟也。好事者必易犁沟为离垢，真成呓语。沟长与幢称，而险过之。幢有石蔽，而沟上下皆悬绝。”

从崖左转，上老君犁沟[1]，过猢狲岭[2]。去青柯五里，有峰北悬深崖中，三面绝壁，则白云峰也[3]。舍之南[4]，上苍龙岭[5]，过日月岩[6]，去犁沟，又五里，始上三峰足[7]。望东峰侧而上[8]，谒玉女祠[9]，入迎阳洞[10]。道士李姓者，留余宿。乃以馀晷上东峰[11]，昏返洞[12]。

［注释］

[1] 老君犁沟：位于媪神洞东南，是一条深不可测的沟状险道。据说太上老君过此，因无路可通，就牵来青牛一夜间犁成这条山沟。至今西侧崖上有石沟若犁槽，仍赫然可见。清李榕《华岳志》卷一《名胜·华岳》云：“老君犁沟在媪神洞东南。峡上五里许有山如砺，中有沟如犁辟然，凿石挽索而上。石壁插天，若镵若削，

水霤一道自上而下直如引绳，深若发耜。犁险于幢，幢阴而犁突。凡二百五十二步。” [2] 猢狲岭：即猢狲愁，清李榕《华岳志》卷一《名胜·华岳》云：“猢狲愁，铁牛台北转数十步为猢狲愁。崖壁极峭，上有铁猿四，鞶踞台畔，月之三八日，猿千百旅自上方后水帘洞出，遍满溪谷，至此辄回。盖自是境逾险，虽猿猱亦难超越矣。” [3] 白云峰：位于“大上方”以东，又称上方峰。清姚玉翻《华岳志》卷一《名胜》云：“（王志）白云峰即上方山，在云台峰北。唐金仙公主修道之所。”乾隆《华阴县志》卷一《山》云：“白云峰在岳之东北，唐金仙公主修行之所。大上方僻，路亦峻，人罕至之。其上有唐金仙公主墓。”清李榕《华岳志》卷一《名胜·华岳》云：“白云峰，即上方峰，在云台峰北。白云峰一径北去狭而长……尖峰耸拔，飞云冉冉幂其上，迤北为香炉峰。”明王士性《五岳游草》卷一《华游记》云：“又数十步，当崖陡处，翻身向右折而上，为猢狲愁。自幢至此皆南登也，又南为登岳正道。旋而北一山如鹿颈长里许，名白云峰。有石檐覆山顶……又数十步登倚云亭，则峰之巅也。此望苍龙岭多夺魄。” [4] 舍之南：意谓放弃了攀登白云峰（北峰）的打算，转而南行。 [5] 苍龙岭：古称搦岭，又名夹峡，位于华山腰。其坡度极为陡峭，南北长1500米，宽仅1米左右，中间突起，两侧皆为深谷。明王士性《五岳游草》卷一《华游记》云：“崖头一洞，雷击其半欲堕，洞门红白二圈，名日月崖。又南数里，树一棹楔，为登岳御道，则苍龙岭云。岭一石山，侧立深谷中，大都深百馀丈，阔五尺许，南高北下，左右斩然，如走剑脊上，一无所依傍。”清姚玉翻《华岳志》卷一《名胜》云：“苍龙岭，自日月崖转西南行三里许，是为山脊。在仙掌之北，旧广二尺许，长五十丈，崖东西深数千仞，人莫敢睨视。郦道元云搦岭须骑行矣。岭尽为龙口，冒一大石，有镵云韩退之投书所。” [6] 日月岩：即日月崖。“岩”“崖”，当系音讹，反映了徐霞客吴方言“韵尾脱落”的语音特点。清李榕《华岳志》卷一《名胜·华岳》云：“日月崖在仙人碥南，崖如斩块，挽锁而上百馀步，名上天梯，有日月圆形。” [7] 三峰足：当即“三峰口”，是通往东、西、南三峰的要道。清李榕《华岳志》卷一《名胜·华岳》云：“入通天门里许，至三峰口。宗土祠在三峰口。过骟马石，度单人桥、五龙冈，入通天门，至宗土祠，则东峰之麓矣。”三峰，谓华山东峰（包括今天所称的中峰，即玉女峰）、西峰、南峰三主峰。 [8] 东峰：即朝阳峰，以位于华山之东而得名。东峰由一主三仆四个峰头组成，朝阳台所在的峰头最高，玉女峰在西，石楼峰居东，博台偏南。古人称华山三峰，指的是东、西、南三峰，玉女峰则是东峰的一个组成部分。今人将玉女峰称为中峰，使其亦作为华山主峰单独存在。清姚玉翻《华岳志》卷一《名胜》云：“东峰，朝阳峰也。东峰冈石斜削，可数十丈，凿石迹，手援以上。东峰有二，玉女在左，石三，楼在右。” [9] 玉女祠：又称明星玉女祠，位于华山玉女峰（今称中峰）山顶，亦名中峰大殿。相传春秋时代有一善吹玉箫的隐士萧史，以箫声引动了秦穆公的女儿弄玉，她抛弃了宫廷生活，与其一同来到此处隐居修炼，后均得道成仙。后人于此修建祠宇，以供祀其像。祠内原奉玉女石像一尊，现供玉女之像为近世所塑立。祠旁有“玉女洗头盆”“玉女梳妆台”“无根树”“引凤亭”等名胜古迹。明王士性《五岳游草》卷一《华游记》云：“（宗土）祠后分两路，西行而后入镇岳祠，上西峰。东行则入玉女峰，上东峰。余乃由玉女峰入。既至，一石如龟甲覆峰顶，腹下皆空，道人界二石室居之。背为祠，祠玉女。”清李榕《华岳志》卷一《名胜·华岳》云：“明星玉女祠，在顶之中峰龟背上，有玉女石室、玉女像。” [10] 迎阳洞：又称朝元洞，位于东峰下。清李榕《华岳志》卷一《名胜·华岳》云：“迎阳洞，自细辛坪东南行，有坪一方，其北有朝元洞，东南向。

洞颇高旷，颜曰‘迎阳’。盖华当少阴，迎阳令有生气。” [11] 馀晷（guǐ）：剩馀的时间，闲暇。晷，日影，日光。 [12] 昏：天刚黑的时候。《诗经·陈风·东门之杨》云：“昏以为期，明星煌煌。”

初二日 从南峰北麓上峰顶[1]，悬南崖而下，观避静处[2]。复上，直跻峰绝顶[3]。上有小孔，道士指为仰天池[4]，旁有黑龙潭[5]。从西下，复上西峰[6]。峰上石耸起[7]，有石片覆其上如荷叶。旁有玉井甚深[8]，以阁掩其上，不知何故。还饭于迎阳[9]。

［注释］

[1] 南峰：即落雁峰，是华山最高主峰，也是五岳最高峰。其南侧是千丈绝壁，直立如削，下临一断层深壑，同三公山、三凤山隔绝。南峰由一峰二顶组成，东侧一顶为松桧峰，西侧一顶即落雁峰，也有说南峰由三顶组成，称落雁峰之西的孝子峰亦为一顶，即落雁峰最高居中，松桧峰居东，孝子峰居西，整体如同一把圈椅。明袁宏道《华山记》云：“南峰踞两峰之上，如人危坐而引其膝。下有土径，异树交络，峡水鸣其间。峰顶各有池，如臼，如盆，如破瓮，鲜壁澄澈，古松覆之。” [2] 避静处：即贺老石室，因“贺老”为避喧嚣而开凿又隐于此而得名。特意凿山架木为“长空栈”以通，洞中狭小，开凿粗糙，似未完工，因又俗称“半截洞”。当年“贺老”煮饭用的石灶、滴水的石臼，至今犹在。据传，“贺老”在华山凿洞七十二个半，其中半个，即指此洞。清姚玉翮《华岳志》卷一《名胜》云：“贺老避静处，朝元洞之下有

贺老石室，室凭深崖，炀灶犹在。长空栈在壁半，广八寸，长数十丈，背空虚，行栈尽得贺老窑，俯临千仞。”贺老，即贺志真（1212—1299），元初道士。名贺元希，号圆明老人，隆德（今属宁夏固原）人。他是华山朝元洞的创修人，实为华山派的开派宗师。　[3] 绝顶：即华山南峰（落雁峰），其上有金天宫，一名白帝祠。又有老君洞，洞北有太上泉，或谓仰天池，池水青绿，冬夏不竭。　[4] 仰天池：又名太乙池。明王士性《五岳游草》卷一《华游记》云：“又转而上为仰天池，池边有摘星石。吴伯与旧书‘太华绝顶’字，余又为题‘缥缈巅’。”清李榕《华岳志》卷一《名胜·华岳》云：“登太华观仰天池，即《图经》所谓太乙池者。水才一泓，冬夏不盈耗。其言互异也。上方有灵泉二所，一名太上泉，东注涧下。”　[5] 黑龙潭：位于仰天池下。清李榕《华岳志》卷一《名胜·华岳》云：“黑龙潭，在仰天池南崖下，深不过二三尺，虽大旱不涸。旱祷必应。宋崇宁二年封显润侯。龙在则水黑，龙去则水清。华之顶门水也。”　[6] 西峰：即莲花峰，以位于华山之西而得名。其峰巅有一完整巨石，浑然天成，形状好似莲花瓣，古代文人多称其为莲花峰、芙蓉峰。其西北绝崖千丈，似刀削锯截，具有阳刚挺拔之势。其南崖有山脊与南峰相连，脊长 300 馀米，石色苍黛，形态如同一条屈缩的巨龙，世称屈岭，又名小苍龙岭，是华山著名的险道之一。翠云宫、莲花洞、巨灵足、斧劈石、舍身崖等为西峰著名景观，并伴有神话传说，最著者即沉香劈山救母的故事。　[7]“峰上石耸起”二句：此是对莲花峰命名的简要概括。明袁宏道《华山记》云：“度峰足蛇蜒上，石叶上覆而横裂，为西峰。”　[8] 玉井：位于莲花峰、落雁峰与玉女峰间谷地的镇岳宫前。清姚玉翻《华岳志》卷一《名胜》云：“玉井，在莲花峰旁。深可十丈，圆径半之。”清李榕《华岳志》卷一《名胜·华岳》云：“玉井，在（镇岳宫）上宫前五尺，水出于上潜于下，深可十丈，圆径半之……玉井涓渫异常水，敝宇覆之。左方镇岳宫，右上即南峰路。有玉井楼，楼与镇岳宫对，俯临玉井。” [9] 迎阳：即迎阳洞，参见前文“迎阳洞”条注释。

上东峰，悬南崖而下，一小台峙绝壑中，是为棋盘台 [1]。既上，别道士，从旧径下，观白云峰，圣母殿在焉 [2]。下至莎萝坪，暮色逼人，急出谷，黑行三里，宿十方庵 [3]。出青柯坪，左上有柸渡庵、毛女洞 [4]；出莎萝坪，右上有上方峰 [5]；皆华之支峰也。路俱峭削，以日暮不及登。

据传赵匡胤曾与道家老祖陈抟在此下棋赌输赢，三盘皆负，最终把华山输给了陈抟。此事遂以“自古华山不纳粮”的掌故而盛传。

［注释］

[1] 棋盘台：即博台，位于华山东峰侧一小峰。清李榕《华岳志》卷一《名胜 · 华岳》云：“博台，在岳顶东南隅别一孤峰上，遥望有石方平如榻，如棋局。秦昭王令工施钩梯上华山，以松柏之心为博箭，长八尺，棋长八寸，而勒之曰：王与天神博于此。东峰南下有小峰平顶，当岳之半胸，上有铁瓦亭一区，铁棋一枰，为卫叔卿博台，路由悬崖锁直缒约十馀丈，锁尽，跖崖自度。名鹞子翻身。” [2] 圣母殿：又称三圣母殿，位于莲花峰山麓。大殿内供奉着三圣母、其子刘沉香、侍女灵芝，即民间传说中沉香劈山救母故事的演义。 [3] 十方庵：即十方院。清李榕《华岳志》卷一《名胜 · 华岳》云：“十方院，在仙迹坊西，李楷有记。在玉泉院下。”又：“仙迹坊，在云台观南一里，为登山初步。” [4] 柸（bēi）渡庵：故址当位于青柯坪左上方。柸渡，同“杯渡”，晋宋时僧人，不知姓名，传说其常乘木杯渡水，故以杯渡为名。事见

南朝梁慧皎《高僧传·神异下·杯渡》。后因以称僧人出行。毛女洞：位于华山十八盘西南毛女峰麓。清姚玉翻《华岳志》卷一《名胜》云："毛女峰毛女洞，秦时宫人，字玉姜，入山隐此峰上，食柏饮水，体生绿毛，人常见之。有毛女洞，至今洞中犹闻鼓琴之声。" [5] 上方峰：即白云峰，参见前文"白云峰"条注释。清李榕《华岳志》卷一《名胜·华岳》云："大上方、小上方，莎萝坪东对小上方，又上为大上方。在西元门下，山形如椅，南临虚，北云岩，中污可居。亦有瀑布，长数百丈。小上方附崖楼阁迭起，其径亦险。"

初三日 行十五里，入岳庙[1]。西五里，出华阴西门[2]，从小径西南二十里，入泓峪[3]，即华山之西第三峪也。两崖参天而起，夹立甚隘[4]，水奔流其间。循涧南行，倏而东折[5]，倏而西转。盖山壁片削[6]，俱犬牙错入[7]，行从牙罅中[8]，宛转如江行调舱然[9]。二十里，宿于木柸[10]。自岳庙来，四十五里矣。

泓峪又名瓮谷，清李榕《华岳志》卷一《名胜·华岳》云："瓮谷，谷口环抱如瓮，为南洛径道。入谷四十里至瓮岭，东转为华阳山即洛境。"

柴萼《梵天庐丛录》卷二七云："吴楚谓帆上风曰抢，谓借左右使向前也。《扬都赋》：'艇子抢风，榜人逸浪。'今舟人曰掉抢是也。又作'舱'，作'枪'，见杨慎《俗言》。"

[**注释**]

[1] 岳庙：即西岳庙。 [2] 华阴西门：谓华阴县城西门。 [3] 泓峪：又称瓮峪，因峪口有奇石如瓮倒立而得名，位于台峪西，是华山以西第三个峪口，位于今 310 国道 1033 千米处。峪道绵延 20 千米，两侧峰岭起伏不断，沟岔交错相连。一河清流，明澈见底。是古代通往陕西商洛、鄂北一带的主要山区道路。民

国《华阴县续志》卷一《地理志·山谷》云："瓮谷，谷口环抱如瓮，内宽敞，名华阳川，居民数百家，为通商洛之巨道。"又《地理志·交通》云："西南赴洛道路：由瓮峪口起，经华阳川至老爷岭止，长四十里，虽系蟒蜒曲径，而骡驼肩挑，往来货物，络绎不绝。" [4] 隘：狭窄，狭小。 [5] 倏而：迅疾貌，谓短暂的时间。 [6] 片削：谓山壁陡峭如刀削一般。 [7] 犬牙错入：同"犬牙交错"，谓地界交错，如同狗牙。 [8] 牙罅：形容岩石裂缝如同犬牙的缝隙一样参差交互。 [9] 宛转：回旋盘曲，蜿蜒曲折。这里用如动词。调（diào）舱：同"掉抢"，谓江行中帆船遇逆风，须不断调整帆的位置，以巧借风力曲折前行。俗语所谓"好船家使得八面风"即谓此。 [10] 木柸：当系位于瓮峪中段的村庄名。

初四日 行十里，山峪既穷，遂上泓岭[1]。十里，蹑其巅。北望太华，兀立天表[2]。东瞻一峰，嵯峨特异[3]，土人云赛华山[4]。始悟西南三十里有少华，即此山矣。南下十里，有溪从东南注西北，是为华阳川[5]。溯川东行十里，南登秦岭[6]，为华阴、洛南界[7]。上下共五里。又十里，为黄螺铺[8]。循溪东南下，三十里，抵杨氏城[9]。

清李榕《华岳志》卷一《名胜·华岳》云："赛华山，在落雁峰西南壑外，学三峰而未至者。"

少华山有三峰，西名少华峰，又称独秀峰，其北绿竹遍野，渭水西来，掩映如画。中名玉女峰，上多石屋与摹刻。东峰俗

［注释］

[1] 泓岭：即瓮岭，又称瓮峪岭，位于瓮峪的南出口，属于秦岭山脉的一座小岭。"泓""瓮"，当系音讹，与上文"翁峪"讹为

称半截山，据说此峰原与西峰等高，北宋熙宁五年（1072）地震引来山崩，故仅存山基。

“泓峪”同，反映徐霞客吴方言“影匣不分”的语音特点。 [2] 天表：犹天外。唐李白《金乡薛少府厅画鹤赞》云：“形留座隅，势出天表。” [3] 嵯（cuó）峨：山高峻貌。 [4] 赛华山：即少华山，或称小华山，位于今陕西华阴市境内，在华山景区西南方向 20 千米处，主峰海拔 1664.4 米，与西岳太华山皆属秦岭支脉，并称“二华”。《山海经・西山经》云：“又西六十里，曰太华之山，削成而四方，其高五千仞，其广十里……又西八十里，曰小华之山，其木多荆杞。” [5] 华阳川：此似非专指溪水名，而是指溪水流经瓮峪内的小平川，参见前文“泓峪”条注释。 [6] 秦岭：为横贯中国中部、东西走向的古老褶皱断层山脉，渭河、淮河与汉江、嘉陵江水系的分水岭，是中国地理上的南北分界线。其海拔一般为 2000 米—3000 米，主峰太白山海拔 3767 米。其北侧断层陷落，山势雄伟，多横谷，为南北交通孔道。秦岭有广义与狭义之分，这里当指狭义上的秦岭，即在陕西境内的一段。 [7] 洛南：即洛南县，位于今陕西东南部，属商洛市。地处华山之南与洛水之南，故称。周设华阳池，秦置华阳郡，隋开皇五年（585）改拒阳县置，属商州。明天启初以避明光宗朱常洛讳，改雒南县，1964 年复改洛南县。距西安 108 千米，东与河南卢氏、灵宝毗连；南与丹凤、商州交界；西与华县（渭南市华州区）、蓝田接壤；北与华阴、潼关为邻，素有陕西“东南门户”之称。 [8] 黄螺铺：当即今黄龙铺村，位于今洛南县西北 202 省道（黄洛线）附近。“螺”“龙”，当系音讹，反映了徐霞客吴方言“阴阳对转”的语音特点。 [9] 杨氏城：明代驿铺名，乾隆《雒南县志》卷二《厢乡・驿铺》云：“北二十五里齐家铺，三十里杨氏城铺。”当即今洛南县西北 202 省道（黄洛线）附近的杨城村。

初五日 行二十里，出石门[1]，山始开。又七里，折而东南，入隔凡峪[2]。西南二十里，即洛南县[3]；峪东南三里，越岭。行峪中，十里出山，则洛水自西而东[4]，即河南所渡之上流也[5]。渡洛复上岭，曰田家原[6]。五里，下峪中，有水自南来入洛。溯之入，十五里，为景村[7]。山复开[8]，始见稻畦。过此仍溯流入南峪，南行五里，至草树沟[9]。山空日暮，借宿山家[10]。自岳庙至木柸，俱西南行，过华阳川则东南矣。华阳而南，溪渐大，山渐开，然对面之峰峥峥也[11]。下秦岭，至杨氏城，两崖忽开忽合，一时互见，又不比木柸峪中，两崖壁立，有回曲无开合也。

徐霞客《粤西游日记三》崇祯十年（1637）十一月十九日日记云："南北两石山复峥峥屏立。"

［注释］

[1] 石门：即位于今洛南县北 202 省道（黄洛线）附近的石门镇。 [2] 隔凡峪：即今郭板沟，反映了徐霞客吴方言"重轻唇不分"的语音特点。位于今洛南县城关镇与石门镇之间，202 省道的东侧。 [3] 洛南县：位于今陕西东南部，属商洛市，参见前文"洛南"条注释。 [4] 洛水：即今洛河，为黄河支流。这里当指在陕西境内的一段，即洛水上游。 [5] 上流：指河流的上游一带地区。 [6] 田家原：当在今洛南县城关镇以东一带。 [7] 景村：即位于今洛南县东南 307 省道附近的景村镇。 [8]"山复开"二句：徐霞客真实地记述了秦岭南北农作物品种的差异性，稻田的出现就是洛南气候更接近于我国南方的标志。稻畦，即稻田。 [9] 草

树沟：疑当作栲树沟，位于今景村镇以南。“草”“栲”，当系音讹，反映了北方方言转为吴方言时可能发生的语音变化。 [10] 山家：山野人家。 [11] 峥峥：高峻貌。

“坞底岔”与“糊涂岔”之不同，当系音讹所致。

今丹凤县北境有仓岭，属于留仙坪乡，位于20世纪70年代中所新修之鱼岭水库北端，与徐霞客笔下之“仓龙岭”或同一，若然，则“仓龙岭”似衍一“龙”字。

初六日 越岭两重，凡二十五里，饭坞底岔[1]。其西行道，即向洛南者。又东南十里，入商州界[2]，去洛南七十馀里矣。又二十五里，上仓龙岭[3]。蜿蜒行岭上，两溪屈曲夹之[4]。五里，下岭，两溪适合。随溪行老君峪中[5]，十里，暮雨忽至，投宿于峪口[6]。

［注释］

[1] 坞底岔：当即“糊涂岔”。按作者行进路线，在景村镇与栲树沟以南，今有糊涂岔村，属油泉乡。 [2] 商州：北周宣政元年（578）改洛州置，治所在上洛县（今陕西商洛市商州区），元属奉元路，明洪武七年（1374）改为商县，成化十三年（1477）复升为州，属西安城。清雍正三年（1725）升为直隶州，属陕西省。1913年改为商县，1988年改为商州县级市，2002年撤销商州市，设立地级商洛市。市人民政府驻新设立的商州区。 [3] 仓龙岭：当即仓岭。仓龙通“苍龙”，或谓所指即苍龙岭，或谓今之蟒岭，似皆非是。 [4] 两溪：当指今当地人所称之东河与西河，今丹凤县所修建之鱼岭水库恰在两河汇合处。 [5] 老君峪：位于今陕西洛南县东南一百里。《清一统志·商州》云：“（老君峪）接商州界，路通武关。” [6] 峪口：今峪口有周家村与贺家村，隔老君河相望，未知徐霞客当日所投宿者为何处。

初七日 行五里，出峪。大溪自西注于东[1]，循之行十里，龙驹寨[2]。寨东去武关九十里，西向商州，即陕省间道[3]，马骡商货，不让潼关道中[4]。溪下板船[5]，可胜五石舟[6]。水自商州西至此，经武关之南，历胡村[7]，至小江口入汉者也[8]。遂趋觅舟。甫定[9]，雨大注，终日不休，舟不行。

《清一统志·商州》云："（龙驹寨）有东、西二寨，据鸡冠山。俗传项羽乌骓产此，故名。其地水趋襄汉，陆入关辅，南北辐辏，一巨镇也。本朝乾隆二十二年，设州同驻此。"

［注释］

[1] 大溪：这里即指丹水，全长 443 千米，源于今陕西商洛市西北冢岭山，东南流经今商州、丹凤、商南县，又东入河南，经淅川县荆紫关汇淅川水，又东南称均水，折西南至今湖北丹江口市入于汉水。 [2] 龙驹寨：即今商洛市丹凤县。 [3] 间（jiàn）道：偏僻的小路。这里当指蓝武古道，即北起陕西蓝田，穿越秦岭并通过著名隘口武关后，南达河南南阳，故称蓝武道。又因为这条道穿越了商州全境，唐时又名商山道。 [4] 潼关道：即豫陕大道，由长安东出，沿渭水、黄河南侧通往黄河下游及江淮地区的道路。周代称"桃林塞"路，秦、西汉称"函谷路"，东汉以后称"潼关路"。周、秦、西汉、隋、唐等王朝在关中建都时期，它是横穿中国腹地连接长安至洛阳的轴心干道。宋、元、明、清时期，潼关道为官马大道，是京都联结陕西及西北、西南地区的纽带。 [5] 板船：即木制的船，通常用橹、桨等行驶。 [6] 五石舟：载重量为五石左右的小船。 [7] 胡村：当即吴村，河南淅川县地名，今荆紫关镇东南、丹江南岸有吴村街，与下文"已入南阳淅川境，为秦、豫界，三十里，过胡村"记述相符。"胡""吴"，

当系音讹，反映了徐霞客吴方言“吴胡不分”的语音特点。 [8] 小江口：当指小江口关，位于今湖北丹江口市附近。清顾祖禹《读史方舆纪要》卷七九《湖广五・均州》云：“小江口关，州东南八十里，接光化县界，路出河南。”汉：谓汉水，一称汉江，为长江最大支流，源于今陕西省南部宁强县北之嶓冢山，《尚书・禹贡》“嶓冢导漾，东流为汉”，即此。东南流经陕西省南部、湖北省西北部与中部，在今武汉市入长江，全长1532千米。 [9] 甫定：意谓刚刚寻觅到舟船。

据《晋书・张华传》，雷焕在豫章丰城掘地得双剑，即龙泉与太阿。雷焕赠张华一剑，自留一剑。后张华被杀，其剑丢失；雷焕死后，其子“持剑行经延平津，剑忽于腰间跃出堕水，使人没水取之，不见剑，但见两龙各长数丈，蟠萦有文章，没者惧而反。须臾光彩照水，波浪惊沸，于是失剑”。

初八日 舟子以贩盐故[1]，久乃行。雨后，怒溪如奔马[2]，两山夹之，曲折萦回，轰雷入地之险[3]，与建溪无异。已而雨复至。午抵影石滩[4]，雨大作，遂泊于小影石滩。

[注释]

[1] 舟子：船夫。《诗经・邶风・匏有苦叶》云：“招招舟子，人涉卬否。”毛传：“舟子，舟人，主济渡者。” [2] 奔马：奔跑之马，喻迅速。 [3]“轰雷入地之险”二句：意谓丹水波涛汹涌的险境，如同晋人雷焕之子在建溪（延平津）失落宝剑从而令溪水“惊沸”的境况一样。建溪，闽江北源，位于今福建省北部，由南浦溪、崇阳溪、松溪合流而成，南流至南平市和富屯溪、沙溪汇合为闽江。长296千米，亦名剑溪，又称延平津。前文《游武彝山日记》首段，徐霞客曾提及武彝溪，即与建溪有关。五年以后，徐霞客第三次旅游福建，撰写《闽游日记前》，特意将建溪与“宁洋之溪”因河床坡度不同而致水流缓急有异的状态加以比较：“宁洋之溪，悬溜迅急，十倍建溪。盖浦城至闽安入海，八百馀里，

宁洋至海澄入海，止三百馀里，程愈迫则流愈急。况梨岭下至延平，不及五百里，而延平上至马岭，不及四百里而峻，是二岭之高伯仲也。其高既均，而入海则减，雷轰入地之险，宜咏于此。”在发源地高度相等的情况下，宁洋之溪与建溪比较，前者流程短，流水的落差和流速就大；落差和流速大，侵蚀力就大。徐霞客这一解释符合现代的“河床比降”原理，很有科学意义。其中“雷轰入地”的比喻，也是暗用《张华传》中典，不过有意“张冠李戴”，借以凸显九龙江的奔腾气势。 [4] 影石滩：即月日滩，位于今丹凤县城南月日乡，距县城 8000 米。

初九日 行四十里，过龙关[1]。五十里，北一溪来注，则武关之流也[2]。其地北去武关四十里，盖商州南境矣。时浮云已尽，丽日乘空，山岚重叠竞秀[3]。怒流送舟，两岸秾桃艳李[4]，泛光欲舞[5]，出坐船头，不觉欲仙也[6]。又八十里，日才下午，榜人以所带盐化迁柴竹[7]，屡止不进。夜宿于山涯之下。

［注释］

[1] 龙关：即竹林关，位于今陕西丹凤县城南八十里竹林关镇。明成化十三年（1477）置巡司于此，清顺治十五年（1658）裁。银花河在此地汇入丹江，是丹江通道上连接河南、湖北、陕西三省的水旱码头。《清一统志·商州》云：“（竹林关）临丹水。自此登舟，经淅川、谷城至小江口入汉，为下襄阳水路。” [2] 武关之

流：即武关河，为长江支流汉江的支流丹江上游较大的一条支流，因其流经武关而得名。发源于陕西省丹凤县蟒岭南麓庾家河乡土地沟，北南流向，全长116.7千米，是丹凤县仅次于丹江的最长河流。武关河支流众多，两侧大小支流作对称状分布，流域平均宽度为7.7千米，是一条比较明显的树枝状水系。 [3] 山岚：山间的雾气。唐顾非熊《陈情上郑主司》诗："茅屋山岚入，柴门海浪连。" [4] 秾桃艳李：鲜美的桃花与明丽的李花。农历三月初，桃花、李花当令。 [5] 泛光：浮现光影。唐陈羽《送友人及第归江东》诗："五陵春色泛花枝，心醉花前远别离。" [6] 欲仙：谓人的感受轻松爽快。 [7] 榜（bàng）人：船夫。化迁：原义为造化运转，这里是通过交易买卖以互通有无的意思。

初十日 五十里，下莲滩[1]。大浪扑入舟中，倾囊倒箧[2]，无不沾濡[3]。二十里，过百姓滩，有峰突立溪右，崖为水所摧，岌岌欲堕[4]。出蜀西楼[5]，山峡少开，已入南阳淅川境[6]，为秦、豫界[7]。三十里，过胡村。四十里，抵石庙湾[8]，登涯投店。东南去均州[9]，上太和[10]，盖一百三十里云。

《楚辞·离骚》云："高余冠之岌岌兮，长余佩之陆离。"汉王逸注："岌岌，高貌。"

［**注释**］

[1] 莲滩：与下文"百姓滩"皆为位于今商洛市商南县境内丹江畔的地名。 [2] 箧（qiè）：小箱子，藏物之具。大曰箱，小曰箧。 [3] 沾濡（rú）：浸湿。 [4] 岌岌（jíjí）：高貌。 [5] 蜀西楼：

当即“梳洗楼”的音讹，位于今陕西商南县东南隅，荆紫关古街北十里，附近有梳洗楼村，地处今陕西、河南省界。乾隆《商南县志》卷二《山川》列“高楼梳洗”为其县八景之一，形容此“高楼”：“如怪石垒成，层层高耸，下列二石，形肖狮犀。”原来“梳洗”并非梳妆打扮之意，而是当地人对“狮犀”两字的音讹。徐霞客又对“梳洗”再生音讹，于是《游记》就留下了“蜀西楼”的记述。 [6] 南阳：河南南阳府，元至元八年（1271）改申州置，治所在南阳县（今河南南阳市）。辖境相当今河南伏牛山及叶县以南，新野、桐柏二县以北，舞阳、泌阳二县以西地。1913 年废。淅川：即淅川县，北魏置，属淅川郡。元初废，明成化六年（1470）复置，徙治所今淅川县西南三十四里老城镇，后属南阳府。1927 年直属河南省，1961 年徙治所上集（今淅川县）。 [7] 秦：陕西省的简称。春秋时，秦国土奄有今陕西省地，故名。豫：河南的简称，因古为豫州地而得名。 [8] 石庙湾：即石庙湾村，今属淅川县滔河乡，位于丹江南岸。 [9] 均州：隋开皇五年（585）改丰州置，治所在武当县（今湖北丹江口市西北关门岩北）。唐显庆四年（659）移治今丹江口市西北关门岩东旧均县城，辖境约当今湖北丹江口、十堰两市。元属襄阳路，明属襄阳府，1912 年改均县。 [10] 太和：太和山，即武当山，位于今湖北丹江口市境内，是中国名山之一。详见本书后文《游太和山日记》。

[点评]

华山属于花岗岩峰林地貌，断层众多，因而险峻异常，在五岳中属于最难攀登的山岭。唐李肇《唐国史补》卷中记述了唐代著名文学家韩愈登华山的一则趣闻：“韩愈好奇，与客登华山绝峰，度不可迈。乃作遗书，发狂恸哭。华阴令百计取之，乃下。”至今在苍龙岭的顶头石壁上，还有一块“韩退之投书处”的石刻，记述了这一的趣闻。唐人登华山，因当时相关设施的简陋，极其不易当是事实。明人登华山，由于险要处大都设置了铁锁及凿有石磴等，登华山或许有了比唐人便利的条件，明代士大夫王士性就是在阴雨天中攀登上了千尺幢。徐霞客于天启三年（1623）二月下旬游历河南的嵩山以后，在二月的最末一天赶到了潼关，并投宿于西岳庙。徐霞客是从三月初一开始游华山的，历时两天，玉泉院、莎萝宫、青柯坪、千尺幢、百尺峡、老君犁沟、苍龙岭等景观，皆留下了他的游踪。徐霞客依次登上华山东峰、南峰与西峰，《游记》娓娓道来，要言不烦。

唐李白《西岳云台歌送丹丘子》七古如此描写华山的不凡气势：“巨灵咆哮擘两山，洪波喷箭射东海。三峰却立如欲摧，翠崖丹谷高掌开。”华山的壮美雄丽吸引了古往今来众多的文人墨客，题咏更仆难数。在徐霞客笔下，华山的险峻隐伏于其冷静从容的描述之中，往往三言两语就能提纲挈领地道出华山的山岩特色，如“芙蓉片片”“片削层悬”“尽脱山骨”“两崖壁立，一溪中出”等描写，皆有耐人寻味的无穷魅力。

从三月初三到三月初十，徐霞客奔赴武当山的游程，他不惜笔墨，用了八天的日记详加记述，显示了其对这一段古代水陆商路的浓厚兴趣。随着社会的进步，公路、航空运输的不断发展，徐霞客走过的这条水陆混合的商路早已失去了往日的热闹景象，有些路段甚至早已消失在历史的长河中，但其曾经的辉煌终究是一段民族的记忆，其有关文字的文献价值不容忽视。所谓“山复开，始见稻畦”的忠实记录，明确了秦岭在中国气象学上的分界线作用，三言两语，画龙点睛，绝非寻常之笔。当徐霞客乘舟从丹江顺流而下时，曲折迂回的水路、雨后的水涨船高导致“怒溪如奔马”的磅礴气势，令他欣喜异常，不断用文学的笔触形容自家的愉悦心情，甚至超出了他对华山胜境的心理感受。特别是“轰雷入地之险，与建溪无异”两句，徐霞客暗用晋人张华、雷焕有关宝剑的典故，更能引发读者的丰富联想，馀味无穷。这与此前徐霞客的武夷山之游密不可分，其由大溪（即崇溪）联想到建溪，从而将《晋书》中有关宝剑落水后“光彩照水，波浪惊沸”的状态暗示而出，显示了其博览群书的文学修养。注家若不明此处用典，莫名其妙而外，更难以通晓“建溪”出现于这里的无穷趣味了。

《明一统志》卷六〇著录襄阳府太岳太和山：“在均州南一百二十里。山有七十二峰、三十六岩、二十四涧、五台、五井、三泉、三潭。初名仙室山，又名大岳山。真武奉元君之言游览至此，改名太和。其中一峰最高者，旧为天柱峰，亦曰紫霄峰，岩曰紫霄岩。因栖止修炼，后人谓非玄武不足以当之，又更名武当山。”清顾祖禹《读史方舆纪要》卷七九《湖广五·襄阳府》云：“府西北三百九十里。东北至河南南阳府三百六十里，西北至郧阳府一百二十里，西至陕西兴阳州七百里，北至河南淅川县百六十里。”

游太和山日记[1] 湖广襄阳府均州[2]

十一日[3] 登仙猿岭[4]。十馀里，有枯溪小桥[5]，为郧县境[6]，乃河南、湖广界。

[注释]

[1] 太和山：即武当山，又有“大岳”之号，别名则有谢罗山、参上山、仙室山等，是一座道教名山。著名道者如唐代吕洞宾、五代陈抟、宋代孙元政（寂然子）、元代张守清、明代张三丰等，皆曾在此修炼，声誉日隆。由于唐、宋、元三代的不断开发，这里的道教建筑渐成规模，但由于元末兵燹，所建道观大部分被毁。明成祖永乐十年（1412），明廷在此大兴土木，曾派

遣军夫三十馀万人历时十馀年重建道教名山，八宫二观、三十六庵堂、七十二岩庙、三十九桥、十二亭的道教建筑群就在这一时期成型，各建筑单元错落有致，相映生辉，具有皇家气派，是当时全国最大的道场和道教活动中心，并成为专为朝廷祈福禳灾的“皇室家庙”，从而名闻遐迩。明嘉靖三十一年（1552）又继续加以维修扩建，终令武当山成为“五里一庵十里宫，丹墙翠瓦望玲珑”的道教宏伟建筑的代表。明代的建筑格局基本保留至今，如天柱峰顶的金殿以及太和、南岩、紫霄、五龙、遇真、玉虚六宫，复真、元和二观，磨针井与玄岳门等，均保持了明代的风貌，历史价值、文化艺术价值颇高。 [2] 湖广：元至元中置湖广等处行中书省，简称湖广行省，治所在武昌路（今湖北武汉市武昌区），以其辖境包括宋之荆湖北路、荆湖南路与广南西路而得名，辖境相当于今湖北长江以北的小部分、以南的大部分，湖南全省，广西全区，广东自电白、茂名以西和贵州除北盘江流域以外的地区。明洪武九年（1376）改为湖广布政司（习惯仍称行省），辖境北界扩展至今湖北省界，南界划出原广南西路地区，另置广西省。湖广从此即指今湖北、湖南两湖之地。均州：隋开皇五年（585）改丰州置，治所在武当县（今湖北丹江口市西北关门岩北）。唐显庆四年（659）移治今丹江口市西北关门岩东旧均县城，辖境约当今湖北丹江口、十堰两市。元属襄阳路，明属襄阳府，1912年改均县，1983年撤县，设立丹江口市。 [3] 十一日：明熹宗天启三年三月十一日，即1623年4月10日。 [4] 仙猿岭：位于今湖北十堰市郧阳区、河南淅川县交界处，据称，当地人称此岭猴山或猿岭，是一座人迹罕至的荒山，山不高，也不陡峭。从淅川县滔河乡喻家沟村通过一条小路翻越猴山行十馀里，即可达十堰市郧阳区谭山镇乌峪村。旧时这里为陕西香客朝拜武当山的必经之路。 [5] 枯溪：即乌峪河，宽约5米，长2.5千米，今仍为干河，属于喀斯特地貌中的干谷，其形成即因地球远古造山运动中地壳上升，从前的地表河降而为地下河，原地表的河床干涸而形成干谷。附近的乌峪村即因此干谷而得名。徐霞客《滇游日记六》崇祯十二年（1639）正月二十四日日记记述云南鹤庆境内干谷地貌：“松桧之南，山盘大壑而无水，沟涧之形，似亦望东南去。” [6] 郧县：元至元十四年（1277）置，属均州，治所即今湖北十堰市郧阳区。明成化十二年（1476）为郧阳府治，民国初属湖北襄阳道，1932 年直属湖北省，2014 年 9 月撤县，设立十堰市郧阳区。清同治《郧阳县志》卷一云：“今郧县为汉郧乡，隶郧阳府，其得名则由郧关。”

东五里，有池一泓，曰青泉[1]，上源不见所自来，而下流淙淙，地又属淅川。盖二县界址相错，依山溪曲折，路经其间故也。五里，越一小岭，仍为郧县境。岭下有玉皇观、龙潭寺[2]。一溪滔滔自西南走东北[3]，盖自郧中来者。渡溪，南上九里冈[4]，经其脊而下，为蟠桃岭[5]。溯溪行坞中十里[6]，为葛九沟[7]。又十里，登土地岭[8]，岭南则均州境。自此连逾山岭，桃李缤纷，山花夹道，幽艳异常。山坞之中，居庐相望，沿流稻畦，高下鳞次，不似山、陕间矣[9]。但途中蹊径狭，行人稀，且闻虎暴[10]，日方下舂，竟止坞中曹家店[11]。

《诗经·齐风·载驱》云：“汶水滔滔，行人儦儦。”毛传：“滔滔，流貌。”

[**注释**]

[1] 青泉：即清泉，当地人称为老龙泉，为直径 12 米、水深 4 米左右的泉池。泉池位于今河南淅川县滔河乡清泉村，泉侧今存有明正德间所立《清泉碑记》石碑，高约 2.5 米。据称，1958 年以后，石栏杆和娑罗树被人破坏了。 [2] 玉皇观：故址位于今十堰市郧阳区南化塘镇，镇内今仍存玉皇观地名。龙潭寺：故址位于今十堰市郧阳区白桑关镇龙潭沟。 [3] 一溪：郧阳区共有大小河流 766 条，河流总长 3351 千米，主要河流有汉江、滔河、堵河、曲远河和将军河，这里当指流经今十堰市郧阳区的滔河（汉江的一条支流）。滔滔：大水奔流貌。 [4] 九里冈：今十堰市郧阳区青山镇九里岗村，位于 59 国道呼北高速附近。 [5] 蟠桃岭：当位于九里冈南，未见著录。 [6] 坞：四面高中间低的地方。 [7] 葛九沟：位于今十堰市郧阳区梅铺镇小竹园村，地处蟠桃岭与土地岭间低洼处。 [8] 土地岭：位于今十堰市郧阳区梅铺镇与丹江口市大沟林区交界处。 [9] 山、陕：山西与陕西。 [10] 虎暴：谓老虎伤人畜的灾害。今郧阳区有虎啸滩风景区，显示出古代华南虎曾在这一带活动的迹象。 [11] 曹家店：位于今湖北丹江口市北端的大沟林区，有曹家店村。大沟林区西北与今十堰市郧阳区接壤，东北与河南省淅川县交界。

十二日　行五里，上火龙岭[1]。下岭随流出峡，四十里，下行头冈[2]。十五里，抵红粉渡[3]，汉水汪然西来[4]，涯下苍壁悬空，清流绕面。循汉东行，抵均州[5]。静乐宫当州之中[6]，踞城之半，规制宏整[7]。停行李于南城外，定计明晨

清王概《大岳太和山纪略》卷三《宫殿》云："净乐

宫，在钧州城内，相传帝之先会为净乐国王，净乐治麇，而均即麇地，故因以名宫焉。宫之中为帝殿，后为圣父母殿，左右为廊庑。”

登山[8]。

［注释］

[1] 火龙岭：位于今湖北丹江口市北端的大沟林区。 [2] 行头冈：位于今丹江口市习家店镇行陡坡村。 [3] 红粉渡：指旧时“均州八景”之一的“槐荫古渡”，今已没入丹江水库。 [4] 汪然：深广貌。 [5] 均州：这里指均州州治，故址位于今丹江口市西北关门岩东，1958 年由于丹江水库的修建，被淹没。 [6] 静乐宫：多写作“净乐宫”，明王世贞《自均州由玉虚宫宿紫霄宫记》云：“规均州城而半之则皆真武宫也。宫曰净乐，谓真武尝为净乐王国太子也。”明王士性《五岳游草》卷六《楚游上·太和山游记》云：“次日行三十里至迎恩宫，宫在石板滩，当郧、襄孔道。又十里而至均州净乐宫，宫规城而半之，然规模犹谢玉虚也。”此宫为武当山九宫之首，故址位于均州城中（今湖北丹江口市境内的武当山北麓），始建于明永乐十一年（1413），永乐十六年落成，并赐“元天净乐宫”额。原建筑面积 3 万多平方米，全宫占地面积 12.18 平方米。清康熙二十八年（1689）毁于火灾，康熙三十年（1691）动工重建，六载而成，乾隆元年（1736）又遭火焚。后几经修葺，粗还旧制。宫内原有殿堂、廊庑、亭阁及道舍等建筑五百二十馀间，由东、中、西三院组成，主要建筑有牌坊、大宫门、二宫门、正殿、二圣殿、真宫祠、方丈堂、斋堂、浴室、神厨、神库、配舍等，四周红墙碧瓦环绕，宫内重重殿宇，巍峨高耸，环境幽雅，宛如仙宫，是武当山著名的道教建筑之一。1958 年因兴修丹江口水库，古均州城与净乐宫皆被淹没。2002 年，丹江口市引资 7000 万元，净乐宫复原工作开始，新址位于丹江口市郊区丹赵路，今已基本再现当年的宏伟气势。 [7] 规制：指建筑物的规模形制。宏整：宏伟整齐。徐霞客《滇游日记六》

崇祯十二年（1639）正月二十四日日记云："又八里馀而入鹤庆南门。城不甚高，门内文庙宏整。" [8] 定计：主意，确定的计划。

十三日 骑而南趋，石道平敞。三十里，越一石梁，有溪自西东注，即太和下流入汉者。越桥为迎恩宫[1]，西向。前有碑大书"第一山"三字，乃米襄阳笔[2]，书法飞动[3]，当亦第一。又十里，过草店[4]，襄阳来道，亦至此合。路渐西向，过遇真宫[5]，越两隘下[6]，入坞中。

明宪宗成化二年（1466）均州大水，当地毁桥梁众多，唯此桥完好无损，民间传说真武大帝显灵保佑所致，终于促成明宪宗建迎恩宫。

［注释］

[1] 桥：即石板滩大石桥，故址位于今湖北丹江口市武当山北麓，明成祖永乐间（1403—1424）始建。迎恩宫：故址位于原均州城南三十五里石板滩，原系关王庙故址。成化十七年（1481）落成，名"迎恩观"，十九年改额"迎恩宫"。今已被丹江水库淹没，或拟换址重建。 [2] 米襄阳：即米芾（1051—1107），初名黻，后改芾，字元章，号海岳外史、襄阳漫士、鹿门居士，人称米南宫，祖籍太原（今属山西），徙居襄阳（今属湖北），长期居住润州（今江苏镇江）。北宋书法家、画家、书画理论家，与蔡襄、苏轼、黄庭坚合称"宋四家"。曾任校书郎、书画博士、礼部员外郎。能诗文，擅书画，精鉴别，书画自成一家，创立了"米点山水"。其个性怪异，举止癫狂，遇石称"兄"，并加膜拜，人称"米颠"。著有《画史》《书史》等，《宋史》有传。米芾的《第一山》石刻，据传海内有多处，较著名者即东岳泰山、江苏盱眙县南山与湖北武当山。据传武当山《第一山》刻碑原存朝阳洞，后

迁元和观，此谓立于迎恩宫前，当系明末实录，可为碑刻研究者取资。 [3] 飞动：飘逸生动。 [4] 草店：位于今湖北十堰市武当山街道 316 国道一侧。 [5] 遇真宫：位于今十堰市武当山街道东 4000 米处的武当山北麓，距玄岳门 1000 米，属武当山九宫之一，海拔 174.7 米，背依凤凰山，面对九龙山，左为望仙台，右为黑虎洞，山水环绕如城，旧名黄土城。此宫周围高山环抱，溪流潺潺，大树参天。明代初期张三丰在此修炼，明成祖敕建遇真宫，永乐十五年（1417）竣工，共建殿堂、斋房等九十七间。至嘉靖间，遇真宫已经扩大到三百九十六间，院落宽敞，环境幽雅静穆。明王士性《五岳游草》卷六《楚游上・太和山游记》云："又次日经草店，乃入山。过'治世玄岳'棹楔，忽长冈绾毂，路穷从左入，已乃更旷朗。右绾亦如之，松杉满门，廊庑翼张，是为遇真宫。左庑铸三丰真人像，丰颐瓠领，锐目方面，髭磔出如戟，殊不类所谓闲云野鹤，山泽之癯。" [6] 隘：谓石崖狭窄处。

明袁中道《游太和记》云："始入玉虚宫，周遭类一大县。其中虬柱龙梁，云榱藻井，砌以文石，覆以碧瓦，绮寮云接，飞阁雾连。其外金字银书之亭，真官选客之宇，皆可为他山宫殿。其左右道宇玄院，绮错棋布；幽宫闷室，千

从此西行数里，为趋玉虚道[1]；南跻上岭，则走紫霄间道也[2]。登岭。自草店至此，共十里，为回龙观[3]。望岳顶青紫插天[4]，然相去尚五十里。满山乔木夹道[5]，密布上下，如行绿幕中[6]。

[注释]

[1] 玉虚：即玉虚宫，全称玄天玉虚宫，故址位于原均州城南六十里，在展旗峰北，距玄岳门约 4000 米。明永乐十一年（1413）建成，嘉靖三十一年（1552）重修，属于武当山建筑群中最大的

宫观。有五进三路院落，计有大殿、启圣殿、元君殿、小观殿等一系列堂、祠、坛、庙一千二百馀间，崇台叠砌，楼阁相连，宏伟壮观。后毁于清中叶，今遗存旧址，仍可想见当时规模。 [2] 紫霄：即紫霄宫，位于天柱峰东北展旗峰下，距离太子坡（复真观）7.5 千米。建于永乐十一年（1413），殿堂楼宇，随山势而建，鳞次栉比，飞金流碧，富丽辉煌，属于保存至今较为完整的武当山宫观之一。紫霄宫供奉玉皇、真武诸神，雕塑细腻传神。宫后部建有父母殿，亦多特色。 [3] 回龙观：故址位于武当山玉虚宫东南的浩瀚坡上，海拔 450.6 米。元代在此建有祠宇，已经废圮不存。明永乐十年（1412）建玄帝殿宇、山门、廊庑、方丈、道房、益泉亭、仓库等十四间。清代续有重建和增建。1975 年毁于火灾，现仅存山门、龙虎殿、十方堂、配房等，残垣断壁，境况凄凉。浩瀚坡山势蜿蜒，犹如长龙，突起一峰，有回头之状。传说回龙观据真武传说而修建，真武来武当山修炼之初，曾因意志动摇而返回，路上遇紫气元君化一老妪用铁杵磨针点化。真武至此大彻大悟，毅然返回继续修炼，终成大道。 [4] 岳顶：即天柱峰顶，又名金顶，因顶上有金殿而得名。其巅峰拔空峭立，犹如一根宝柱屹立于众峰之中，故有“一柱擎天”之名。青紫：金顶上宫观殿阁的绿色琉璃瓦与紫色山岩相映生辉所产生的视觉效果。 [5] 乔木：植株高大，主干和分枝有明显区别的木本植物，如松、柏、杨、白桦等。《诗经·周南·汉广》云：“南有乔木，不可休思。” [6] 绿幕：形容浓密的绿色植被如同帷幕一般围绕山间。

门万户。流水周于阶砌，泉声喧于几席。姹花异草，古树苍藤，骈罗列植，分天蔽日。海上三山，忉利五院，依稀似之。”

从此沿山行，下而复上，共二十里，过太子坡[1]。又下入坞中，有石梁跨溪[2]，是为九渡涧

清王概《大岳太和山纪略》卷二《山川》云：“九渡涧，在九渡峰下，会紫霄、黑龙、白龙诸涧而出梅溪。”

另据《玄天上帝启圣录》卷一“涧阻群臣”一则，净乐王子辞亲慕道，入武当山修真，净乐国王令大臣领兵五百追寻太子回朝，众人入山遇涧水忽涨，不能前进，八次渡皆因水泛滥受阻，第九次方得渡。故名。

下流[3]。上为平台、十八盘[4]，即走紫霄登太和大道；左入溪，即溯九渡涧，向琼台观及八仙、罗公院诸路也[5]。

［注释］

[1] 太子坡：即复真观，位于武当山天柱峰东北，距玄岳门约15千米。为攀登金顶之孔道，襄阳与郧阳之要冲，背依陡岩，面临深谷，形势险峻。据传净乐国太子入山修道之初，曾在此留住，因又名太子坡。永乐十二年（1414）始建，清康熙间曾三度重修，今基本保持当年规模。建筑布局严谨，起伏变化，第一层坡上建有红门，额书“太子坡”三字。中轴线上建有龙虎殿、正殿、后殿、左右配殿等，其中五云楼，也叫五层楼，高15.8米，是现存武当山最高的木构建筑，有“一柱十二梁”天下一绝之誉，即在一根主体立柱上，有十二根梁枋穿凿其上，交叉叠搁，计算周密，令人叹为观止。 [2] 石梁：当指剑溪桥，又称天津桥，为三孔石拱桥，建于明永乐十一年，横跨剑溪（九渡涧），距太子坡2.5千米。今存。 [3] 九渡涧：又称剑河，为武当山二十四涧之一，汇入曾水。 [4] 平台：当即平台庙遗址，故址位于太子坡下二里许。明人游记多称“平台”而不及“庙”，庙当早毁。十八盘：谓上、下十八盘。从剑河桥到仙关一段，须转十八道弯，即上十八盘；从太子坡到剑河桥一段，也须转十八道弯，即下十八盘。 [5] 琼台观：即琼台三观，皆为明代建筑，残存。琼台下观，位于天柱峰南下十里处；琼台中观，位于天柱峰南下七里处；琼台上观，位于天柱峰南下五里处。八仙：即八仙观，位于天柱峰东五十里许，海拔638.8米，面对灶门峰，灶门峰左即太上岩。据说此观系因八仙曾在此仙居而得名，八仙即铁拐李、蓝采和、

何仙姑、张果老、韩湘子、汉钟离、吕洞宾、曹国舅八位道教神仙。罗公院：故址位于罗公岩（又名罗状元岩），明代罗洪先曾居此，故名。清王概《大岳太和山纪略》卷二《山川》云："罗公岩，与太上岩对，自七里沟入，由开山故道而登之，石壁削出。往年有屋，居念庵罗太史。望西南诸峰，尽在目眦。"又卷四《仙真》云："罗洪先，字达夫，号念庵，江西吉水人。进士及第，官翰林赞善，以谏罢归。初寓南岳，后登太和，栖息于老君洞之对崖，人莫悉其动止。今名之为罗状元岩云。"明袁中道《游太和记》云："入溪即走九渡涧，中至玉虚岩、琼台观道也。其上为红门，即太上、八仙、罗公院诸处，可抵琼台者。"罗洪先（1504—1564），字达夫，号念庵、石莲居士，吉水（今属江西）人。明世宗嘉靖八年（1529）进士第一，授翰林院修撰，迁左春坊赞善，忤旨罢归，绝意仕进，授徒讲学。他是江右王学的重要代表，博学多才，于天文、地理、礼乐、典章、经济等皆有所得。卒赠光禄少卿，谥"文庄"，私谥"文恭"。著有《广舆图》《念庵罗先生集》等，《明史》有传。

峻登十里[1]，则紫霄宫在焉。紫霄前临禹迹池[2]，背倚展旗峰[3]，层台杰殿[4]，高敞特异。入殿瞻谒[5]。由殿右上跻，直造展旗峰之西[6]。峰畔有太子洞、七星岩[7]，俱不暇问。共五里，过南岩之南天门[8]。

明袁中道《游太和记》云："下至紫霄宫，宫殿所不论。其后为展旗峰，前为禹迹池，泓然沉碧，有水亭可憩。上为福地殿，不及登。"

［注释］

[1] 峻登：谓向高险处攀登。 [2] 禹迹池：位于武当山展旗峰

前，在紫霄宫附近。清王概《大岳太和山纪略》卷二《山川》云："禹迹池，位于紫霄、禹迹桥南，池广亩余，水自小宝珠峰至大宝珠峰溢为此池。"相传夏禹曾至此山，故名。 [3] 展旗峰：位于天柱峰东。清王概《大岳太和山纪略》卷二《山川》云："展旗峰，在天柱东，紫霄宫之后山也。峰色如铁，类中军皂纛展起半空中，帜旒飞扬，自宫前望之，疑墨云堕屋，垂垂欲雨，峰中之最雄奇者。或云真武常执皂旗，北方正色也，因名之。中有玉清、太清、太子三崖。" [4] 杰殿：谓殿宇高耸。晋潘岳《闲居赋》云："浮梁黝以迳度，灵台杰其高峙。" [5] 瞻谒：犹朝见，谒见。含有恭敬义。 [6] 造：到，去。 [7] 太子洞：即太子岩，位于武当山展旗峰山腰、紫霄宫后，系一天然石穴略加人工开凿的洞室。洞口高约 10 米，宽 15 米，深约 11 米，洞室宽阔，洞底坦平，正中有元代初年建造的小型石殿，玲珑别致。殿侧置至元二十七年（1290）镌刻的"太子崖"石额一方，可考订洞室的开凿年代。殿内供太子（即真武帝幼时）童年像，面容丰润。其旁侧洞阴凉，中有清泉，常年不竭。七星岩：当即七星崖，位于紫霄宫上。清王概《大岳太和山纪略》卷三《宫殿》云："紫霄宫，在展旗峰下，离州城百里……出道院左复北上为炼丹崖，出道院右复西上为七星崖，又上为三清崖。" [8] 南岩：位于武当山紫霄宫西约 2.5 千米处，山岭峭拔，林木葱郁，上接碧霄，下临绝壑，是武当山三十六岩中最美的一岩。元、明在此建有道观，最著名者为元延祐元年（1314）所建天乙真庆宫（南岩石殿），皆用石材雕琢，石殿崖前，有浮雕云龙石梁，长约 2 米，宽仅 0.3 米有馀，悬空伸出栏外，前端龙头之上置一小香炉，俗称龙头香，为香客所敬仰。所建宫观，后大都毁弃。南天门：武当山天柱峰顶紫金城设有东天门、西天门、南天门、北天门四座城门，南天门位于南岩侧，明代单檐歇山顶式建筑，是进入南岩宫的必经之路及登金顶的孔道，同时连接着祈雨台、泰常观和雷神洞等庙宇。尚有碑亭、两仪殿等，今仅存遗址。

舍之西[1]，度岭，谒榔仙祠[2]。祠与南岩对峙，前有榔树特大[3]，无寸肤，赤干耸立，纤芽未发。旁多榔梅树[4]，亦高耸，花色深浅如桃杏，蒂垂丝作海棠状。梅与榔本山中两种，相传玄帝插梅寄榔[5]，成此异种云。

据《大岳太和山纪略》记载，此地原生有榔梅，其果味甘如蜜。明代永乐间，山中道士李素希将榔梅果上贡皇帝，得以敕建榔梅仙祠。

明李时珍《本草纲目・果一・榔梅》云："榔梅出均州太和山。相传真武折梅枝插于榔树，誓曰：'吾道若成，花开果结。'后果如其言。今树尚在五龙宫北，榔木梅实，杏形桃核。"

［注释］

[1] 舍之西：意谓放弃了游览南岩的打算，转而西行。 [2] 榔仙祠：又称榔梅祠，故址位于武当山乌鸦岭通往金顶的途中，在南岩宫南一里，传为玄帝插梅寄榔之处。明永乐十年（1412）敕建，是当年全山十六座祠庙中最大的一处，今仅存砖石结构正殿和配殿、厢房、山门、宫墙等。 [3] 榔树：别名血榉、金丝榔、沙榔树、毛脉榉、大叶榉，属于榆科榉树属。落叶乔木，树冠倒卵状伞形，树皮深灰色，叶卵状长椭圆形，表面粗糙，坚果小，花期 3—4 月，果 10—11 月成熟。 [4] 榔梅：亦作"榔梅"，木名。因果实颜色嫩黄，形如鸭蛋，均县镇人称其为黄蛋；因形体和味道接近杏子，武当山五龙宫称其为布袋杏；三官殿、凉水河一带则称其为黄安。相关研究者认为榔梅为贡品的官方名称，黄蛋、黄安、布袋杏则为其乡土名称，实为同类异名物种。由于榔梅在明代属皇室贡果，在武当山又为禁果，常人很难见到实物，也就不可能将黄蛋与其联系在一起，这是造成"物在身边人不识"的根本原因。 [5] 玄帝：这里即指道教所奉的真武帝，即玄武大帝，

又称真武大帝。玄武本为北方七宿（斗、牛、女、虚、危、室、壁）的总称，后因以为北方神名。宋赵彦卫《云麓漫钞》卷九云："朱雀、玄武、青龙、白虎为四方之神。祥符间，避圣祖讳，始改玄武为真武……后兴醴泉观，得龟蛇，道士以为真武现，绘其像为北方之神，被发，黑衣，仗剑，蹈龟蛇，从者执黑旗。"其来源有多种说法，与武当山相关者见《三教搜神大全》卷一，玄帝本为元始化身，投胎为净乐国王子，不继王位，入太和山修行，功成飞升，被上帝封为"玄天上帝"。

清王概《大岳太和山纪略》卷二《山川》云："斜桥，在朝天宫下二里许，自斜桥上顶有三径，一为磴道，上三天门；一为官道，由欢喜坡往；一为樵人道，由铜殿垭入。"

清王概《大岳太和山纪略》卷三《宫殿》云："自故道折而北上为朝圣门，度门复东折而下数百级绕出天柱峰后为三天门，又下数十百级为二天门，为摘星桥，复折而西下数十级为一天门。"

共五里，过虎头岩[1]。又三里，抵斜桥[2]。突峰悬崖[3]，屡屡而是，径多循峰隙上[4]。五里，至一天门[5]，过朝天宫[6]，皆石级曲折上跻，两旁以铁柱悬索。由一天门而二天门、三天门，率取径峰坳间[7]，悬级直上[8]。路虽陡峻，而石级既整，栏索钩连，不似华山悬空飞度也[9]。太和宫在三天门内[10]。

[注释]

[1] 虎头岩：位于榔仙祠南，岩形似虎头，故名。 [2] 斜桥：位于武当山朝天宫下。 [3] 突峰：高耸的山峰。 [4] 峰隙：山岩的夹缝。 [5] 一天门：原作"三天门"，据底本改。徐霞客或凭记忆行文致误，包括将"过朝天宫"记述于"三天门"之后；原作下文"由三天门而二天门、一天门"一句，亦据底本改作"由一天门而二天门、三天门"。冯岁平《对徐霞客〈游太和山路线

图〉之订补》（见徐霞客逝世 360 周年纪念活动暨学术研讨会组委会:《徐霞客逝世 360 周年纪念文集》，2001 年版，第 183—186 页）业已指出，可参阅。攀登天柱峰金顶的古神道从下至上排列有朝天宫、一天门、二天门、三天门，气势恢宏，依次屹立在数千级石阶之间，过三天门后即可到紫金城与太和宫，距离金顶就不远了。三座天门均为明永乐十年（1412）在元代旧址上重建，砖石结构，单檐歇山顶，下层为石雕须弥座。进入一天门，有文昌祠遗址。祠旁一石拱桥，即摘星桥，又名会仙桥。 [6] 朝天宫：位于武当山太和宫东六里，在一天门之下，明永乐十年（1412）于元代旧址上重建。 [7] 率：一概，都。峰坳：两山间的低下处。 [8] 悬级：高悬的登山石阶。 [9] 华山悬空飞度：当指华山苍龙岭的险峻，参见前文“苍龙岭”条注释。 [10] 太和宫：位于武当山天柱峰山腰紫金城南天门外，建于明永乐十四年（1416），正殿额题“大岳太和宫”，前有朝拜殿，左右为钟鼓楼，内悬永乐十四年所铸铜钟。小莲峰紧对正殿，其上有转展殿，内存永乐十四年从天柱峰顶移置于此的元大德十一年（1307）铸造的铜殿一座。附近尚有朝圣门以及天乙楼、天鹤楼、天云楼、天池楼等建筑与遗迹。

日将晡[1]，竭力造金顶[2]，所谓天柱峰也[3]。山顶众峰，皆如覆钟峙鼎[4]，离离攒立[5]；天柱中悬，独出众峰之表，四旁崭绝[6]。峰顶平处，纵横止及寻丈[7]。金殿峙其上，中奉玄帝及四将[8]，炉案俱具[9]，悉以金为之[10]。督以一千户、一提点[11]，需索香金[12]，不啻御夺[13]。余入

清王概《大岳太和山纪略》卷三《宫殿》云：“金殿，在天柱峰极顶，又名金顶。元置铜殿于上，明永乐以规制弗称，移于小莲峰，更为创建，基琢文石，冶铜成

殿，沃以黄金，负西面卯，高丈五尺，横丈二尺，直九尺，式如暖阁。外体精光一片，毫无铸凿之痕；内则刻划瓦鳞及榱桷、檐牙、栋柱、门槅、窗棂、壁隅、门限，诸形毕具，皆刳铜为之。上设帝像，圣容丰润如生，傍侍天兵像四，庄严焕发。自殿屋法像至供御器物，悉是铜质金饰，焜煌一色。”

叩匆匆，而门已阖，遂下宿太和宫。

［注释］

[1] 晡（bū）：申时，相当于现代计时的15—17时。 [2] 金顶：即金殿的俗称，位于天柱峰顶。金殿为一仿木构建筑的铜铸鎏金重檐庑殿式殿堂，面阔进深各三间，结构精巧，庄严凝重。殿下峰腰绕石城一周，名紫金城，长达1.5千米，四门石阙巍然。 [3] 天柱峰：武当山主峰。武当山山体四周低下，中央呈块状突起，多由古生代千枚岩（低级变质岩石）、板岩和片岩构成，局部有花岗岩。岩层节理发育，并有沿旧断层线不断上升的迹象，形成许多悬崖峭壁的断层崖地貌。一峰擎天，众峰拱卫，既有泰山之雄，又有华山之险，悬崖、深涧、幽洞、清泉星罗棋布。自古以来，武当山便是道家追求仙境的理想之地，道教建筑遍及全山，规模宏伟。明王士性《五岳游草》卷六《楚游上·太和山游记》云：“十里许而至朝圣门，乃得当太和山。山孑立七十二峰之中，即天柱峰也。峰头南北长七丈，东西半之。玄武正位，四神在列，贮以金屋，承以瑶台，拥以石栏，倚以丹梯，系以铁絙（gēng），护以紫金城，辟四门以象天阙。羊肠鸟道，飞磴千尺，香炉、蜡烛三峰，恍惚当席前。” [4] 覆钟峙鼎：谓山峰如同钟和鼎一样矗立。 [5] 离离：盛多貌。 [6] 崭绝：险峻陡峭。南朝宋鲍照《登庐山》诗其二云：“崭绝类虎牙，巑岏（cuánwán）象熊耳。” [7] 寻丈：泛指八尺到一丈之间的长度。《管子·明法》云：“有寻丈之数者，不可差以长短。” [8] 四将：四位天将，民间一般认为真武大帝塑像下立有龟蛇二将以及周公与桃花女。 [9] 炉案：焚香的器具香炉与放置香炉烛台的条桌香案。 [10] 金：这里专指铜。 [11] 千户：明代卫所兵制设千户所，千户为长，统兵一千一百二十人，分驻于重要府州，上属于卫，下辖十个百户所。

正千户秩正五品，副千户秩从五品。提点：明代置神乐观提点，掌乐舞；又置太和山提点，掌道观事务，秩正六品。 [12] 需索：敲诈勒索。香金：施给寺庙的赞助费用。 [13] 不啻：无异于，如同。御夺：强行夺取。御，强御，强暴。

十四日 更衣上金顶[1]。瞻叩毕[2]，天宇澄朗[3]，下瞰诸峰，近者鹄峙[4]，远者罗列，诚天真奥区也[5]！遂从三天门之右小径下峡中。此径无级无索，乱峰离立，路穿其间，迥觉幽胜[6]。三里馀，抵蜡烛峰右[7]，泉涓涓溢出路旁[8]，下为蜡烛涧。循涧右行三里馀，峰随山转，下见平丘中开[9]，为上琼台观[10]。其旁榔梅数株，大皆合抱，花色浮空映山，绚烂岩际[11]。地既幽绝，景复殊异。

《隋书·经籍志四》云："所度皆诸天仙上品，有太上老君、太上丈人、天真皇人……天尊之开劫也，乃命天真皇人，改啭天音而辩（辨）析之。自天真以下，至于诸仙，展转节级，以次相授。"

［注释］

[1] 更衣：意谓换上干净正式的衣服，以表示对神祇恭敬。 [2] 瞻叩：瞻仰叩拜。 [3] 天宇：天空。澄朗：清朗。 [4] 鹄峙：亦作"鹄跱"，直立貌。《艺文类聚》卷九一引南朝宋刘义庆《山鸡赋》云："形凤婉而鹄跱，羽衮蔚而缃晖。" [5] 天真：天神，天仙。南朝梁陶弘景《周氏冥通记》卷一："得补吾洞中之职，面对天真，游行圣府，自计天下无胜此处。"奥区：腹地，靠近中心的地区。 [6] 迥：副词，表示程度深，为甚或全之义。幽胜：幽静而优美。 [7] 蜡烛峰：位于武当山莲峰之间，有大、小之分。

清人改称大笔峰、中笔峰。清王概《大岳太和山纪略》卷二《山川》云："大笔峰、中笔峰，二峰并峙于莲峰之间，石笋抽出巅顶，抹黛涂黄，居然双管齐挥。原名大、小蜡烛峰，下临蜡烛涧，因其颖秀改今名。"冯岁平《对徐霞客〈游太和山路线图〉之订补》（见徐霞客逝世360周年纪念活动暨学术研讨会组委会：《徐霞客逝世360周年纪念文集》，2001年版，第184—185页）一文认为："蜡烛峰在榔梅祠东，与香炉峰相连，中间隔金童峰、玉女峰与天柱峰相望。根据地望，此处的蜡烛峰当为天柱峰之南的小莲峰，而且此处确有旧时的登山古道，位于小莲峰之下山涧中，此涧名蜡烛涧。今上方已经架设建成了索道。徐霞客据蜡烛涧，将此山峰（小莲峰）误作蜡烛峰。再说明代有两座蜡烛峰，徐霞客究竟指哪一座，看来也是模糊不清的。"可参考。 [8] 涓涓：细水缓流貌。《荀子·法行》云："《诗》曰：'涓涓源水，不雍不塞。'" [9] 平丘：顶平的山丘。 [10] 上琼台观：位于天柱峰南下五里处，明代琼台三观之一，参见前文"琼台观"条注释。 [11] 绚烂：光彩炫目。

唐孟浩然《梅道士水亭》诗："傲吏非凡吏，名流即道流。"

清王概《大岳太和山纪略》卷二《山川》云："玉虚岩，一名俞公岩，在仙关之东，九渡涧之上，由渊默亭沿涧东入，壁立半空，岩之高以千仞，涧声雷震于其下。"

余求榔梅实，观中道士噤不敢答[1]。既而曰："此系禁物[2]。前有人携出三四枚，道流株连破家者数人[3]。"余不信，求之益力，出数枚畀余[4]，皆已黝烂，且订无令人知[5]。及趋中琼台，余复求之，主观仍辞谢弗有[6]。因念由下琼台而出，可往玉虚岩[7]，便失南岩、紫霄[8]，奈何得一失二；不若仍由旧径上，至路旁泉溢处，左越蜡烛峰，去南岩应较近。忽后有追呼者，则中琼台小黄冠以师命促余返[9]。观主握手曰：“公渴求珍植[10]，幸得两枚，少慰公怀。但一泄于人，罪立至矣。”出而视之，形侔金橘[11]，漉以蜂液[12]，金相玉质[13]，非凡品也。珍谢别去。

汉王逸《〈离骚〉序》云：“所谓金相玉质，百世无匹，名垂罔极，永不刊灭者矣。”

[注释]

[1] 噤（jìn）：闭口。 [2] 禁物：旧时谓禁止民间食用或使用的物品。 [3] 道流：道士之辈。 [4] 畀（bì）：给予，付与。 [5] 订：约定。 [6] 主观（guàn）：主持道观事务者，与下文“观主”义同。弗：不。 [7] 玉虚岩：又名俞公岩（武当山道士俞圣哲曾在此修炼，故名），位于武当山天津桥东约 1.5 千米处，在九渡涧北岸悬崖之上。武当山三十六岩之一，也是武当山规模较大、保存较好的岩庙之一。据元代碑文记载，此岩为玄帝（即真武帝）修炼之处，后得道飞升，被封为“玉虚师相”而得名。现存建筑系晚清重修，中供真武像及左右侍从、五百灵官，均为清同治年间重修。 [8] 南岩：位于武当山紫霄宫西约 2.5 千米处，参见前文“南岩”条注释。紫霄：即紫霄宫，参见前文“紫霄”条注释。 [9] 小黄冠：小道士。黄冠，道士之冠，古代常借指道士。 [10] 珍植：谓珍贵的果品，指榔梅果实。 [11] 侔（móu）：齐等，相当。金橘：又名金柑，橘之一种，常绿灌木，叶披针形或长圆形，秋冬实熟，色黄味酸而皮甘香。明李时珍《本草纲目·果二·金橘》云：“此橘生时青卢色，黄熟则如金，故有金橘、卢橘之名。” [12] 漉以蜂液：谓色泽如同过滤了的蜂蜜一般。 [13] 金相玉质：形容人或物外表和内质俱美。

徐霞客《粤西游日记四》崇祯十年（1637）十二月二十七日日记云："洞两旁裂峡分瓣，皆廉利沓合。"

复上三里馀，直造蜡烛峰坳中。峰参差廉利[1]，人影中度[2]，兀兀欲动。既度，循崖宛转[3]，连越数重。峰头土石，往往随地异色。既而闻梵颂声[4]，则仰见峰顶遥遥上悬，已出朝天宫右矣[5]。仍上八里，造南岩之南天门，趋谒正殿[6]。右转入殿后，崇崖嵌空[7]，如悬廊复道[8]，蜿蜒山半[9]，下临无际[10]，是名南岩[11]，亦名紫霄岩，为三十六岩之最[12]，天柱峰正当其面。自岩还至殿左，历级坞中，数抱松杉，连阴挺秀。层台孤悬，高峰四眺，是名飞升台[13]。暮返宫，贿其小徒，复得榔梅六枚。明日再索之，不可得矣。

［注释］

[1] 廉利：锋利。 [2] 人影中度：意谓人在高低嶙峋的山影中穿行。 [3] 宛转：回旋盘曲，蜿蜒曲折。这里用如动词。 [4] 梵颂：通"梵诵"，指佛家诵经。 [5] 出朝天宫右：冯岁平《对徐霞客〈游太和山路线图〉之订补》（见徐霞客逝世360周年纪念活动暨学术研讨会组委会：《徐霞客逝世360周年纪念文集》，2001年版，第185页）一文认为："朝天宫在欢喜坡，位居山坳中，那里是无法听到梵颂声的，故当作'出紫霄宫右'，这样更符合事实。"可参考。 [6] 正殿：当指玄帝大殿，明代建筑，1926年毁于大火。明袁中道《游太和记》云："至南岩，岩石若驳云，外

覆为循廊，以达宫门。殿宇壮丽甚，殿后依岩为诸院宇，亦若修廊。” [7] 崇崖：高大的山崖。嵌空：凹陷。宋范成大《吴船录》卷下云：“沿江石壁下，忽嵌空为大石屋，即石凿为像。” [8] 悬廊：悬空的走廊。复道：楼阁间架空的通道，也称阁道。《史记·秦始皇本纪》云：“秦每破诸侯，写放其宫室，作之咸阳北阪上，南临渭，自雍门以东至泾渭，殿屋复道周阁相属。” [9] 蜿蜒：萦回屈曲貌。唐孟郊《石淙》诗其四云：“蜿蜒相缠掣，荦确亦回旋。” [10] 无际：犹无边；无涯。《列子·力命》云：“窈然无际，天道自会。” [11] “是名南岩”二句：武当山的南岩与紫霄岩是否为一处景观，古今皆有不同说法。明王士性《五岳游草》卷六《楚游上·太和山游记》云：“复由榔梅祠抵南岩，岩擘崖之半为宫，从殿后左折，大石延袤百丈如飞筤（láng），其下，前绝大壑，荟蕞蒙茸，正黑无底，天阴籁发，噫气洒淅，满山谷间。中为紫霄岩，岩前一龙首石出阑外，瞰之胆落，礼神者往往焚瓣香于鼻，从颈上望天柱以为虔。”又云：“故论太和之胜，于其高不于大；论南岩之胜，于其怪不于其丽；论紫霄之胜，于其整不于其奇。信夫。”明袁中道《太和后记》云：“日中而止紫霄。览紫霄毕，以其馀力，及七星、宝珠诸处，而胜可穷也。朝从紫霄发，徐行于摘星、天门之间。日中而止太和谒帝。览太和毕，以其馀力，及清微、朝圣诸处，而胜可穷也。朝从天柱发，徐行于天门、摘星之间。日中而止南岩。览南岩毕，以其馀力，及欻（xū）火、不二诸处，而胜可穷也。”清王概《大岳太和山纪略》卷二《山川》云：“紫霄岩，一名独阳岩，在天柱之北、更衣台之东、欻火岩之西、仙吕岩之南。上倚层霄，下临虎涧，高明敞豁，乃帝炼丹之地。至元中住岩张守清兴修之，叠石为路，积水为池，名以紫霄岩。上列殿庭，中有泉曰甘露。西上百馀步，有石曰试心石。又十馀步即更衣台，后有洞，云道人鲁大宥复开，香火受供，与五龙、紫霄二宫等。” [12] 三十六岩：宋王象之《舆地纪胜》引《武当山记》已有三十六岩之说，通行说法计有南岩（紫霄岩）、隐仙岩、仙侣岩、卧龙岩、尹喜岩、玉虚岩、五龙岩、玉清岩、太清岩、太子岩、皇后岩、白云岩、三公岩、天马岩、藏云岩、隐士岩、云母岩、杨仙岩、沈仙岩、滴水岩、常春岩、集云岩、谢天地岩、北斗岩、歘火岩、黑龙岩、白龙岩、黑虎岩、升真岩、碧峰岩、仙龟岩、雷岩、风岩、九卿岩、凌虚岩、太上岩。三十六岩之外，还有虎耳岩、悟真岩、罗公岩等，也很有名。 [13] 飞升台：位于五龙宫东南山峰上，相传为真武帝舍身飞升之处。清王概《大岳太和山纪略》卷二《山川》云：“飞升台，在五龙宫东南百步，松杉扶疏，烟霞交映。登其上，万壑千岩一目可尽。按图经碑刻，元帝奉诏于此，五龙掖之上升，地皆变金玉色。今举山皆金星石。”

清王概《大岳太和山纪略》卷二《山川》云：“雷洞，叠字峰壁间有石穴，从上绳贯而入，石色作火焰雷文，有卧形足迹存焉。远听之常有声轰轰然，即邓天君修炼处。崖曰雷岩，洞曰雷洞。”又卷四《仙真》：“不二和尚，名圆信，北京房山县

十五日 从南天门宫左趋雷公洞[1]。洞在悬崖间。余欲返紫霄，由太子岩历不二庵[2]，抵五龙[3]。舆者谓迂曲不便[4]，不若由南岩下竹笆桥[5]，可览滴水岩、仙侣岩诸胜[6]。乃从北天门下[7]，一径阴森[8]，滴水、仙侣二岩，俱在路左，飞崖上突，泉滴沥于中，中可容室，皆祠真武。至竹笆桥，始有流泉声，然不随涧行。乃依山越岭，一路多突石危岩[9]，间错于乱箐丛翠中[10]，时时放榔梅花，映耀远近。

人。剃发白云山，礼大僧德敬为师。明嘉靖庚申入武当住虎耳岩数十年，贤士大夫之辙以日至，尚方之赐、掖庭之供以月至，虎耳崖之名遍天下。”

[注释]

[1] 雷公洞：即雷洞，位于武当山叠字峰壁间。 [2] 太子岩：位于武当山展旗峰下。清王概《大岳太和山纪略》卷二《山川》云：“玉清岩、太清岩、太子岩，三岩在展旗峰下，一名三清岩。太清原名修道岩，昔黄太清得道于此，因名之。峰腰有太子岩，乃昔真武为太子修道处，下即太子坡，右延衺上数十级，有小构，设太子像于中。”参见前文“太子洞”条注释。不二庵：位于武当山虎耳崖下。 [3] 五龙：即五龙宫，位于五龙峰附近。清王概《大岳太和山纪略》卷三《宫殿》云：“五龙宫，州城西南九十里，即五龙灵应故址，前列金锁峰，左绕磨针涧，其宫东向，逆折其门北向，宫门内为道九曲十八折。殿二，曰元帝，曰启圣。”五龙峰，清王概《大岳太和山纪略》卷二《山川》云：“五龙峰，一名五龙顶，道藏云上应龙变梵度天。五峰罗列互见，奋迅涌起，有群龙天半拿云劈海之象。顶有石庙一区，曰真源之殿，即五炁龙神所寓，有灵泉曰龙池。” [4] 舆者：谓抬轿的轿夫。舆，肩舆，即轿子。 [5] 竹笆桥：故址位于仙侣岩与白云岩之间，横跨青羊涧，在青羊桥以北。 [6] 滴水岩：位于仙侣岩之南、南岩宫下，岩顶赭色如肺盖，时有泉滴如珠，下有小石池盛水，四季不竭，故名。清王概《大岳太和山纪略》卷二《山川》云：“滴水岩，在仙侣岩南，石中裂而上垂赭色如肺，盖泉时一滴似刻漏，下有小石池盛之，就视之，亦不见石。有隙窦痕，不知滴所从出。”仙侣岩：位于天柱峰北、青羊涧之上。今名“下元”，亦名“下院”。清王概《大岳太和山纪略》卷二《山川》云：“仙侣岩，在天柱北，面朝天门，山畬（yú）平坦，筑居深密。昔陶幼安隐此得道，后修炼者多栖之，故名仙侣。有泉曰百花。”一说，相传真武道成，蓬莱仙侣来贺，因名。 [7] 北天门：武当山天柱峰顶紫金城设有东天门、西天门、南天门、北天门四座城门，此其一。 [8] 阴森：

谓树木浓密成荫。 [9] 突石：凸出的岩石。突，凸出。《庄子·说剑》云："吾王所见剑士，皆蓬头突鬓垂冠，曼胡之缨，短后之衣，瞋目而语难。"唐成玄英疏："发乱如蓬，鬓毛突出。"危岩：高耸峥嵘的山岩。 [10] 乱蒨（qiàn）丛翠：谓色彩绛翠杂错的草木。蒨，指绛色。

过白云、仙龟诸岩[1]，共二十馀里，循级直下涧底，则青羊桥也[2]。涧即竹笆桥下流，两崖蓊葱蔽日[3]，清流延回[4]，桥跨其上，不知流之所去。仰视碧落[5]，宛若瓮口。度桥，直上攒天岭[6]。五里，抵五龙宫，规制与紫霄、南岩相伯仲[7]。殿后登山里许，转入坞中，得自然庵[8]。已还至殿右，折下坞中，二里，得凌虚岩[9]。岩倚重峦，临绝壑，面对桃源洞诸山[10]，嘉木尤深密[11]，紫翠之色互映如图画，为希夷习静处[12]。前有传经台[13]，孤瞰壑中，可与飞升作匹[14]。还过殿左，登榔梅台[15]，即下山至草店。

晋王羲之《与谢安书》云："蜀中山水，如峨眉山，夏含霜雹，碑板之所闻，昆仑之伯仲也。"

［注释］

[1] 白云：即白云岩，位于武当山白云峰下。清王概《大岳太和山纪略》卷二《山川》云："白云岩，在白云峰下，崄巇（xī）

不可到。望壁间悬而吐者为岩，诎而内者为洞。旁有石穴，曰星牖，幽栖者设栈以入则不复出，米盐率以缒致。或仿佛时见形影，昔陈希夷辟谷，曾三迁于此，后徙五龙。”仙龟：即仙龟岩，位于天柱峰下。同上卷二《山川》云：“仙龟峰，在天柱峰下，侧立千尺，石员起作绿珩色，如龟衣苔藓而坐，旁溜点点滴下，以手承之，辄成掬。或云有神龟藏此，时吐云雾。” [2] 青羊桥：位于武当山大青羊涧上。清王概《大岳太和山纪略》卷二《山川》云：“大青羊涧，在青羊峰下，一名青羊河，有桥跨之，曰青羊桥。承万虎、桃源诸涧之水，泌瀄（zhì）奔赴，激湍之声出乱石中。石皆白色，多奇状，四壁围若缭垣，山与水相响应，岛竦川迴以达于淄河。涧中之巨观也。” [3] 蓊葱：草木茂盛貌。 [4] 延回：迂回伸展。 [5] 碧落：道教语。天空，青天。 [6] 攒天岭：方志未见著录，大约是青羊桥到五龙宫的一段山岭名。 [7] 伯仲：原指兄弟的次第，常用来比喻事物不相上下。 [8] 自然庵：位于五龙宫西五十步，自凌虚岩折而西上即是。庵前甃石为方池，即炼丹池。据传为宋初陈抟的修真之所。 [9] 凌虚岩：位于五龙宫西南。清王概《大岳太和山纪略》卷二《山川》云：“凌虚岩，在五龙宫西南二里许，于冈脊外横开数十丈，坦其巅与冈相属如坪，岩畔似坏城，筑墙围之，便于凭眺。下皆巨杉，蓊偃阴森。唐孙思邈、宋陈希夷俱修炼于此。路侧有希夷诵经台。” [10] 桃源洞：位于桃源峰麓。清王概《大岳太和山纪略》卷二《山川》云：“桃源洞，在桃源峰北，境象远阔，杳与尘绝。西有穴曰桃源洞，焚修者蜕形瘗（yì）剑于此。东即陈希夷诵经台。”桃源峰，清王概《大岳太和山纪略》卷二《山川》云：“桃源峰，在紫盖峰之北，山之口如峡，入而逶迤，中则宽平，峰峦拔萃，下有桃源涧、桃源洞，流水落花，仿佛武陵，因以名其峰。” [11] 嘉木：美好的树木。 [12] 希夷：即陈抟（871—989），字图南，号扶摇子，宋亳州真源（今河南鹿邑，另说即今安徽亳州）人。五代后唐时举进士不第，遂不仕，以逍遥山水为乐，隐居华山。宋太宗太平兴国中，曾两至汴京（今河南开封），为太宗所重，并赐号希夷先生。著有《无极图》《先天图》《心相篇》等，后经周敦颐、邵雍等人发展为理学。《宋史》卷四五七有传。习静：亦作“习靖”，“靖”“静”，古通。意谓习养静寂的心性，亦指过幽静生活。 [13] 传经台：当即诵经台，清王概《大岳太和山纪略》卷二《山川》云：“诵经台，自凌虚岩左折而南，有陈希夷诵经台，其台南面天柱诸峰，下窥无际。” [14] 飞升：即飞升台，参见前文“飞升台”条注释。 [15] 榔梅台：又名神榔台，故址位于明道士李素希墓附近，原有榔梅亭，今废。

清顾炎武《送李生南归寄戴笠王锡阐二高士》诗：“华山五粒松，寄向江东去。”

又唐段成式《酉阳杂俎·木篇》云：“松，凡言两粒、五粒，粒当言鬣。”

华山四面皆石壁[1]，故峰麓无乔枝异干[2]；直至峰顶，则松柏多合三人围者[3]；松悉五鬣[4]，实大如莲[5]，间有未堕者，采食之，鲜香殊绝。太和则四山环抱，百里内密树森罗[6]，蔽日参天[7]；至近山数十里内，则异杉老柏合三人抱者，连络山坞，盖国禁也[8]。嵩、少之间，平麓上至绝顶[9]，樵伐无遗，独三将军树巍然杰出耳[10]。山谷川原[11]，候同气异[12]。余出嵩、少，始见麦畦青；至陕州，杏始花，柳色依依向人[13]；入潼关[14]，则驿路既平[15]，垂杨夹道，梨李参差矣[16]；及转入泓峪，而层冰积雪，犹满涧谷，真春风所不度也[17]。过坞底岔，复见杏花；出龙驹寨，桃雨柳烟，所在都有。忽忆日已清明[18]，不胜景物悴情[19]。遂自草店，越二十四日，浴佛后一日抵家[20]。以太和榔梅为老母寿[21]。

［注释］

[1] 华（huà）山：即太华山，位于今陕西华阴市南十里，是中国五岳中的西岳，参见前文“太华山”条注释。 [2] 峰麓：山脚。乔枝异干：谓高大奇异的乔木树种。 [3] 合三人围：三人合抱的大树。 [4] 五鬣：即五鬣松，又称五粒松，为松的一种，因一丛五叶如钗形而得名。 [5] 实大如莲：谓松子大如莲子。 [6] 森罗：谓树木繁蔚杂陈。唐张九龄《商洛山行怀古》诗：“硕人久沦谢，乔木自森罗。” [7] 蔽日参天：遮蔽日光，高耸于天空。宋梅尧臣《和永叔啼鸟》云：“深林参天不见日，满壑呼啸难识名。” [8] 国禁：国家的禁令。这里指明廷对武当山及其周围的植物不得樵采砍伐的诏令。 [9] 平麓：山脚平地。 [10] 三将军树：即嵩山嵩阳书院内的三将军柏，至清初仅存两株。 [11] 山谷：两山间低凹而狭窄处，其间多有涧溪流过。川原：河流与原野。 [12] 候同气异：意谓季节虽同，但因地势的垂直差异以及南北（纬度）差异，天气寒暖与物候时令实有不同。《素问・六节藏象论》云：“五日谓之候，三候谓之气，六气谓之时。” [13] 依依：轻柔披拂貌。《诗经・小雅・采薇》云：“昔我往矣，杨柳依依；今我来思，雨雪霏霏。” [14] 潼关：位于今陕西潼关县东北。古为桃林塞地，东汉建安中设潼关。明洪武九年（1376）置潼关卫，属河南都司，治所在潼关（今陕西潼关县东北港口镇）；永乐六年（1408）直隶中军都督府。 [15] 驿路：即驿道，中国古代为传车、驿马通

行的大道，沿途设置驿站。 [16] 参差：纷纭繁杂。 [17] 春风所不度：意谓气候迥异。语本唐王之涣《凉州词二首》其一：“羌笛何须怨杨柳，春风不度玉门关。” [18] 清明：中国二十四节气之一，在公历每年的 4 月 5 日前后。 [19] 不胜：无法承担；承受不了。悴（cuì）情：忧伤的情怀，意谓思念母亲。 [20] 浴佛：即浴佛节，又称佛诞节。中国汉族地区相传农历四月初八日为释迦牟尼生日。佛寺于此日诵经，并用名香浸水，灌洗佛像。取法传说中龙王以香水洗灌悉达多太子的故事，以纪念佛的诞生，称为浴佛节。 [21] 寿：这里谓为自己年近八十的生母王孺人祝寿或祝福。

［点评］

明王士性《五岳游草》卷六《楚游上·太和山游记》云：“太和山，一名武当，地隶均。均，春秋时麇国也。道书称玄君降于神农之世，为净乐国太子，乃亦治麇，缘是上升。我明文皇感而尊为帝时，赐太岳名，至肃皇复尊称玄岳，欲以冠五岳云。云武当者，则《水经》已先之矣。志称山拥七十二峰、三十六岩、二十四涧，周环八百馀里。谓此天下名山，非玄武不足以当之，然乎哉。山既以擅宇内之胜，而帝又以其神显，四方士女，持瓣香戴圣号，不远千里号拜而至者，盖肩踵相属也。”王士性对于武当山道教宫观的富丽堂皇又发感慨说：“至宫庭之广，土木之丽，神之显于前代亡论，其在今日可谓用物之宏也矣。志云聚南五省之财，用人二十一万，作之十四年而成，大哉我文皇之烈乎！非神道设教，馀山安望其俦匹耶？”武当山在有明一代的崇高地位，与燕王朱棣从北方南下“清君侧”的靖难之役分不开。朱棣认为他之所以能从朱允炆手中夺取天下，完全靠北方玄武大帝的佑护，因而尊武当为大岳理所当然。有皇帝的倡导，文人墨客自然也有神化武当的意向。徐霞客《游嵩山日记》开首就明确表示：“余髫年蓄五岳志，而玄岳出五岳上，慕尤切。”可见太和山在明代文人士大夫心目中的崇高地位。

天启三年（1623）仲春，徐霞客开始出游分别位于河南、陕西与湖广的三座名山，继嵩山与太华山之后，湖广太和山是这次旅程的最后一站。据《游太和山日记》，徐霞客于三月十一日进入湖广境内，十二日南抵均州，十三日开始攀登太和山。沿途游遇真宫、紫霞宫、南岩、太和宫、五龙宫以及滴水、仙侣、凌虚诸岩，并攀登绝顶天柱峰金顶。十五日下山，返草店。此后取汉水、长江舟行，越二十四日，于四月初九归家。经过仔细观察、对比，他对这次历时两月有馀的三山之旅加以科学总结，认为“山谷川原，候同气异”，这一对地形影响气候的结论，还包括纬度高低不同的因素，绝非纯粹游山玩水者所能心领神会。太和山因为在明代地位崇高，自然植被的生态保护首屈一指，比嵩山与太华山幸运得多。徐霞客明确提出这一带有浓厚人文关怀的观点，对于今天如何自上而下地采取措施保护我们美丽家园的生态环境，也有相当的认识价值。

游五台山日记[1] 山西太原府五台县[2]

癸酉七月二十八日[3] 出都[4]，为五台游。越八月初四日，抵阜平南关[5]。

宋释延一《广清凉传》卷上《清凉山得名所因》云："按《华严经疏》云：'清凉山者，即代州雁门郡五台山也。以岁积坚冰，夏仍飞雪，曾无炎暑，故曰清凉。五峰耸出，顶无林木，有如垒土之台，故曰五台。'海东《文殊传》云：'五台即是五方如来之座也，亦象菩萨顶有五髻。'"明释镇澄《清凉山志》卷二云："五台，亦曰五峰……其东西南北四台，皆自中台发脉。一山连属，势若游龙，唯南台特秀而穹居焉。"

[注释]

[1] 五台山：位于今山西省东北部的忻州市五台县境内，位列中国佛教四大名山（山西五台山、浙江普陀山、四川峨眉山、安徽九华山，分别是文殊菩萨、观世音菩萨、普贤菩萨、地藏王菩萨的道场）之首。其山体由古老结晶岩构成，北部切割深峻，五峰耸立，峰顶平坦如台，故称五台，最低处海拔仅 624 米。东台望海峰，海拔 2795 米；西台挂月峰，海拔 2773 米；南台锦绣

峰，海拔 2485 米；北台叶斗峰，海拔 3061 米；中台翠岩峰，海拔 2894 米。五峰之外称台外，五峰之内称台内，台内以台怀镇为中心。五台周长约 250 千米，总面积 2837 平方千米。五台之中以北台最高，有“华北屋脊”之称。山中气候寒冷，台顶终年有冰，盛夏天气凉爽，故又称清凉山，为古今避暑胜地。五台山是中国唯一一座青庙（汉传佛教）黄庙（藏传佛教）交相辉映的佛教道场，因此汉蒙藏等民族在此和谐共处。五台山据传曾拥有寺庙 128 座，现存台内寺庙 39 座、台外寺庙 8 座，著名者如显通寺、塔院寺、菩萨顶、南山寺、黛螺顶、广济寺、万佛阁等。佛寺建筑壮丽辉煌，雕刻精美，彩塑庄严，在我国佛教史上地位重要。 [2] 太原府：唐开元十一年（723）改并州置。北宋太平兴国四年（979）复为并州，移治所于阳曲县（今属太原市）；嘉祐四年（1059）复改太原府。元太祖十一年（1216）改为太原路；大德九年（1305）改名冀宁路。明洪武元年（1368）复改太原府，清代仍之，辖境相当于今山西榆次、太谷以西至黄河东岸兴县、岢岚、岚县等地，为明清省会。1912 年废。五台县：今属山西省。民国初属山西雁门道，1928 年直属山西省。清顾祖禹《读史方舆纪要》卷四〇《山西二·代州·五台县》云：“五台县，州南百四十里，东南至盂县百二十里。汉虑虒县，属太原郡……隋大业初改曰五台，因山以名也。唐属代州，宋因之。金贞祐四年升为台州，元因之。明洪武二年复为五台县，属太原府，八年改属代州。” [3] 癸酉七月二十八日：即 1633 年 9 月 1 日。癸酉，明崇祯六年。 [4] 都：明代京师，即今北京市。 [5] 阜平：即阜平县，金明昌四年（1193）置，属真定府，治所即今河北阜平县，西与山西五台县交界。元代属真定路。明代属真定府。清顺治十六年（1659）废，康熙二十二年（1683）复置，移治王快镇，位于今阜平县东南五十里。后又移治今阜平县，属正定府。民国初属直隶保定道，1928 年直属河北省。今属河北保定市，东与曲阳、唐县交界，东北与涞源为邻，西与山西省五台县相接，西北与山西省繁峙县接壤。清顾祖禹《读史方舆纪要》卷一四《北直五・真定府・阜平》云："府西北二百五十里。西至山西五台县二百四十里，东至保定府唐县百八十里。" 南关：南城门。

清顾祖禹《读史方舆纪要》卷四四《山西六・浑源州》云："滱水，在州东南……发源州东南五十里枪峰岭，经灵丘、广昌二县境，出倒马关入北直唐县界，谓之唐河。"

山自唐县来[1]，至唐河始密[2]，至黄葵渐开[3]，势不甚穹窿矣。从阜平西南过石梁[4]，西北诸峰复嵱嵷起[5]。循溪左北行八里，小溪自西来注，乃舍大溪，溯西溪北转，山峡渐束[6]。又七里，饭于太子铺[7]。北行十五里，溪声忽至。回顾右崖，石壁数十仞，中坳如削瓜直下。上亦有坳，乃瀑布所从溢者，今天旱无瀑，瀑痕犹在削坳间。离涧二三尺，泉从坳间细孔泛滥出，下遂成流。再上，逾鞍子岭[8]。

[注释]

[1] 唐县：西汉置，属中山国。唐属定州，圣历元年（698）移治今唐县西南城子村。金代移治今唐县，元代属保定路，明代属保定府。民国初直隶保定道，1928 年直属河北。今属河北保定市。 [2] 唐河：大清河支流，古称滱水，源出山西浑源县东南，曲折东流入河北中部白洋淀。 [3] 黄葵：当作"王快"，即王快镇，位于今阜平县东南五十里。今阜平平阳镇有王快村，其南兴修有王快水库。"黄葵""王快"，当系音讹，反映了徐霞客吴方言"王

黄不分”的语音特点。 [4] 石梁：石桥。 [5] 嵱嵷（yǒngsǒng）：高低众多貌。《汉书·扬雄传上》云：“陵高衍之嵱嵷兮，超纡谲之清澄。”唐颜师古注引如淳曰：“嵱嵷，上下众多貌。” [6] 山峡：两山之间的峡谷。《淮南子·原道训》云：“逍遥于广泽之中，而仿洋于山峡之旁。” [7] 太子铺：即今塔子铺，位于今阜平县西北，在 337 国道北侧。“太”“塔”，当系音讹，反映了徐霞客吴方言“阴入对转”的语音特点。 [8] 鞍子岭：又作安子岭，位于今阜平西北三十五里处，在塔子铺以西、337 国道北侧。

岭上四眺，北坞颇开[1]，东北、西北，高峰对峙，俱如仙掌插天[2]，惟直北一隙少杀[3]。复有远山横其外，即龙泉关也[4]，去此尚四十里。岭下有水从西南来，初随之北行，已而溪从东峡中去。复逾一小岭，则大溪从西北来[5]，其势甚壮，亦从东南峡中去，当即与西南之溪合流出阜平北者。余初过阜平，舍大溪而西，以为西溪即龙泉之水也，不谓西溪乃出鞍子岭坳壁，逾岭而复与大溪之上流遇，大溪则出自龙泉者。溪有石梁曰万年[6]，过之，溯流望西北高峰而趋。十里，逼峰下，为小山所掩，反不睹嶙峋之势。转北行，向所望东北高峰，瞻之愈出，趋之愈近，峭削之姿，遥遥逐人[7]，二十里之间，劳于应接。是峰

清王昶《台怀随笔》云：“又十里，过石印寺尖营，为龙泉关。关有城，气象峻整。从此盘屈而上，下临绝壑，几八九里，名长城岭。”

名五岩寨[8]，又名吴王寨，有老僧庐其上。已而东北峰下，溪流溢出，与龙泉大溪会，土人构石梁于上，非龙关道所经。从桥左北行，八里，时遇崩崖矗立溪上。又二里，重城当隘口[9]，为龙泉关。

［注释］

[1] 颇开：较为开阔。 [2] 仙掌插天：谓群峰攒立如手掌直托苍天。 [3] 少杀（shài）：稍衰，稍差。 [4] 龙泉关：位于今阜平县西部偏北，有龙泉关镇龙泉关村，在337国道南侧。清顾祖禹《读史方舆纪要》卷一四《北直五・真定府・阜平》云："龙泉关，县西七十里，有上、下二关，相距二十里。下关，正统二年建，景泰二年又于迤西北筑上关城。天顺二年及成化十二年皆添设官兵戍守。嘉靖二十五年改筑关城，守御益密。《关隘考》：龙泉关东北至倒马关百五十里，西至山西五台县百八十里，自关南北沿山曲折各数百里，所属隘口凡六十馀处，皆与山西连界，分列官军戍守。" [5] 大溪：当指沙河，又名泒河，即今河北潴（zhū）龙河支流大沙河。清顾祖禹《读史方舆纪要》卷一四《北直五・真定府・阜平》云："泒河，在县北。《志》云：源发恒山，流经大泒、小泒二山而南。县治南有当城河流合焉。又县西五十里有胭脂河，县东五十里有平阳河，与县境班牛、鹞子诸河悉流入于泒河。旧东南流入行唐县界，亦南流入于滹沱。" [6] 万年：即石桥万年桥。 [7] 遥遥：形容摇摆不定的样子。《楚辞・九章・悲回风》云："漂翻翻其上下兮，翼遥遥其左右。"姜亮夫校注："遥，犹摇；翼分左右，言其心如两翼之摇摇然，左右不定也。" [8] 五岩寨：

即今五崖寨，位于阜平县龙泉镇平石头村，即保阜高速与 337 国道之间。其境内有一座天然石佛堂。 [9] 隘口：险要的关隘。

初五日 进南关[1]，出东关。北行十里，路渐上，山渐奇，泉声渐微。既而石路陡绝，两崖巍峰峭壁[2]，合沓攒奇[3]，山树与石竞丽错绮[4]，不复知升陟之烦也[5]。如是五里，崖逼处复设石关二重。又直上五里，登长城岭绝顶[6]。回望远峰，极高者亦伏足下，两旁近峰拥护，惟南来一线有山隙，彻目百里。岭之上，巍楼雄峙[7]，即龙泉上关也。关内古松一株，枝耸叶茂，干云俊物[8]。关之西，即为山西五台县界。下岭甚平，不及所上十之一。十三里，为旧路岭[9]，已在平地。有溪自西南来[10]，至此随山向西北去，行亦从之。十里，五台水自西北来会[11]，合流注滹沱河[12]。乃循西北溪数里，为天池庄[13]。北向坞中，二十里，过白头庵村[14]，去南台止二十里[15]，四顾山谷，犹不可得其仿佛[16]。又西北二里，路左为白云寺[17]。由其前南折，攀跻四里，折上三里，至千佛洞[18]，乃登台间道。又折而西行，三里始至，宿。

清高士奇《扈从西巡日录》云："度长城岭，又名十八盘。岭凡二十里，关山险隘，石磴崎岖，一松苍翠。临崖碑题'宋杨延昭挂甲树'。"

长城岭长城建于明万历元年至万历四年（1573—1576），长城岭城墙以条石做根基，墙体用柴烧大块青砖包砌，石灰固缝，内填土石。墙体上遗存有敌楼、战台、烽火台等。

［注释］

[1] 南关：与下“东关”皆指龙泉关下关口名。 [2] 巍峰：高峻的山峰。峭壁：陡峭的山崖。 [3] 攒奇：密集争奇。 [4] 错绮：纵横交错。 [5] 升陟：攀登。北魏郦道元《水经注・颍水》云：“水中有立石，高十馀丈，广二十许步，上甚平整，缁素之士，多泛舟升陟，取畅幽情。” [6] 长城岭：位于今阜平县龙泉关镇马跑泉附近，与五台县接界，为冀晋咽喉要道，佛教圣地五台山的东大门。 [7] 雄峙：昂然屹立。 [8] 干云：高入云霄。三国魏何晏《景福殿赋》云：“飞阁干云，浮阶乘虚。”俊物：原指杰出人物，这里喻古松。 [9] 旧路岭：位于五台县东境与河北阜平交界处。明释镇澄《清凉山志》卷二云：“旧路岭，（东）台东南五十馀里。” [10] 溪自西南来：当指清水河，位于五台山东北。《明史・地理二》云：“东北有五台山，有清水河，东北流，合虒阳河，南入于滹沱。” [11] 五台水：即虒阳河，清顾祖禹《读史方舆纪要》卷四〇《山西二・代州・五台县》云：“虒阳河，在县东北四十里，平地涌出，西南合虑虒水。又清水河，出县东北一百六十里华岩岭，西南流，虑虒水及虒阳河俱流合焉，注于滹沱。” [12] 滹沱（hūtuó）河：位于今河北省西部，源出山西省五台山东北之泰戏山，穿割太行山，东流入河北平原，在献县与滏阳河汇合为子牙河，至天津市，汇北运河入海。长540千米。清顾祖禹《读史方舆纪要》卷四〇《山西二・代州・五台县》云：“滹沱河，在县西南三十五里。自定襄县流入界，又东南流入盂县界。《志》云：县西三十里有泉岩河，平地发源，流入滹沱。” [13] 天池庄：故址当在今五台县金岗库乡一带。 [14] 白头庵村：位于台怀镇以南、今205省道（大石线）东侧。白头庵，建于明嘉靖间，故址位于五台山南台东北十馀里。明释镇澄《清凉山志》卷二云：“南台东北十馀里。昔有行者，生而皓首，神异颇多。嘉

靖间，卓庵于此，后罔知终焉。” [15] 南台：即五台山锦绣峰，海拔 2485 米。明释镇澄《清凉山志》卷二云：“南台，高三十七里，顶若覆盂，周一里。亦名锦绣峰，山峰耸峭，烟光凝翠，细草杂花，千峦弥布，犹铺锦然，故以名焉。支山南延六十里至嵚若寺。” [16] 仿佛：梗概；大略。《后汉书·班固传下》云：“至令迁正黜色宾监之事焕扬宇内，而礼官儒林屯朋笃论之士而不传祖宗之仿佛，虽云优慎，无乃葸欤！”唐李贤注：“仿佛，犹梗概也。” [17] 白云寺：台内寺庙之一，故址位于白头庵村以北偏西，在台怀镇南 10 千米。 [18] 千佛洞：又名佛母洞，位于白头庵村以西白云村、白云寺西南，在台怀镇南 12.5 千米的南台东南麓。明释镇澄《清凉山志》卷二云：“千佛洞，台东北崖畔。嘉靖末，道方者夜游至此，见神灯万点，既出旋入。方随入，见玉佛像森列其中，穹窿深迴。进里许，黯然闻波涛，悚怖不能出。念观音名，愿造像，忽见一灯，寻光得出。乃造石佛于洞口。”

初六日 风怒起，滴水皆冰。风止日出，如火珠涌吐翠叶中[1]。循山半西南行，四里，逾岭，始望南台在前。再上为灯寺[2]，由此路渐峻。十里，登南台绝顶，有文殊舍利塔[3]。北面诸台环列，惟东南、西南少有隙地。正南，古南台在其下[4]，远则盂县诸山屏峙[5]，而东与龙泉峥嵘接势[6]。从台右道而下，途甚夷[7]，可骑。循西岭西北行十五里，为金阁岭[8]。

［注释］

[1] 如火珠涌吐翠叶中：形容太阳初升于东方山峦叠翠中。火珠，即火齐珠，宝珠的一种，这里比喻旭日东升的状态。翠叶，即绿叶，这里比喻苍翠的层层山峦。 [2] 灯寺：即金灯寺，明释镇澄《清凉山志》卷二云："金灯寺，南台东北麓，元建。成化间，一庵重修。" [3] 文殊舍利塔：存放文殊菩萨舍利的佛塔。文殊，佛教菩萨名，文殊师利或曼殊室利的省称。意译为"妙吉祥""妙德"等。其形顶结五髻，象征大日如来的五智；持剑、骑青狮，象征智慧锐利威猛。为释迦牟尼佛的左胁侍，与司"理"的普贤菩萨相对。中国传其说法道场为山西五台山。舍利，梵语，意译"身骨"。最初指释迦牟尼佛遗体火化后结成的坚硬珠状物，又名舍利子。《魏书·释老志》云："佛既谢世，香木焚尸。灵骨分碎，大小如粒，击之不坏，焚亦不燋，或有光明神验，胡言谓之'舍利'。弟子收奉，置之宝瓶，竭香花，致敬慕，建宫宇，谓为'塔'。"后也泛指佛教徒火化后的遗骸。 [4] 古南台：又名皇图垴、南神顶、南神垴，位于山西五台县台怀镇东南 6000 米处，与古西台紫罗山、古中台文昌山、古北台青山脑、古东台东东山共称为"古五台"，是五台山建寺庙最早的地方。明释镇澄《清凉山志》卷二云："古南台，台南二里。嘉靖间，香林大士卓庵其上。" [5] 盂县：明代县名，属太原府，位于太行山西侧、山西省东部，今属山西阳泉市。最初为春秋晋大夫盂丙之邑，故城在今阳曲县东北大盂镇，因县境山峦回合，中低如盂得名。清顾祖禹《读史方舆纪要》卷四〇《山西二·太原府·盂县》云："盂县，府东北二百四十里。东北至北直真定府二百里，东南至北直井陉县百五十里，西北至代州五台县百二十里。"屏峙：如屏风般环绕峙立。 [6] 龙泉：谓龙泉关附近诸山岭。峥嵘：谓山峰高峻貌。 [7] 途甚夷：谓路途平坦。 [8] 金阁岭：位于五台山南台与

中台的交界处，距离台怀镇 15 千米。岭畔有始建于唐大历五年（770）的金阁寺，为不空三藏的弟子含光与印度那烂陀寺僧纯陀、西域僧人道仙共同设计建造的一座融中印文化于一体的梵宇花宫，规模宏大，具有十二个菩萨院落。因寺庙的殿堂屋顶全铺鎏金铜瓦，故名。后虽经“会昌灭佛”与五代兵燹，寺院一度荒废，但经历代僧人努力，特别是明嘉靖三十四年（1555）再建三层七间观音大阁，铸成一尊三头四十二臂观音，终令金阁寺成为五台山著名的十大青庙之一与五大禅林之一。明释镇澄《清凉山志》卷二云：“金阁寺，南台西北岭畔，昔人见金阁浮空，因建寺。”

又循山左西北下，五里，抵清凉石[1]。寺宇幽丽[2]，高下如图画。有石为芝形[3]，纵横各九步，上可立四百人，面平而下锐，属于下石者无几[4]。从西北历栈拾级而上[5]，十二里，抵马跑泉[6]。泉在路隅山窝间[7]，石隙仅容半蹄，水从中溢出，窝亦平敞可寺[8]，而马跑寺反在泉侧一里外[9]。又平下八里，宿于狮子窠[10]。

据说文殊菩萨曾于清凉石上讲经说法，因而驰名海内。明释镇澄《清凉山志》卷二云：“清凉石，在清凉谷岭西畔，厚六尺五寸，围四丈七尺，面方平正，自然文藻。或能容多人不隘。古者尝有头陀趺坐其上，为众说法，梵音琅琅，异状围绕，望之悚怖，近之即失。后人目其所坐之石，曰曼殊床。”

［注释］

[1] 清凉石：又名曼殊床、般若石，位于五台山中台南瓦厂村东北清凉谷中的清凉寺内。清凉寺距离台怀镇 15 千米，有一个从禅宗丛林与净土道场转变为密宗道场的过程，20 世纪 60 年代中被毁，90 年代后期重建。 [2] 幽丽：幽静美丽，这里即谓清凉寺。 [3] 芝形：灵芝形，其顶平如云弥漫。灵芝，传说中的瑞

草、仙草。刘英《诠释游记务须实地踏勘》一文有云："经实地考察，清凉石分上下两层，两层都是长方形。上层东西长，南北短，东西斜倾，东低西高，长五百四十三公分，宽三百二十公分，东厚一百三十六公分，南、西、北厚一百二十五公分；下层南北长，东西短，两层迭（叠）架，略象（像）一个粗壮的十字。上层面积十七点三平方米，每平方米站四人，只能站六十九人，若每平方米站九人，也只能站一百五十六人，《游记》说'可立四百人'，是夸大了的。"（载无锡教育学院徐霞客研究室、学报编辑部编《徐霞客研究》，南京大学出版社 1987 年版） [4] 属（zhǔ）于下石者无几：意谓清凉石主体所附着的石基不大，照应上文"面平而下锐"。属，结合。　[5] 拾级：逐级登阶。《礼记·曲礼上》云："拾级聚足，连步以上。"汉郑玄注："谓前足蹑一等，后足从之并。"　[6] 马跑泉：徐霞客记忆行文或有错位。根据文中所记方位与里程，此处当为今所称之"龙泉"，位于龙泉寺东侧，寺即因此泉而得名。本游记下文有"望东台、南台，俱在五六十里外，而南台外之龙泉，反若更近"数语，所述"南台外之龙泉"，当即此"马跑泉"，若然，则当时九龙岗麓已有"龙泉"之名。马刨泉又作"马跑泉"，在马刨寺（马跑寺）外，位于长城岭东侧的阜平县西境，龙泉关恰在其附近，徐霞客游览五台山路线涵盖龙泉关与长城岭，而事后于无意中张冠李戴，将马跑寺与马跑泉一同位移至五台山九龙岗，亦未可知。明释镇澄《清凉山志》卷二云："马跑泉，台东南六十馀里。龙泉关，台东南六十里。关之东即直隶，关之西即山西。"　[7] 山窝：这里指山间的凹地。　[8] 可寺：谓可以建寺院。寺，用如动词。　[9] 马跑寺：按《游记》所记方位及里程，此处当即今所称之龙泉寺，位于五台山台怀镇西南 5000 米的九龙岗山腰，在万佛洞以北偏西，始建于宋代，原为杨家的家庙，明代嘉靖间曾加以整修。据说曾有九龙作恶，文殊菩萨施法力将九龙压在山下。寺东侧有一眼清澈的龙泉，传说尚可见九条小龙的影子，龙泉寺亦因此得名。然而根据明释镇澄《清凉山志》，明代五台山台怀镇内及其附近计有佛刹六十八处，并无马跑寺及马跑泉之著录，亦无龙泉寺之著录，该书卷二所著录之龙泉寺则另有其处，位于东台外与阜平交界的旧路岭："龙泉寺，台东南旧路岭。宋建。嘉靖初，群盗纵横，往者惮之。有马大士者，不知何来，依止废寺，遇贼即杀，群盗乃绝。由是道路复通，往来无难。马公将卒，以三门托燕京大智宗主，以慈惠及物。山之野民，靡然从化，耻为盗者，皆愿施，重修其寺。谚云：前日马那吒，今朝智菩萨。"显然此龙泉寺并非位于台怀镇西南、九龙岭山腰的龙泉寺。这座寺院在明代规模不大，且不知名，因而释镇澄未予著录。五台山龙泉寺是清代以后逐渐知名的，特别是民国间精雕石牌楼的树立以及山门外一百零八级台阶的建置，更令这座龙泉寺驰名海内。或许明代此处的杨氏家庙尚无正式寺名，故令徐霞客的记述出现模糊不清的混淆乃至讹误。或谓此处马跑泉与马跑寺乃清凉泉与古清凉寺之讹写，似非。 [10] 狮子窠：即大护国文殊寺，俗称狮子窝，位于五台山中台西南，在台怀镇西南 10 千米的山麓。始建于明万历十四年（1586），为僧智光等五十三人所建十方净土院，寺院早毁，今仅存佛塔一座，名为琉璃塔，又名万佛塔。塔基为石砌八角束腰须弥座，座上为八角十三层密檐式塔身，高 35 米，中空，可登至第五层。塔身面饰黄、绿、蓝三彩琉璃。明释镇澄《清凉山志》卷二云："狮子窝，中台西南岭，昔人见万亿狮子游戏其中。万历丙戌，僧智光、净立等约五十三人构屋结社。唯十方学道者共居，不许子孙承业。"五台山的寺庙，除有青（汉传佛教）、黄（藏传佛教）之分外，旧时还有所谓"子孙庙""十方庙"之别。由本寺僧人掌管的寺庙俗称子孙庙，这类庙宇可以收徒，有师徒传承关系，财产属于本庙。供游方僧人修行并由他们轮流管理的寺庙俗称十方庙，十方庙一般禁止收徒，只接待本教教徒。五台山的文殊寺（狮子窝）就属于十方寺。

初七日 西北行十里，度化度桥[1]。一峰从中台下[2]，两旁流泉淙淙，幽靓迥绝[3]。复度其右涧之桥，循山西向而上，路欹甚。又十里，登西台之顶[4]。日映诸峰，一一献态呈奇。其西面，近则闭魔岩[5]，远则雁门关[6]，历历可俯而挈也[7]。

［**注释**］

[1] 化度桥：位于狮子窝西北十里许，在清凉桥以南三里。为古代登西台的通道。 [2] 中台：又称翠石峰，台顶海拔 2894 米，面积约 15 万平方米。明释镇澄《清凉山志》卷二云："中台，高三十九里，顶平广，周五里，一名翠岩峰。巅峦雄旷，翠霭浮空，因为名。与西、北二台接臂，南眺晋阳，北俯沙塞。有五溪发源，二溪左往清河，三溪右由西台下，出峨口，入滹沱焉。《水经》云'峨谷之水，出乎中台'，即此也。" [3] 幽靓（jìng）：犹幽静。靓，通"静"。迥绝：远远隔绝。 [4] 西台：即挂月峰，位于台怀镇西北、中台西南，海拔 2773 米。明释镇澄《清凉山志》卷二云："西台，高三十五里，顶平广，周二里。亦名挂月峰，月坠峰巅，俨若悬镜，因以为名。其上有泉，群山拱合，岩谷幽潜。支山西北延四十里，至繁峙县界。" [5] 闭魔岩：当作秘魔岩，位于今繁峙县岩头村东北，以有龙洞、秘密寺而得名。唐释惠祥《古清凉传》卷上《古今胜迹》云："西台略无可述。台之西，有秘魔

岩者，昔高齐之代，有比丘尼法秘，惠心天悟，真志独拔，脱落嚣俗，自远居之。积五十年，初无转足，其禅惠之感，世靡得闻。年馀八十，于此而卒。后人重之，因以名岩焉……岩之东面，壁立数千丈，石文五色，艳似朝霞，有松树数行，植根岩腹。于是两边渐降，合于西面；中间一路，才可容身。自馀天然，状如城郭，而佛堂房宇，犹有数间。禅诵之迹，足使观者兴怀耳。”明释镇澄《清凉山志》卷二云：“秘魔岩，台西四十余里，木叉和尚居此。龙洞，在秘魔岩，恳祷则龙现，见者非一。”又同卷云：“秘密寺，在秘魔岩。岩谷幽深，隐者星布。唐木叉和尚于此藏修，始建寺。” [6] 雁门关：一名西陉关，唐置，故址在今山西代县西北三十二里雁门关西雁门山上，北宋时为防御契丹重地。元废，明筑雁门关于今雁门关村，为山西三关之一，向为山西南北交通要冲。 [7] 历历：清晰貌。《古诗十九首·明月皎夜光》云：“玉衡指孟冬，众星何历历。”挈（qiè）：提起，悬持。《墨子·兼爱中》云：“夫挈太山而越河济，可谓毕劫有力矣。”

闭魔岩在四十里外，山皆陡崖盘亘[1]，层累而上[2]，为此中奇处。入叩佛龛[3]，即从台北下，三里，为八功德水[4]。寺北面，左为维摩阁[5]，阁下二石耸起，阁架于上，阁柱长短，随石参差，有竟不用柱者。其中为万佛阁[6]，佛俱金碧旃檀[7]，罗列辉映，不啻万尊。

据佛经，八功德水：一澄清，异此方混浊；二清冷，异寒热；三甘美，异咸淡劣味；四轻软，异沉重；五润泽，异臭腐褪色；六安和，异急暴；七除饥渴，异

［注释］

[1]盘亘：绵延连接。 [2]层累：重叠。 [3]佛龛：指佛寺。《说

生冷；八长养诸根，异损坏诸根，及沴戾增病没溺等。当地人有所谓“先有八功德水，后有五台山”之说。

郛》卷六〇引宋无名氏《鸡林志·佛龛》云：“龟山有佛龛，林木益邃，传云罗汉三藏行化至此涤齿。”这里当指位于西台顶的法雷寺，此寺创建于隋代，内供狮子文殊像。当时或值衰败，寺名不彰。明释镇澄《清凉山志》卷二云：“法雷寺，西台，唐建，明法聚重修。” [4] 八功德水：指位于西台以北三里的西来寺，海拔2500米。八功德水西来寺初建于北魏460—495年，是五台山首批建造的十几座寺庙之一。传说古有两印度梵僧飞临至不二对谈石，一夜之间幻化出七十二座楼宇殿阁，金碧辉煌，后学弟子为纪念祖师建庙恩德，尊为西来寺之名，沿用至今。 [5] 维摩阁：又称不二楼、华严楼、三生楼，原建筑架设于八功德水西来寺以北数百米的文殊菩萨与维摩诘大士的不二对谈石上，今已不存。不二对谈石，又称“二圣对谭石”，明释镇澄《清凉山志》卷二云：“二圣对谭石，唐法林见淄白二叟坐谈石上，近之则失，因为名。宣公子睹异，于上建楼。”又同卷云：“不二楼，台西北，楼倚二圣对谈石。景泰间，宣城公子游此，遥见紫金楼跃出云表，因建重楼，拟所见也。嘉靖丙寅，永平法师慧月至此，见文殊、净名二圣对谈，须臾失之。有感，偈曰：‘清凉有分归来晚，大圣无缘奉觐难。一句了然千圣外，相逢何事自颟顸。’先是，成化间有老尼居此，自忆宣公子再来，发其私隐，皆符契。将终，勒石志曰：‘吾若来时，必阐《华严》，重修是楼。’月公至此，讲《华严》凡五遍矣。故时人呼为华严楼，亦曰三生楼。”所建楼当即此所称之维摩阁。此处有两大岩石相对，一南一北，皆高三丈有馀，据说文殊菩萨与维摩诘大士曾来此分踞一石，对谈佛家不二法门。维摩，梵文音译，又有维摩诘、毗摩罗诘利帝、毗摩罗诘、无垢称、净名、灭垢鸣等不同译法，为佛陀之在家弟子，乃中印度毗舍离城之长者。虽在俗尘，然精通大乘佛教教义，其修为高远，虽出家弟子犹有不能及者。据《维摩经》载，彼尝称病，但云其病是“以众生病，是故我病”，待佛陀令文殊菩萨等前往探病，彼即以种种问答，揭示空、无相等大乘深义。中国关于维摩与文殊问答情状之雕画颇多，如唐段成式之《寺塔记》所载长安平康坊菩萨寺佛殿之维摩变壁画皆是。 [6] 万佛阁：雕塑有众多佛像的建筑。 [7] 金碧：形容色彩异常华丽，光彩夺目。旃（zhān）檀：即檀香，香木名。此木材极香，可制器物，亦可入药，寺庙中用以燃烧供佛。

前有阁二重，俱三层，其周庐环阁亦三层，中架复道，往来空中。当此万山艰阻，非神力不能运此。从寺东北行，五里，至大道，又十里，至中台。望东台、南台[1]，俱在五六十里外，而南台外之龙泉，反若更近，惟西台、北台[2]，相与连属。时风清日丽，山开列如须眉[3]。

明释镇澄《清凉山志》卷二云：“东台，约高三十八里，顶若鳌脊，周三里，亦名望海峰。若夫蒸云寝壑，爽气澄秋，东望明霞，若陂若镜，即大海也，亦见沧瀛诸洲，因以为名。东溪之水，北注滹沱。”

［注释］

[1] 东台：又称望海峰，海拔 2795 米，其面积在五个台顶中最小，仅 7 万平方米。台上曾建有望海楼，据传登楼能远眺东海日出，故名。 [2] 北台：山西第一高峰，也是华北第一高峰。位于台怀镇北妙德庵村云雾山山顶上，海拔 3058 米。台顶平广，周围 2000 米。明释镇澄《清凉山志》卷二云：“北台，高四十里（旧传三十八里，中台四十里。今登中台，不见北台地面；登北台，则见中台地面。是知北台高于中台，故易之）。顶平广，周四里。亦名叶斗峰，其下仰视，巅摩斗杓，故以为名。风云雷雨，出自半麓。有时下方骤雨，其上曝晴，四方云气，每归朝而宿泊焉，

盖龙帝之宫也。时或猛风怒雷，令人悚怖。尝有大风，吹人坠涧，若槁叶耳。东望海气，北眺沙漠，令人悲凄。登临者俯仰大观，益觉此生微茫虚幻。支山北延四十里，至繁峙川前，有众溪发源，注清河。” [3] 须眉：这里形容徐霞客从中台眺望其馀四台，清晰严整，绵延有序。

余先趋台之南，登龙翻石[1]。其地乱石数万，涌起峰头，下临绝坞[2]，中悬独耸，言是文殊放光摄影处[3]。从台北直下者四里，阴崖悬冰数百丈，曰“万年冰”[4]。其坞中亦有结庐者[5]。初寒无几[6]，台间冰雪，种种而是[7]。闻雪下于七月二十七日，正余出都时也。行四里，北上澡浴池[8]。又北上十里，宿于北台[9]。北台比诸台较峻，余乘日色，周眺寺外。及入寺，日落而风大作。

现代一般认为这是一种大气光学现象，即太阳相对方向处的云层或雾层上围绕人影的彩色光环。人背太阳而立，光线通过云雾区小水滴经衍射作用所致。常见于山区，中国以峨眉山最为常见，被称为“峨眉宝光”。

[注释]

[1] 龙翻石：位于五台山中台顶西南侧，有一片灰白色巨石堆积，棱角分明，被称为龙翻石。传说是文殊菩萨从东海老龙王那里取来歇龙石，老龙王的五个儿子追到五台讨还，挥舞龙爪，在台顶上乱翻乱挖形成的。实则这是冰缘地貌的记录，即由寒冻风化和冻融作用形成的地表形态。冰缘原指冰川边缘地区，现泛指无冰川覆盖的气候严寒地区，范围大体与多年冻土区相当，部分季节冻土区亦发育有冰缘现象。因此冰缘地貌又称冻土地貌。龙

翻石，属于石海冰缘地貌类型。水的冻结引起基岩或土体膨胀会使基岩沿裂隙胀开，导致岩石崩解，产生巨石原地铺盖的现象。冻胀作用而外，热融、雪蚀、风化等作用也是龙翻石的产生原因。 [2] 绝坞：同“绝壑”，谓深谷。 [3] 放光摄影：古人多谓佛像上空呈现的光辉。宋邵博《邵氏闻见后录》卷二八云：“五台山佛光，其传旧矣。《唐穆宗实录》：元和十五年四月四日，河东节度使裴度奏：五台山佛光寺侧，庆云现，若金仙乘狻猊，领其徒千万，自巳至申乃灭。” [4] 万年冰：位于五台山中台与北台间，因台顶气候异常寒冷，台背阴面有常年不化的冰雪，即称万年冰。明释镇澄《清凉山志》卷二云：“万年冰，（中）台东麓。有冰数丈，九夏不消，地多静居。”刘英《诠释游记务须实地踏勘》一文有云：“中台的北边，有一个漏洞状的凹地，漏斗北侧有一条裂谷，漏斗口直径约五百米，深约三百米。冬季，漏斗周围的坡地都结满了冰，进入夏季，冰雪逐渐融化，中秋以后，漏斗底部尚馀一米左右的冰坡上的冰还未融解，又下雪结了冰，这就形成了漏斗底部的冰终年不化，这就是万年冰的由来。”可参考。 [5] 结庐者：这里指构筑茅棚房舍修炼的僧人。 [6] 初寒无几：谓气候刚刚寒冷没有多久。 [7] 种种：犹言各种各样；一切。 [8] 澡浴池：或称万圣澡浴池寺，位于五台山中、北二台之间的岭上，始建于隋文帝时期，后经历代扩建，寺庙兴盛。因其寺中有文殊菩萨沐浴显圣之传说而闻名。宋释延一《广清凉传》卷上《五台境界》云：“中台北，北台南，中间有诸佛浴池一百二十所。四面是水，中心有土台，方圆三尺，号为菩萨盥掌游戏之地。其岁香气氛馥，色相光明。人熟视之，神移目乱，不敢久住，然人迹亦罕到。池中多出白云，状如队仗，有梵志、婆罗门像。” [9] 宿于北台：当谓寄宿于北台顶之灵应寺。灵应寺创建于隋代，坐北朝南，明代隆庆间曾予以重修。正殿为三间石洞，内供奉文殊菩萨。明释镇澄《清凉山志》卷二云："灵应寺，北台，五台唯此山高风猛，人难措泊，往者多冻馁而死。隆庆初，释圆广与徒明来构居，开粥以济饥寒。万历丁亥，释佛秀募造文殊大像，未遂，竟以劳死。感梦慈圣施金，佛始成。遣中使陈儒载送峰顶，更建殿宇供奉，为祝厘之所。"

台怀镇位于今五台山风景区的中心腹地，以其地处东台、西台、南台、北台与中台形成的怀抱之中，故称"台怀"。这里山水环绕，景色秀美，除周围五座高山以外，这里还有灵鹫峰、黛螺顶、梵仙山等较小的山峰。五台山的佛教寺院，有一半以上集中在台怀镇，显通寺、塔院寺、菩萨顶、万佛阁、罗睺寺、圆照寺、殊像寺、镇海寺等最为著名。

初八日 老僧石堂送余[1]，历指诸山曰："北台之下，东台，西中台，中南台，北有坞曰台湾[2]，此诸台环列之概也。其正东稍北，有浮青特锐者[3]，恒山也[4]。正西稍南，有连岚一抹者[5]，雁门也[6]。直南诸山[7]，南台之外，惟龙泉为独雄[8]。直北俯内外二边[9]，诸山如蓓蕾[10]，惟兹山之北护[11]，峭削层叠，嵯峨之势，独露一班[12]。此北台历览之概也。此去东台四十里，华岩岭在其中[13]。若探北岳[14]，不若竟由岭北下，可省四十里登降。"余颔之[15]。

[注释]

[1] 石堂：北台灵应寺中僧人的法号，生平无考。 [2] 台湾：当作"台怀"，即今之台怀镇。"湾""怀"，当系音讹，反映了徐霞客吴方言"影匣不分"的语音特点。 [3] 浮青特锐：谓浮泛青色的陡峭山峰。 [4] 恒山：亦名太恒山，古称玄武山、崞山、高是山、玄岳。位于今山西大同市浑源县城南 10 千米处，距大同

市区 62 千米，地跨山西、河北，连绵数百里。详见后文《游恒山日记》。 [5]连岚一抹：谓山间云雾连成一片的地方。 [6]雁门：即雁门关，参见前文“雁门关”条注释。 [7]直南：即正南。下文“直北”即正北。 [8]龙泉：即龙泉关。 [9]内外二边：因北方蒙古残馀势力的侵扰，明代长城分内、外两道。外长城，东起鸭绿江，西抵嘉峪关，全长一万二千七百多里，也叫“极边”“外边”或“边墙”。《明史・兵志三》云：“山西保德州河岸，东尽老营堡，凡二百五十四里。西路丫角山迤北而来，历中北路，抵东路之东阳河镇口台，凡六百四十七里。宣府西路，西阳河迤东，历中北路，抵东路之永宁四海冶，凡一千二十三里。皆逼临巨寇，险在外者，所谓极边也。”内长城，初为北齐时修建，也叫“次边”。《明史・兵志三》云：“老营堡转南而东，历宁武、雁门、北楼至平刑关尽境，约八百里。又转南而东，为保定界，历龙泉、倒马、紫荆、吴王口、插箭岭、浮图峪至沿河口，约一千七十馀里。又东北为顺天界，历高崖、白羊，抵居庸关，约一百八十馀里。皆峻岭层冈，险在内者，所谓次边也。” [10]蓓蕾：花蕾，含苞未放的花。这里比喻诸山形势不够险要。 [11]兹（zī）山：谓五台山。北护：位于北方的护卫。 [12]一班：通“一斑”，比喻事物的一小部分。宋苏轼《洞庭春色赋》云：“悟此生之泡幻，藏千里于一班。” [13]华岩岭：即今繁峙鸿门岩，位于古北台（大黄尖）东南、东台顶以北，在今繁峙县与五台县交界处 205 省道（大石线）侧，海拔 2523 米。明释镇澄《清凉山志》卷二云：“华岩岭，（北）台之东南二台之间。”又同卷云：“大黄尖，（北）台北二十里，即古北台。” [14]北岳：即五岳之一的恒山。清代以前朝廷祭祀北岳的典礼皆在今河北曲阳县的北岳庙举行，被称为古北岳（参见孟娜、苏宗印：《古北岳恒山考》，《保定学院学报》2010 年第 23 卷第 2 期）。而徐霞客笔下的北岳则指位于山西浑源州的恒山。 [15] 颔（hàn）：点头。表示允诺、赞许、领会等意。《左传》襄公二十六年云："逆于门者，颔之而已。"

据《后汉书·方术传下·费长房》记述，东汉费长房为市掾时，市中有老翁卖药，悬一壶于肆头，市罢，跳入壶中。费长房于楼上见之，知为非常人。次日复诣翁，翁与俱入壶中，唯见玉堂严丽，旨酒甘肴盈衍其中，共饮毕而出。

别而东，直下者八里，平下者十二里，抵华岩岭。由北坞下十里，始夷[1]。一涧自北，一涧自西，两涧合而群峰凑，深壑中一"壶天"也[2]。循涧东北行，二十里，曰野子场[3]。南自白头庵至此，数十里内生天花菜[4]，出此则绝种矣。由此，两崖屏列鼎峙[5]，雄峭万状[6]，如是者十里。石崖悬绝中[7]，层阁杰起[8]，则悬空寺也[9]；石壁尤奇，此为北台外护山。不从此出，几不得台山神理云[10]。

［注释］

[1] 夷：平。 [2] 壶天：比喻景致迷人的仙境或胜境。明李元阳《游鸡足山记》云："苍洱塔庙，在空蒙中，如世外壶天，五百里外山川，皆在足下。未即登仙，亦足豪矣。"壶天，底本标点为"一壶天"，似有误解，未从。 [3] 野子场：即在今鸿门岩（华岩岭）以北偏西的繁峙东山乡野子场村，位于今山西繁峙县城以东偏南 45 千米处、205 省道（大石线）东侧。道光《繁峙县志》卷二《村庄·南乡》著录，作"野子厂"。 [4] 天花菜：即台山香蘑，或称台蘑，为五台山著名土特产。明释镇澄《清凉山志》卷二云："天花，菌类，生于柴木，台山佳品也。释镇澄歌：'君不见，五台山上产灵葩，山人目之为天花。多在巅崖深险处，

枯木云蒸抽菌芽。'" 明王思任《游五台山记》云:"山尽豫章之材,居僧苦其荒塞,斧斤不力,在在付之一炬,树故名柴木。得雨之后,精气怒生,菌如斗壮,所云天花者也。" [5] 屏列鼎峙:谓如屏风排列,如鼎足并峙。 [6] 雄峭万状:雄壮峭拔,形态多种呈现。 [7] 悬绝:险峻峭绝。北魏郦道元《水经注·涞水》云:"路出北巘,势多悬绝,来去者咸援萝腾崟。" [8] 杰起:壮丽高耸。 [9] 悬空寺:故址位于五台山以北繁峙县野子场一带的山崖间,今已不存。徐霞客《游恒山日记》崇祯六年(1633)八月初十日日记云:"西崖之半,层楼高悬,曲榭斜倚,望之如蜃吐重台者,悬空寺也。五台北壑亦有悬空寺,拟此未能具体。" [10] 神理:谓五台山的神态理致。

[点评]

论者一般认为,徐霞客山西之行是其第十五次出游。崇祯六年(1633)夏,四十七岁的徐霞客北上京师,七月末西行游山西五台山和恒山,之后又返回京师;再由长江直下漳州三访黄道周,未遇。写有《游五台山日记》和《游恒山日记》。具体而言,这一年徐霞客于七月二十八日离开京城,途经保定,八月初四过阜平县,初五进入山西境内,然后历时四天遍游南、西、中、北四台。初八离开五台山奔赴恒山。何以弃东台未登?原因就是听从灵应寺中僧人石堂的劝告,选走捷径北上恒山。

在《徐霞客游记》中,注重对山脉走势、水流去向的整体综合考察,是其科学精神的体现。本篇日记前一部分对于阜平一带即长城岭龙泉关以东山形水势的记述,绝非闲笔,对于五台山研究至关重要。至于山体的顶部形态如何，即尖顶抑或平顶，徐霞客在其长期的旅行中也积累了丰富的经验，并时时加以比较。其《粤西游日记一》崇祯十年（1637）闰四月二十一日日记，记述广西兴安县状元山的尖顶，用“高而尖圆”四字概括；《粤西游日记二》崇祯十年七月十八日日记，记述广西柳州犁冲某山的尖顶则以“尖峰弯竖，形若牛角”加以形容。《粤西游日记一》崇祯十年闰四月二十八日日记，记述广西兴安白爽村西北五座平顶山则谓：“望西北五峰高突，顶若平台，可夺五台之名。”对于山西五台山的深刻印象，令这种相互比较的记述，形象具体，尤其能够显示出徐霞客旅游考察的细致性与科学性。

难能可贵的是，徐霞客所记述的五台山中台的龙翻石，具有相当的科研价值。其形态为“其地乱石数万，涌起峰头，下临绝坞”，这就是冰缘地貌的所谓“石海”现象。冰缘，原指冰川边缘地区，现指所有不被冰川覆盖的气候严寒地区，即相当于多年冻土区。冰缘地貌故又称冻土地貌，它是由多年冻土层中的冻融作用而产生的地貌，石海就是气候在地貌上打下的烙印。五台山中台海拔 2894 米，北台海拔 3058 米，其基石是滹沱系的变质砾岩和石英岩，顶面平整。裸露的富有节理而且硬度较大的块状基石可以因为冻融作用而遭到破坏。石头缝里的水冻结膨胀时所产生的压力可以使石缝增大；冰融之后，水就会渗得更深；再次冰冻时，石缝又进一步扩大，就这样循环往复、年复一年，最后基石会崩解成巨石角砾堆，从而成为石海。现在中台、北台顶上周围一里的范围内均有石海分布，岩石直径从 0.3 米至 4 米不等，极其壮观。20世纪初，波兰的洛津斯基在第11届国际地质学会上发表论文《机械风化的冰缘相》，首次提出冰缘一词和冰缘相概念，指出冰缘过程和气候之间的密切联系，科学解释了冰缘地貌“石海”现象的成因。早于洛津斯基三百年左右的徐霞客尽管没有对“龙翻石”现象加以科学的解释，但瞩目于“乱石数万”绝非猎奇心理，他的客观记述并为后人留下珍贵的资料，不也是一种科学精神的体现吗?

游恒山日记[1] 山西大同府浑源州[2]

去北台七十里，山始豁然[3]，曰东底山[4]。台山北尽，即属繁峙界矣[5]。

[注释]

[1] 恒山：亦名太恒山，古称玄武山、崞山、高是山、玄岳。位于今山西大同市浑源县城南 10 千米处，距大同市区 62 千米，地跨山西、河北，连绵数百里。其中，倒马关、紫荆关、平型关、雁门关、宁武关虎踞为险，是塞外高原通向冀中平原之咽喉要冲。恒山分东、西两峰，东为天峰岭，西为翠屏山，双峰对峙，恒水（浑河源头之一）中流，自古即为兵家必争之地。主峰天峰岭在

清顾祖禹《读史方舆纪要》卷四四《大同府·浑源州》云："恒山，州南二十里，即北岳也。《志》云：恒山之顶名天峰岭，岭下建北岳观，观侧有飞石窟，上建后土祠镇之。观前风如虎吼，名虎风口。"

又《大同府》云："大同府，东至北直保安州五百里，南至太原府代州雁门关二百九十里，西至大同右卫黄土山墩二百三十里。北至废宣宁县猫儿庄一百二十里，自府治至布政司六百七十里，至京师九百里。"

浑源县城南，海拔 2016.1 米。是道教主流全真派圣地。天峰岭又分为东、南、北、中四座突起的峰峦：中峰恒宗，为恒山极顶；东峰紫微峰，如驼峰般与恒宗隔凹相连；南峰飞来峰，如一堵丹壁，屏立于恒宗前；北峰香炉峰，如一炷香挺立恒宗之后。此外，东峰与中峰之间还有一座圆锥形小峰，名白云峰；香炉峰西侧又有一座孤峭小峰，名五华峰。连天岭六峰与翠屏峰共成七峰，如北斗七星，因此恒山又有“七星峰”之名。恒山是经远古历次造山运动和历次地壳升降运动形成的一座断层山，岩层为古老的寒武纪奥陶系石灰岩，距今已有五亿年。基岩大面积裸露，风化破碎严重，峰峦均呈尖塔形，沟谷切割较深，相对高差达 1000 米以上。恒山悬空寺始建于 1500 多年前的北魏王朝后期，历代都对悬空寺作过修缮，距地面平均高约 50 米，悬空寺发展了中国的建筑传统和建筑风格，其建筑特色可以概括为“奇、悬、巧”三个字，为古今著名的人文景观。 [2] 大同府：辽重熙十三年（1044）升云州置，治所在大同县（今山西大同）。元至元二十五年（1288）改大同路。明洪武二年（1369）复为大同府，辖境相当今山西北部内外长城之间及河北蔚县、涞源等县地。1912 年废。浑源州：金贞祐二年（1214）升浑源县置，治所在浑源县（今属山西大同）。元属大同路，明代属大同府。1912 年改浑源县。 [3] 豁然：开阔貌。 [4] 东底山：当作“东山底”，当时村名，道光《繁峙县志》卷二《村庄 · 南乡》著录“东山底”。当即今东山村，位于今繁峙县野子场以北的 205 省道大石线侧。此日记开篇系接写《游五台山日记》到达野子场以后的路程。 [5] 繁峙（shì）：明洪武二年（1369）改坚州置，属太原府，治所在今山西繁峙县东南三里南关，八年属代州。成化三年（1467）移治东义村（今繁峙县西），万历十四年（1586）又移治石龙岗（即今繁峙县）。民国初属山西雁门道，1928 年直属山西省。

据清道光《繁峙县志》卷二《寺观》，繁峙县有两座南山寺，一在娘子崖下，一在冶口村。但此两处地名，方志未见著录，未知孰是。

光绪《繁峙县志》卷一《地理志》云："又东北十里曰瓶形岭，今平刑关在焉，西南去县城百三十里。"

初九日[1] 出南山[2]。大溪从山中俱来者[3]，别而西去。余北驰平陆中[4]，望外界之山，高不及台山十之四，其长缭绕如垣[5]，东带平邢[6]，西接雁门。横而径者十五里[7]，北抵山麓，渡沙河即为沙河堡[8]。依山瞰流[9]，砖甃高整[10]。

［**注释**］

[1] 初九日：明思宗崇祯六年八月初九日，即 1633 年 9 月 11 日。 [2] 南山：当即南山寺，徐霞客寄宿之所。 [3] 大溪：当即羊眼河，发源于山西忻州市繁峙县东山乡，全长 12 千米，于繁峙县砂河镇境内汇入滹沱河。 [4] 平陆：平原，陆地。 [5] 缭绕如垣：曲折围绕如同城墙。 [6] 平邢：即平型关，或称瓶形关，方志史书多作"平刑关"。位于今山西繁峙县东北边境，邻接灵丘县，为长城要口之一，地势险要，为晋北交通要冲。 [7] 横而径者：当谓从两关中间横穿北上。 [8] 沙河：当即滹沱河上游部分。沙河堡（bǔ）：即砂河堡，当位于今繁峙县砂河镇以北的滹沱河北岸。道光《繁峙县志》卷二《村庄·东乡》著录："砂河堡，距城六十里。" [9] 瞰：看，俯视。 [10] 砖甃高整：谓用砖石所砌沙河堡围墙高大严整。

道光《繁峙县志》卷二《村庄·北乡》著录"大石口""小石口"。

由堡西北七十里，出小石口[1]，为大同西道；直北六十里[2]，出北路口[3]，为大同东道。余从堡后登山，东北数里，至峡口，有水自北而南，即下注沙河者也。循水入峡，与流屈曲，荒谷绝人。数里，义兴寨[4]。数里，朱家坊[5]。又数里，至葫芦嘴[6]。舍涧登山，循嘴而上，地复成坞，溪流北行，为浑源界。又数里，为土岭[7]，去州尚六十里，西南去沙河，共五十里矣。遂止居民同姓家[8]。

［注释］

[1] 小石口：地名，位于今繁峙县北境，与应县相望，在大石口西南，两口皆为明长城关口。 [2] 直北：即正北。 [3] 北路口：当作“北娄口”，又作“北楼口”，位于小石口、大石口东北，亦为明长城关口。 [4] 义兴寨：即今义兴寨村，位于今繁峙县龙山水库以北、公路金砂线一侧。光绪《繁峙县志》卷一《地理志》：“又西为郎岭，或曰即狼牙岭，北去北楼口十里，盖天险也。南出为义兴寨，近寨有龙山，有釜山，有石人崖，有金鸡洞。” [5] 朱家坊：即今朱家坊村，位于义兴寨以北，靠近繁峙县北境。 [6] 葫芦嘴：位于朱家坊东北方，以地形似葫芦而得名。距离小石口不远。 [7] 土岭：即今土岭村，位于今浑源县西南的官儿乡。 [8] 止：止宿，寄宿。同姓：当谓与作者姓氏相同者，即徐姓。或谓乃姓“同”者，亦通。

初十日 循南来之涧，北去三里，有涧自西来合，共东北折而去。余溯西涧入，又一涧自北来，遂从其西登岭，道甚峻。北向直上者六七里，西转，又北跻而上者五六里，登峰两重，造其巅，是名箭竿岭[1]。自沙河登山涉涧，盘旋山谷，所值皆土魁荒阜[2]；不意至此而忽跻穹窿，然岭南犹复阿蒙也[3]。一逾岭北，瞰东西峰连壁隤[4]，翠蜚丹流[5]。其盘空环映者[6]，皆石也，而石又皆树[7]；石之色一也，而神理又各分妍[8]；树之色不一也，而错综又成合锦[9]。石得树而嵯峨倾嵌者[10]，幕以藻绘而愈奇[11]；树得石而平铺倒蟠者[12]，缘以突兀而尤古[13]。

《国语·周语下》云："夫周，高山、广川、大薮也。故能生是良材，而幽王荡以为魁陵、粪土、沟渎，其有悛乎？"三国吴韦昭注："小阜曰魁。"

《诗经·小雅·天保》云："如山如阜，如冈如陵。"毛传："高平曰陆，大陆曰阜，大阜曰陵。"

[注释]

[1] 箭竿（gān）岭：当即今箭杆梁，位于今浑源县官儿乡土岭村以北偏西。 [2] 土魁：小土丘。魁，魁陵，小土丘。荒阜：荒凉的土山。阜，土山。 [3] 犹复阿蒙：意谓箭竿岭的南面仍然是荒凉景象。阿蒙，指三国吴吕蒙。据晋裴松之注《三国志·吴志·吕蒙传》，孙权曾劝吕蒙"宜学问以自开益。"后吕蒙苦学，笃志不倦，学识大进，鲁肃上代周瑜，过蒙言议，常欲受屈。肃拊蒙背曰："吾谓大弟但有武略耳，至于今者。学识英博，非复吴下阿蒙。"蒙曰："士别三日，即更刮目相待。"后用以谦称自己为没有学识的一介武夫。 [4] 壁隤：谓岩壁崩颓。 [5] 翠蜚（fēi）丹流：谓红花翠叶触目成景，富于流动感。蜚，通"飞"。 [6] 盘空环映：凌空环绕映衬。 [7] 石又皆树：谓岩石上皆生长有树木。 [8] 分妍：谓不同的悦目效果。 [9] 错综：交错综合。 [10] 倾嵌：山石堆叠貌。 [11] 幕：覆盖。藻绘：错杂华丽的色彩。 [12] 倒蟠：倒生盘曲。 [13] 突兀：奇特。古：不同凡俗。

如此五十里，直下至阬底[1]，则奔泉一壑，自南注北，遂与之俱出坞口，是名龙峪口[2]，堡临之[3]。村居颇盛，皆植梅杏，成林蔽麓。既出谷，复得平陆。其北又有外界山环之，长亦自东而西，东去浑源州三十里，西去应州七十里[4]。龙峪之临外界，高卑远近，一如东底山之视沙河峡口诸山也[5]。于是沿山东向，望峪之东，山愈嶙嶒斗峭[6]，问知为龙山[7]。龙山之名，旧著于山西[8]，而不知与恒岳比肩[9]；至是既西涉其阃域[10]，又北览其面目，从不意中得之，可当五台桑榆之收矣[11]。

《汉书·扬雄传上》云：“陈众车于东阬兮，肆玉钛而下驰。”唐颜师古注：“阬，大阜也。读与‘冈’同。”

清顾祖禹《读史方舆纪要》卷四四《山西六·大同府·浑源州》云：“龙山，州西南四十五里。一名封龙山。夏时雨过，山气上腾如龙，因名。”

［注释］

[1] 阬（gāng）：大山坡，土冈。 [2] 龙峪口：即今凌云口，有村同名，与大峪口村邻近，位于山西浑源裴村乡，在今箭杆梁西北。在明代属于内长城的关口之一，驻有军队把守，峪口的烽台和土堡，人称“六郎城”。 [3] 堡（bǔ）：堡子，即有围墙的村镇。 [4] 应州：唐末置，治所在金城县（今山西应县东八里）。金辖境相当今山西应县、山阴、浑源等县地。元属大同路。明属大同府。1912 年改应县。 [5] 东底山：当作“东山底”，当时村名。参见前文“东底山”条注释。 [6] 嶙嶒（céng）：形容山石突兀。斗峭：谓山势坡度大，直上直下。斗，通“陡”。 [7] 龙山：一名封龙山，海拔 2266.8 米，比恒山主峰还高 250 馀米，位于今山

西浑源县西南三十里。同治《浑源县志》卷二《山川》云："龙山，在州西南四十里，高三里，递高二十里，盘踞八里。一名封龙山，有文殊岩，巅有萱草坡。夏日雨过，山气如虹。东北五里有玉泉山，其东连柏山，山之东北有惠岭，秀丽可爱，又名秀丽岭，下有黑龙池，云气上升，不三日而雨。其东有五峰山，上有三阳洞，盘踞又数十里。" [8] 著（zhuó）：归属。 [9] 比肩：并列，居同等地位。 [10] 阃（kǔn）域：境地，境界。 [11] 可当五台桑榆之收矣：意谓可以弥补五台山之行来不及畅游东台的遗憾了。全句化用《后汉书·冯异传》："（光武帝）玺书劳异曰：'赤眉破平，士卒劳苦，始虽垂翅回溪，终能奋翼黾池，可谓失之东隅，收之桑榆。'" 大意即初虽有失而终得补偿。东隅，日所出处；桑榆，落日所照处。桑榆，桑树与榆树。日落时光照桑榆树端，因以指日暮。《太平御览》卷三《天部三·日上》引《淮南子》云："日西垂，景在树端，谓之桑榆。"

清康熙《浑源州志》卷上云："大云禅林，一在龙山上，为上院，今废。一在城西荆家庄，为下院，今存。俱建自元魏。"

东行十里，为龙山大云寺[1]，寺南面向山。又东十里，有大道往西北，直抵恒山之麓，遂折而从之，去山麓尚十里。望其山两峰亘峙[2]，车骑接轸[3]，破壁而出[4]，乃大同入倒马、紫荆大道也[5]。循之抵山下，两崖壁立，一涧中流[6]，透罅而入[7]，逼仄如无所向，曲折上下，俱成窈窕[8]，伊阙双峰[9]，武彝九曲[10]，俱不足以拟之也。

[注释]

[1] 大云寺：即大云禅林，分上、下院，上院故址在龙山上，兴盛时有殿宇僧寮一百馀间，僧侣众多。下院位于浑源城西荆家庄。从文义分析，徐霞客未登顶龙山，所过者当为大云寺下院。 [2] 两峰亘峙：谓恒山的东、西两主峰。东为天峰岭（又名玄岳峰、恒宗），西为翠屏山（又名翠屏峰），两峰对峙，以金龙峡分开，地势险要。亘峙，绵延对峙。 [3] 车骑（jì）接轸（zhěn）：意谓车马相衔接而行，形容人来人往。轸，车后横木；一说，为车厢底部四面的横木。 [4] 破壁而出：谓车马如龙，仿佛从岩壁中出来，这是略带调侃意味的说法。 [5] 倒马：即倒马关，又名常山关、鸿山关、鸿上关、鵶塞，位于今河北唐县西北一百一十里的倒马关乡。此关与居庸关、紫荆关合称内三关。《水经·滱水注》云："滱水又东经倒马关，关山险隘，最为深峭势均。诗人高冈之病良马，傅险之困行轩，故关受其名。"清顾祖禹《读史方舆纪要》卷一〇《北直一·倒马》云："倒马关，在真定府定州西北二百五十里，山西广昌县南七十里，即战国时鸿之塞也。"明代于此设两城，上城建于洪武初，景泰三年（1452）又于其南三里建下城，并设巡司、参将驻守。紫荆：即紫荆关，古名子庄关、金坡关，位于今河北易县西八十里紫荆岭上，太行七陉蒲阴。金、元以来称紫荆关。清顾祖禹《读史方舆纪要》卷一〇《北直一·紫荆》云："紫荆关，在保定府易州西八十里，山西广昌县东北百里。路通宣府、大同，山谷崎岖，易于控扼，自昔为戍守处，即太行蒲阴陉也。"明初在此设千户所。 [6] 一涧中流：即恒水（当地人又称唐峪河、柳河），为浑河源头之一。浑河，桑干河支流，源出山西浑源县恒山北端西麓，西流至怀仁市新桥镇附近入桑干河。 [7] 罅：岩石裂缝。这里当指金龙口。明杨述程《登恒山记》云："两岸峭削如门，大类吾乡剑阁诸峡，泉流峡中，澎湃

奔泻。” [8] 窈窕：美好貌。 [9] 伊阙双峰：谓河南伊阙青山对峙、伊水中流的景致。 [10] 武彝九曲：谓福建九曲溪从武夷群山间流过的景致。武彝，即武夷山，参见前文“武彝山”条注释。九曲，即武彝溪，参见前文“武彝溪”条注释。

清桂敬顺《恒山志·迹志》云：“悬空寺，在磁硖上，为北岳门户，相去尚十五里。壁岸无阶，岑楼自得……崖下千尺，即恒、滱双流奔汇处，近号磁硖。前魏道武帝天兴元年克燕，将自中山北归平城，发卒万人凿恒岭，通直道五百馀里，硖之始基也。宋杨业守三关，亦镇兵于此。敌楼戍垒，云阁虹桥，址迹都在。”

时清流未泛[1]，行即溯涧[2]。不知何年两崖俱凿石坎[3]，大四五尺，深及丈，上下排列，想水溢时插木为阁道者[4]，今废已久，仅存二木悬架高处，犹栋梁之巨擘也[5]。三转，峡愈隘，崖愈高。西崖之半，层楼高悬，曲榭斜倚[6]，望之如蜃吐重台者[7]，悬空寺也[8]。

［注释］

[1] 清流未泛：时值北方的枯水季节，水未上涨，故称。 [2] 溯涧：逆着溪流方向沿山涧上行。 [3] 石坎：石洞，石坑。 [4] 阁道：栈道，即在山崖险绝处傍山架木而成的一种道路。 [5] 巨擘（bò）：大拇指，常用来比喻杰出的人物。这里形容木料之大，有调侃意味。 [6] 榭：建在高台上的木屋。多为游观之所。《尚书·泰誓上》云：“惟宫室台榭。”孔传：“土高曰台，有木曰榭。” [7] 蜃（shèn）吐重台：用海市蜃楼现象来形容所见悬空寺所具有的神秘性、虚幻性的主观感受。海市蜃楼，属于大气光学现象。光线经过不同密度的空气层，发生显著折射或全反射时，把远处景物显示在空中或地面而形成的各种奇异景象，常发生在海上或沙漠地区。古人误认为蜃吐气而成，故称。语本《史记》卷二七《天官书》：“海旁蜄（蜃）气象楼台；广野气成宫阙然。云气各象其山

川人民所聚积。”蜃，传说中的蛟属，古人认为它吐气能成海市蜃楼的奇观。 [8] 悬空寺：位于今山西浑源县城南 5000 米处恒山下金龙口西崖峭壁上，建于公元 5 世纪的北魏后期。悬空寺在陡崖上凿洞横插悬梁与竖插立柱为基，楼阁之间有栈道相通，地势窄险，气魄雄伟。悬空寺共有殿宇楼阁四十处，皆为木制，随崖就势，辉煌壮观，虚实相生，对称变化，高低错落，参差有致。铜铸、铁铸、泥塑、石雕等佛像八十馀尊。

五台北壑亦有悬空寺，拟此未能具体[1]。仰之神飞[2]，鼓勇独登[3]。入则楼阁高下，槛路屈曲[4]。崖既矗削[5]，为天下巨观[6]，而寺之点缀，兼能尽胜[7]。依岩结构，而不为岩石累者，仅此。而僧寮位置适序[8]，凡客坐禅龛[9]，明窗暖榻，寻丈之间，肃然中雅[10]。

徐霞客《滇游日记六》崇祯十一年（1638）正月初四日日记云：“时余神飞玉龙阁，遂不及南下问大士阁之胜，于是仍返脊，南循峡端共一里，陟瀑布之上，登玉龙。”

［注释］

[1] 具体：谓五台北之悬空寺摹拟恒山悬空寺，未能粗具大体。 [2] 神飞：犹言神往。 [3] 鼓勇：鼓足勇气。 [4] 槛（jiàn）路：带有栏杆的石径。 [5] 矗削：高耸陡峭。 [6] 巨观：大观，谓宏伟的景象。晋王济《华林园》诗：“皇居伟则，芳园巨观。” [7] 尽胜：谓胜景达到极致。 [8] 僧寮：僧舍。宋陆游《贫居》诗：“囊空如客路，屋窄似僧寮。”适序：得当有序。 [9] 禅龛：佛堂。唐杨炯《大周明威将军梁公神道碑》云：“故得雕檀之妙，俯对禅龛，贝叶之文，式盈梵宇。” [10] 肃然中雅：意谓安定平静，秩序良好且庄重不俗。

唐薛用弱《集异记·永清县庙》云："见荒庙岿然，土偶罗列，无门榜牌记，莫知谁氏。"

既下，又行峡中者三四转，则洞门豁然[1]，峦壑掩映，若别有一天者[2]。又一里，涧东有门榜三重[3]，高列阜上[4]，其下石级数百层承之，则北岳恒山庙之山门也[5]。去庙尚十里，左右皆土山层叠，岳顶杳不可见[6]。止门侧土人家[7]，为明日登顶计。

［注释］

[1] 洞门：当喻指峡谷与山间小盆地的交接处。豁然：开阔貌。 [2] 别有一天：另开一种境界。 [3] 门榜：门前张挂的牌匾。恒山朝殿山门前分别矗立有"人天北柱""岳灵普照""北冀敷恩"三重坊上匾额。 [4] 阜：土山。《诗经·小雅·天保》云："如山如阜，如冈如陵。"毛传："高平曰陆，大陆曰阜，大阜曰陵。" [5] 北岳恒山庙之山门：葛致巍《北岳恒山及胜迹考略》（《河北大学学报》1987 年第 3 期）一文记载，恒山山门早年间建于原来的半坡村旁，位在石门峪上的磁窑口，石筑台阶分上下两层，在门洞龙凤板上刻有"北岳恒山"四个大字，据考证为明弘治十六年（1503）书写，距今已 500 多年。在四柱三路木牌坊上还有横匾——"屏藩燕晋"。牌坊东侧的石碑上刻着"塞北第一山"，该碑为明万历年间（1573—1620）所建。山门，通常指佛寺的外门，这里专指恒山下所立之牌坊门。 [6] 岳顶：北岳恒山天峰岭巅顶。杳（yǎo）：消失，不见踪影。 [7] 止：寄宿。

南朝宋刘义庆《世说新语·言语》云："司马太傅斋中夜坐，于时天月明净，都无纤翳。"

十一日　风翳净尽[1]，澄碧如洗。策杖登岳[2]，面东而上，土冈浅阜，无攀跻劳[3]。盖山自龙泉来[4]，凡三重。惟龙泉一重峭削在内，而关以外反土脊平旷[5]。五台一重虽崇峻[6]，而骨石耸拔[7]，俱在东底山一带出峪之处。其第三重自峡口入山而北，西极龙山之顶，东至恒岳之阳[8]，亦皆藏锋敛锷[9]，一临北面，则峰峰陡削，悉现岩岩本色[10]。

［注释］

[1] 风翳：谓风吹散云雾。风，用如动词。翳，云雾。 [2] 策杖：拄杖。宋邵伯温《闻见前录》卷一一云："公（司马光）不喜肩舆，山中亦乘马，路险，策杖以行。" [3] 攀跻：犹攀登。这里所说的登山路当是步云路，清桂敬顺《恒山志·迹志》云："步云路，有磁硖东北来，入山初径也。蛇延百折，鸟上千盘。步骑相兼，随行替憩，再易时才望岳所。" [4] 龙泉：即龙泉关。 [5] 土脊：土丘高处像兽类脊骨似的隆起部分。平旷：平坦宽广。晋陶渊明《桃花源记》云："土地平旷，屋舍俨然。" [6] 五台：即五台山，位于今山西省东北部的忻州市五台县境内，五台之中以北台最高，海拔 3061 米，有"华北屋脊"之称，参见前文"五台山"条注释。崇峻：高大。 [7] 骨石：通"石骨"，谓坚硬的岩石。耸拔：高耸挺拔。 [8] 恒岳之阳：北岳恒山的南面。阳，山的南面或水的北面。 [9] 藏锋敛锷（è）：不露锋芒。锷，刀剑的刃。 [10] 本色：本来面目。

一里，转北，山皆煤炭[1]，不深凿即可得。又一里，则土石皆赤，有虬松离立[2]，道旁亭曰望仙[3]。又三里，则崖石渐起，松影筛阴[4]，是名虎风口[5]。于是石路萦回[6]，始循崖乘峭而上。

清桂敬顺《恒山志·迹志》云："望仙亭，在翠雪亭下。右临恒水，昼夜相攻，雷响川发。南俯平麓，高下惟田。时当初夏，麦叶被陇，山花照溪，野香难名，碧妥如熨，仿佛晋代桃花仙源。回仰集仙、琴棋，蒙茸翠裹，几讶诸天更在藤萝外矣。"

[注释]

[1]"山皆煤炭"二句：是说山西自古以来就是煤矿大省，浑源煤矿矿层较浅，煤质为长焰弱黏性煤，较适于露天开采。徐霞客客观地记录了当时的煤炭开采状况，可为当今研究者取资。 [2]虬松：盘曲怪异的老松。明蒋一葵《长安客话·戒坛》云："辽金时所植松今尚在，围抱可四五人，高不三丈，荫布一庭，枝干径二尺；虬曲离奇，可坐可卧。"离立：并立。《礼记·曲礼上》云："离立者，不出中间。"唐孔颖达疏："又若见有二人并立，当己行路，则避之；不得辄当其中间出也。"唐杜甫《四松》诗："别来忽三岁，离立如人长。"清仇兆鳌注："两相丽之谓离。"徐霞客所记者或为恒山的"盘根松"与"悬根松"，"虎口悬松"为"恒山十八景"之一。盘根松今已不存。 [3]望仙：即望仙亭，又名望岳亭、望山亭，故址位于恒山大字岩（又名大字湾）下。今存者为1984年所重建。 [4]松影筛阴：谓日光为簇簇松针遮挡在地面留有阴影，且随风移位，如同过筛一般。 [5]虎风口：位于大字岩下、果老岭后。清桂敬顺《恒山志·迹志》："虎风口，由步云路入山，此半途矣。风从东南来，以口为纳；风生西北，以口为出。其势折逆，其鸣咆哮。口峙木坊，旁立介石，两步前有金龙口，不传所自名。" [6]萦回：盘旋往复。

三里，有杰坊曰“朔方第一山”[1]，内则官廨、厨井俱备[2]。坊右东向拾级上，崖半为寝宫[3]，宫北为飞石窟[4]，相传真定府恒山从此飞去[5]。

[注释]

[1] 杰坊：高耸的牌坊。朔方第一山：牌坊题额，清桂敬顺《恒山志》未见著录。朔方，北方。《尚书·尧典》云：“申命和叔，宅朔方，曰幽都。”宋蔡沈集传：“朔方，北荒之地。” [2] 官廨（xiè）：官署，官吏办公的房舍。这里当指白云堂，俗称接官厅，位于恒宗峰半山腰，与飞石窟南北相对，四方院落，为接待往来官员的食宿之所。厨井：位于白云堂东侧的玄井亭中，亭内南北并列双井，称玄武井，又称潜龙井，两井相距三尺，据说水味南苦北甜，当地俗称苦甜井，今苦井早被填枯无水。“龙泉甘苦”亦为“恒山十八景”之一。 [3] 寝宫：原指帝王的宫室，这里谓恒山飞石窟内东岩龛下所建重檐歇山顶、面宽三间的殿宇，原为北岳正殿，故亦称旧殿，是恒山最早的建筑，初创于北魏。 [4] 飞石窟：《尚书·舜典》谓舜帝：“十有一月朔巡守，至于北岳，如西礼。”有人据此附会舜帝祭祀北岳恒山途中遇雪，阻于今河北曲阳，恰从浑源飞来一块石头，舜帝即望而拜祭，从此曲阳建北岳庙，成为帝王祭祀恒山之所，而位于今河北唐县西北75千米处的大茂山就成为恒山所在地。准确地说，大茂山，雄踞于今河北保定阜平、唐县、涞源三县交界处，与曲阳北岳庙也并非同处一地。曲阳北岳庙有飞石殿（今存殿基），据说是为纪念陨石降于曲阳而建，而这又与浑源恒山飞石窟的传说不“谋”而合。明乔宇《恒山记》云：“庙之上有飞石窟，两岸壁立，豁然中虚。相传飞于曲阳县，今尚有石突峙，故历代凡升登者，就祠于曲阳，

清桂敬顺《恒山志·迹志》云：“旧殿，在白云穴东，俗名寝宫，亦巨穴也。径逼仄，行踵趾相递。措柱壑底，横柴木为飞桥，亘三十武，始达穴门。桥上履声如瓮。殿三楹，结构凭虚，超发意想。穴覆空如盖，左右壁如曲屏。高松接天，目竭未极，时有老鹤往来其间。盛夏凝冰，皑皑幽壑。”

清桂敬顺《恒山志·迹志》云：“飞石窟，在旧殿内右侧，可容三客坐。山中如是窟者，奚止百区。讹说荒唐，不足深辨，存其名可也。”

以为亦岳灵所寓也。”明王士性《五岳游草》卷一《恒游记》云：“庙之上为飞石窟，两崖削立，窍其中，不知与曲阳石类否？”“幽窟飞石”作为“恒山十八景”之首，也可见这一飞石传说在古人心目中的位置。 [5] 真定府恒山：即指大茂山，又有神仙山、神尖山等别称，今多通称古北岳恒山，海拔 1898 米。从汉宣帝神爵元年（前 61）直至清顺治十七年（1660），帝王祭祀北岳，即以此大茂山为恒山。真定府，五代唐改镇州置，治所在真定县（今河北正定县）。后晋天福七年（942）改为恒州，后汉改为镇州，寻复为真定府，后周又改镇州。北宋复为真定府。元改真定路，明复为真定府，辖境东部扩大至今定州、深州、南宫等市境。

再上，则北岳殿也[1]。上负绝壁，下临官廨，殿下云级插天[2]，庑门上下[3]，穹碑森立[4]。从殿右上，有石窟倚而室之，曰会仙台[5]。台中像群仙[6]，环列无隙。余时欲跻危崖[7]，登绝顶。还过岳殿东[8]，望两崖断处，中垂草莽者千尺[9]。为登顶间道，遂解衣攀蹑而登[10]。

《楚辞·九歌·湘夫人》云：“合百草兮实庭，建芳馨兮庑门。”宋朱熹集注：“庑，堂下周屋也。”

[注释]

[1] 北岳殿：即北岳庙，又名元灵宫、朝殿、恒宗殿，建成于明弘治十五年（1502），单檐歇山屋宇式山门，名崇灵门，朱门铜钉，绿瓦红墙，气势壮观。山门东西两厢建有青龙、白虎二殿，正中砌筑一百〇三级石阶，倾斜达六十度，陡峭异常，令人望而生畏。北岳庙规模较为宏大，前檐为单步檐廊，西檐为歇山回廊。清桂敬顺《恒山志·迹志》云：“元灵宫，在岳顶下，内外三楹，

倚岩为壁，沉深若思。炉香聚烟，风不即散。晓钟午磬，声若有往，信触觉逝。殿阶层九十八级，旁列杆桧，岁少亦五百载。叶匪春荣，翠靡寒谢，分行鹄立，俨然侍臣。奠神灵，修祀事，嵯峨显赫，地固莫尚于兹。” [2] 云级插天：形容大殿台阶高耸入云，属于夸张手法的运用。 [3] 庑门：堂下周围的走廊、廊屋。 [4] 穹碑：圆顶高大的石碑。明叶襄《禹陵》诗：“窆石虫书古，穹碑鸟篆工。”森立：犹林立，罗列。 [5] 会仙台：又名聚仙台、会仙府，位于北岳殿以西。清桂敬顺《恒山志·迹志》云：“会仙府，在元灵宫西，塑列仙像，故名。府极轩敞，岩尤高空。春被翠萝，秋然红叶，棕团柳勺，晨夕其间。不必骑鹤吹笙之客，始堪把臂矣。府东为万寿亭，为文昌阁，俱极幽秀。集仙洞在府北岩上，府始基处也。” [6] 像：塑像，用如动词。群仙：道教传说中长生不老、有种种神通的人。 [7] 危崖：高峻的悬崖。 [8] 还过：折回来。 [9] 草莽：草丛。 [10] 攀蹑：攀援，攀登。宋郭彖《睽车志》卷三云：“一径极高峻，乃攀蹑而登。”

二里，出危崖上，仰眺绝顶，犹杰然天半[1]，而满山短树蒙密[2]，槎桠枯竹[3]，但能钩衣刺领，攀践辄断折，用力虽勤，若堕洪涛[4]，汩汩不能出[5]。余益鼓勇上，久之棘尽，始登其顶。时日色澄丽[6]，俯瞰山北，崩崖乱坠[7]，杂树密翳。是山土山无树，石山则有；北向俱石，故树皆在北。浑源州城一方[8]，即在山麓，北瞰隔山一重，苍茫无际；南惟龙泉，西惟五台，青青与此

《诗经·卫风·淇奥》云："瞻彼淇奥，绿竹青青。"毛传："青青，茂盛貌。"

作伍[9]；近则龙山西亘[10]，支峰东连[11]，若比肩连袂[12]，下扼沙漠者[13]。既而下西峰，寻前入峡危崖，俯瞰茫茫，不敢下。忽回首东顾，有一人飘摇于上[14]，因复上其处问之，指东南松柏间。望而趋，乃上时寝宫后危崖顶。未几，果得径，南经松柏林。先从顶上望，松柏葱青[15]，如蒜叶草茎，至此则合抱参天[16]，虎风口之松柏，不啻百倍之也。从崖隙直下，恰在寝宫之右，即飞石窟也，视余前上隘，中止隔崖一片耳。下山五里，由悬空寺危崖出。又十五里，至浑源州西关外[17]。

［注释］

[1] 杰然：高耸雄伟貌。 [2] 蒙密：茂密的草木。南朝宋范晔《乐游应诏诗》云："遵渚攀蒙密，随山上岖嵚。" [3] 槎枒（cháyā）：树木枝杈歧出貌。 [4] 洪涛：大波浪。 [5] 汩汩：水急流貌。《文选·枚乘〈七发〉》云："恍兮忽兮，聊兮栗兮，混汩汩兮。"唐吕延济注："混汩汩，相合疾流貌。" [6] 澄丽：明丽。宋司马光《景仁召饮东园呈彦升次道君锡才元子容》诗："今秋侍高宴，晴日正澄丽。" [7] 崩崖乱坠：形容山崖断层碎裂垂挂的形态。 [8] 一方：一边，多指远处。《诗经·秦风·蒹葭》云："所谓伊人，在水一方。"汉郑玄笺："在大水之一边，假喻以言远。" [9] 青青（jīngjīng）：草木茂盛貌。作伍：同"为伍"，即做

伙伴。 [10] 亘：绵延。 [11] 支峰：山脉的分支。 [12] 比肩连袂（mèi）：并肩而立，衣袖相联，比喻诸峰相互紧靠相连。 [13] 下扼：谓居高临下加以控制。沙漠：这里指长城以北的广大地区，是为明代蒙古鞑靼各部活动的范围。 [14] 飘摇：举止轻盈洒脱貌。 [15] 葱青：草木青翠茂盛貌。三国魏阮籍《东平赋》云：“瞻荒榛之荒秽兮，顾东山之葱青。” [16] 合抱：两臂环抱，形容树身粗大。参天：高耸于天空。 [17] 西关：西城门。

［点评］

崇祯六年（1633）八月，徐霞客游毕五台山，又北上恒山，历时三天，完成了对“北岳”的巡礼。除悬空寺堪称惊世骇俗、难觅其偶外，无论自然景观还是人文景观，浑源恒山总的说来皆不如中岳嵩山、西岳华山丰富，也不像五台山那样夺人眼球，这与其地理位置有关，也与历代统治者开发不够有关。所幸作为旅行家的徐霞客关注点一向集中于山脉大势和水系分布，从而为我们留下了宝贵的历史资料。恒山山脉属于单翼断层山，南坡向阳平缓，北坡背阴陡峭。在通常情况下，向阳花木易为春，山南面草木生长当远过于北坡；然而在明代的浑源州，情况恰恰相反，山南的植被反而不如山北茂盛。徐霞客在这篇游记中两次提及这一状况：第一次是在位于恒山以南的箭筸岭一带的考察，第二次是在恒山顶上观察南北山麓的植被状况。尽管徐霞客只是观察细致，并没有议及成因，即天寒与水分蒸发的辩证关系，但提出问题也难能可贵。至于对山脉走势以及煤炭矿藏的瞩目，也尽显《游记》的科学性。

值得一提的是，北岳恒山的地理位置问题。从汉宣帝神爵元年（前61）至清顺治十七年（1660）之前，帝王祭祀北岳皆以位于今河北曲阳的北岳庙为其神灵受祭之所在，恒山或称常山，则专指位于今河北保定阜平、唐县、涞源三县交界处的大茂山，而非浑源的玄岳山。唐贾岛有《北岳庙》一诗："天地有五岳，恒岳居其北。岩峦叠万重，诡怪浩难测。"诗中所谓"北岳"或"恒岳"，也当指大茂山。然而明代乐平（今山西昔阳）人乔宇（1464—1531）《恒山记》开首即云："北岳在浑源州之南，纷缀典籍，《书》著其为舜北巡狩之所，为恒山。《水经》著其高三千九百丈，为元岳。《福地记》著其周围一百三十里，为总元之天。"虽解释典籍不够审慎，但言之凿凿，北岳在浑源似无可疑，或出于其故乡情结。乔宇早生于徐霞客一百三十一年，临海（今属浙江）人王士性早生于徐霞客四十年，其《五岳游草》卷一《恒游记》亦云："余披舆地图，河北盖有两恒岳云。在曲阳者，当飞石西北百馀里，其上有玄石冢，即饮中山千日酒者。余所至乃浑源岳也。浑源左太行右洪河，翼以霍山，五台再当其案，有虞氏北巡狩所冯也。总之，在浑源者近是。"明万历二十九年（1601）进士四川杨述程《登恒山记》也以浑源为北岳所在地。徐霞客在这篇游记中也提及"相传真定府恒山从此飞去"的传言，但未深辨，证明他对恒山在浑源说已深信不疑。可见明代中叶以后，文人士大夫有认定浑源为北岳所在地的舆论倾向。明弘治十五年（1502），兵部尚书马文升上疏改祀浑源恒岳，未准，但明廷终认定浑源恒山为北岳祖庙，即上庙，河北曲阳的北岳庙为下庙，并对祖庙修缮，新建恒宗殿（元灵宫）。《明史·地理二》云："浑源州，南有恒山，即北岳也，与北直曲阳县界。"《明史》为清人撰写，相当程度代表了清廷的官方立场。然而由明入清的著名经学家顾炎武专门写有《北岳辨》的长文，引经据典，坚持认为"曲阳说"的合理，并驳斥飞石的传闻说："舜北狩，大雪，止于曲阳，有石飞来，因而望祀。不知此谁见之而谁传之？"《清史稿·地理七》著录浑源州有云："恒山，北岳，顺治十七年自曲阳移祀于此。山高三千九百丈，周回数千里，横跨燕、赵，屏蔽京师。曲阳其趾，阜平其脊，州境其主峰也。"清廷的主导作用潜移默化，近代以来，人们约定俗成地认为北岳"浑源说"不可移易，显然受了清廷改祀的影响。既然如此，今人也不必再为"曲阳说"辩解了，更不必认定四百年前的徐霞客登错了山，拜错了庙。

康熙《安福县志》卷一《疆域·山川》云：“武功山，治西百二十里，连接卢萧，根盘八百里，跨吉、袁、长沙三郡。晋葛玄、葛洪二仙先后修炼山中，因名葛仙峰。又传有武氏夫妇远来修炼，夫止泸潇，妇止西昌，遂以武公名山，故泰和有武姥山云。及陈武帝时，阴助王师平侯景之乱，更名武功。高逾三十里，晓登顶可观日出。上有仙翁坛，以巨石垒方丈许，瓦皆以铁，祀葛仙于坛内，傍石塔，或见火焰。炼丹池泉冬温夏凉，滚滚不绝。求嗣者于泉激流处掬水得圆石，宜男。”

又云：“九龙山，自武功绝顶行

江右游日记[1]

初三日[2]　晨餐后行，云气渐合，而四山无翳[3]。三里，转而西，复循山向北，始东见大溪自香炉峰麓来[4]，是为湘吉湾[5]。又下岭一里，得三四家。又登岭一里，连过二脊，是为何家坊[6]。有路从西坞下者，乃钱山之道[7]，水遂西下而东，则香炉峰之大溪也；有路从北坳上者，乃九龙之道[8]；而正道则溯大溪东从夹中行[9]。

［注释］

[1] 江右：古人指长江下游以西的地区，即今江西一带。明代设江西布政使司，治所在南昌府（今江西南昌）。此处节选《江右游日记》中游武功山的部分。武功山，原名兹山，位于中国江西、湖南两省交界的罗霄（卢萧）山脉北段，地跨今江西西部的吉安市安福县、萍乡市的芦溪县、宜春市袁州区三地，山体博大，景区面积 360 多平方千米，平均海拔 1000 米—1500 米，主峰白鹤峰海拔 1918.3 米，为江西省境内第一高峰。自然风光以瀑布群、高山草甸、金顶古祭坛群为三大绝景。　[2] 初三日：崇祯十年正月初三日，即 1637 年 1 月 28 日。　[3] 翳：指云雾。南朝宋刘义庆《世说新语·言语》云："司马太傅斋中夜坐，于时天月明净，都无纤翳。"　[4] 大溪：当指今所称之"五里筝"，源于箕峰顶，穿林击石，溪流声响清扬如古筝弹奏，长约五里，故称。香炉峰：又称大箕峰，位于武功山金顶（白鹤峰）以南的三天门东南方山脊上，香炉峰山脊组成了武功山的一道屏风，为武功山第二高峰，海拔 1703 米。金顶与香炉峰两峰之间下凹的丫口称肚皮坳，海拔 1214 米。　[5] 湘吉湾：位于今吉安市安福县西隅钱山乡油市村。　[6] 何家坊：今名何家，位于今安福县钱山乡油市村以北，四回山以东。　[7] 钱山：即今钱山乡，位于今安福县西隅，与莲花县、萍乡市接壤，距安福县城 55 千米。　[8] 九龙：即九龙山，位于武功山金顶白鹤峰西南十五里。　[9] 夹中：犹言峡谷。

十五里，万山环绕，林木蓊郁。相传刘蓬头结茅山中，嘉靖间游僧宁州自安仁古爽来，创建佛宇。"

二里，渡溪循南崖行，又一里，茅庵一龛在溪北[1]，是为三仙行宫[2]。从此渐陟崇岗[3]，三里，直造香炉峰。其崖坳时有细流悬挂，北下大溪去。仰见峰头云影渐朗，亟上跻，忽零雨飘

宋范成大《一龛》诗："一龛窄似鸟窠禅，世界悠悠任大千。"

《诗经·豳风·东山》云："我来

自东，零雨其濛。”唐孔颖达疏：“道上乃遇零落之雨，其濛濛然。”高亨注：“零雨，又慢又细的小雨。”

扬[4]。二里至集云岩[5]，零雨沾衣，乃入集云观少憩焉。观为葛仙翁栖真之所[6]，道流以新岁方群嬉正殿上[7]，殿止一楹，建犹未完也。其址高倚香炉，北向武功，前则大溪由东坞来，西向经湘吉湾而去，亦一玄都也[8]。

［注释］

[1] 茅庵：茅庐，草舍。为旧时修真或学佛者所结。　[2] 三仙：据《太平广记》卷三八九引《祥瑞记·孙钟》，传说三国吴主孙权之祖孙钟，以种瓜为业，有三仙人诣门乞瓜，钟厚待之。因指以葬地，谓当出天子。言讫化为三鹤飞去。后用为施瓜得福的典实。行宫：一般指古代京城以外供帝王出行时居住的宫室，这里当谓供“三仙”云游时的居所。　[3] 崇岗：高岗。　[4] 零雨：慢而细的小雨。　[5] 集云岩：位于香炉峰北麓，其附近有集云观。　[6] 葛仙翁：即葛玄与葛洪。葛玄（164—244），字孝先，道教灵宝派祖师，尊称葛天师、葛仙翁，又称太极仙翁。在道教流派中与张道陵、许逊、萨守坚共为四大天师。三国丹阳郡句容（今属江苏）人，葛洪的从祖父。跟随左慈学道，得到《太清丹经》《九鼎丹经》《金液丹经》等道经。吴嘉禾二年（233），在阁皂山修道建庵，筑坛立炉，修炼九转金丹。喜好遨游山川。编撰《灵宝经诰》，精研上清、灵宝等道家真经，并嘱弟子世世箓传。葛洪（283—363）字稚川，号抱朴子，晋丹阳郡句容（今属江苏）人，三国方士葛玄之侄孙，世称小仙翁。东晋道教学者、著名炼丹家、医药学家，曾受封为关内侯，后隐居罗浮山炼丹。著有《肘后备急方》等。栖真：道家谓存养真性，返其本元。《晋书·葛洪

传论》云："游德栖真，超然事外。" [7] 道流：道士之辈。唐孟浩然《梅道士水亭》诗："傲吏非凡吏，名流即道流。" 新岁：犹新年，古人以农历正月初一为元旦。群嬉：共同欢笑戏乐。正殿：庙宇或宫观里位置在中间的主殿。 [8] 玄都：传说中神仙居处。《海内十洲记·玄洲》云："上有大玄都，仙伯真公所治。" 晋葛洪《枕中书》云："《真记》曰：玄都玉京七宝山，周回九万里，在大罗之上，城上七宝宫，宫内七宝台，有上中下三宫……上宫是盘古真人、元始天尊、太元圣母所治。"

时雨少止，得一道流欲送至山顶，遂西至九龙，乃冒雨行半里，渡老水桥[1]，复循武功南麓行，遂上牛心岭[2]。五里，过棋盘石[3]，有庵在岭上。雨渐大，道流还所畀送资[4]，弃行囊去[5]。盖棋盘有路直北而上，五里，经石柱风洞[6]，又五里，径达山顶，此集云登山大道也；由小径循深壑而东，乃观音崖之道[7]。余欲兼收之，竟从山顶小径趋九龙，而道流欲仍下集云，从何家坊大路，故不合而去。余遂从小径冒雨东行。从此山支悉从山顶隤壑而下[8]，凸者为冈，凹者为峡，路循其腰，遇冈则跻而上，遇峡则俯而下。由棋盘经第二峡，有石高十馀丈竖峰侧，殊觉娉婷[9]。其内峡中突崖丛树[10]，望之甚异，而曲

同治《安福县志》卷二《舆地·山》云："武功山……又一棋盘石，平阔十馀丈，世传为黄衣白鹤遗迹。石右有储云洞，洞上书'许过云'三字。"

霏草塞[11]，无可着足。

[注释]

[1] 老水桥：桥梁名，未见方志著录，位置不详。 [2] 牛心岭：武功山山峰名，位置不详。 [3] 棋盘石：位于武功山麓。 [4] 畀送资：谓雇佣向导的费用。 [5] 行囊：这里指出行时所带的钱袋。 [6] 石柱风洞：即下文之“风洞石柱”，位置不详。 [7] 观音崖：当即今观音岩，位于香炉峰西北侧。 [8] 山支：山脉的分支。陨壑：谓走势陡峭，向谷底直下。 [9] 娉（pīng）婷：姿态美好貌。 [10] 突崖：竖起的山崖。 [11] 曲霏草塞：意谓地处偏僻又浓雾弥漫，荒草堵塞。

又循路东过三峡，其岗下由涧底横度而南，直接香炉之东。于是涧中之水，遂分东西行，西即由集云而出平田[1]，东即由观音崖而下江口[2]，皆安福东北之溪也[3]。于是又过两峡。北望峡内俱树木蒙茸[4]，石崖突兀[5]，时见崖上白幌如拖瀑布[6]，怪无飞动之势，细玩之，俱僵冻成冰也。然后知其地高寒，已异下方，余蹬蹀雨中不觉耳[7]。共五里，抵观音崖，盖第三冈过脊处正其中也。

本日记正月初六日日记云：“五里，北越岭而下，又得平畴一壑，是曰十八都。又三里，有大溪亦自西而东，乃源从钱山洞北至此者，平田桥跨之。”

[注释]

[1] 平田：地名，当即下文之“平田十八都”。 [2] 江口：当

即江口渡，位于安福县十都，见同治《安福县志》卷二《舆地·津渡》。今安福县严田镇有江口村。　[3] 安福：即安福县，唐武德七年（624）以安复县改名，属吉州，治所即今江西安福县。明洪武初改属吉安府。　[4] 蒙茸：葱茏。唐罗邺《芳草》诗云："废苑墙南残雨中，似袍颜色正蒙茸。"　[5] 突兀：高耸貌。　[6] 白幌：白色的幌子。幌子，旧时用布缀于竿头，高悬在店铺门外用以招揽顾客的标识。　[7] 躞蹀（xièdié）：小步行走貌。

观音崖者，一名白法庵[1]，为白云法师所建，而其徒隐之扩而大之。盖在武功之东南隅[2]，其地幽僻深窈[3]，初为山牛野兽之窝，名牛善堂；白云鼎建禅庐[4]，有白鹦之异[5]，故名白法佛殿。前有广池一方，亦高山所难觏者[6]。其前有尖峰为案[7]，曰箕山[8]，乃香炉之东又起一尖也。其地有庵而无崖，崖即前山峡中亘石[9]，无定名也。庵前后竹树甚盛，其前有大路直下江口，其后即登山顶之东路也。时余衣履沾透，亟换之，已不作行计。饭后雨忽止，遂别隐之，由庵东跻其后。直上二里，忽见西南云气浓勃奔驰而来[10]，香炉、箕山倏忽被掩[11]，益厉顾仆竭蹶上跻[12]。又一里，已达庵后绝顶，而浓雾弥漫，下瞰白云及过脊诸岗峡，纤毫石可影响[13]，幸霾而

康熙《安福县志》卷一《疆域·山川》云："又有观音岩，白云禅师开创梵刹名白法庵，其徒隐之续修，改名白云，规趾宏敞，可容数百众。庵内有放生池，金鱼甚多，闻钟声，鱼簇拥出游饲饵而散。馀小刹以百数，皆白云派分。"

又云："白云和尚……乃历秦晋、吴越，遍参诸尊宿。复归武功，见白莺入池，即其处创刹，徒侣盈千。"

不雨[14]。又二里，抵山顶茅庵中，有道者二人[15]，止行囊于中[16]。三石卷殿即在其上，咫尺不辨。道者引入叩礼[17]，遂返宿茅庵。是夜风声屡吼，以为已转西北，可幸晴[18]，及明而弥漫如故。

［注释］

[1] 白法庵：故址位于今武功山香炉峰西北侧的观音岩附近。　[2] 东南隅：观音岩位于武功山白鹤峰的西南方向，这里当是“西南隅”之讹误。　[3] 幽僻：幽静而偏僻。《北齐书·陆法和传》云：“此寺幽僻，可以免难。”深窈：幽深。宋苏轼《与客游道场何山得鸟字》诗：“高堂俨像设，禅室各深窈。”　[4] 鼎建：犹营建。明沈德符《万历野获编·列朝二·庙议献谄不用》云：“嘉靖中，太庙被灾，寻即鼎建。”　[5] 白鹦之异：白鹦，当作“白莺”，据说白法庵选址因“白莺入池”之异而定。　[6] 覯（gòu）：遇见，看见。　[7] 案：即案山，参见前文“案山”条注释　[8] 箕山：又称小箕峰，位于武功山金顶白鹤峰东南面。香炉峰与箕峰遥峙相对，并称大、小箕峰，是武功山十大山峰之一。箕峰建有武功山最早的道教场所，山巅留存有古祭坛、玉皇殿等遗址，且有古道蜿蜒山间。　[9] 亘石：绵延的石崖。　[10] 浓勃：浓厚兴起。　[11] 倏忽：顷刻，指极短的时间。　[12] 益厉：更加劝勉。厉，“励”的古字。顾仆：徐霞客所雇用的顾姓仆人顾行。竭蹶：亦作“竭蹷”，颠仆倾跌，行步匆遽貌。《荀子·儒效》云：“故近者歌讴而乐之，远者竭蹶而趋之。”唐杨倞注：“竭蹶，颠倒也。远者颠倒趋之，如不及然。”　[13] 纤毫：极其细微。石可：当是“不可”之形讹。影响：影子和声响。引申为踪迹。唐韩愈《上宰相书》云：

“彼惟恐入山之不深，入林之不密，其影响昧昧，惟恐闻之于人也。” [14]霾(mái)：昏暗，模糊不清。 [15]道者：道士。 [16]行囊：这里谓行李。 [17]叩礼：叩头下拜。 [18]幸：希望，期望。

武功山东西横若屏列[1]。正南为香炉峰，香炉西即门家坊尖峰[2]，东即箕峰。三峰俱峭削。而香炉高悬独耸，并列武功南，若棂门然[3]。其顶有路四达：由正南者，自风洞石柱，下至棋盘、集云，经相公岭出平田十八都为大道[4]，余所从入山者也；由东南者[5]，自观音崖下至江口，达安福；由东北者，二里出雷打石[6]，又一里即为萍乡界[7]，下至山口达萍乡；由西北者，自九龙抵攸县[8]；由西南者，自九龙下钱山，抵茶陵州[9]，为四境云[10]。

明顾起元《客座赘语》卷九《守心戒行》云：“法堂后山壁峭削，中开一洞，深数尺许，因构小屋附之。”

[注释]

[1]屏列：如屏风般排列。 [2]门家坊尖峰：位于武功山香炉峰以西。 [3]棂(líng)门：即棂星门，旧时学宫孔庙的外门。 [4]相公岭：位于武功山香炉峰以南。平田十八都：据康熙《安福县志》卷一《食货·都图》，十八都属明安福县循化乡。 [5]东南：按照观音崖方位，似当作“西南”。 [6]雷打石：当即今雷打峡，位于武功山金顶白鹤峰西南山麓。 [7]萍乡：明萍乡县。三国吴宝鼎二年(267)析宜春县置，属安成郡，治所

在今江西萍乡市东四十里芦溪镇西南古岗。《元和志》卷二八谓萍乡县"以地多生萍草，因以为名"。隋属宜春郡，徙治今萍乡市。唐属袁州。元元贞元年（1295）升为萍乡州。明洪武二年（1369）复为县，属袁州府。民国初属江西庐陵道，1926 年直属江西省。1960 年改设萍乡市。 [8] 攸（yōu）县：西汉置，属长沙国，治所在今湖南攸县东攸水南，以北有攸溪为名。东汉属长沙郡，南朝齐属湘东郡，梁、陈间改为攸水县。唐武德四年（621）复置，为南云州治。贞观元年（627）州废，县属衡州。五代梁时迁今攸县治，改属潭州。元元贞元年（1295）升为攸州，明洪武二年（1369）复降为县，属长沙府。民国初属湖南湘江道，1922 年直属湖南省。 [9] 茶陵州：元至元十九年（1282）升茶陵县置，属湖广行省，治所即今湖南茶陵县。明初降为县，成化十八年（1482）复升州，属长沙府。1913 年改为茶陵县。 [10] 四境：犹"四至"，谓四周的界限。

这是对武功山高原草甸地貌的准确记述，所谓"草甸"，即在适中的水分条件下发育起来的以多年生中生草本为主体的植被类型。武功山草甸主要以白茅草为主。

初四日 闻夙霾未开[1]，僵卧久之[2]。晨餐后方起，雾影倏开倏合[3]。因从正道下[4]，欲觅风洞石柱。直下者三里，渐见两旁山俱茅脊[5]，无崖岫之奇[6]，远见香炉峰顶亦时出时没，而半山犹浓雾如故。意风洞石柱尚在二三里下，恐一时难觅，且疑道流装点之言[7]，即觅得亦无奇，遂乘未雨仍返山顶，再饭茅庵，先往九龙。乃从山脊西行，初犹弥漫，已而渐开。三里稍下，度一脊，忽雾影中望见中峰之北矗崖崭柱[8]，上刺层霄，下插九地[9]，所谓千丈崖[10]。百崖丛峙回环，高下不一，凹凸掩映。隤北而下[11]，如门如阙[12]，如幢如楼[13]，直坠壑底，皆密树蒙茸，平铺其下。然雾犹时时笼罩，及身至其侧，雾复倏开，若先之笼，故为掩袖之避[14]，而后之开，又巧为献笑之迎者[15]。盖武功屏列，东、西、中共起三峰[16]，而中峰最高，纯石，南面犹突兀而已，北则极悬崖回崿之奇[17]。使不由此而由正道，即由此而雾不收，不几谓武功无奇胜哉[18]！

徐霞客描写武功山倏开倏合、来去无定的雾气，文学色彩浓厚，拟人手法的运用巧妙细腻，堪称神来之笔。至于对武功山的山山水水来龙去脉及走势的概要叙述，更凸显了徐霞客科学考察祖国山水的一贯风格，读者可自行体味。

[注释]

[1]夙（sù）霾：谓昨日的阴霾。 [2]僵卧：躺卧不起。 [3]倏开倏合：形容雾气集散迅速。 [4]正道：主干道。 [5]茅脊：谓山脊为茅草所覆盖。 [6]崖岫之奇：谓峰峦洞穴的奇幻形态。 [7]装点之言：指不切合实际的夸饰言语。 [8]中峰：当谓武功山香炉峰。矗崖崭柱：谓高峻突出的山崖石峰。 [9]九地：这里形容山谷的最深处。 [10]千丈崖：又称千丈岩，武功山山峰名，位于发云界与金顶白鹤峰之间的一大陡坡，在观音岩西南，海拔1630米左右。 [11]隤北：山体向北陡立。 [12]阙：宫门、城门两侧的高台，中间有道路，台上起楼观。《诗·郑风·子衿》云："挑兮达兮，在城阙兮。"高亨注："阙，城门两边的高台。" [13]幢：幢子，旧时作为庆吊礼物用的整幅布帛，题

字或缀字于上以悬之。宋苏轼《太白山下早行》诗："乱山横翠幛，落月淡孤灯。" [14] 掩袖之避：旧时妇女羞见外人，常以衣袖遮面。 [15] 献笑之迎：故作笑容以取悦于人。 [16] 三峰：从东至西当指箕峰、香炉峰、门家坊尖峰。 [17] 崿：山崖。 [18] 奇胜：谓景物非常优美。《新唐书 · 文艺传中 · 王维》云："（维）别墅在辋川，地奇胜。"

共三里，过中岭之西，连度二脊，其狭仅尺五。至是南北俱石崖，而北尤崭削无底[1]，环突多奇[2]，脊上双崖重剖如门[3]，下陨至重壑。由此通道而下，可尽北崖诸胜，而惜乎山高路绝，无能至者。又西复下而上，是为西峰。其山与东峰无异，不若中峰之石骨棱嶒矣[4]。又五里，过野猪洼[5]。西峰尽处，得石崖突出，下容四五人，曰二仙洞[6]。闻其上尚有金鸡洞[7]，未之入也。于是山分两支，路行其中。又西稍下四里，至九龙寺[8]。寺当武功之西垂[9]，崇山至此，忽开坞成围[10]，中有平壑，水带西出峡桥[11]，坠崖而下，乃神庙时宁州禅师所开[12]，与白云之开观音崖[13]，东西并建者。然观音崖开爽下临[14]，九龙幽奥中敞[15]，形势固不若九龙之端密也[16]。若以地势论，九龙虽稍下于顶，其高反在观音崖

宋王炎《游砚山》诗："涧水抱石根，石骨多绀碧。"

徐霞客《滇游日记六》崇祯十二年（1639）正月初九日日记云："其南即为传衣寺，寺基开爽，规模宏拓。"

之上多矣。

[注释]

[1] 崭削：形容山势陡峭直立。 [2] 环突：回环竖起。 [3] 重（chóng）剖：重叠剖分。 [4] 石骨：坚硬的岩石。棱嶒：同“崚嶒”，形容高耸突兀。 [5] 野猪洼：武功山山谷名，方志未见著录，位置不详。 [6] 二仙洞：方志未见著录，位置不详。 [7] 金鸡洞：方志未见著录，位置不详。 [8] 九龙寺：位于九龙山麓，明嘉靖间游方僧宁州创建。 [9] 西垂：西面山麓。 [10] 开坞成围：谓在山峦重叠中形成一块低地。 [11] 水带：如带子一样环山的溪流。峡桥：当指山峡之间形成的过梁。 [12] 神庙：即明神宗朱翊钧（1563—1620），隆庆六年（1572）即位，年号万历，在位四十八年，卒葬定陵，庙号神宗，故称“神庙”。宁州禅师：法号宁州的禅宗僧人。 [13] 白云：即白云禅师，创建白法庵，后改名白云庵。 [14] 开爽：开阔，宽敞。 [15] 幽奥：深远，深奥。《后汉书·冯衍传下》云：“览天地之幽奥兮，统万物之维纲。”唐李贤注：“幽奥，深邃也。” [16] 端密：规整隐秘。

寺中僧分东西两寮[1]，昔年南昌王特进山至此[2]，今其规模尚整。西寮僧留宿，余见雾已渐开，强别之。出寺，西越溪口桥，溪从南下。复西越一岭，又过一小溪，二溪合而南坠谷中。溪坠于东，路坠于西，俱垂南直下。五里，为紫竹北魏郦道元《水经注·溱水》云："岩岭干天，交柯云蔚……悬湍回注，崩浪震山。"

林，僧寮倚危湍修竹间[3]，幽爽兼得，亦精蓝之妙境也[4]。从山上望此，犹在重雾中，渐下渐开，而破壁飞流，有倒峡悬湍之势[5]。又十里而至卢台[6]，或从溪右，或从溪左，循度不一[7]，靡不在轰雷倒雪中[8]。但涧崖危耸[9]，竹树翳密[10]，悬坠不能下窥[11]，及至渡涧，又复平流处矣。出峡至卢台，始有平畴一壑[12]，乱流交涌畦间[13]，行履沾濡。思先日过相公岭，求滴水不得；此处地高于彼，而石山萦绕[14]，遂成沃泽[15]。盖武功之东垂，其山乃一脊排支分派[16]；武功之西垂，其山乃众峰耸石攒崖[17]，土石之势既殊，故燥润之分亦异也。夹溪四五家[18]，俱环堵离立[19]，欲投托宿，各以新岁宴客辞。方徘徊路旁，有人一群从东村过西家，正所宴客也。中一少年，见余无宿处，亲从各家为觅所栖[20]，乃引至东村宴过者，唐姓家。得留止焉。是日行三十里。

武功山东西两侧之山峦因土山、石山的构造不同，含水量也大相径庭。徐霞客的科学探索精神，于此可见一斑。

[**注释**]

[1] 寮：即僧寮，谓僧舍。宋陆游《贫居》诗："囊空如客路，屋窄似僧寮。" [2] 南昌王：即朱兴隆（约 1307—1344），原名朱

重四，濠州钟离（今安徽凤阳东）人。明太祖朱元璋的长兄，明仁祖淳皇帝朱世珍的长子，明初名将朱文正之父。元至正四年（1344），淮北大旱，朱兴隆及其父母朱世珍、陈氏曾逃荒至此，先后卒于瘟疫。洪武元年（1368）朱元璋追封朱兴隆为南昌王，列祀家庙，后诏祀为靖江王始祖。 [3] 湍：急流的水。 [4] 精蓝：佛寺，僧舍。精，精舍，道士、僧人修炼居住之所。蓝，阿兰若，即梵语的音译，意译为寂静处或空闲处。原为比丘洁身修行之处，后亦用以称一般佛寺。 [5] 倒（dào）峡：谓江水倾峡而出。悬湍：即瀑布，谓从高处下注的水流。 [6] 卢台：或作“芦台”，位于武功山九龙山西南麓。今安福县钱山乡有芦台村。 [7] 循度：犹循轨，即依轨道而行。 [8] 靡不：无不。轰雷倒雪：用响雷与喷雪形容武功山瀑布的声响与想象中的视觉感受。瀑布众多且形态各异是武功山的一大特色。 [9] 涧崖：谓瀑布或溪流的源头。危耸：高高耸立。 [10] 翳密：浓荫遮蔽。 [11] 悬坠不能下窥：意谓瀑布下泻的踪影难以寻觅。 [12] 平畴：平坦的田野。晋陶渊明《癸卯岁始春怀古田舍》诗其二云：“平畴交远风，良苗亦怀新。” [13] 畦间：田垄之间。 [14] 潆（yíng）绕：清流环绕。 [15] 沃泽：润泽肥美之地。 [16] 排支分派：谓武功山众多的山脉分支。 [17] 耸石攒崖：谓独立的山峦石崖会聚。 [18] 夹溪：溪流左右上下两侧。 [19] 环堵：四周环着每面一方丈的土墙，形容狭小、简陋的居室。《礼记·儒行》云：“儒者有一亩之宫，环堵之室。”汉郑玄注：“环堵，面一堵也。五版为堵，五堵为雉。”《淮南子·原道训》云：“环堵之室，茨之以生茅，蓬户瓮牖，揉桑为枢。”汉高诱注：“堵长一丈，高一丈，故曰环堵，言其小也。” [20] 亲从：亲自跟从。

初五日　晨餐后，雾犹翳山顶。乃东南越一岭，五里，下至平畴，是为大陂[1]。居民数家，自成一壑。一小溪自东北来，乃何家坊之流也，卢台之溪自北来，又有沙盘头之溪自西北来[2]，同会而出陈钱口[3]。两山如门，路亦随之。出口即十八都平田，东向大洋也[4]。大陂之水自北而出陈钱，上陂之水自西而至车江[5]，二水合而东经钱山下平田者也。路由车江循西溪[6]，五里，至上陂，复入山。已渡溪南，复上门楼岭[7]，五里越岭，复与溪会。过平坞又二里，有一峰当溪之中，其南北各有一溪，潆峰前而合[8]，是为月溪上流[9]。路从峰之南溪而入，其南有石兰冲[10]，颇突兀。又三里，登祝高岭[11]，岭北之水下安福，岭南之水下永新[12]。又平行岭上二里，下岭东南行二里，过石洞北，乃西南登一小山，山石色润而形巉[13]。

《淮南子·说林训》云："十顷之陂可以灌四十顷，而一顷之陂可以灌四顷，大小之衰然。"汉高诱注："畜水曰陂。"

本日记正月初六日日记云："盖自祝高岭而南，山分东西二界，中开大洋，直南抵汤渡。其自断山之东，山又分南北二界，中开大洋，东抵洋溪。"

又云："而武功南面与石门山之北，彼此相对，中又横架祝高至儿坡一层，遂分南北二大洋。北洋西自上陂合陈钱口之水，由钱山平田会于洋溪；南洋西自断山至路口，水始东下，合石门东麓卢子垅之水，由塘前而会于洋溪。二溪合流曰洋岔，始胜舟而入安福。"

［注释］

[1] 大陂（bēi）：位于今安福县钱山乡。陂，池塘，旧时多指某种水利设施。　[2] 沙盘头：方志未见著录，位置不详。　[3] 陈钱口：地名，位于祝高岭以北。　[4] 洋：广大，盛大。湘赣一带或称山间开阔平坦地带为"洋"。　[5] 上陂：地名。康熙《安福

县志》卷一《食货·水利》云："安福乡……九都……上陂。"车江：地名，位于今安福县城东南，223 省道西侧。 [6] 西溪：当指上文"上陂之水"。 [7] 门楼岭：方志未见著录，位置不详。 [8] 潆：水流回旋貌。 [9] 月溪：方志未见著录，位置不详。 [10] 石兰冲：方志未见著录，位置不详。 [11] 祝高岭：位于安福县南境，与永新接界。 [12] 永新：明代县名，位于安福县以南，属吉安府。民国初属江西庐陵道，1926 年直属江西省。 [13] 巉（chán）：险峻陡峭。

由石隙下瞰，一窟四环，有门当隙中，内有精蓝，后有深洞，洞名石城[1]。洞外石崖四亘[2]，崖有隙东向，庵即倚之。庵北向，洞在其左，门东北向，而门为僧闭，无可入。从石上俯而呼，久之，乃得入，因命僧炊饭，而余入洞，欲出为石门寺之行也[3]。循级而下，颇似阳羡张公洞门[4]，而大过之。洞中高穹与张公并[5]，而深广倍之。其中一冈横间[6]，内外分两重，外重有巨石分列门口如台。当台之中，两石笋耸立而起[7]。其左右列者，北崖有石柱矗立[8]，大倍于笋，而色甚古穆[9]，从石底高擎，上属洞顶[10]。旁有隙，可环柱转。柱根涌起处，有石环捧，若植之盘中者。其旁有支洞。曲而北再进，又有一大柱，下

康熙《安福县志》卷一《疆域·山川》云："石城洞，治西百三十里，石势环抱如城。往父老误传刘龙云游永新石廊诗，遂冒名石廊，《一统志》因乘讹刻诗。刘泸潇考定，改今名。洞口奇石四面，壁立如廊，由小窦秉烛而入，涧水中流，从岭后穿出，溉田数百亩。中有观音崖、石钟、石鼓、石田、玉兔、仙楼篆、踞狮岩诸名胜，前后相去可五

里许。俗呼为书林洞。洞口有云楼、石馆，十馀里内复有书岩洞、仙坛、老山……”

若莲花，围叠成柱；上如宝幢[11]，擎盖属顶[12]；旁亦有隙可循转。柱之左另环一窍，支洞益穹。及出，饭后见洞甚奇，索炬不能，复与顾仆再入细搜之。出已暮矣，遂宿庵中。

石城洞初名石廊；南陂刘元卿开建精蓝于洞口石窟中[13]，改名书林[14]；今又名石城，以洞外石崖四亘若城垣也[15]。

［**注释**］

[1] 洞名石城：即石城洞，位于安福县西隅。 [2] 四亘：四面萦绕。 [3] 石门寺：位于永新县禾山以北与安福县交界的石门山山麓。 [4] 阳羡张公洞：位于今江苏省宜兴市城西南约 22 千米的禹峰山麓，据《宜兴县志》，两千年前曾有庚桑楚隐居于此，故名庚桑洞。又谓汉代张道陵以及唐代张果老皆曾在此隐居修道，故又名张公洞。洞为石灰岩溶洞，分为前后两部分，总面积约 3000 馀平方米，洞中有洞，相互套联，千姿百态，多达七十二洞，深邃幽奥，景观奇异。徐霞客早年曾游历张公洞。阳羡，今江苏宜兴在秦汉时的古称。 [5] 高穹：形容洞顶高大。并：平列。《左传》昭公二十六年云：“礼之可以为国也久矣，与天地并。” [6] 横间（jiàn）：横向阻隔。 [7] 石笋：由溶洞洞底生成如笋状的尖锥体，即含碳酸氢钙的水不断点滴到一处，经过上万年碳酸钙沉淀而形成的。石笋可以有不同的形状，水滴的流量、滴水的高度以及地面的状况均会影响其形状。 [8] 石柱：石钟乳和石笋相对生长，并逐渐结合成一体，随着岩溶水的不断沉积，

慢慢形成粗壮的石柱。石钟乳，即石灰岩洞中悬在洞顶上的像冰锥的物体。由含碳酸氢钙的水溶液逐渐蒸发凝结而成，因状如钟乳，故名。 [9]古穆：古朴凝重。 [10]属（zhǔ）：连接。 [11]宝幢：即经幢，刻有佛号或经咒的石柱。 [12]擎盖：伞盖。 [13]南陂：地名，位于今江西莲花县坊楼镇。刘元卿（1544—1609），字调甫，号旋宇，一号泸潇，吉安府安福县西乡（江西莲花县坊楼南陂藕下村）人。隆庆四年（1570）举人，因忤朝中大僚，两次会试未第，隐居家乡讲学，先后创办复礼、识仁、中道、一德等书院。后被荐应召入京，旋升任礼部主事，最终称病辞归。他是明朝著名理学家、教育家、文学家，“江右四君子”之一，江右王门后期大家，在理学、教育和文学等领域皆卓有成就，著述甚丰，有《大学新编》《山居草》《还山续草》《通鉴纂要》《六鉴》《诸儒学案》《贤弈编》《刘聘君全集》等。《明史》有传。 [14]书林：藏书处。书林，极言其书之多。 [15]城垣：城墙。

［点评］

本篇日记是徐霞客旅游今江西一带的记述，历时将近三个月。他于崇祯九年十月十六日（1636年11月13日）乘舟至浙江衢州府常山县，翌日进入江西玉山县，开始了他的江右之游。这次旅行他横贯赣江流域，玉山而外，广信、铅山、弋阳、贵溪、金溪、建昌（今南城）、南丰、宜黄、永丰、吉水、永新、安福等地皆留有霞客的游踪，武功山之游属于其江右行的尾声。崇祯十年正月初二日，徐霞客从江西永新县进入安福县，从东路向武功山绝顶白鹤峰进发，遍览香炉峰、箕峰、九龙山等景观后，于初五日从西路下行至石城洞，饱览了这座溶洞的景色。通过与江苏宜兴张公洞的比较，徐霞客将石城洞喀斯特地貌的瑰丽景象刻画而出，生动传神。随后再下永新县，西行游览石门山后，于正月十一日离开江西，取道湖广茶陵州、攸县，开始了他的楚游之行。这一年徐霞客已经年过五十，随行者除江阴迎福寺僧人莲舟的徒弟静闻和尚以及仆人顾行两人外，还不时雇佣脚夫分担行李。然而江右行并不通畅，先是“因骤发脓疮，行动俱妨”，后又于赣江遭遇“棍徒”洗劫舟船，险些将行李丢失。尽管条件异常困苦，但徐霞客不畏艰难，毅然前行，终于完成了这次壮游。

明章潢《图书编》卷六五《武功山》云：“大江西南三巨镇，衡、庐、武功也。武功以僻远不见经传，不得与衡、庐并显，然究竟脊脉，则实首衡尾庐而屹然高耸雄踞荆吴之间，谓之三巨镇亦宜。”在我国江西东北部广泛分布着红色砂岩丘陵，不少地方具有碧水丹崖、洞穴清幽的丹霞地貌，尤以上饶的仙来山，铅山县的叫岩、印山，弋阳县的龟峰、双剑峰，贵溪县的仙水桥、五面峰、一线天等景观最为吸引游客。武功山则以高山草甸的绿色地貌著名于世，由于这一带植被茂盛，水量充沛，故而可以形成大大小小的瀑布群，据有关统计，这一带的瀑布林林总总计有两百馀处，装点着这座当时尚未充分开发的“非著名”高山。山中落差在 120 米以上的瀑布就有五条，最高的潭口瀑布高达 170 米，堪称瀑布之王。对于武功山的诸多美景，徐霞客常以饱含热情之笔加以书写。如他描写武功山瀑布运用侧写法：“又十里而至卢台，或从溪右，或从溪左，循度不一，靡不在轰雷倒雪中。但涧崖危耸，竹树翳密，悬坠不能下窥，及至渡涧，又复平流处矣。”虽未明言瀑布，但神龙见首不见尾，能给读者留下深刻的印象。

据传，20世纪90年代，麻叶洞洞口尚依稀可辨，21世纪后，因塌方或滑坡，其洞口迷失。2010年6月茶陵县曾悬赏三万寻觅线索未果，专业的贵州洞穴协会考察队也无功而返。

秦人三洞系水洞，麻叶洞则为干洞。听说两处洞穴皆有神龙蛰伏，不惧反喜，如此大无畏的探险精神，正是这部《游记》伟大的探索精神所在。

楚游日记[1]

十七日[2]　晨餐后，仍由新庵北下龙头岭[3]，共五里，由旧路至络丝潭下[4]。先是，余按《志》有“秦人三洞，而上洞惟石门不可入”之文[5]，余既以误导兼得两洞[6]，无从觅所谓上洞者。土人曰：“络丝潭北有上清潭，其门甚隘，水由中出，人不能入，入即有奇胜。此洞与麻叶洞俱神龙蛰处[7]，非惟难入，亦不敢入也。”余闻之，益喜甚，既过络丝潭，不渡涧，即傍西麓下。盖渡涧为东麓，云阳之西也[8]，枣核故道[9]；不渡涧为西麓，大岭、洪碧之东也[10]，出把七道[11]。

［注释］

[1] 楚游日记：节选其中有关麻叶洞的部分。麻叶洞，故址位于今湖南东部株洲市茶陵县虎踞镇水源村境内的云阳山下，与其附近秦人洞属于姊妹洞。 [2] 十七日：明思宗崇祯十年正月十七日，即 1637 年 2 月 11 日。 [3] 新庵：地名，位于茶陵州东岭坞以东一里。本日记正月十五日日记云："循坞东又一里，宿于新庵。"龙头岭：连接云阳山与大岭的山脊。本日记正月十五日日记云："大岭高并云阳，龙头岭其过脊也。" [4] 络丝潭：本日记正月十五日日记云："上枣核岭，下一里，渡涧，傍西麓溯涧南上半里，为络丝潭，深碧无底，两崖多叠石。" [5]《志》：当指明嘉靖四年（1525）序刊本《茶陵州志》。秦人三洞：即秦人洞，位于云阳山北麓。清同治《茶陵州志》卷五《山川》云："秦人古洞，在云阳山阴，有上、中、下三洞，其水三伏三见。洞深窅不可入，时闻有声铿若钟鼓。" [6] 两洞：谓误认为秦人洞的东洞与西洞。本年正月十六日日记云："望见西南谷中，四山环绕，漩成一大窝，亦如仰釜，釜之底有涧，涧之东西皆秦人洞也。由灌莽中直下二里，至其处。其涧由西洞出，由东洞入。" [7] 神龙：谓龙。相传龙变化莫测，故有此称。蛰（zhé）：动物冬眠，潜伏起来不食不动。《易・系辞下》云："龙蛇之蛰，以存身也。"三国吴虞翻注："蛰，潜藏也。" [8] 云阳：即云阳山，位于今湖南茶陵县西十五里，有古南岳之称，其正阳峰海拔 963.2 米。清顾祖禹《读史方舆纪要》卷八〇《湖广六・茶陵州》曰："云阳山，州西十五里。有七十一峰，其大者紫薇、偃霞、石柱、白莲、隐形、正阳、石耳凡七峰，

其馀岩洞泉石皆奇胜。” [9] 枣核故道：去枣核岭的旧路。枣核岭，云阳山峰岭名，本日记正月十六日日记云：“五里，上枣核岭，岭俱云阳西向度而北转成峡者。” [10] 洪碧：即洪碧山，位于麻叶湾南。 [11] 把七：明代茶陵州驿站名，故址位于云阳山北麓，在茶陵以西稍北。

北半里，遇樵者，引至上清潭。其洞即在路之下、涧之上，门东向，夹如合掌[1]。水由洞出，有二派[2]：自洞后者，汇而不流；由洞左者，乃洞南旁窦，其出甚急。既逾洞左急流，即当伏水而入[3]。导者止供炬爇火[4]，无肯为前驱者。余乃解衣伏水，蛇行以进。石隙既低而复隘，且水没其大半，必身伏水中，手擎火炬，平出水上，乃得入。西入二丈，隙始高裂丈馀，南北横裂者亦三丈馀，然俱无入处。惟直西一窦，阔尺五，高二尺，而水没其中者亦尺五，隙之馀水面者[5]，五寸而已。计匍匐水中，必口鼻俱濡水，且以炬探之，贴隙顶而入，犹半为水渍。时顾仆守衣外洞[6]，若泅水入，谁为递炬者？身可由水，炬岂能由水耶？况秦人洞水，余亦曾没膝浸服，俱温然不觉其寒，而此洞水寒，与溪涧无异。而洞当

上清洞也是水洞。探险虽然半途而废，但“解衣伏水，蛇行以进”，已然尝试过，并非望岫息心，而是敢作敢为者精神可嘉的体现。徐霞客大过人处，正在于此，的确值得今人学习借鉴。

风口，飕飗弥甚[7]。风与水交逼，而火复为阻，遂舍之出。出洞，披衣犹觉周身起粟[8]，乃爇火洞门。久之，复循西麓随水北行，已在枣核岭之西矣。

探险绝非蛮干，科学精神不可或缺。能舍则舍，方能真有所得。“舍得”“舍得”，世间万事，无不如此！

［注释］

[1] 合掌：如手掌相合，比喻狭窄。 [2] 派：水的支流。 [3] 伏水：泅水。 [4] 爇（ruò）：烧，焚烧。 [5] 隙之馀水面：谓石隙顶部高出水面部分。 [6] 顾仆：即顾行。 [7] 飕飗（sōuliú）：风凛冽貌。唐李颀《听安万善吹觱篥歌》云：“枯桑老柏寒飕飗，九雏鸣凤乱啾啾。” [8] 粟：皮肤触寒而收缩起粒。

去上清三里[1]，得麻叶洞。洞在麻叶湾[2]，西为大岭，南为洪碧，东为云阳、枣核之支[3]，北则枣核西垂[4]。大岭东转，束涧下流，夹峙如门，而当门一峰，耸石屼突[5]，为将军岭；涧捣其西[6]，而枣核之支，西至此尽。涧西有石崖南向，环如展翅，东瞰涧中，而大岭之支，亦东至此尽。回崖之下[7]，亦开一隙，浅不能入。崖前有小溪，自西而东，经崖前入于大涧。循小溪至崖之西胁乱石间[8]，水穷于下，窍启于上，即麻叶洞也。洞口南向，大仅如斗，在石隙中转折数

麻叶洞之奇与险，徐霞客绝非首探，否则外乡人何以知之？不过洞口狭小，又须连渡两关，匍匐蛇行，必得火炬随身，艰苦万状，不问可知。内有精怪，无非乡

人自相惊吓，以防不测。久而久之，迷信愈深，竟成信仰。霞客不为所动，毅然探险，正是其大过人处。

级而下。初觅炬倩导[9]，亦俱以炬应[10]，而无敢导者。曰：“此中有神龙。”或曰：“此中有精怪。非有法术者，不能摄服[11]。”最后以重资觅一人，将脱衣入，问余乃儒者，非羽士[12]，复惊而出曰：“予以为大师[13]，故欲随入；若读书人，余岂能以身殉耶？”余乃过前村，寄行李于其家，与顾仆各持束炬入[14]。时村民之随至洞口数十人，樵者腰镰[15]，耕者荷锄，妇之炊者停爨[16]，织者投杼[17]，童子之牧者，行人之负载者[18]，接踵而至[19]，皆莫能从。

［注释］

[1] 去：距离，离开。 [2] 麻叶湾：村落名，故址位于今茶陵云阳山麓虎踞镇水源村境内。 [3] 支：山脉的分支。 [4] 垂：旁边。《尚书·顾命》云：“一人冕执戣，立于东垂；一人冕执瞿，立于西垂。”清孙星衍疏：“垂是边，盖堂下之边也。” [5] 屼突：高耸貌。 [6] 捣：冲击。 [7] 回崖：回环的山崖。 [8] 胁：旁边。北魏郦道元《水经注·渭水一》云：“石长丈三尺，广厚略等，著崖胁，去地百馀丈，民俗名曰石鼓。” [9] 倩导：雇请向导。 [10] 俱以炬应：指都应允提供火炬。 [11] 摄（shè）服：威慑使之屈服。摄，通“慑”。 [12] 羽士：道士的别称。 [13] 大师：旧时谓能降妖捉怪的大法师。 [14] 束炬：扎制而成的火把。 [15] 腰镰：将镰刀别揣于腰间。 [16] 爨（cuàn）：烧火煮饭。 [17] 投

杼：放弃织布的劳作。杼，织机的梭子。 [18] 负载：谓挑担背负。 [19] 接踵：接触到前面人的足跟。意谓相继、相从、连续不断或紧接着。

余两人乃以足先入，历级转窦 [1]，递炬而下，数转至洞底。洞稍宽，可以侧身矫首 [2]，乃始以炬前向。其东西裂隙，俱无入处，直北有穴，低仅一尺，阔亦如之，然其下甚燥而平。乃先以炬入，后蛇伏以进 [3]，背磨腰贴 [4]，以身后耸 [5]，乃度此内洞之第一关。其内裂隙既高，东西亦横亘 [6]，然亦无入处。又度第二关，其隘与低与前一辙 [7]，进法亦如之。既入，内层亦横裂，其西南裂者不甚深。其东北裂者，上一石坳 [8]，忽又纵裂而起，上穹下狭 [9]，高不见顶，至此石幻异形 [10]，肤理顿换，片窍俱灵。其西北之峡，渐入渐束，内夹一缝，不能容炬。转从东南之峡，仍下一坳，其底砂石平铺，如涧底洁溜 [11]，第干燥无水，不特免揭厉 [12]，且免沾污也。峡之东南尽处，乱石轰驾 [13]，若楼台层叠，由其隙皆可攀跻而上。其上石窦一缕，直透洞顶，光由隙中下射，若明星钩月，可望而不可摘也。层

徐霞客《粤西游日记二》崇祯十年（1637）七月初六日日记云：“逾坳，抵来所涉安灵西堰，则水势汹涌，洵非揭厉所及。”

喀斯特地貌的岩溶天窗形态，即指地下河之顶板刚刚开始塌陷的、范围不大的那一部分。通过岩溶天窗可以看到地下河或溶洞大厅。本日记崇祯十年四月十三日日记记述湖南耒阳直钓岩一溶洞：“其左隅由大洞深入，石窍忽盘空而起，东进一隙，斜透天光；其内又盘空而起，若万石之钟，透顶直上，天光一围，圆若明

镜，下堕其中，仰而望之，直是井底观天也。”描述具体而微，可参见。

石之下，涧底南通，覆石低压，高仅尺许；此必前通洞外，涧所从入者，第不知昔何以涌流，今何以枯洞也[14]，不可解矣。由层石下北循涧底入，其隘甚低，与外二关相似。稍从其西攀上一石隙，北转而东，若度鞍历峤[15]。两壁石质石色，光莹欲滴，垂柱倒莲[16]，纹若镂雕，形欲飞舞。东下一级，复值涧底[17]，已转入隘关之内矣。于是辟成一弄[18]，阔有二丈，高有丈五，覆石平如布幄[19]，涧底坦若周行[20]。

［注释］

[1] 历级转窦：谓按岩石凸凹节理迂回入洞。 [2] 矫首：昂首；抬头。 [3] 蛇伏：像蛇一样身体贴地爬行。 [4] 背磨腰贴：谓背部、腰部紧贴洞壁。 [5] 以身后耸：谓人爬行中臀部耸起以向前用力。 [6] 横亘：绵延横陈。 [7] 一辙：同一车轮碾出的痕迹。比喻趋势相同。 [8] 石坳：石面洼下处。 [9] 上穹下狭：谓上面隆起，下面狭窄。 [10] “至此石幻异形”三句：意谓麻叶洞中碳酸钙化学堆积形态奇幻怪异，表面晶莹光洁，片石孔窍皆透露出神奇灵异。 [11] 洁溜：谓洁净光滑。 [12] 不特：不仅；不但。揭（qì）厉：涉渡。 [13] 轰驾：纷杂叠砌的样子。 [14] 枯洞：即“干洞”，与“水洞”对举，皆为溶洞形态。干洞系水洞因早期地壳变迁或后期地震，地下水流失而成。麻叶洞附近的秦人洞与上清洞即为水洞。 [15] 度鞍历峤（qiáo）：谓向下如同跨越向下凹的马鞍，向上又如同攀登高而锐的山。 [16] 垂柱倒莲：

即钟乳石。石灰岩洞中悬在洞顶上的堆积物，由含碳酸氢钙的水溶液逐渐蒸发凝结为碳酸钙而成。单孔滴水者多呈锥状堆积，多孔滴水者则呈花序状堆积，形态各异。其形成往往需要上百万年或几十万年。 [17] 值：遇到，碰上。 [18] 弄（lòng）：巷，胡同。 [19] 布幄（wò）：布制的帷帐。意谓溶洞中石幔化学堆积，渗流水中碳酸氢钙沿溶洞壁或倾斜的洞顶向下沉淀而成，因形如布幔而得名，又称石帘、石帷幕。 [20] 周行（háng）：大路。《诗经·小雅·大东》云："佻佻公子，行彼周行。"宋朱熹集注："周行，大路也。"

北驰半里，下有一石，庋出如榻[1]，楞边匀整[2]；其上则莲花下垂，连络成帏，结成宝盖[3]，四围垂幔，大与榻并，中圆透盘空[4]，上穹为顶；其后西壁，玉柱圆竖[5]，或大或小，不一其形，而色皆莹白，纹皆刻镂：此弄中第一奇也。又直北半里，洞分上下两层，涧底由东北去，上洞由西北登。时余所赍火炬已去其七[6]，恐归途莫辨，乃由前道数转而穿二隘关，抵透光处，炬恰尽矣。穿窍而出，恍若脱胎易世[7]。

麻叶洞人迹罕至，因而混沌未凿，人为破坏较少，保持了其天然形态。石床、石幔、石钟乳、石笋、石柱等溶洞的碳酸钙化学堆积，皆晶莹剔透，纷其可喜。科学探索与猎奇可合二为一。

［注释］

[1] 庋（guì）出：擎起，托出。 [2] 楞边：棱角边沿。这里当谓仙人榻，或称"石榻""石床"，其形成与"仙人田"略同，即

含有碳酸氢钙的水在近似矩形的积水区边缘蒸发较快，遂沿其边缘析出结晶，长年积累，形成稍高于积水区的沉淀，碳酸钙凝结如同床榻的边沿。 [3] 宝盖：佛道或帝王仪仗等的伞盖。这里形容石幔所围成的碳酸钙化学堆积。 [4] 盘空：绕空，凌空。 [5] 玉柱：即“石柱”，或称“乳柱”。石钟乳和石笋相对生长，并逐渐结合成一体，随着岩溶水的不断沉积，慢慢形成粗壮的石柱。石钟乳，即石灰岩洞中悬在洞顶上的像冰锥的物体。由含碳酸氢钙的水溶液逐渐蒸发凝结而成，因状如钟乳，故名。 [6] 赍（jī）：持，携带。去其七：谓已经用去十分之七。 [7] 脱胎：道教谓修炼得道，脱去凡胎而成圣胎。易世：犹转世。

我行我素，不主故常，这是徐霞客之所以能够探奇揽胜并开发美之所在的重要因素！“余所见洞，俱莫能及”，正是由于乡人迷信传讹，客观上保护了麻叶洞的自然形态，不受烟熏火燎的人为污染；此洞又属于干洞，没有地下水流的扰动，百万年来，基本处于静止状态。这是霞客盛赞这一溶洞的原因。

洞外守视者，又增数十人，见余辈皆顶额称异[1]，以为大法术人。且云：“前久候以为必堕异吻[2]，故余辈欲入不敢，欲去不能。兹安然无恙[3]，非神灵摄服，安能得此！”余各谢之，曰：“吾守吾常[4]，吾探吾胜耳，烦诸君久伫，何以致之[5]！”然其洞但入处多隘，其中洁净干燥，余所见洞，俱莫能及，不知土人何以畏入乃尔。乃取行囊于前村，从将军岭出，随涧北行。十馀里，抵大道。其处东向把七尚七里，西向还麻止三里[6]，余初欲从把七附舟西行，至是反溯流逆上，既非所欲，又恐把七一时无舟，天色已霁，遂从陆路西向还麻。时日已下舂，尚未饭，索酒市中。又西十里，宿于黄石铺[7]，去茶陵西已四十里矣。是晚碧天如洗，月白霜凄，亦旅中异境，竟以行倦而卧。

［注释］

[1] 顶额：通“额手”，即以双手合掌加额，表示敬意或庆幸。 [2] 异吻：谓妖魔鬼怪之口。 [3] 兹：今，现在。无恙：没有忧患。 [4] 吾守吾常：谓我固守自己的常法。 [5] 致：谓获得厚爱。 [6] 还麻：茶陵村落名。 [7] 黄石铺：明代茶陵州驿站名，故址在通往攸县的路上，位于今茶陵县虎踞镇黄石村境内。

［点评］

本篇日记记述的是徐霞客览胜湘南与湘东南一带的经历。他于崇祯十年正月十一日，即1637年2月5日由今江西进入湖广茶陵州以后，历时将近四个月，游历了今湖南南部的茶陵、衡州、祁阳、永州、道州、江华、蓝山、临武、郴州、永兴、耒阳以后，又回至衡州，等于在湘南兜了一个小圈子，南岳衡山以及九嶷山等名山皆在其《游记》中有过精彩的记述。此后，他于当年的闰四月初七日（1637年5月30日）西溯湘江进入今广西境内，尚有《粤西游日记》四篇记述其行程。

茶陵云阳山麓喀斯特地貌发育完整，其西麓的今虎踞镇水源村的溶洞千姿百态，有“水源仙洞九十九”之誉。落水洞，即所谓“智井”，是喀斯特地区地表水流入地下河的主要通道。流水沿裂隙进行溶蚀和机械侵蚀，使裂隙扩大，引入大量的地表水，当流速较大时，水中挟带的岩屑就对管道进行强烈的磨蚀，使原本狭窄的地下通道不断扩大，顶板发生崩塌，就形成落水洞。它多分布在溶蚀洼地和岩溶沟谷的底部，有时也分布在斜坡上，形态有圆形、井状和缝隙状三种，宽度一般在10米以内。本日记前一天即正月十六日日记，徐霞客对湖南茶陵一带的落水洞成因有如下解释："岭头多漩涡成潭，如釜之仰，釜底俱有穴道直下为井，或深或浅，或不见其底，是为九十九井。始知是山下皆石骨玲珑，上透一窍，辄水捣成井。窍之直者，故下坠无底，窍之曲者，故深浅随之。"这一对落水洞的认识已接近现代地学理论。上清洞与秦人洞皆为水洞，唯麻叶洞为干洞，其地下水的流失是否与落水洞的形成机制有一定关联？值得令人深思。麻叶洞与本书后选《粤西游日记一》之七星岩，皆属于藤瓜式洞穴形态，可参见其"点评"。

麻叶洞入口仅有斗大，加之古代照明设施简陋，只有火炬可用，这为观赏溶洞绚丽多姿的无限风光造成了极大困难；但也因进洞艰苦万状，阻挡住绝大多数游人的脚步，为徐霞客能够欣赏到近乎原生态的溶洞景观创造了条件。只有果敢者才能破除迷信，以大无畏精神勇往直前，真正发现大自然的美丽，真正探索到天地间的奥秘。一代游圣徐霞客做到了。

十一日[1]　五更复闻雨声，天明渐霁。二十五里，南上钩栏滩[2]，衡南首滩也[3]。江深流缩[4]，势不甚汹涌。转而西，又五里为东阳渡[5]，其北岸为琉璃厂[6]，乃桂府烧造之窑也[7]。又西二十里为车江[8]，或作汉江。其北数里外即云母山[9]。乃折而东南行，十里为云集潭[10]，有小山在东岸。已复南转，十里为新塘站[11]。旧有驿，今废。又六里，泊于新塘站上流之对涯[12]。同舟者为衡郡艾行可、石瑶庭[13]。艾为桂府礼生[14]，而石本苏人[15]，居此已三代矣。其时日有馀照，而其处止有谷舟二只[16]，遂依之泊。已而，同上水者又五六舟[17]，亦随泊焉。其涯上本无村落，余念石与前舱所搭徽人俱惯游江湖[18]，而艾又本郡人，其行止余可无参与[19]，乃听其泊。迨暮[20]，月色颇明。余念入春以来尚未见月，及入舟前晚，则潇湘夜雨[21]，此夕则湘浦月明[22]。两夕之间，各擅一胜，为之跃然[23]。已而忽闻岸上涯边有啼号声，若幼童，又若妇女，更馀不止。众舟寂然，皆不敢问。余闻之不能寐，枕上方作诗怜之，有“箫管孤舟悲赤壁[24]，琵琶两袖湿青衫[25]”之句，又有“滩惊回雁天方一[26]，月叫杜鹃更已三”等句。然

乘舟行于湘江，沿途景象记述有条不紊，相关地名，至今或有遗存。对照古今地图，读来不无趣味。

化用古人诗词，用其意境，抒发内心喜悦。徐霞客极高的文学修养是其《游记》书写受后人推崇的重要原因。

亦止虑有诈局[27]，俟怜而纳之，即有尾其后以挟诈者[28]，不虞其为盗也[29]。

［注释］

[1] 十一日：崇祯十年二月十一日，即 1637 年 3 月 7 日。此处节选《楚游日记》中湘江遇盗的部分。湘江，今湖南省最大的河流，源于今广西灵川县东、海洋山西麓，东北流贯湖南省东部，经永州、衡阳、湘潭、长沙等地，至湘阴县芦林潭入洞庭湖，总长约 817 千米。 [2] 钩栏滩：故址当位于今衡阳市珠晖区湘江的东西岸边。 [3] 衡南：谓衡州府衡阳县（今属衡阳市）南。 [4] 江：谓湘江。 [5] 东阳渡：故址位于今衡阳市珠晖区。今湘江向西转弯处北岸有“老东阳渡”地名。 [6] 琉璃厂：谓烧制类似玻璃制品的场所。琉璃，或称“料器”。清赵翼《陔馀丛考》卷三三《琉璃》云：“俗所用琉璃，皆消融石汁及铅锡和以药而成，其来自西洋者较厚而白，中国所制则脆薄而色微青。” [7] 桂府：即明神宗的第七子朱常瀛的桂王府邸，天启七年（1627）就藩。崇祯十六年（1643）张献忠农民军攻陷衡州，朱常瀛逃往广西梧州，第二年卒，谥“端”。本日记二月初八日日记云：“经桂府前。府在城之中，圆亘城半，朱垣碧瓦，新丽殊甚。前坊标曰‘夹辅亲潢’，正门‘端礼’。前峙二狮，其色纯白，云来自耒河内百里。其地初无此石，建府时忽开得二石笋，俱高丈五，莹白如一，遂以为狮云。” [8] 车江：地名，今衡南县有车江街道，位于湘江西岸。 [9] 云母山：疑当作“雨母山”，位于车江以北偏西，今衡阳市蒸湘区有雨母山镇。“云”“雨”音讹。本日记初七日日记云：“按雨母山在府城西一百里，乃回雁与衡城来脉，兹望之若四五十里外者，岂非雨母，乃伊山耶？恐伊山又无此峻

耳。” [10] 云集潭：今衡南县车江街道以东偏南有云集潭，位于湘江西北岸。 [11] 新塘站：地名，今衡南县向阳街道有新塘站村，位于湘江东岸。明黄汴《天下水陆路程》卷一著录“新塘驿”，小字注“并属衡阳”。 [12] 对涯：对岸。 [13] 衡郡：即衡州府。元至正二十四年（1364）朱元璋改衡州路置，属湖广行省（后改湖广布政司）。治所衡阳县（今湖南衡阳）。 [14] 礼生：司礼者。旧时常以称祭祀时在旁提唱起、跪、叩首之仪者。 [15] 苏人：苏州府人。苏州府，明初直隶南京，治所吴县、长洲县（今江苏苏州）。 [16] 谷舟：运粮船只。 [17] 上水：船逆流向上游航行。湘江上游在广西。 [18] 徽人：徽州府人。详见前选《游黄山日记》注释。 [19] 行止：谓船的航行与停泊。 [20] 迨（dài）：等到。 [21] 潇湘夜雨：本日记初十日日记云：“初十日，夜雨达旦。初涉潇湘，遂得身历此景，亦不以为恶。”潇湘，湘江与潇水的并称，古人常借指今湖南地区。宋张炎《祝英台近》词：“梦游忘了江南，故人何处，听一片、潇湘夜雨。”又，“潇湘夜雨”，词牌名。唐戎昱《湘南曲》云：“昨夜月明湘浦宿，闺中珂珮度空山。” [22] 湘浦：湘江水边。 [23] 跃然：犹欣然。 [24] 箫管孤舟悲赤壁：化用宋苏轼《赤壁赋》：“客有吹洞箫者，倚歌而和之，其声呜呜然，如怨如慕，如泣如诉。馀音袅袅，不绝如缕。舞幽壑之潜蛟，泣孤舟之嫠妇。” [25] 琵琶两袖湿青衫：化用唐白居易《琵琶行》：“座中泣下谁最多，江州司马青衫湿。” [26] “滩惊回雁天方一”二句：意谓江滩上惊起的归雁正在天际排成“一”字北飞，已将近三更天的月夜里杜鹃啼叫声声。回雁，衡阳有回雁峰，居八百里南岳七十二峰之首，有南岳第一峰之誉。据说北雁南来至此越冬，待来年春暖而归。 [27] 诈局：骗局，骗人的圈套。 [28] 挟诈：要挟行骗。 [29] 不虞：意料不到。

童子以哭声诱人问询，以便群盗摸清路径，然后乘人不备，呼啸入舟抢掠。如此江湖中套路，常舟行湘江者司空见惯，故前文所谓“众舟寂然，皆不敢问”，并非虚写。

群盗劫人钱财，临去还要纵火焚舟，以求灭迹，如此行径，无非为自保计，可见湘江惯盗之残忍与狡黠。

迨二鼓[1]，静闻心不能忍[2]，因小解涉水登岸[3]，静闻戒律甚严，一吐一解，必俟登涯，不入于水。呼而诘之，则童子也，年十四五，尚未受全发[4]，诡言出王阉之门[5]，年甫十二，王善酗酒[6]，操大杖，故欲走避。静闻劝其归，且厚抚之[7]，彼竟卧涯侧。比静闻登舟未久，则群盗喊杀入舟，火炬刀剑交丛而下[8]。余时未寐，急从卧板下取匣中游资移之。越艾舱。欲从舟尾赴水，而舟尾贼方挥剑斫尾门，不得出，乃力掀篷隙，莽投之江中[9]，复走卧处，觅衣披之。静闻、顾仆与艾、石主仆，或赤身，或拥被，俱逼聚一处。贼前从中舱，后破后门，前后刀戟乱戳，无不以赤体受之者。余念必为盗执，所持绸衣不便[10]，乃并弃之。各跪而请命，贼戳不已，遂一涌掀篷入水。入水余最后，足为竹纤所绊[11]，竟同篷倒翻而下，首先及江底，耳鼻灌水一口，急踊而起。幸水浅止及腰，乃逆流行江中，得邻舟间避而至[12]，遂跃入其中。时水浸寒甚，邻客以舟人被盖余，而卧其舟，溯流而上三四里，泊于香炉山[13]，盖已隔江矣。还望所劫舟，火光赫然，群盗齐喊一声为号而去[14]。

［注释］

[1] 二鼓：即二更，旧时分黄昏至拂晓一夜间为甲、乙、丙、丁、戊五段，称“五更”。二鼓相当于现代计时的晚 9—11 时之间。 [2] 静闻：江阴迎福寺僧人莲舟的徒弟，曾刺血书写《法华经》，发誓愿供奉于云南宾川的鸡足山，后不幸中道而往生。其师莲舟曾与徐霞客同游天台山。清光绪《江阴县志》卷二一《方外》有传。徐霞客传有《哭静闻禅侣》六首七律，前有小序云：“静上人与予矢志名山，来朝鸡足，万里至此，一病不痊，寄榻南宁崇善寺。分袂未几，遂称永诀。死生之痛，情见乎词。” [3] 小解：撒尿。 [4] 未受全发：指男子未成年的发型。清代以前儿童束发为两结，向上分开，形状如角，称总角，与“全发”结于头顶的成年发型不同。 [5] 诡言：假称；谎称。王阉（yān）：当指桂王府中的太监。阉，被阉割的人。 [6] 酗（xù）酒：醉酒闹事。 [7] 厚抚：用好话再三抚慰。 [8] 交丛：交相聚集。 [9] 莽投：鲁莽投掷。 [10] 紬（chóu）衣：绸衣。紬，同“绸”。 [11] 竹纤：谓竹篙与纤绳。 [12] 间避：乘机躲避。 [13] 香炉山：位于今衡南县新塘站村以南偏东的湘江东岸（参见褚绍唐主编：《徐霞客旅行路线考察图集》，中国地图出版社 1991 年版）。 [14] 号：信号。

已而同泊诸舟俱移泊而来，有言南京相公身被四创者[1]，余闻之暗笑其言之妄。且幸乱刃交戟之下[2]，赤身其间，独一创不及，此实天幸。惟静闻、顾奴不知其处，然亦以为一滚入水，得王朝末世，社会动荡，劫后馀生，已然万幸。方脱离虎口，即念及遐征必备之物，可见其人生之奋进，虽历经坎坷，却始终不改初衷的可贵。霞客精神，光耀万代！

湘江遇盗，为徐霞客三十馀年旅途中最为狼狈之际，其能于艰苦万状中砥砺前行，令读者油然而生敬意。古人所谓“梅花香自苦寒来”，绝非虚语。

免虎口，资囊可无计矣。但张侯宗琏所著《南程续记》一帙[3]，乃其手笔，其家珍藏二百馀年，而一入余手，遂罹此厄[4]，能不抚膺[5]！其时舟人父子，亦俱被戳，哀号于邻舟。他舟又有石瑶庭及艾仆与顾仆，俱为盗戳，赤身而来，与余同被卧，始知所谓被四创者，乃余仆也。前舱五徽人俱木客[6]，亦有二人在邻舟，其三人不知何处。而余舱尚不见静闻，后舱则艾行可与其友曾姓者，亦无问处。余时卧稠人中，顾仆呻吟甚，余念行囊虽焚劫无遗，而所投匣资或在江底可觅。但恐天明为见者取去，欲昧爽即行[7]，而身无寸丝，何以就岸。是晚初月甚明，及盗至，已阴云四布，迨晓，雨复霏霏[8]。

［注释］

[1] 南京相公：暗指徐霞客。徐霞客为江阴人，属南直隶（治所南京）管辖，故称。相公，旧时对读书人的敬称。 [2] 交戟：原谓卫士执戟相交，这里是刀剑交错的意思。 [3] 张侯宗琏：即张宗琏（1374—1427），字重器，江西吉水人。永乐二年（1404）进士，累官南京大理丞，谪常州同知。宣德二年（1427）因为民请命，心积不平，疽（jū）发背而卒，常州百姓白衣送葬千馀人，为建祠君山。《明史》有传。侯，古时对士大夫的尊称。《南程续

记》：今不传。帙（zhì）：古代竹帛书籍的套子，多以布帛制成。后世亦指线装书之函套。[4]罹（lí）：遭受。厄：灾难。[5]抚膺：抚摩或捶拍胸口，表示惋惜、哀叹、悲愤等。[6]木客：伐木工或贩运木材的人。[7]昧爽：拂晓，黎明。[8]霏霏：雨盛貌。《诗经·小雅·采薇》云："今我来思，雨雪霏霏。"

十二日 邻舟客戴姓者，甚怜余，从身分里衣、单裤各一以畀余。余周身无一物，摸髻中犹存银耳挖一事，余素不用髻簪，此行至吴门[1]，念二十年前从闽返钱塘江浒[2]，腰缠已尽[3]，得髻中簪一枝，夹其半酬饭，以其半觅舆，乃达昭庆金心月房[4]。此行因换耳挖一事，一以绾发，一以备不时之需。及此堕江，幸有此物，发得不散。艾行可披发而行，遂至不救。一物虽微，亦天也。遂以酬之，匆匆问其姓名而别。时顾仆赤身无蔽，余乃以所畀裤与之，而自著其里衣，然仅及腰而止。旁舟子又以衲一幅畀予[5]，用蔽其前，乃登涯。涯犹在湘之北东岸，乃循岸北行。时同登者余及顾仆，石与艾仆并二徽客，共六人一行，俱若囚鬼。晓风砭骨[6]，砂砾裂足[7]，行不能前，止不能已。四里，天渐明，望所焚劫舟在隔江，上下诸舟，见诸人形状，俱不肯渡，哀

晚明江南手工业日趋繁荣，城乡商品经济发达，白银的货币化进程加快。银耳挖区区微物，危难之际也可救急［参见万明：《白银、性别与晚明社会变迁——以徐霞客家族为个案》，《北京大学学报（哲学社会科学版）》2018年7月第55卷第4期］。

古代囚犯若无家人狱外打点与救助，饥寒交迫，如同鬼物，无复人形。以"囚鬼"自喻，一行人被盗后的狼狈之态，描摹传神。

号再三，无有信者。艾仆隔江呼其主，余隔江呼静闻，徽人亦呼其侣，各各相呼，无一能应。

［注释］

[1] 吴门：指苏州或苏州一带。为春秋吴国故地，故称。 [2] 江浒：江边。 [3] 腰缠：随身携带的钱财。 [4] 昭庆金心月房：谓杭州昭庆寺的金心月僧寮。昭庆寺，全称“大昭庆律寺”，是汉传佛教中与北京戒台寺齐名的重要律寺，故址位于杭州宝石山东侧，南临西湖。明末张岱《西湖梦寻·昭庆寺》云：“昭庆寺，自狮子峰、屯霞石发脉，堪舆家谓之火龙。” [5] 衲：破旧的布头。 [6] 砭（biān）骨：刺骨。 [7] 砂砾：细碎的小石子。

已而闻有呼予者，予知为静闻也，心窃喜曰：“吾三人俱生矣。”亟欲与静闻遇。隔江土人以舟来渡余，及焚舟，望见静闻，益喜甚。于是入水而行，先觅所投竹匣。静闻望而问其故，遥谓余曰：“匣在此，匣中之资已乌有矣。手摹《禹碑》及《衡州》《统志》犹未沾濡也[1]。”及登岸，见静闻焚舟中衣被竹笈[2]，犹救数件，守之沙岸之侧，怜予寒，急脱身衣以衣予，复救得余一裤一袜，俱火伤水湿，乃益取焚馀炽火以炙之。其时徽客五人俱在，艾氏四人，二友一仆虽伤亦在，独艾行可竟无踪迹。其友、仆乞土人分舟沿流捱觅[3]，余辈炙衣沙上，以候其音。时饥甚，锅具焚没无馀，静闻没水取得一铁铫，复没水取湿米，先取干米数斗，俱为艾仆取去。煮粥遍食诸难者，而后自食。迨下午，不得艾消息，徽人先附舟返衡，余同石、曾、艾仆亦得土人舟同还衡州。余意犹妄意艾先归也。土舟颇大，而操者一人，虽顺流行，不能达二十馀里，至汉江已薄暮[4]。二十里至东阳渡，已深夜。时月色再明，乘月行三十里，抵铁楼门[5]，已五鼓矣。艾使先返，问艾竟杳然也[6]。

作为一位虔诚的佛教徒，静闻不但自家“戒律甚严”，而且在危难之际奋不顾身，保护友人财物不遗馀力；事平后，又先人后己。其身体力行的宗教情怀，着实令人钦佩。徐霞客有此方外之友，也是人生一种缘分。

［注释］

[1]《禹碑》:《禹碑》即《岣嵝碑》，传为后人伪托，原在湖南衡山县云密峰，早佚。南宋嘉定五年（1212），何致游南岳衡山，曾摹碑文，再携至岳麓山北峰镌刻崖壁，称禹王碑，宽 1.40 米，高 1.84 米，碑文 9 行，每行 9 字，凡 77 字，字体为蝌蚪文，即鸟虫书篆。徐霞客所摹者当系此碑。《衡州》：当指嘉靖间杨珮主修《衡州府志》，九卷。《统志》：当指成书于天顺五年（1461）的《明一统志》，明代李贤、彭时等撰，九十卷。　[2] 竹笈（jí）：竹编的盛器。　[3] 捱觅：谓依次寻觅。　[4] 汉江：即车江，参见前文“车江”条注释。薄暮：傍晚，太阳快落山的时候。　[5] 铁楼门：即衡州城东面最南的阅江门。明衡州府治所东临湘江，从北往南依次为潇湘门、宾日门（柴埠门）、阅江门（铁楼门）。　[6] 杳然：形容无影无踪。

本日记二十三日日记云："过艾行可家，登堂见其母，则行可尸已觅得两日矣，盖在遇难之地下流十里之云集潭也。"

欲知其人，先观其友。徐霞客以一介布衣，所交游者皆一时俊彦，其人格魅力，可见一斑。

仓皇之际，清点盗馀之物，不见素昔珍爱的友人信

先是，静闻见余辈赤身下水，彼念经笈在篷侧，遂留，舍命乞哀，贼为之置经。及破余竹撞[1]，见撞中俱书，悉倾弃舟底。静闻复哀求拾取，仍置破撞中，盗亦不禁。撞中乃《一统志》诸书，及文湛持、黄石斋、钱牧斋与余诸手柬[2]，并余自著日记诸游稿。惟《与刘愚公书》稿失去[3]。继开余皮厢[4]，见中有尺头[5]，即阖置袋中携去[6]。此厢中有眉公与丽江木公叙稿[7]，及弘辨、安仁诸书与苍梧道顾东曙辈家书[8]，共数十通[9]，又有张公宗琏所著《南程续记》，乃宣德初张侯特使广东时手书[10]，其族人珍藏二百馀年，予苦求得之。外以庄定山、陈白沙字裹之[11]，亦置书中。静闻不及知，亦不暇乞，俱为携去，不知弃置何所，真可惜也。又取余皮挂厢，中有家藏《晴山帖》六本[12]，铁针、锡瓶、陈用卿壶[13]，俱重物，盗入手不开，亟取袋中。破予大笥[14]，取果饼俱投舡底[15]，而曹能始《名胜志》三本[16]、《云南志》四本及《游记》合刻十本俱焚讫[17]。其艾舱诸物，亦多焚弃。独石瑶庭一竹笈竟未开。贼濒行，辄放火后舱。时静闻正留其侧，俟其去，

即为扑灭，而余舱口亦火起，静闻复入江取水浇之。贼闻水声，以为有人也，及见静闻，戳两创而去，而火已不可救。时诸舟俱遥避，而两谷舟犹在，呼之，彼反移远。静闻乃入江取所堕篷作筏，亟携经笈并余烬馀诸物，渡至谷舟；冒火再入取艾衣、被、书、米及石瑶庭竹笈，又置篷上，再渡谷舟；及第三次，则舟已沉矣。静闻从水底取得湿衣三、四件，仍渡谷舟，而谷舟乘黑暗匿紬衣等物，止存布衣、布被而已。静闻乃重移置沙上，谷舟亦开去。及守余辈渡江，石与艾仆见所救物，悉各认去。静闻因谓石曰："悉是君物乎？"石遂大诟静闻[18]，谓："众人疑尔登涯引盗，谓讯哭童也。汝真不良，欲掩我之箧[19]。"不知静闻为彼冒刃、冒寒、冒火、冒水，守护此箧，以待主者，彼不为德[20]，而后诟之。盗犹怜僧，彼更胜盗哉矣，"人之无良"如此[21]！

札、赠品与具有向导作用的方志，其落魄失望之情，可想而知。然而若无静闻极力护持，一切皆可能化为乌有，实在是不幸中之万幸。

危难之际，人心叵测，乘人之危与以怨报德，皆为君子所不齿。"人之无良"，对照僧人静闻的与人为善，真有天壤之别！

［注释］

[1] 竹撞：一种竹制的盛器。 [2] 文湛持：即文震孟（1574—1636），字文起，号湛持，长洲（今江苏苏州）人。天启二年（1622）殿试第一，授修撰，因忤魏忠贤被贬为民。崇祯间历官

礼部左侍郎兼东阁大学士。著有《药园文集》,《明史》有传。黄石斋：即黄道周（1585—1646），字幼玄，号石斋，漳州镇海卫（今福建漳浦）人。天启二年（1622）进士，改庶吉士，授编修，因得罪魏忠贤，告假归。崇祯间历官少詹事兼侍读学士，明亡后，仕福王为礼部尚书，继仕唐王为内阁首辅，为清兵所俘，不屈死。有《黄漳浦集》传世,《明史》有传。钱牧斋：即钱谦益（1582—1664），字受之，号牧斋，常熟（今属江苏）人。东林党人，万历三十八年（1610）进士，授编修，历官礼部侍郎，福王时官吏部尚书。降清后，以礼部侍郎管秘书院事，告病归。著有《初学集》《有学集》《投笔集》等。《清史列传》卷七九入《贰臣传》,《清史稿》卷四八四入《文苑传》。手柬：亲笔信。　[3] 刘愚公：与徐霞客同时人。徐霞客《粤西游日记三》崇祯十年（1637）九月二十四日日记云："右江之源出于交趾，与盘江何涉，而谓两盘之合在此耶？余昔有辨，详著于《复刘愚公书》中。其稿在衡阳遇盗失去。俟经其上流，再与愚公质之。"可参阅。　[4] 厢：用同"箱"。　[5] 尺头：绸缎衣料。　[6] 阖：全部。　[7] 眉公：即陈继儒（1558—1639），字仲醇，号眉公，华亭（今上海松江）人。万历六年（1578）进学后，以三应乡试不第放弃科举。悠游林下，交游广泛，擅长诗文词曲，多才艺，有《陈眉公集》传世。《明史》有传。丽江木公：即云南丽江府纳西族土知府木增（1587—1646），字长卿，号华岳，木青之子。万历二十六年（1598）袭父职为丽江第十九代土司，以军功历任广西右布政使、四川左布政使。家中有万卷楼，在丽江大倡汉文化，与藏传佛教关系密切。擅长书法，能诗词，有《山中逸趣》等著述。叙稿：当谓为对方诗文集所作序文。　[8] 弘辨：即道涵，云南鸡足山悉檀寺僧人法号。清高奣映《鸡足山志》卷七云："道涵，字弘辩（辨），鹤庆人，俗姓施。有慧辩（辨），积劳，以丛林为己任。后退隐片云居。”安仁：即道慈，云南鸡足山悉檀寺僧人法号。清高奣映《鸡足山志》卷七云：“道慈，字安仁，法润之亲弟，幼而慧敏，长而笃厚，事无巨细，迎刃砉然。”两僧名另见于《滇游日记》多处，如《滇游日记六》崇祯十二年（1639）正月十一日日记云：“弘辨、安仁出其师所著书见示，《禅宗赞颂》《老子玄览》《碧云山房稿》。弘辨更以纸帖墨刻（本公所勒）相畀，且言遍周师以青蚨相贶，余作柬谢之。”苍梧道顾东曙：即顾应旸（生卒年不详），字太初，号东曙，无锡（今属江苏）人。万历二十五年（1597）举人，累官广西苍梧副史。苍梧道，苍梧兵备道，治所今广西梧州市。 [9] 通：量词。用于文章、文件、书信。 [10] 宣德：明宣宗年号（1426—1435）。 [11] 庄定山：即庄昶（1437—1499），字孔旸，号木斋，又号定山居士，应天府江浦（今江苏南京）人。成化二年（1466）进士，改庶吉士，授检讨，官至南京吏部郎中。与陈献章友善，学问略同。著有《定山先生集》，《明史》有传。陈白沙：即陈献章（1428—1500），字公甫，别号石斋，学者称白沙先生，广州新会（今广东江门市新会区）人。正统十二年（1447）举人，归里讲学，以道学名世，有“江门学派”之誉。著有《白沙子全集》，《明史》有传。 [12] 晴山帖：即《晴山堂法帖》，汇集了与徐氏家族有关觞咏雅集的明代 92 位作者的 94 件书法作品，包括宋濂、李东阳、文徵明、董其昌、黄道周等诸多名家的书法作品，徐霞客于天启四年（1624）至崇祯九年（1636）历时 12 年主持刻制，现存刻石 76 块（包括残缺者），藏于江阴徐霞客故居。 [13] 陈用卿：即陈善行（1591—1646），字用卿，俗名陈三呆子，明天启、崇祯间著名紫砂壶制作艺人，善制大壶，今有传世。 [14] 笥（sì）：盛衣物或饭食等的方形竹器。 [15] 舡（chuán）：同“船”。 [16] 曹能始：即曹学佺（1575—1646），字能始，号雁泽、石仓居士，福州侯官（今福建福州）人。

万历二十三年（1595）进士，历官陕西副使，罢官后家居二十年。明亡后辅佐唐王，任礼部尚书加太子太保，清兵攻入福州，自缢死。有《石仓诗文集》，《明史》有传。《名胜志》：即曹学佺所撰《大明一统名胜志》二百零八卷，有崇祯三年（1630）刊本。 [17]《云南志》：唐代樊绰撰，为研究唐代云南历史的重要资料。原书无名，后世著录，或称《云南记》《云南史记》《蛮书》。或谓徐霞客所称《云南志》另有所指，待考。 [18] 大诟（gòu）：大肆辱骂。 [19] 掩：遮没，占有。 [20] 不为德：谓不生感激之情。 [21] 人之无良：谓人的品德不善良。语本《诗经·鄘风·鹑之奔奔》："人之无良，我以为兄！"

湘江遇盗，狼狈不堪，惟西游之念不可动摇。筹措游资，不得不求助"他乡故知"，也是万般无奈之举。为达目的，一往无前，霞客精神，千古难得！

十三日 昧爽登涯，计无所之[1]。思金祥甫为他乡故知[2]，投之或可强留[3]。候铁楼门开，乃入。急趋祥甫寓，告以遇盗始末，祥甫怆然。初欲假数十金于藩府[4]，托祥甫担当[5]，随托祥甫归家取还，而余辈仍了西方大愿。祥甫谓藩府无银可借，询余若归故乡[6]，为别措以备衣装[7]。余念遇难辄返，（缺）觅资重来，妻孥必无放行之理[8]，不欲变余去志，仍求祥甫曲济[9]。祥甫唯唯[10]。

[注释]

[1] 计无所之：犹言走投无路，无法可想。 [2] 金祥甫：江阴人金斗垣之子，供职于桂王府，其弟在衡州东华门府墙下开设贩卖宜兴紫砂壶的店铺。故知：故交，旧友。 [3] 强（qiǎng）

留：勉强收留。 [4] 金：明代至近代以银一两或银币一元为一金。藩府：桂王府。 [5] 担当：承担保人之责。 [6] 询：谋，谋划。 [7] 为别措以备衣装：意谓为徐霞客另筹返乡的资金并置备行装。 [8] 妻孥（nú）：妻子和儿女。 [9] 曲济：尽意加以周济。 [10] 唯唯（wěiwěi）：恭敬的应答声。《论语・里仁》："子曰：'参乎！吾道一以贯之。'曾子曰：'唯。'"

［点评］

徐霞客麻叶洞探险以后，于崇祯十年（1637）正月十九日自湖南攸县西行，两天以后抵达衡山，游历南岳诸胜以后，于正月二十九日到达衡州府，在石鼓山、回雁峰等处留下游踪。在二月十一日乘舟循湘江南下，不幸在新塘遭遇强盗抢劫，虽与静闻、顾行等最终有幸脱险，却几乎变得一无所有，狼狈之极。在《徐霞客游记》中，"湘江遇盗"翻开了这位游圣旅途中最为惊险的一页。此前三月，徐霞客在江西吉安赣江梅林渡口也曾遇到官府差人的敲诈，《江右游日记》崇祯九年（1636）十二月初二日日记云："黎明甫挂帆，忽有顺水舟叱咤而至，掀篷逼舟，痛殴舟人而缚之，盖此间棍徒托言解官银，而以拿舟吓诈舟人也。势如狼虎，舟中三十人，视舟子如搏羊，竟欲以余囊过其舟，以余舟下省。"徐霞客急中生智，乘机跳上岸，通过地方上一位王姓保长的干涉，总算保住了随身财物，但船夫等被洗劫一空。此后不到三个月，《楚游日记》崇祯十年（1637）四月二十三日日记记述了湘江另一起抢劫案："昧爽，浓雾迷江，舟曲北行。二十里，过大鱼塘，见两舟之被劫者，哭声甚哀，舟中杀一人，伤一人垂死。”纵是听闻，已然惊心动魄！两年以后，即崇祯十二年四月二十七日上午，徐霞客探险云南腾越州的石房洞山，展闪腾挪，贴身于山崖，类似于今天的攀岩，不仅年过半百而且缺乏现代的装备，其险状可以想见，以至于其事后慨叹地说：“生平所历危境，无逾于此。”其实，类似攀登跋涉的险境，在《游记》的记述中不止一处，纯粹的有惊无险而已，并无精神上的折磨。而“湘江遇盗”，九死一生而外，屈辱及珍贵典籍的被焚毁或遗失，“计无所之”的无助感及人情冷暖、世态炎凉的境遇，对于徐霞客都是万分痛苦的考验，社会环境的险恶已经远远超出自然的艰难险阻。宋辛弃疾《鹧鸪天》词：“江头未是风波恶，别有人间行路难。”千古一叹，绝非虚语。

为了筹措继续西行的游资，徐霞客不得不返回衡州府，暂时寄居于同乡人金祥甫的寓所，逗留二十馀天，方于三月初四日再由湘江乘舟南下，继续其“万里遐征”的旅程。磨难之中，坚决不返故乡筹措游资，而是千方百计地奋然前行，徐霞客这种锲而不舍的精神不禁令人肃然起敬。静闻献身佛门，心地善良，在无妄之灾中虽然受伤，却仍能保持住其纯真的人性。静闻曾刺血书写《法华经》，期盼以之供奉于云南鸡足山佛寺中，正是这份执着的宗教情怀，才令他不顾伤痛，坚持西行。崇祯十年（1637）六月初八，静闻不幸卧病桂林，后拖病体勉强随霞客行至南宁，终于在这一年的九月二十四日病逝于南宁崇善寺。其奉《法华经》于鸡足山的夙愿，则由徐霞客代为完成，留下一段明末读书人与僧人交游的美谈。

粤西游日记一[1]

初二日[2]　晨餐后，与静闻、顾仆裹蔬粮[3]，携卧具，东出浮桥门[4]。渡浮桥[5]，又东渡花桥[6]，从桥东即北转循山[7]。花桥东涯有小石突临桥端[8]，修溪缀村，东往殊逗人心目[9]。山峙花桥东北，其嵯峨之势，反不若东南夹道之峰，而七星岩即峙焉，其去浮桥共里馀耳。岩西向，其下有寿佛寺[10]，即从寺左登山。先有亭翼然迎客，名曰摘星，则曹能始所构而书之。其上有崖横骞[11]，

清顾祖禹《读史方舆纪要》卷一〇七《桂林府》云："七星山，府城东三里，隔江。旧名七星岩，峰峦骈列如星象然。中有栖霞洞，洞旁又有玄风洞。"

凡游览一地，必先明其山川大势。路径与距离皆在文字中娓娓道来，这正是游圣科学考察的优势所在。

宋欧阳修《醉翁亭记》云："峰回路转，有亭翼然临于泉上者，醉翁亭也。"徐霞客借鉴宋人宛然可见！

仅可置足，然俯瞰城堞西山[12]，则甚畅也。其左即为佛庐，当岩之口，入其内不知其为岩也。询寺僧岩所何在，僧推后扉导余入。历级而上约三丈，洞口为庐掩黑暗，忽转而西北，豁然中开，上穹下平，中多列笋悬柱[13]，爽朗通漏[14]，此上洞也[15]，是为七星岩。

［注释］

[1] 粤西：指今广西壮族自治区，为广西之别称。此处节选其中有关七星岩的部分。七星岩，又名栖霞洞、碧虚岩，位于今广西桂林市东三里普陀山西侧天玑峰山腰，在漓江东岸。由百万年前的一段地下河发育而成，东西贯通。岩洞内最宽处 43 米，最高处 27 米，游程全长 800 馀米。碳酸钙化学堆积奇幻多姿，气象万千，从隋唐时代起即成游览胜地。 [2] 初二日：崇祯十年五月初二日，即 1637 年 6 月 23 日。 [3] 裹：携带。《礼记・杂记下》云："君子既食，则裹其馀乎？"蔬粮：蔬菜与粮食等。 [4] 浮桥门：又称东江门，位于今解放桥西。为今桂林十二城门中东临漓江的五门中最靠南者。 [5] 浮桥：横跨临桂县东江门外漓江之上，又名永济桥，故址位于浮桥门前（今桂林解放桥附近），唐人创建，桥身以木船横排联结，贯以铁索，上铺木板。明正德四年（1509）都御史陈金重修浮桥，下列浮船五十舟，至徐霞客时，所见只有三十六舟。 [6] 花桥：即嘉熙桥，因建于宋代嘉熙间（1237—1240），故称。又名天柱桥，位于今桂林市小东江与灵剑江汇流处。明嘉靖十九年（1540）重修，扩桥为十一拱，长达二十馀丈，改名花桥。 [7] 山：即包括七星岩在内的七星山，由

普陀山（有天枢、天璇、天玑、天权四峰）与月牙山（玉衡、开阳、摇光三峰）组成。宋范成大《桂海虞衡志》云："栖霞洞在七星山。七星山者，七峰位置如北斗，又一小峰在旁，曰辅星。石洞在山半腹。" [8] 小石：即天柱石，又名芙蓉石，挺立如柱，高约 10 米。石之北侧刻有北宋崇宁五年（1106）与清光绪十一年（1885）的洪水标记，为研究古代水文的重要资料。 [9] 逗人心目：谓吸引人的目光并留下记忆。 [10] 寿佛寺：位于七星山麓。本日记十一日日记云："既而仍由街北过七星，入寿佛寺。寺在七星观北，其后即栖霞大洞。" [11] 横骞：横向低陷。骞，马腹低陷。 [12] 城堞（dié）：城上呈锯齿状的矮墙，又称女墙。 [13] 列笋悬柱：谓溶洞洞底生成的石笋与洞顶下垂的石钟乳。 [14] 通漏：谓通透有漏光的岩隙。 [15] 上洞：七星岩为上、中、下三层溶洞的总称，明代以上层者为七星岩（上洞），以中层者为栖霞洞（下洞），下层则为仍在发育的地下河道。三层溶洞上下相距各有十馀米左右。

从其右历级下，又入下洞，是为栖霞洞。其洞宏朗雄拓 [1]，门亦西北向，仰眺崇赫 [2]。洞顶横裂一隙，有石鲤鱼从隙悬跃下向 [3]，首尾鳞鬣 [4]，使琢石为之，不能酷肖乃尔。其旁盘结蟠盖 [5]，五色灿烂。西北层台高叠，缘级而上，是为老君台 [6]。由台北向，洞若两界 [7]，西行高台之上，东循深壑之中。由台上行，入一门，直北至黑暗处，上穹无际 [8]，下陷成潭，澒洞峭裂 [9]，忽变夷为险。时余先觅导者，燃松明于洞底以入

天然形成的碳酸钙化学堆积，胜于人工之巧，堪称"巧夺人工"！

洞[10]，不由台上，故不及从，而不知其处之亦不可明也。乃下台，仍至洞底。导者携灯前趋，循台东壑中行，始见台壁攒裂绣错[11]，备诸灵幻[12]，更记身之自上来也。直北入一天门[13]，石楹垂立[14]，仅度单人。既入，则复穹然高远，其左有石栏横列，下陷深黑，杳不见底，是为獭子潭[15]。导者言其渊深通海，未必然也。盖即老君台北向下坠处，至此则高深易位，丛辟交关[16]，又成一境矣。其内又连进两天门，路渐转而东北，内有“花瓶插竹”“撒网”“弈棋”“八仙”“馒头”诸石[17]，两旁善财童子[18]，中有观音诸像[19]。导者行急，强留谛视[20]，顾此失彼。然余所欲观者，不在此也。又逾崖而上，其右有潭，渊黑一如獭子潭，而宏广更过之，是名龙江[21]，其盖与獭子相通焉。又北行东转，过红毡、白毡[22]，委裘垂毯[23]，纹缕若织。又东过凤凰戏水[24]，始穿一门，阴风飕飗[25]，卷灯冽肌[26]，盖风自洞外入，至此则逼聚而势愈大也。叠彩风洞亦然[27]。然叠彩昔无风洞之名，而今人称之；此中昔有风洞，今无知者。出此，忽见白光一圆，内

对于向导故弄玄虚之语提出疑问，科学精神无处不在。

对溶洞内部石钟乳栩栩如生的文学书写，生动传神，这在照明条件极其简陋的古代难能可贵。而在今天激光等多种照明手段的实施下，洞穴堆积的形态可能难以与徐霞客所见一一对应了。

映深壑，空蒙若天之欲曙[28]。遂东出后洞，有水自洞北环流，南入洞中，想下为龙江者，小石梁跨其上，则宋相曾公布所为也[29]。度桥，拂洞口右崖，则曾公之记在焉[30]。始知是洞昔名冷水岩，曾公帅桂，搜奇置桥，始易名曾公岩[31]，与栖霞盖一洞潜通，两门各擅耳[32]。

“两门各擅”，言简意赅，将七星岩主洞栖霞洞与支洞曾公岩的关系，和盘托出。

［注释］

[1] 宏朗：高大开阔。雄拓：雄奇开阔。 [2] 崇赫：高大显著。 [3] 石鲤鱼：即七星岩中的石索悬锦鲤景观（或称鲤鱼跳龙门），属于碳酸钙的化学堆积。 [4] 鬛（sāi）：多须貌。鲤鱼嘴边有长短须各一对。或谓鱼鳃。 [5] 蟠盖：当为“幡盖”之讹。谓犹如幡幢华盖形状悬垂的钟乳石。 [6] 老君台：七星岩左侧岩顶有一石横出，石上平坦，传说太上老君曾在此修炼，故称。唐代曾于其上筑老君祠。七星岩又称“仙李洞”，本此。 [7] 洞若两界：谓洞仿佛被分为上下两部分。 [8] 上穹无际：谓洞顶隆起望不到顶。 [9] 澒洞（hòngtóng）：绵延无尽头。峭裂：陡峭坼裂。 [10] 松明：山松多油脂，劈成细条，燃以照明，称“松明”。 [11] 攒裂绣错：形容溶洞洞壁碳酸钙化学堆积聚合无常，纵横交错，如同锦绣一般。这是对如同帷幕般的溶洞化学堆积石幔的形象描写。 [12] 灵幻：空灵缥缈。 [13] 天门：栖霞洞内化学堆积较狭窄处，共有三处（详下文）。 [14] 石楹：谓溶洞中石钟乳与石笋对接后形成的乳柱。楹，厅堂前部的柱子。 [15] 獭（tǎ）子潭：即今癞子潭，又作“籁止潭”，水深，冬夏不涸，水流出豆芽岩，汇入灵剑江。属于落水洞，喀斯特地貌。 [16] 丛

辟交关：形容石钟乳、石笋及其他碳酸钙化学堆积或密或疏，交错混杂。 [17] 内有“花瓶插竹”“撒网”“弈棋”“八仙”“馒头”诸石：皆为对溶洞内碳酸钙化学堆积的形象描述。八仙，民间传说中道教的八个仙人。一般说法，八仙为汉钟离、张果老、吕洞宾、铁拐李、韩湘子、曹国舅、蓝采和、何仙姑，出自明吴元泰《八仙出处东游记》。 [18] 善财童子：佛教菩萨之一，据说他经文殊指点，参访了五十三个善知识而成菩萨。古人有童子拜观音之说，故观音的塑像或画像旁，一般常有善财童子之像。 [19] 观音：即“观世音”，佛教菩萨名，为救苦救难的慈悲之神。唐避太宗李世民讳，省称观音。或称“观自在”“观音大士”。 [20] 谛视：仔细察看。 [21] 龙江：七星岩溶洞内地下暗河之一，与獭子潭形成机制略同。 [22] 红毡、白毡：类似石幔形成机制的碳酸钙化学堆积，以其不同色彩而命名。 [23] 委裘垂毯：谓如皮衣或毛毯垂挂。这是对溶洞化学堆积石幔或石花的形象描写。 [24] 凤凰戏水：位于第三洞天崖壁上，仿佛一只凤凰向下伸颈吸水。 [25] 阴风：阴冷之风。飕飗：象声词。风雨声。 [26] 卷灯：谓令灯火偏转飘忽。冽肌：令肌肤寒冷。 [27] 叠彩风洞：叠彩山，又名桂山，位于今桂林市东北的叠彩路侧，漓江西岸。山间叠彩岩内有一小洞称风洞，南北对穿，盛夏间也凉风阵阵，不胜其寒，故又名风洞山。 [28] 空蒙：迷茫貌。 [29] 宋相曾公布：即曾布（1036—1107），字子宣，建昌军南丰（今属江西）人，唐宋八大家之一曾巩弟。嘉祐进士，宋徽宗时官至右仆射。宋神宗元丰元年（1078），曾以龙图阁待制的身份出知桂州，第二年在玉溪之上建玉溪桥。 [30] 曾公之记：谓宋刘谊于元丰二年所写《曾公岩记》一文，内有云：“一日，（曾布）率郡僚游所谓风洞者，纵步而东行，得一岩于榛莽间，岩之前有石为之门，屈曲而入，则流水横其中，碧乳垂其上。周环四视，其状如雕镌刻镂，殆出于鬼工，而不类于融结者也。公于是拂石求前人之迹，则未尝有至者焉。乃构长桥跨中流而渡，以为游观宴休之处，且与众共乐之。自是州人士女与夫四方之人，无日而不来，其岩遂为桂林绝观。” [31] 曾公岩：又称七星后岩、冷水岩，旧时为栖霞洞的出口，洞口在普陀山东南麓，面向骆驼山。 [32] 两门各擅：意谓栖霞洞出口与曾公岩进口虽同一，却水路、旱路各有路径。

余伫立桥上，见涧中有浣而汲者[1]，余询：“此水从东北来，可溯之以入否？”其人言：“由水穴之上可深入数里，其中名胜，较之外洞，路倍而奇亦倍之。若水穴则深浅莫测，惟冬月可涉，此非其时也。”余即觅其人为导。其人乃归取松明，余随之出洞而右，得庆林观焉[2]。以所负橐裹寄之[3]，且托其炊黄粱以待。遂同导者入，仍由隘口东门，过凤凰戏水，抵红、白二毡，始由岐北向行。其中有弄球之狮，卷鼻之象，长颈盎背之骆驼[4]。有土冢之祭[5]，则猪鬣鹅掌罗列于前；有罗汉之燕[6]，则金盏银台排列于下。其高处有山神[7]，长尺许，飞坐悬崖；其深处有佛像，仅七寸，端居半壁。菩萨之侧，禅榻一龛[8]，正可趺跏而坐[9]；观音座之前，法藏一轮[10]，若欲圆转而行。深处复有渊黑[11]，当桥涧上流。

徐霞客每到一处，即先寻觅当地导游，避免迷路外，节省时间，当也在考虑之内。注重效率，方法也科学。

运用骈语写景状物，在《游记》中并不多见。这里以如此手法描述曾公岩中所见，或许徐霞客有意避免与栖霞洞所见者描述手法重复使然。

至此，导者亦不敢入，曰：“挑灯引炬，即数日不能竟，但此从无入者，况当水涨之后，其可尝不测乎[12]？”乃返，循红、白二毡、凤凰戏水而出。计前自栖霞达曾公岩，约径过者共二里，复自曾公岩入而出，约盘旋者共三里，然二洞之胜，几一网无遗矣。

［注释］

[1] 浣而汲者：浣洗衣物与取水的人。 [2] 庆林观：故址位于栖霞洞前。明李贤等《明一统志》卷八三《广西布政司·桂林府·寺观》云：“庆林观，在七星山，唐李靖考桂州所贡瑞石处，因置观。” [3] 橐（tuó）裹：盛物的袋子与包裹。 [4] 盎（àng）背：驼背如盆状。 [5] “有土冢之祭”二句：意谓隆起如坟的石钟乳周围，排列有类似猪头、鹅掌一类祭品的石钟乳。猪鬣，即“刚鬣”，古代祭祀所用猪的专称。《礼记·曲礼下》云：“凡祭宗庙之礼，牛曰一元大武，豕曰刚鬣。”唐孔颖达疏：“豕肥则毛鬣刚大也。”鹅掌，鹅的脚掌，为菜肴珍品。 [6] “有罗汉之燕”二句：意谓石钟乳堆积如同供养罗汉的宴饮，四周罗列着金杯与银烛台。燕，通“宴”。 [7] 山神：主管某山的神灵。这里形容石钟乳堆积的形态。 [8] 禅榻：禅床。 [9] 趺跏（jiā）：即“结跏趺坐”，佛教中修禅者的坐法：两足交叉置于左右股上，称“全跏坐”。或单以左足押在右股上，或单以右足押在左股上，叫“半跏坐”。据佛经说，跏趺可以减少妄念，集中思想。 [10] 法藏一轮：即“法轮”。佛教语，谓佛说法，圆通无碍，运转不息，能摧破众生的烦恼。图像中常以一车轮状物表达。这里即用以形容石钟乳的

形状。 [11] 渊黑：今称无底深潭。当时由此潭向东、向南皆无出口。 [12] 不测：谓料想不到的祸患。

[点评]

崇祯十年（1637）闰四月初八日，徐霞客由湖南进入广西，二十八日到达桂林府。五月初二日徐霞客在广西桂林第一次考察七星岩，继而畅游桂林后，又顺漓江南游阳朔，二十八日重返桂林，于六月初二日再游七星岩，经过全面、反复的踏勘，终于搞清七星山的西面、东南面、北面各有五洞，“一山凡得十五洞云”。地理考察内外结合，上下求索，体现了这位明末地理学家、旅行探险家的科学精神。

七星岩在桂林东郊、漓江东岸，属于一个相当巨大而复杂的溶洞体系，也是《徐霞客游记》中洞穴考察的典型例证。有论者认为七星岩与麻叶洞（见本书前选《楚游日记》）的洞穴形态皆属于藤瓜式，即几个大厅堂由很小的管道相联结，像一根藤上结了若干大瓜一样（参见杨文衡：《徐霞客对我国古代岩溶洞穴研究的贡献》，见吕锡生主编：《徐霞客研究古今集成》，中国书籍出版社 2004 年版）。徐霞客从栖霞洞北口入洞，经“花瓶插竹”以及红毡、白毡、“凤凰戏水”等景观，往南贯穿到曾公岩出洞。此后又另觅导游，重入曾公岩，再经“凤凰戏水”与红毡、白毡，寻得溶洞中一岔路而“北向行”，历经“弄球之狮”“法藏一轮”等碳酸钙化学堆积景观，直至无底深潭附近折返，循红毡、白毡由曾公岩出洞。这一天的午饭后，徐霞客继续考察七星山的外部景观，傍晚还远眺西山，了解山川走势。难能可贵的是，徐霞客只用了一天，就对洞穴内部和山体外部进行了综合性考察，特别是对栖霞洞及其支洞曾公岩的精确描述，淋漓尽致，不输现代用科学仪器测量绘制所得。本书所选即徐霞客五月初二日上午考察七星岩溶洞的经历。

有比较才有鉴别，徐霞客曾对粤西、黔、滇三地喀斯特地貌进行过言简意赅的比较。《滇游日记二》崇祯十一年（1638）八月二十八日日记云："粤西之山，有纯石者，有间石者，各自分行独挺，不相混杂。滇南之山，皆土峰缭绕，间有缀石，亦十不一二，故环洼为多。黔南之山，则界于二者之间，独以逼耸见奇，滇山惟多土，故多壅流成海，而流多浑浊惟抚仙湖最清。粤山惟石，故多穿穴之流，而水悉澄清。而黔流亦界于二者之间。"徐霞客对于广西一带具有典型特征的喀斯特地貌情有独钟，就在于"粤山惟石"的科学论断，这与当时世界处于领先地位的相关论断颇多契合。

清代著名性灵派文学家袁枚有《游桂林诸山记》一文，其中也有对七星岩的书写："次日过普陀，到栖霞寺。山万仞壁立，旁有洞，道人秉火导入。初尚明，已而沉黑窅渺。以石为天，以沙为地，以深壑为池，以悬崖为幔，以石脚插地为柱，以横石牵挂为栋梁。未入时，土人先以八十馀色目列单见示，如狮、驼、龙、象、鱼网、僧磬之属，虽附会，亦颇有因。至东方亮，则洞尽可出矣。计行二里馀，俾昼作夜，倘持火者不继，或堵洞口，则游者如三良殉穆公之葬，永陷坎窞中，非再开辟，不见白日。吁其危哉！”与徐霞客游七星岩的文学书写相比较，堪称春兰秋菊，各极一时之妍；但若仅从科学角度考察，早于袁枚一百多年的徐霞客反而优胜许多，这正是地学家兼文学家与纯文学家的不同所在。

粤西游日记三[1]

百感岩在向武州东北七里[2]。其西南即分水横列之山，中江之水所由入者[3]；其东南即隘门岭之山[4]，北迤而屏于东[5]，南江之水所由折而北入者；其西北即此山之背，环为龙巷东入之内坞[6]，北江之水所由捣而下者；其东北即此山后门，绕而为百感村[7]，众江既潜合于中，所由北出者，此山外之四面也。而其岩则中辟于山之半，南通二门皆隘：一为前门，一为偏穴。北通

《天等县志·自然环境志·地貌》云："天等镇（县治所在地）西北二十七公里处的百感岩，洞内大小洞穴数十个断续相连。"

中江、南江、北江均为枯榕江支流，在今广西田东县东南。《明史·地理六》云："向武州元属田州路。洪武二年七月属田州府。二十八年废。建文二年复置，直隶布政司……南有枯榕江，下流入于右江。"

一门甚拓[8]，而北面层峦阻闷[9]，不通人间。自州来，必从南门入，故巨者反居后，而隘者为前。前门在重崖之上，其门南向。初抵山下，东北攀级以上，仰见削崖，高数百仞，其上杙木横栈[10]，缘崖架空[11]，如带围腰，东与云气同其蜿蜒。既而西上危梯三十级[12]，达崖之半，有坪一掌[13]，石窍氤氲，然裂而深。由其东缘崖端石级而左，为东洞。由其西践栈而右，为正洞之前门。栈阔二尺，长六七丈，石崖上下削立，外无纤窦片痕，而虬枝古干[14]，间有斜骞于外[15]，倒悬于上者，辄就之横木为杙[16]。外者藉树杪，内者凿石壁，复以长木架其上为梁，而削短枝横铺之，又就垂藤以络于外。人践其上，内削壁而外悬枝，上倒崖而下绝壑，飞百尺之浮桴[17]，俯千仞而无底，亦极奇极险矣。

《论语·公冶长》云："道不行，乘桴浮于海。"后以"浮桴"谓乘筏或乘舟航行。

［注释］

[1] 此处节选《游记》中有关百感岩的部分。 [2] 百感岩：位于广西崇左市天等县向都镇东北 4 里的百感山半山腰上，洞内有大小溶洞数十个断续相连，枯榕江自南向北穿过洞底，明清时石钟乳形态各异，气象万千。向武州：北宋皇祐中置，明建文元年（1399）直隶广西布政司，万历四十五年（1617）迁治所今天等

县向都镇。 [3] 中江：与下文所述“北江”“南江”构成枯榕江三条支流。本日记十八日日记云：“枯榕江即州北大溪，自向武西南境东流，自北岸寨抵向武北龙巷村之前。其东有石峰一枝，东西如屏横列。江当其西垂，分而为三：北枝东循峰北入峡，为正派；中枝东循峰南，停而大，为中江；南枝东南流田塍间，小而急，为南江。” [4] 隘门岭：向武州地名，未见著录。 [5] 北逦而屏于东：谓山势向北连绵而其东方如屏矗立。 [6] 龙巷：向武州北境之村名，位于琅山东北。本日记十五日日记云：“乃仍至琅岩东北，观枯榕水、三分水。北为龙行村。”“龙行村”，四库本、上海古籍本皆作“龙巷村”，两者当同一。 [7] 百感村：向武州北境之村名。据《天等县志》，今天等县向都镇祥龙村有“龙祥”、平尧村有“百感”地名。 [8] 拓：宽广，开阔。 [9] 阻閟（bì）：阻隔。 [10] 杙（yì）木横栈：谓以木桩楔入岩石为支点架设栈道。 [11] 缘崖架空：谓栈道沿山崖凌空架设。 [12] 危梯：高耸的阶梯。 [13] 有坪一掌：谓有巴掌大小的一块山间平地。 [14] 虬枝古干：谓古木盘曲的树枝。 [15] 间（jiàn）：间或。斜骞：斜着腾起。 [16] 就：依随。 [17] 飞百尺之浮桴（fú）：谓如同在百尺高空乘筏漂行。

栈西尽，又北上悬梯十馀级，入洞前门。门南向，其穴高三尺五寸，阔二尺，仅容伛偻入。下丈许，中平，而石柱四环如一室，旁多纤穴，容光外烁[1]，宿火种于中[2]。爇炬由西北隙下，则窅然深陷。此乃洞之由明而暗处也。下处悬梯三十级，其底开夹而北[3]，仰眺高峻。梯之下，有小穴伏壁根。土人云：“透而南出，亦有

容光，指幽微的空隙。《孟子·尽心上》云：“日月有明，容光必照焉。”赵岐注：“容光，小郄也。

明室一围，南向。”则前门之下层，当悬栈之下者也。由夹北入，路西有穴平坠如井[4]，其深不测。又入其西壁下，有洼穴斜倾西坠。土人云：“深入下通水穴，可以取水。”然流沙圮泻[5]，不能着足也。西壁上有奥室围环中拓[6]，若悬琉璃灯一盏[7]，乃禅室之最闷者[8]。出由其东，又北过一隘，下悬梯三十级，其底甚平旷，石纹粼粼[9]，俱作荔枝盆[10]。其西悬乳萎蕤[11]，攀隙而入，如穿云叶[12]。稍北转而西上，望见微光前透甚遥，蹑沙坂从之[13]，透隘门西出，则赫然大观[14]，如龙宫鹅阙[15]，又南北高穹，光景陆离[16]，耳目闪烁矣[17]。此乃洞之由暗而明处也。其洞内抵西南通偏门，外抵东北通后门，长四十丈，阔十馀丈，高二十馀丈。其上倒垂之柱，千条万缕，纷纭莫有纪极[18]；其两旁飞驾之悬台[19]，剜空之卷室[20]，列柱穿崖之榭[21]，排云透夹之门，上下层叠，割其一脔[22]，即可当他山之全鼎。

言大明照幽微也。”焦循正义：“苟有丝发之际可以容纳，则光必入而照焉，容光非小隙之名，至于小隙，极言其容之微者，以见其照之大也，故以小郄明容光。”

徐霞客《粤西游日记三》崇祯十年（1637）十月二十日日记云：“其上有石盆一圆，径尺馀，深四寸，皆石髓所凝，雕镂不逮。”

［注释］

[1] 容光外烁：谓洞外的光亮透过幽微的空隙照进。 [2] 宿：

预先留下。 [3] 夹：岔道。 [4] 井：这里谓“眢（yuān）井”，即落水洞，喀斯特地貌。 [5] 流沙圮泻：谓地基不稳，沙如同液体一样流动坍塌，令驻足者陷入其中。 [6] 奥室：内室，深宅。 [7] 琉璃灯：古人称用玻璃制作的油灯，多用于寺庙中。 [8] 禅室：犹禅房，佛徒习静之所。闷：幽静，幽深。 [9] 石纹粼粼：对溶洞中碳酸钙化学堆积流水形态的形象描述。粼粼，水石闪映貌。 [10] 荔枝盆：岩溶地貌中碳酸钙化学堆积分滴水形态、水下形态和流水形态三种。滴水形态是指各种形态的石钟乳以及石柱、石笋等；水下形态包括各种石果、石珠等；流水形态包括边石、石田、石盘、石荷叶等，徐霞客对于后者按其形态、色泽分别称之为石榻、仙人田、石棋盘、石田、珠盘、石盆、石床、荔枝盆等等。荔枝盆成因为溶洞底部凸凹不平，形成一块块浅小积水区，由于含有碳酸氢钙的水在积水区边缘蒸发较快，遂沿其曲折的边缘析出结晶，长年积累，形成稍高于积水区的沉淀，一块一块犹如畦垄纵横的水田或石盘、石盆等，统称仙田或仙人田。 [11] 萎蕤（wěi ruí）：草木茂盛貌。这里形容洞顶钟乳石丛生，形态各异。 [12] 云叶：犹云片，云朵。 [13] 沙坂：沙石的斜坡。 [14] 赫然大观：盛大壮观的景象鲜明醒目。 [15] 龙宫鹅阙：形容溶洞中钟乳石与石笋等形态色泽各异，如同龙宫中的美味佳肴一般陈列。鹅阙，一种拌制的食品。唐樊绰《蛮书·蛮夷风俗》云：“取生鹅治如脍法，方寸切之，和生胡瓜及椒榝啖之，谓之鹅阙，土俗以为上味。”《新唐书·南蛮传上·南诏上》云：“脍鱼寸，以胡瓜、椒、葰和之，号鹅阙。”上海古籍本作“峨阙”，亦通。 [16] 光景陆离：谓景象参差错综。 [17] 耳目闪烁：谓光影动摇不定，忽明忽暗，炫人耳目。 [18] 莫有纪极：没有穷尽。 [19] 飞驾之悬台：形容如同飞驰的车子一般悬在洞壁上的碳酸钙化学堆积。飞驾，飞驰的车子。晋陆机《赠顾交阯公真》诗云："惆怅瞻飞驾，引领望归旆。" [20] 剜空之卷室：形容如同空透卷曲的屋室一般的碳酸钙化学堆积。 [21] 榭：建在高台上的木屋，多为游观之所。这里也是对碳酸钙化学堆积的一种比喻。 [22] "割其一脔（luán）"二句：意谓只要尝过鼎中的一块肉，就知道全部肉块的滋味了。意即只要观赏过百感岩的岩溶洞穴，就可以算是通晓了所有岩溶洞穴的化学堆积了。脔，切成块状的肉。鼎，古代炊器，多用青铜或陶土制成。

其内多因其高下架竹为栏[1]，大者十馀丈，小者二三丈，俱可憩可眺。由东崖跻隘入西南洞底之上层，其内有编竹架菌而为廪者[2]，可置谷千钟焉[3]。其上又有龛一围，置金仙于中[4]，而旁小龛曰"慈云莲座"[5]，乃黄君之母夫人像也[6]。黄母数年前修西方之业于此[7]，此其退藏之所[8]；而外所编竹栏，则选佛之场[9]；而廪则黄君储以备不虞者[10]。龛西则偏门之光，自顶射下。此处去后门已遥，而又得斯光相续，遂为不夜之城[11]。攀峻峡西上，透其门颇隘，即偏门也。其门西南向，下临不测[12]，惟见树杪丛丛出叠石间，岨悬嶂绝[13]，不辨其处为前山、后山也。龛既穷，仍由故道下，东北趋后门。其门东北向，高二十丈，门以外则两旁石崖直坠山

徐霞客《粤西游日记三》崇祯十年（1637）十一月初三日至十七日日记，对于知州黄绍伦多有记述，可见两人结下友谊。

黄绍伦置其母雕像于佛像侧，类似于北朝北方石窟于佛像侧雕刻供养人像的风俗。

麓，而为水洞之门；门以内，则洞底中陷，亦直坠山底而通水洞之内。陷处径尺五，周围如井。昔人置辘轳于上[14]，引百丈绠下汲[15]，深不啻十倍虎阜[16]。恐人失足，亦编竹护其上，止留二孔以引轴轳，人不敢涉而窥也[17]。

［注释］

[1] 因其高下：谓依据地势的高低起伏。 [2] 菌：通“箘（jùn）”，可以制箭的细竹。廪：粮仓。 [3] 千钟：极言可多储粮。古以六斛四斗为一钟，一说八斛为一钟，又谓十斛为一钟。 [4] 金仙：谓佛。唐李白《与元丹丘方城寺谈玄作》诗：“朗悟前后际，始知金仙妙。”清王琦注：“金仙，谓佛。” [5] 慈云：佛教语。比喻慈悲心怀如云之广被世界、众生。莲座：即莲花座，佛座作莲花形，故名。 [6] 黄君：谓加授参将衔的向武州知州黄绍伦，年长于徐霞客三岁，在徐霞客旅经向武时，屡有馈赠并加照拂。 [7] 修西方之业：谓皈依佛教，以求往生西方净土。 [8] 退藏之所：谓黄绍伦致仕后退隐以备藏身的处所。 [9] 选佛之场：谓奉佛者开堂、设戒、度僧之地。唐代天然禅师初习儒，将入长安应举，途逢禅僧，谓选官不如“选佛”：“今江西马大师出世，是选佛之场，仁者可往。”终令天然改变初衷，出家习禅。 [10] 不虞：指意料不到的事。《诗经·大雅·抑》云：“质尔人民，谨尔侯度，用戒不虞。” [11] 不夜之城：比喻溶洞中自然光透入。不夜城原系地名，据《齐地记》载，相传古有日夜出，见于东莱，东莱子因在其地立城，名为不夜城。 [12] 不测：这里喻指深渊。 [13] 岨（qū）：戴土的石山。《诗经·周南·卷耳》云：“陟

彼砠矣，我马瘏矣。” [14] 辘轳：利用轮轴原理制成的井上汲水的起重装置。 [15] 绠（gěng）：汲水器上的绳索。 [16] 虎阜：这里指苏州虎丘下的剑池，深约二丈，清澈见底，可以汲饮。虎丘，山名，位于今江苏苏州市西北，亦名海涌山。 [17] 涉而窥：谓井极深，人不敢靠近下窥。

井外即门，巨石东西横峙，高于洞内者五尺，若门之阈。由井东践阈，踞门之中，内观洞顶，垂龙舞蛟[1]，神物出没[2]，目眩精摇[3]；外俯洞前，绝壁抟云[4]，重渊破壑[5]，骨仙神耸[6]。此阈内井外峡，下透水门，亦架空之梁，第势极崇峻，无从对瞩耳[7]。阈东透石隘东北下，磴倚绝壁，壁石皆崆峒，木根穿隙缘窍，磴断处，亦横木飞渡。下里半而为百感村。徐子曰[8]：此洞外险中闳[9]，既穿历窅渺[10]，忽仰透崇宏[11]，兼一山之前后以通奇，汇众流于壑底而不觉，幽明两涵[12]，水陆济美，通之则翻出烟云，塞之则别成天地。西来第一，无以易此。

唐王化清《游石室新记》云：“高要郡北十五里有石室，诡怪万状，崆峒其中。”

［注释］

[1] 垂龙舞蛟：形容溶洞洞顶碳酸钙化学堆积石钟乳蜿蜒缤纷的形态。 [2] 神物：神灵、怪异之物。 [3] 目眩精摇：同“目眩

神摇”，谓眼花缭乱，心神摇荡。这里形容所见情景令人惊异。徐霞客《粤西游日记二》崇祯十年（1637）七月二十七日日记记述郁林州上岩溶洞：“洞顶垂石夭矫，交龙舞螭，缤纷不一。”与“垂龙舞蛟”的描写有异曲同工之妙。 [4]抟云：谓云雾聚集。 [5]重渊破壑：谓深渊撕裂成条条沟壑。 [6]骨仙神耸：谓令人有飘飘欲仙的飞举之感。 [7]对瞩：谓全视野的直面相视。 [8]徐子：徐霞客自称。 [9]外险中閟：谓溶洞外险要，溶洞内幽深。 [10]窅渺：深远，精微。 [11]崇宏：高大宽敞。 [12]“幽明两涵”二句：意谓百感岩从里到外皆奇妙无比，山水交互相得益彰。

［点评］

崇祯十年（1637）十一月十八日，徐霞客探幽直隶广西布政使司向武州的百感岩，曾先加概括：“自十一月初三至向武，十八日起行，共十六日。向武石峰，其洞甚多，余所游者七：为百感洞，又东洞，又下洞，又后岩水洞；为琅山洞，又下洞；为龙巷东北江流所入之上洞。”百感岩溶洞是游圣所游向武七洞之一，也是最为壮丽宽敞的。对于石钟乳化学堆积千姿百态、奇妙无比的喀斯特溶洞，徐霞客由衷发出“西来第一，无以易此”的赞誉，信非虚语。广西“石山”众多，与贵州、云南的石灰岩溶洞相比，仪态万方、婀娜多姿为其突出的特征。天等县志编纂委员会编的《天等县志·自然环境志·地貌》载，“天等县以低山丘陵为主……县内岩溶地貌占全县总面积的77.4%”（广西人民出版社1991年版，第44页）。可见明代向武州溶洞的远近驰名，是以其发育完整的喀斯特地貌为基础的，地下厅般的溶洞比管道状溶洞更增加了其仪态万方的迷幻色彩。然而遗憾的是，将近四百年前徐霞客所经历之百感岩，今天已经难以重睹旧貌了。

周宁霞、刘英《踏勘徐霞客桂西南游程》(《学术论坛》1985年第12期）一文，曾记述20世纪60—70年代当地人的某些荒谬行径：“向都百感岩破坏得更惨，在那史无前例的年头，被改造作‘备战备荒’的仓库，那个最大的、徐霞客赞为‘西来第一，无以易此’的洞穴。里面‘飞驾之悬台，剜空之卷室，列柱穿崖之榭，排云透夹之门，上下层叠，割其一脔，即可当他山之全鼎’的石钟乳沉积，一股脑儿，被炸得荡然无存，剩下这‘长四十丈、阔十馀丈’空荡荡的大厅。只有那‘高二十馀丈’炸药威力没有到达的洞顶还缀着琳琅满目的石钟乳，有的矫若游龙，有的如宫灯垂旒，有的佶倔雄劲，真是‘千条万缕，纷纭莫有纪极’，可想象这‘龙宫峨阙’当年的盛况。”无独有偶，云南保山卧狮窝（今云瑞街）的石花洞，又名芭蕉洞，徐霞客曾两游这一溶洞，分别见《滇游日记九》崇祯十二年（1639）四月初十日日记与《滇游日记十》崇祯十二年五月二十四日日记。第二次进洞，徐霞客有如下描述：“六七丈，更宽崇，一柱中悬，大如覆钟，击之声铉铉然……又入五六丈，两崖石色有垂溜成白者，以火烛之，以手摩之，石不润而燥，纹甚细而晶。土人言，二月间石发润而纹愈皎茁，谓之‘开花’，洞名‘石花’以此……有圆石三叠，如幢盖下垂，又如大芝菌而三级累之者。”可惜此溶洞在20世纪60年代中也曾被用为仓库，洞内钟乳或遭损毁，不无遗憾（参见沙必璐：《保山景点古今对照琐谈》，《保山师专学报》2000年第19卷第3期）。清代乾隆间文士史震林《西青散记》卷二曾议及想象的妙用："眼中无剑仙，意中须有《红线传》；眼中无美人，意中须有《洛神赋》。"如果今天有旅行者再探百感岩或石花洞，就只能依循《徐霞客游记》中那生动传神的文笔，发挥高度的想象，去赞叹昔日的洞穴奇观了。

黔游日记一[1]

此篇记述白水河瀑布。清顾祖禹《读史方舆纪要》卷一二一《贵州二·慕役长官司》云："白水河，司西北三十里驿道侧，自安庄卫西南流经此。有白虹桥跨其上，洪武二十五年建。《志》云：'白水河自高崖下注，长数十丈，飞沫如雨，凡二三里。瀑布之大者无逾于此。其下流注于盘江。'"

二十三日[2]　雇短夫遵大道南行[3]。二里，从陇头东望双明西岩[4]，其下犹透明而东也。洞中水西出流壑中，从大道下复西入山麓，再透再入，凡三穿岩腹，而后注于大溪。盖是中洼壑[5]，皆四面山环，水必透穴也。又南逾阜，四升降，共四里，有堡在南山岭头[6]。路从北岭转而西下，又二里，有草坊当路[7]，路左有茅铺一家[8]。又西下，升陟陇壑，共七里，得聚落一坞[9]，曰白水铺[10]，已为中火铺矣[11]。又西二里，遥闻水声轰轰，从陇隙北望，忽有水自东北山腋泻崖而下，捣入重渊，但见其上横白阔数丈，翻空涌雪，而不见其下截，盖为对崖所隔也。复逾阜下，半里，遂临其下流，随之汤汤西去[12]，还望东北悬流，恨不能一抵其下。担夫曰："是为白水河。前有悬坠处，比此更深。"余恨不一当其境，心犹慊慊[13]。随流半里，有巨石桥架水上，是为白虹桥。其桥南北横跨，下辟三门[14]，而水流甚阔，每数丈，辄从溪底翻崖喷雪，满溪皆如白鹭群飞，"白水"之名不诬矣[15]。

［注释］

[1] 黔：今贵州省的别称。此处节选其中有关白水河瀑布的部分。白水河瀑布，即今享誉世界的黄果树大瀑布，又名"黄葛树"瀑布，以当地盛产黄葛榕而得名。位于今贵州安顺市镇宁布依族苗族自治县，以水势浩大著称，属于喀斯特地貌中的侵蚀裂典型瀑布。瀑布高度为 77.8 米，其中主瀑高 67 米，顶宽 83.3 米；瀑布总宽 101 米。白水河，或称白水江，在今贵州关岭布依族苗族自治县南。民国《镇宁县志》卷一《地理·水道》云："白水河上流曰岩花河，导源于四旗堡平岗之南……经石头寨至黄葛树，河身跌下四十馀丈，成为世界第二大瀑布，为本县名胜之一。其下名犀牛潭，沫珠喷白，故名白水河。至石汪寨，王二河自东来

会，至天生桥，左纳绵花山河，又东流入关岭县境，曰郎工河，下注北盘江。其流经本县境，长凡七十馀里。” [2] 二十三日：崇祯十一年四月二十三日，即 1638 年 6 月 5 日。 [3] 短夫：谓短期受雇的仆役。遵：顺着，沿着。《诗经 · 豳风 · 七月》云：“女执懿筐，遵彼微行。”宋朱熹集传：“遵，循也。” [4] 陇头：高丘上。陇，通“垄”。双明：即双明洞，民国《镇宁县志》卷一《地理 · 山脉》云：“双明洞，在城西南三里，洞前左旁峭石壁立，高广各数十丈，道旁石壁下有一斜洞，潭水深绿，不可入。过洞外十数武，石壁撑出一石股，跨道上，上连山顶，高八九丈，下通一孔，宽、高、厚各丈馀，俨若制门……前洞之后口若门，内洞之后口若窗，昼则阳光透入，纤毫悉现，故曰双明。” [5] “盖是中洼壑”三句：这是有关岩溶漏斗地貌（现代地学称之为喀斯特漏斗）的典型记录，即地表因水的溶蚀或塌陷，形成类似漏斗状或碟状的封闭洼地，是地表水沿节理裂隙不断溶蚀且伴随塌陷、渗透，以及溶滤作用逐渐发育而成，其深度一般远小于宽度。徐霞客《黔游日记一》崇祯十一年（1638）四月二十二日日记云：“入双明洞。此处山皆回环成洼，水皆下透穴地。将抵洞，忽坞中下裂成坑，阔三尺，长三丈，深丈馀，水从其东底溢出，即从其下北去。” [6] 堡：土石筑的堡垒。 [7] 草坊：当系形同牌坊的草扎标志。 [8] 茅铺：买卖茅草的店铺。 [9] 聚落：村落，人们聚居的地方。坞：小型城堡。 [10] 白水铺：当即与河流同名的村寨白水河，民国《镇宁县志》卷一《地理 · 村寨》著录：“白水河，去治二十五里。” [11] 中火铺：当谓明代西南地区在适中之地可供行人起火为炊或买熟食的处所。中火铺，《徐霞客游记》中屡有记述，如《粤西游日记四》崇祯十年（1637）三月初十日日记云：“独山南有村数十家，在南山下，曰中火铺。”又《滇游日记二》崇祯十一年（1638）八月十七日日记云：“路左有场，宿火树间，是为中火铺，乃罗平、师宗适中之地。当午，有土人担具携炊，卖饭于此，而既过时辄去，余不及矣，乃冷餐所携饭。”又《滇游日记十二》崇祯十二年（1639）八月初一日日记云：“坡之东有瓦室三楹，踞冈东南，两旁翼以茅屋，即所谓中火铺。有守者卖腐于中，遂就炊汤而饭。” [12] 汤汤（shāngshāng）：水流盛大貌。《尚书·尧典》云：“汤汤洪水方割，荡荡怀山襄陵，浩浩滔天。”孔传：“汤汤，流貌。” [13] 慊慊（qiànqiàn）：内心不满足的样子。 [14] 三门：谓三孔桥洞。 [15] 不诬：不妄，不假。

度桥北，又随溪西行半里，忽陇箐亏蔽[1]，复闻声如雷，余意又奇境至矣。透陇隙南顾，则路左一溪悬捣，万练飞空[2]，溪上石如莲叶下覆[3]，中剜三门[4]，水由叶上漫顶而下，如鲛绡万幅[5]，横罩门外，直下者不可以丈数计，捣珠崩玉，飞沫反涌，如烟雾腾空，势甚雄厉[6]，所谓“珠帘钩不卷，匹练挂遥峰”，俱不足以拟其壮也。盖余所见瀑布，高峻数倍者有之，而从无此阔而大者，但从其上侧身下瞰，不免神悚[7]。而担夫曰：“前有望水亭[8]，可憩也。”瞻其亭，犹在对崖之上，遂从其侧西南下，复度峡南上，共一里馀，跻西崖之巅。其亭乃覆茅所为，盖昔望水亭旧址，今以按君道经[9]，恐其停眺，故编茅为之耳。其处正面揖飞流[10]，奔腾喷薄之状[11]，令人可望而不可即也。停憩久之，从亭南西转，涧乃环山转峡东南去，路乃循崖拾级西南下。

［注释］

[1] 亏蔽：遮掩。 [2] 练：练过的布帛。一般指白绢。唐寒山《诗》之二六五云："瀑布千丈流，如铺练一条。" [3] 莲叶下覆：形容岩溶地貌中的流水下跌，日积月累形成的碳酸钙堆积形态，即流水钙华。 [4] 中剜三门：黄果树瀑布壁面陡直，瀑水飞流直下，在瀑布壁面上除有厚达 8 米的流水钙华外，在钙华与壁面间形成长 42 米的"水帘洞"，洞内石壁被水溶蚀成三大洞，形如三门。 [5] 鲛绡：传说中鲛人所织的绡。这里形容水下漫如同薄绢、轻纱。 [6] 雄厉：雄伟高峻。 [7] 神悚：心神恐惧。 [8] 望水亭：或称观瀑亭，位于瀑布对岸。 [9] 按君：对巡按御史的敬称。明代有巡按御史，为监察御史赴各地巡视者。其职权颇重，负责考核吏治，审理大案，知府以下均奉其命。《明史·职官志二》云："而巡按则代天子巡狩，所按藩服大臣、府州县官诸考察，举劾尤专，大事奏裁，小事立断。" [10] 面揖飞流：谓怀着恭敬的态度观赏瀑布。揖，拱手行礼。 [11] 喷薄：汹涌激荡。

又升陟陇壑四里，西上入坞，有聚落一区在东山下，曰鸡公背[1]。土人指其东南峰上，有洞西北向，外门如竖而内可容众，有"鸡公"焉[2]，

清顾祖禹《读史方舆纪要》卷一二一《贵州二·顶营长官司》

云：“鸡公背坡，司东三十里。形如鸡背，与关索岭对峙。下临溪涧，山路艰险。”

以形似名也。其洞东透前山，而此坞在其后，故曰“背”。余闻之，乃贾勇先登[3]，冀一入其内。比登，只有一道西南上，随之迤逦攀跻，竟无旁岐。已一里，登岭头矣，是为鸡公岭。坳中有佛宇。问洞何在？僧指在山下村南，已越之而上矣。担夫亦至，遂逾岭西向下，半里，抵壑中。又半里，有堡在南陇，曰太华哨[4]。又西上岭，逾而西，又一里，乃迤逦西南下，甚深。始望见西界遥峰，自北而南，屏立如障，与此东界为夹，互相颉颃[5]；中有溪流[6]，亦自北而南，下嵌壑底。望之而下，一下三里，从桥西度，是为关岭桥。越桥，即西向拾级上，其上甚峻。二里，有观音阁当道左[7]，阁下甃石池一方，泉自其西透穴而出，平流池中，溢而东下，是为马跑泉，乃关索之遗迹也[8]。阁南道右，亦有泉出穴中，是为哑泉，人不得而尝焉。余勺马跑，甘冽次于惠[9]，而高山得此，故自奇也，但与哑泉相去不数步，何良楛之异如此[10]！

无锡惠泉在徐霞客家乡江阴以南，相距不远，明代皆隶属南直隶常州府。徐霞客对贵州白水河附近马跑泉的一勺之饮，以其甘冽就联想到故乡风物，正可见游子的故乡情结。

［注释］

[1] 鸡公背：即鸡公背山，又称鸡公背坡，在今贵州关岭布依

族苗族自治县西。 [2] 鸡公：方言，即雄鸡。 [3] 贾（gǔ）勇：鼓足勇气的意思。语本《左传》成公二年："齐高固入晋师，桀石以投人，禽之，而乘其车，系桑本焉。以徇齐垒，曰：'欲勇者，贾余馀勇。'"晋杜预注："贾，卖也。言己勇有馀，欲卖之。" [4] 太华哨：明代位于白河瀑布以南的关卡。哨，岗哨，军队巡逻瞭望的关卡。 [5] 颉颃（xiéháng）：鸟飞上下貌。这里引申为不相上下，相抗衡。 [6] 溪流：当即今坝陵河，为打帮河右岸支流。 [7] 观音阁：奉祀观音菩萨的佛寺，故址在关索岭东半山，即双泉寺，清人改称清泉寺。 [8] 关索：历史传说人物，《三国志》未见记载，仅在《三国演义》个别版本中出现。据说为蜀将关羽第三子，出生后于诸葛亮南征路上遇之，成为蜀军先锋，遇大山挡道，关索率军开道。蜀军饥渴难耐，关索坐骑白马在半山腰用前蹄刨出一股清泉，解决了蜀军后勤问题。后人为纪念关索，就名其山为关索岭，名其泉为马跑泉，并在山上建关索庙。明王士性《黔志》云："关索岭，贵州极高峻之山，上设重关，挂索以引行人，故名关索。"这是有关"关索"的另一种解释。 [9] 惠：即惠山泉，位于今江苏无锡市西郊惠山山麓锡惠公园内，相传经唐代陆羽品题而得名，又称陆子泉。水质甘香重滑，清乾隆时被御封为天下第二泉，此系后话。 [10] 良楛（kǔ）：谓精良与粗劣。楛，器物粗劣不坚。《荀子·议兵》云："械用兵革窳楛不便利者弱。"唐杨倞注："楛，滥恶，谓不坚固也。"

由阁南越一亭，又西上者二里，遂陟岭脊，是为关索岭[1]。索为关公子[2]，随蜀丞相诸葛南征[3]，开辟蛮道至此[4]。有庙，肇自国初[5]，而大于王靖远[6]，至今祀典不废[7]。越岭西下一里，明太祖洪武二十一年（1388）置关索堡，即今贵州关岭布依族苗族自治县。二十五年改置关索岭千户所。

有大堡在平坞中，曰关岭铺，乃关岭守御所所在也[8]。计其地犹在山顶，虽下，未及三之一也。至才过午，夫辞去，余憩肆中。

［注释］

[1] 关索岭：在今贵州关岭布依族苗族自治县东，势极高峻，周围百馀里，为滇黔通道。 [2] 关公：即关羽（不详—219），原字长生，改字云长，河东郡解县（今山西临猗西南）人。东汉末与张飞追随刘备起兵，在兼并战争中以威猛刚毅著称，历任偏将军，封汉寿亭侯。刘备西取益州后，以关羽总督荆州事，镇守江陵。曾在樊城围攻曹操大将曹仁，大破于禁所领七军，一度威震华夏。吴主孙权乘机袭夺荆州，关羽败走麦城，与子关平在章乡俱为吴将所擒杀。隋朝以后，关羽地位逐渐上升，南宋高宗建炎二年（1128）追赠关羽为“壮缪武安王”，元文宗天历元年（1328）封关羽为“显灵威勇武安英济王”，明万历四十二年（1614）加封关羽为“三界伏魔大帝神威远镇天尊关圣帝君”。至《三国演义》被刻画为“义”的化身，受到民间乃至帝王的崇拜。《三国志》有传。 [3] 蜀丞相诸葛：即诸葛亮，字孔明（181—234），琅邪阳都（今山东沂南县）人。蜀汉杰出的政治家、军事家。蜀章武元年（221），刘备称帝，以他为丞相。作为三国历史时期一位著名的政治家与军事家，诸葛亮在后世民间几乎家喻户晓，获得了广泛的声誉。诸葛亮除了是智慧的化身而外，“鞠躬尽瘁，死而后已”的忠良形象，在后世人的心目中也不可磨灭，久而久之，这位历史人物甚至具有了能掐会算、呼风唤雨的特异功能，还留下了《马前课》一类的预言书。这一“神化”的过程凸显了人民对这位“贤相”级历史人物的崇拜与景仰，如同历代百姓对

于好皇帝的企盼一样，向往政治清明、安居乐业是这种现象产生的社会基础。《三国志》有传。南征：蜀后主建兴三年（225）春，诸葛亮南征，秋天平定南中。《三国志·诸葛亮传》裴注引《汉晋春秋》曰："亮至南中，所在战捷。闻孟获者，为夷、汉所服，募生致之。既得，使观于营陈之间，问曰：'此军何如？'获对曰：'向者不知虚实，故败。今蒙赐观看营陈，若只如此，即定易胜耳。'亮笑，纵使更战，七纵七禽，而亮犹遣获。获止不去，曰：'公，天威也，南人不复反矣。'遂至滇池。南中平，皆即其渠率而用之。" [4] 蛮道：旧时谓西南少数民族聚居地区的道路。 [5] 肇自国初：谓关索庙兴建于明朝立国之初。 [6] 王靖远：即王骥（1378—1460），字尚德，保定府束鹿（今河北辛集）人。永乐四年（1406）进士，累官兵部尚书兼大理寺卿，曾平定湖广、贵州苗民之乱。卒年八十三，赠靖远侯，谥"忠毅"。《明史》有传。王骥作为有明一代名将，与威宁伯王越、新建伯王守仁成为明代因军功封爵的三位文官。 [7] 祀典：祭祀的仪礼。 [8] 关岭守御所：即今关岭布依族苗族自治县，治所关岭铺（今关岭镇）。

[点评]

崇祯十一年（1638）三月二十七日，徐霞客由广西进入贵州境内，四月二十三日到达镇宁州，观赏了白水河瀑布。清《贵州通志》卷五云："白水河，在城东北四十馀里大路旁，色白异于他水，从高飞落，直下数十丈，白练千条，轰雷卷雪，注入绿潭。虽天气晴朗，而激湍喷溅如行大雾中，澎湃之声，远闻数里外。其飞落处，内有洞曰水帘，昔孙可望至此，见水中有神物，欲涸水以索之，而潭水绝深，戽数日不可竭，乃止。洞中有碑刻‘雪浪穿霞’四字。”然而清代以前，文人记述白水河瀑布的开风气者非徐霞客莫属，这与贵州镇宁一带地处边远有关。将同类景观进行细致的比较，是《徐霞客游记》中的一大特色。《滇游日记九》崇祯十二年（1639）四月十六日日记记述云南腾越州跌水河瀑布云：“其水从左峡中透空平坠而下，崖深十馀丈，三面环壁。水分三派飞腾，中阔丈五，左骈崖齐涌者，阔四尺，右嵌崖分趋者，阔尺五，盖中如帘，左如布，右如柱，势极雄壮，与安庄白水河齐观，但此崖更近而逼。从西崖绕南崖，平对而立，飞沫倒卷，屑玉腾珠，遥洒人衣面，白日间真如雨花雪片。”《滇游日记十一》崇祯十二年七月初八日日记记述云南永昌府一处瀑布（位于今保山市西山杨柳乡）的壮观：“峡中之水，倒侧下坠，两崖紧束之，其势甚壮，黔中白水之倾泻，无此之深；腾阳滴水之悬注，无此之巨。势既高远，峡复逼仄，荡激怒狂，非复常性，散为碎沫，倒喷满壑，虽在数十丈之上，犹霏霏珠卷霰集。滇中之瀑，当以此为第一，惜悬之九天，蔽之九渊，千百年莫之一睹。”上述云南的两处瀑布，与本日记有关描写比较，堪称笔酣墨畅，各臻其妙！可惜因 20 世纪中水库的建设以及植被的破坏，昔日杨柳瀑布的壮观景象已不复存在了。

徐霞客以后，清代文人记述或诗咏白水河瀑布者始见增多。晚生于徐霞客约半个世纪的田雯（1635—1704）撰有《黔书》，是书卷二有云：“安庄南有白水河，来自万山，浑洪质怒，涛涌波襄，雷奔云泻，缨峦带阜，不知几何里，而后戢志敛魄，安步铺光，以至于层岩之巅，与石相商，叠为三而后下。凭高作浪，云垂烟接，白虹饮涧，银汉倒倾。十丈之外，溅珠跳沫，时时浣人衣裾。风湍传响于青林之下，岭猿流声于白云之上。”如此描绘白水河瀑布，惊心动魄，显然受到徐霞客的影响。咸丰、同治间贵州遵义诗人郑珍（1806—1864）出于对家乡山山水水的热爱，写有七古《白水瀑布》，有云：“九龙浴佛雪照天，五剑挂壁霜冰山。美人乳花玉胸滑，神女佩带珠囊翻。”也极尽刻画形容之能事，令读者无限神往。

值得一提的是，这一天日记涉及当地的传说。正史中的关羽并没有多少传奇性，是民间传说一步步逐渐将关羽的形象神化的，这在中国文化史上的确是一个值得研究的奇特现象。所谓文财神不论，关羽还是后人心目中的武财神，与莫须有的同为武财神的赵公明元帅一样，皆有保佑祭祀膜拜者发家致富的效验，从而受到华夏经商者的青睐。关帝庙一度遍布全国城乡并波及海外，形成关帝崇拜的一道独特风景线。凭空制造出的关羽第三子关索的传说，当也属关羽的影响所致。日记中所述祭祀虚构历史人物的庙宇，甚至大于建功边塞的真实人物的庙宇规模，对于提高历史认识有一定的参考价值。这一现象的出现，很大程度上是三国蜀诸葛亮对西南少数民族采取扶助政策的成功，正如清末四川盐茶道使赵藩为成都武侯祠题写的一副名联所言：“能攻心则反侧自消，从古知兵非好战；不审势即宽严皆误，后来治蜀要深思。”

滇游日记一随笔二则

黔国公沐昌祚卒[1]，孙启元嗣爵[2]。邑诸生往祭其祖[3]，中门启[4]，一生翘首内望，门吏杖箠之[5]。多士怒[6]，亦箠其人，反为众桀奴所伤[7]，遂诉于直指金公[8]。公讳瑊，将逮诸奴，奴耸启元先疏诬多士[9]。事下御史[10]，金逮奴如故。

康熙《云南府志》卷一四《封建一》云："黔国公沐昌祚，朝弼长子，袭公爵。万历十三年平岳凤，加太子太保。二十四年乞休，子叡代。上以祚有平顺大功，晋都督。后因武定诸寇反，围省城，昌祚论奏巡抚，与叡俱被逮。仍起昌祚视事，晋少傅兼太子太傅。年七十卒。"又云："黔国公沐启元，叡子，袭公爵。崇祯三年暴卒。"

[注释]

[1] 黔国公沐昌祚：祖籍明凤阳定远（今属安徽）人（1554 —

1624），朱元璋养子黔宁昭靖王沐英八世孙，黔国公沐朝弼之子。 [2] 孙启元：原作“子启元”，今据《明史 · 沐英传》改。下文“祭其祖”。原作“祭其父”，亦据改。启元，即沐启元（不详—1630），黔国公沐叡之子，沐英第十世孙。沐叡袭公爵后，以为父论逮除名，启元袭爵。嗣爵：承袭爵位。 [3] 邑诸生：谓昆明县学生员。明清两代称已入学的生员为诸生。 [4] 中门：谓内、外门之间的门。《周礼 · 天官 · 阍人》云：“掌守王宫之中门之禁。” [5] 杖箠（chuí）：棍棒。这里用如动词，谓击打。 [6] 多士：古人指众多的贤士，这里指代县学诸生。 [7] 桀奴：凶悍的奴仆。 [8] 直指：汉武帝时朝廷设置的专管巡视、处理各地政事的官员。也称“直指使者”，因出巡时穿着绣衣，故又称“绣衣直指”，或称“直指绣衣使者”。这里即用以指代明代的巡按御史，明代都察院下属有十三道监察御史，监察御史平时在京城都察院供职称为内差或常差，奉命巡按地方即为巡按御史，均称外差或特差。秩正七品，品级虽然不高，但奉命巡按地方时职权和责任却非常重大。《明史 · 职官二》云：“而巡按则代天子巡狩，所按藩服大臣、府州县官诸考察，举劾尤专，大事奏裁，小事立断。”金公：当作“余公”。清雍正《河南通志》卷五八《人物二 · 归德府》云：“皇清余珹，字洪厓，商丘人，明万历丙辰进士，授中书舍人。天启中，上章言‘清狐鼠、严请托’，魏忠贤怒，思中之，乃命珹出按滇省。时水西东乌交叛，道梗，又沙普土司构难，日寻干戈，而黔国公尤跋扈不法。珹由剑关渡泸，间道西行，飞檄下水西东乌，谕以威德，酋皆束戈听命。召沙普，平其宿怨。惟黔国黠桀，辇金赂珹，珹不受。乃叠石为坊，伏机于下，将杀珹。珹过心动，疾驱获免，机发石下，舆人死之。还朝，敕巡九边，诸将皆股栗曰：‘是不受黔国屈者也。’率俯首受约束。累迁南京兵部尚书，奏陈方略不听，遂解任，徙居闽省。国朝定鼎，召至京师，引疾乞归，以兵部尚书致仕卒。顺治九年祀乡贤。”康熙《云南府志》卷五《沿革·大事考》云：“怀宗崇祯三年，征南将军黔国公沐启元卒。启元与巡按余瑊有隙，瑊每凌虐之。启元忿甚，欲杀余瑊，举兵将反。太夫人宋氏知其谋，大惊曰：‘吾家累世忠贞，原无失德。岂因此子败祖宗臣节乎？’于是酿毒酒饮启元，中夜毒发死。子天波嗣。” [9] 耸：怂恿。疏（shù）诬：指上奏章诬告。 [10] 御史：这里谓都察院，明洪武十五年（1382）设立，建文中一度改为御史府，永乐时仍复旧称。置都御史、副都御史、佥都御史，皆分左、右，下设监察御史等，掌纠察内外百司，总领宪纲，肃改饬法等。

启元益嗔[1]，征兵祭纛[2]，环直指门[3]，发巨炮恐之，金不为动。沐遂掠多士数十人，毒痛之[4]，囊其首于木[5]。金戒多士毋与争，急疏闻。下黔督张鹤鸣勘[6]，张奏以实。时魏珰专政[7]，下调停旨[8]，而启元愈猖狂不可制。母宋夫人惧斩世绪[9]，泣三日，以毒进，启元陨[10]，事乃解。宋夫人疏请，孙稚未胜爵服，乞权署名[11]，俟长赐袭。会今上登极[12]，怜之，辄赐敕实授[13]。即今嗣公沐天波[14]，时仅岁一周支也[15]。

明崇祯帝因多疑而刚愎自用，又自毁长城，在清军日逼、农民军节节胜利的情况下，于崇祯十七年（1644）自缢万岁山（今北京景山），葬昌平田贵妃墓（即思陵）。清廷初拟其庙号怀宗，南明弘光政权上庙号思宗，后又改毅宗。

［注释］

[1] 嗔（chēn）：发怒，生气。 [2] 祭纛（dào）：即“祭旗”，古代出师前举行的一种祭祀仪式。纛，古时军队或仪仗队的大

旗。 [3] 环：包围。《左传》襄公二十八年云："庆氏以其甲环公宫。" [4] 毒痡：即"荼毒"，谓残害。《后汉书·臧宫传》云："匈奴贪利，无有礼信，穷则稽首，安则侵盗，缘边被其毒痡，中国忧其抵突。" [5] 囊其首于木：以袋蒙首并套木枷。囊首，古代的一种酷刑，可令人窒息而死。这里系借用其词，以形容沐启元之残酷。 [6] 张鹤鸣：原作"张鸣鹤"，底本据《明史》本传改。张鹤鸣（1551—1635），字元平，颍州（今安徽阜阳）人。万历二十年（1592）三甲第一百八十八名进士，历任历城知县、南京兵部主事，累官陕西右参政。天启初，升兵部尚书，谢病归。天启六年（1626）春，再起南京工部尚书，寻改兵部尚书，总督贵州、四川、云南、湖广、广西军务，赐尚方剑。崇祯帝嗣位，被弹劾，求归乡，以太子太师致仕。崇祯八年（1635）农民军攻陷颍州，被杀。《明史》有传。黔督，即张鹤鸣总督贵州、四川、云南、湖广、广西军务一职。勘：审问。 [7] 魏珰（dāng）：即魏忠贤（1568—1627），明河间肃宁（今属河北省）人，少无赖，万历间自宫入宫为宦官，明熹宗时晋升为司礼秉笔太监，与熹宗乳母客（qiě）氏勾结，结党营私，排斥异己，专权擅政，屡兴大狱，陷害忠良，时有"九千岁"之号。崇祯帝即位，置凤阳，行至阜城（今属河北省），畏罪自缢死。《明史》有传。珰，汉代宦官充武职者，其冠用珰和貂尾为饰，故后代用以称宦官。 [8] 下调停旨：以皇帝名义下旨居间调解，平息争端。 [9] 斩：断绝。《孟子·离娄下》云："君子之泽，五世而斩。"世绪：谓黔国公功业待遇的承袭。 [10] 陨（yǔn）：通"殒"，谓死亡。 [11] 署名：即挂名，担空头名义而不做事。 [12] 今上：谓崇祯帝朱由检（1611—1644），又称明怀宗、明思宗、庄烈帝，天启七年（1627）以信王即帝位，年号崇祯。登极：帝王即位。 [13] 敕：委任状。实授：以额定之官职，正式除授实缺。 [14] 嗣公：黔国公爵位的继承人。沐天波：字玉液（1618—1661），沐英第十一世孙。《明史·沐天波传》云："叡被逮下狱，昌祚复理镇事。卒，孙启元嗣。卒，子天波嗣。十馀年而土司沙定洲作乱，天波奔永昌。乱定，复归于滇。永明王由榔入滇，天波任职如故。已，从奔缅甸。缅人欲劫之，不屈死。"　[15] 一周支：十二地支一轮回，即十二岁。这里以中国传统的虚龄计算，实则当时沐天波周岁仅十龄而已。

《明史·云南土司传一》云：维藩子名声，幼育于官，既长，有司俾继父职。名声收拾旧部，勇于攻战，从讨奢安有功，仍授土知州，渐骄恣。崇祯五年，御史赵洪范按部，名声不出迎。已，出戈甲旗帜列数里。洪范大怒，谋之巡抚王伉，请讨，得旨。官军进围州城，名声恐，使人约降，而阴以重贿求援于元谋土官吾必奎。时官军已调必奎随征，必奎与名声战，兵始合，佯败走。官军望

普名胜者[1]，阿迷州土寇也[2]。祖者辂[3]，父子为乱三乡、维摩间[4]。万历四十二年[5]，广西郡守萧以裕[6]，调宁州禄土司兵合剿[7]，一鼓破之[8]，辂父子俱就戮[9]，始复维摩州，开三乡县。时名胜走阿迷，宁州禄洪欲除之[10]。临安守梁贵梦、郡绅王中丞抚民[11]，畏宁州强，留普树之敌[12]，曲庇名胜。初犹屯阿迷境，后十馀年，兵顿强，残破诸土司[13]，遂驻州城，尽夺州守权[14]。

[注释]

[1] 普名胜：《明史》作普名声，另有作普明升者。云南阿迷州土司普维藩之子。　[2] 阿迷州：徐霞客《盘江考》作"阿弥州"。元代置，属临安路，治所即今云南开远市。明属临安府，南明改为开远州，清初复名阿迷州。1913 年改为阿迷县。土寇：旧时对地方上的反叛者或农民军的蔑称。　[3] 祖者辂（lù）：祖父普者辂，《明史》无传。　[4] 父子：谓普者辂、普维藩父子。三乡：明万历

二十一年（1593）筑三乡城，四十二年（1614）析维摩州置三乡县，属广西府，治所在今云南丘北县北三十里马者龙。清康熙《广西府志》指马者龙乡、阿宁乡、嵈（huàn）峋里“并在府东盘江之外，总谓三乡”。雍正《云南通志》与《师宗州志》则谓马者龙、阿宁、丘北为三乡。明末废。清康熙八年（1669）废维摩州，复置三乡县，治所在丘北县西十里新城。九年（1670）又废。维摩：即维摩州，元大德四年（1300）以维摩部置，属广西路，治所在今云南砚山县东北六十里阿猛镇，辖境包有今云南丘北县地。彝语“维”为沟，“摩”为水井，意即小河旁水井边之地。明代属广西府，治所在今砚山县西北四十六里维摩。崇祯四年（1631）又迁治今云南丘北县西十三里旧城。清康熙八年（1669）废入广西州与广南府。 [5] 万历四十二年：即 1614 年。万历，明神宗朱翊钧年号（1573—1620）。 [6] 广西郡守：云南广西府知府。广西，即广西府，明洪武十五年（1382）改广西路置，属云南布政司，治所在今云南泸西县，辖境约当今云南泸西、弥勒、师宗、丘北等县及砚山县部分地区。清乾隆三十五年（1770）改广西直隶州。萧以裕：江西樟树（今江西樟树市）人，万历七年（1579）举人，历官云南广西府知府。 [7] 宁州：元至元十三年（1276）于浪旷置，属临安路，治所在今云南玉溪市江川区东南六里旧州，至正年间迁治今云南华宁县。明、清属临安府，1913 年改宁县。禄土司：即禄厚（不详—约 1621），宁州土知州禄华诰子，承袭土司位。工书法，有高士风，与董其昌、陈继儒等皆有交。著有《景竹斋躬耕集》。土司，又称“土官”，元、明、清时期于西北、西南地区设置的由少数民族首领充任并世袭的官职，按等级分为宣慰使、宣抚使、安抚使等武职和土知府、土知州、土知县等文职。明清两代曾在部分地区进行“改土归流”，即改土官为流官。 [8] 一鼓破之：意谓一战即胜。 [9] 辂父子：谓普名胜祖父

见，遂大溃，布政使周士昌战死。朝廷以起衅罪伉，逮治，而名声就抚。然骄恣益甚，当事者颇以为患。已而广西知府张继孟道出阿迷，以计毒杀之。”

普者辂、父亲普维藩。就戮（lù）：被杀。从此普姓土司与禄姓土司结下世仇。 [10] 禄洪：字霄宾，禄厚之次子。禄厚卒后，其长子禄溥袭职，天启四年（1624）前后，禄溥卒，无子，禄洪承袭。 [11] 临安守梁贵梦：生平不详。临安守，云南临安府知府。郡绅：旧称一府之内有势力有地位的人，一般是地主或退职官僚。王中丞抚民：曾经做过巡抚的王抚民，王抚民，当作“王恩民”，清乾隆《云南通志》卷二一《人物·临安府》云：“王恩民，字成宇，建水人。隆庆戊辰进士，知永川县，有循声。召试御史，转湖广荆西右参议。时崔家坪巨寇啸聚往来，荆门一带无宁日，恩民至，廉寇踪迹，除歼无遗，人有再造之感。后值故相张居正以父丧归，一时监司俱屈为趋奉，恩民独投刺迎谒，吊赙如常仪，张意不悦，恩民竟登舟去。张后讽湖广御史论之，调贵州参议，寻迁副使。时有夷寇突至城下，挟取在狱罪酋，人情震动。恩民徐取纸笔分布官兵，开城出击，贼遂退。抚按合疏荐其才器可用之九边，会以忧归。服阕补官，历福建左布政，晋巡抚、右副都御史，致仕。归游林壑，淡泊自甘，年八十六卒。”中丞，东汉御史台长官，明清时用作对巡抚的称呼。清梁章钜《称谓录·巡抚》云：“明正统十四年，命都察院右佥都御史邹来学巡抚顺天、永平二府……今巡抚之称中丞，盖沿于此。” [12] “留普树之敌”二句：意谓将普名胜作为对抗禄洪的势力设法加以庇护，即“以夷攻夷”，使夷人自相攻伐，属于旧时封建统治者对少数民族实行的一种民族分化政策。 [13] 残破：摧残破坏。 [14] 州守：谓阿迷州的流官知州。成化十二年（1476），明廷开始在阿迷州设置流官知州。据《明熹宗实录》卷六一，天启五年（1625）阿迷州守备普名胜之子普祚远（或作普服远，本篇下文作普福远）准袭阿迷土知州。另清雍正《阿迷州志》卷一一《沿革》著录普祚远崇祯三年（1630）承袭阿迷州土知州。

崇祯四年[1]，抚臣王伉忧之[2]，裹毡笠[3]，同二骑潜至州，悉得其叛状，疏请剿[4]。上命川、贵四省合剿之。石屏龙土司兵先薄漾田[5]，为所歼。三月初八日，王中丞亲驻临安[6]，布政周士昌统十三参将[7]，将本省兵万七千人，逼沈家坟[8]。贼命黎亚选扼之[9]，不得进，相持者二月。五月初二日，亚选自营中潜往为名胜寿[10]，醉返营。一童子泄其事于龙。龙与王土司夜劫之[11]，遂斩黎；进薄州城，环围四月，卒不下[12]。时州人廖大亨任职方郎[13]，贼恃为奥援[14]，潜使使入京纵反间[15]，谓普实不叛，王抚起衅徼功[16]，百姓悉糜烂[17]。于是部郎疏论普地不百里[18]，兵不千人，即叛可传檄定[19]，何骚动大兵为[20]？而王宫谕锡衮、杨庶常绳武[21]，各上疏言宜剿。事下枢部议[22]。

［注释］

[1] 崇祯四年：即 1631 年。　[2] 抚臣：谓云南巡抚。王伉（kàng）：潼川州（四川三台）人，万历三十八年（1610）进士，崇祯二年（1629）以都察院右副都御史巡抚云南。　[3] 毡笠：毡制的笠帽。这里是微服私访的意思，即为隐藏身份，避人注目而改换常服。　[4] 疏（shù）请剿（jiǎo）：谓上奏章请求讨伐。　[5] 石

屏：即石屏州，明洪武十五年（1382）改石平州置，属临安府，治所即今云南石屏县。龙土司：即龙在田（不详—1652），石屏龙朋旧寨人，彝族。一生英勇善战，南征北伐，平反多起祸乱。明天启二年（1622）随征安效良、张世臣有功，由土守备擢为副总兵，官至荣禄大夫、左军都督府都督。南明永历二年（1648）即清顺治五年，龙在田曾赴贵州请来联明抗清的张献忠馀部李定国等入滇擒杀为非作歹的沙定洲、万氏等。后病卒于家。薄：逼近，靠近。漾田：今名同，在今云南建水县东境，位于古代临安到阿迷的大道上。 [6] 王中丞：谓王伉，明清巡抚多加都御史或佥都御史衔，故称。临安：即临安府，明洪武十五年改临安路置，属云南布政司，治所在建水州（今云南建水县）。 [7] 布政：即布政使，明洪武九年改行中书省为承宣布政使司。宣德后，全国府、州、县等分统于两京和十三布政使司，每司设左、右布政使各一人，为一省最高行政长官。后因军事需要，增设总督、巡抚等官，权位高于布政使。周士昌：原文作“周世昌”，底本据《明史・云南土司传》改。周士昌，内江（今属四川）人，万历三十八年（1610）进士，官至云南布政使。参将：武官名。明置，位次于总兵、副总兵。 [8] 沈家坟：位于阿迷州之中道岭，形势险要。徐霞客《滇游日记二》崇祯十一年八月二十八日日记云：“所度诸山之险，远以罗平、师宗界偏头哨为最。其次则通海之建通关，其险峻虽同，而无此荒寂。再次则阿迷之中道岭沈家坟处，其深杳虽同，而无此崇隘。又次则步雄之江底东岭，其曲折虽同，而无此逼削。” [9] 黎亚选：生平不详。扼：据守，控制。 [10] 潜往：偷偷前去。寿：祝寿。 [11] 王土司：当即嶍峨土司王显祖。劫：劫持。 [12] 卒：终于，最后。 [13] 廖大亨：云南建水州人，生卒年不详，天启二年（1622）进士，历官职方司郎中。职方郎：谓兵部职方司郎中，秩正五品。《明史・选举三》云："兵部凡四司，而武选掌除授，职方掌军政，其职尤要。" [14] 恃：依赖，凭借。《左传》僖公二十六年云："室如悬罄，野无青草，何恃而不恐？" 奥援：内援，指在内部暗中支持帮助的力量。《新唐书·李逢吉传》云："郑注得幸于王守澄，逢吉遣从子训赂注，结守澄为奥援，自是肆志无所惮。" [15] 潜使：谓秘密出使。反间（jiàn）：诱使敌方的间谍或其他人反为我用，制造其内讧而伺机取胜。《孙子·用间》云："反间者，因其敌间而用之。"唐杜牧注："敌有间来窥我，我必先知之，或厚赂诱之，反为我用；或佯为不觉，示以伪情而纵之，则敌人之间，反为我用也。" [16] 起衅（xìn）：挑起事端，寻衅。衅，争端，仇怨。徼（yāo）功：犹求功。《后汉书·皇甫规传》云："进不得快战以徼功，退不得温饱以全命。"徼，通"邀"，招致，求取。 [17] 悉：尽、全。糜烂：毁伤，摧残，被蹂躏。《孟子·尽心下》云："梁惠王以土地之故，糜烂其民而战之。" [18] 部郎：谓兵部职方郎中廖大亨。 [19] 传檄（xí）：传布檄文。《史记·张耳陈馀列传》云："诚听臣之计，可不攻而降城，不战而略地，传檄而千里定。"檄，文体名。古官府用以征召、晓谕、声讨的文书。 [20] 骚动：搅扰。大兵：人数多、声势大的军队。这里即指明廷官军。 [21] 王宫谕锡衮：即王锡衮（1598—1647），字龙藻，号昆华、仲山、念昔，别号素斋。禄丰（今属云南）人，祖籍陕西华阴。天启二年进士，选庶吉士，授检讨，以丁父忧归，服阕，升侍读。崇祯间历官少詹事、左谕德、右谕德、吏部尚书，丁母忧归。南明唐王（隆武）立，拜礼部尚书兼东阁大学士。南明永历帝立，重申隆武诏入卫，为土酋沙定洲所劫，终遇害。永历三年（1649），谥"忠节"，后加谥"文毅"。《明史》有传。宫谕，即谕德，明代太子官署詹事府所属左、右春坊置，左、右各一员，秩从五品，掌侍从赞谕。杨庶常绳武：即杨绳武（1595—1641），字念尔，号翠屏，广西府弥勒州（今云南弥勒市）人。崇祯四年（1631）进士，选庶吉士，擢监察御史。崇祯十四年（1641）病卒，追赠太子少傅、兵部尚书，谥“庄介”，荫锦衣，世袭千户。著有《鹧鸪集》《淮游草集》等。《明史》有传。庶常，即庶吉士，采《尚书》“庶常吉士”之义，永乐后专属翰林院，选进士文学优等及善书者为之。三年后举行考试，成绩优良者分别授以编修、检讨等职；其馀则为给事中、御史，或出为州县官，谓之“散馆”。明代重翰林，天顺后非翰林不入阁，因而庶吉士始进之时，已群目为储相。 [22] 枢部：谓明廷内阁，万历以后，首辅独专票拟，职权至重。

先是王抚疏名胜包藏祸心已久[1]，前有司养痘莫发奸[2]，致成难图蔓草[3]，上因切责前抚、按[4]。而前抚闵洪学已擢冢宰[5]，惧勿能自解[6]，即以飞语怂恿大司马[7]。大司马已先入部郎言[8]，遂谓名胜地不当一县，抚、按比周[9]，张大其事势[10]，又延引日月[11]，徒虚糜县官饷[12]。疏上，严旨逮伉及按臣赵世龙[13]。十月十五日，抚、按俱临安就逮。

《左传》隐公元年云：“蔓草犹不可除，况君之宠弟乎？”

［注释］

[1] 包藏祸心：暗藏着不可告人的坏心。《左传》昭公元年云：“小国无罪，恃实其罪。将恃大国之安靖己，而无乃包藏祸心以图之。” [2] 有司：官吏。古代设官分职，各有专司，故称。养痘：即“养痈遗患”，生了毒疮不去医治，给自身酿成祸患。比

喻姑息坏人坏事，终受祸害。疽，中医指局部皮肤肿胀坚硬的毒疮，借指丑恶的事物或坏人坏事。发奸：揭发坏人坏事。 [3] 蔓草：生有长茎能缠绕攀缘的杂草，这里泛指蔓生的野草难以铲除。 [4] 切（qiè）责：严词斥责。《汉书·沟洫志》云：“御史大夫尹忠对方略疏阔，上切责之。”抚按：明清巡抚和巡按的合称。明王世贞《觚不觚录》云：“当时抚按不留郡守令坐；司理县令行取，亦只立待茶而已。” [5] 闵洪学：字周先（1567—1644），号曾泉，乌程（今浙江湖州）人。万历二十六年（1598）进士，历官刑部主事以及山西、福建布政使。天启二年（1622）以右佥都御史巡抚云南，天启七年因平贼有功，得以入京。因与温体仁同乡，受到提拔，崇祯三年（1630）三月，任左都御史，加太子太保。崇祯四年吏部尚书王永光罢官，由闵洪学替补并入内阁。因其卷入明末激烈党争，第二年即被劾“丧节失体，举措失当”，罢官归里。明亡前病卒。著有《滇南志》与《抚滇奏草》十二卷（今藏日本内阁文库）。《明史》无传。擢：举拔；提升。冢宰：明人称吏部尚书为冢宰。《明史·职官一》云：“（吏部）尚书掌天下官吏选授、封勋、考课之政令，以甄别人才，赞天子治。盖古冢宰之职，视五部为特重。” [6] 自解：自我辩解；自作解说。 [7] 飞语：犹流言。《汉书·灌夫传》云：“乃有飞语为恶言闻上，故以十二月晦论弃市渭城。”唐颜师古注引臣瓒曰：“无根而至也。”怂恿：从旁劝说鼓动。大司马：古代官名，明清用作兵部尚书的别称。这里当指熊明遇（1579—1649），字良孺，号坛石，南昌府进贤县（今属江西南昌市）人。明万历二十九年进士，授长兴知县，历官兵科给事中、福建佥事、太仆少卿、南京右佥都御史。崇祯元年起兵部右侍郎，四年拜兵部尚书。致仕，再起，改工部尚书，引疾归。明亡后卒。《明史》有传。 [8] 先入部郎言：这里有先入为主的意思，即以兵部职方司郎中廖大亨不须用兵的言论为是。 [9] 比周：结党营私。《管子 · 立政》云："群徒比周之说胜，则贤不肖不分。" [10] 张（zhàng）大：夸大。事势：情势，形势。 [11] 延引日月：拖延时间。《三国志 · 邓艾传》云："若待国命，往返道途，延引日月。" [12] 虚糜：白白地损耗、浪费。县官饷：谓朝廷的粮饷。《史记 · 孝景本纪》云："令内史郡不得食马粟，没入县官。" [13] 严旨：指圣旨，即帝王的意旨和命令。明沈德符《万历野获编 · 科场 · 京闱冒籍》云："顺天场后，冒籍之说纷起，既而给事中锺羽王发之，为浙人冯诗等八名，俱奉严旨，诗等二人，枷示顺天府前，满日同六人俱发为民。" 按臣：巡按御史。赵世龙：《明史 · 云南土司传一》作"赵洪范"。赵洪范（生卒年不详），字符锡，号芝亭，嘉定（今属上海市）人。天启二年（1622）进士，历官湖北麻城知县，有惠政。崇祯元年（1628），擢监察御史，先后巡按陕西道、云南道，因讨伐云南土司普名胜遭劾，罢官归田。入清不仕，卒于清康熙年间。著有《周易要义》《西台疏稿》《澹叟诗集》等。

明邱濬《大学衍义补》卷一二二云："近世以火药实铜、铁器中，亦谓之炮，又谓之铳。"

十二月十八，周士昌中铳死[1]，十三参将悉战没[2]。五年正月朔[3]，贼悉兵攻临安[4]，诈郡括万金犒之[5]，受金，攻愈急。迨十六[6]，城垂破，贼忽退师，以何天衢袭其穴也[7]。天衢，江右人，居名胜十三头目之一，见名胜有异志[8]，心不安，妻陈氏力劝归中朝[9]，天衢因乞降，当道以三乡城处之[10]，今遂得其解围力。后普屡以兵攻三乡，各相拒，无所胜，乃退兵，先修祖父怨于宁州[11]。方攻宁时，洪已奉调中原[12]，其母集众目，人犒五金、京青布二[13]，各守要害，贼不得入。后洪返，谓所予太重，责之金[14]，诸族目悉解体[15]。贼谍知[16]，乘之入，洪走避抚仙湖孤山[17]，州为残破。

《左传》僖公三十三年云："寡君闻吾子将步师出于敝邑，敢犒从者。"

[注释]

[1] 铳（chòng）：用火药发射弹丸的管形火器。 [2] 战没：通"战殁"，谓战死，阵亡。 [3] 五年正月朔：崇祯五年正月初一日，即 1632 年 2 月 20 日。朔，月相名，农历每月初一，月球运行到地球和太阳之间，和太阳同时出没，地球上看不到月光的月相。 [4] 悉兵：尽其所有的兵力。 [5] 诈郡：欺骗临安府军民。括（guā）：搜括，搜求，亦作"搜刮"。万金：一万两银子。明代至近代以银一两或银币一元为一金。犒（kào）：犒赏，以酒食财物慰劳。 [6] 迨十六：等到正月十六日。 [7] 何天衢：原为普名胜部将，不愿反叛朝廷，遂归附明军，后战败自焚死。《明史·忠义二》："何天衢，字升宇，阿迷州人。有勇略，土酋普名声招为头目，使驻三乡。崇祯三年，名声反，谋出三路兵，至昆明会战。令天衢自维摩罗平入，以炝手三百人助之。天衢慨然曰：'此大丈夫报国秋也，吾岂为逆贼用哉！'坑杀炝手数十人，率众归附，署维摩州同知李嗣泌开城纳之。名声已陷弥勒，闻大惧，急撤两路兵归。巡抚王伉上其事，授为守备。后数与嗣泌进剿有功。及名声死，妻万氏代领其众，屡攻天衢。天衢屡挫之，录功，进参将。十三年擢副总兵。万氏赘沙定洲为婿，益以南安兵，且厚赂黔国公用事者，令毁天衢。天衢请兵饷皆不应，贼悉力攻之，食

尽，举家自焚死。”穴：指敌人或奸人盘踞、藏匿的地方。这里谓阿迷州。普名胜退军原因，清刘献廷（1648—1695）《广阳杂记》卷二另有记述：“明声乘胜益猖獗，即攻围临安三日夜。知府秦懋观登城数其罪，贼归罪中朝，谓系滇将商士杰所为。飞火砖上城，几焚秦侯袠。城中诸绅共虑不守，凑万金坠城下，并责以桑梓谊，围乃解。”可参阅。 [8] 异志：二心；叛离之心。《左传》襄公十六年云：“荀偃怒，且曰：‘诸侯有异志矣。’” [9] 中朝：朝廷，这里谓明廷。 [10] 当道：指执政者；掌权者。三乡城：属云南广西府，治所在今云南丘北县北三十里马者龙。 [11] 修祖父怨：谓报宁州土司禄氏杀祖父与父亲的宿怨。语出《左传》哀公元年：“及夫差克越，乃修先君之怨。秋，八月，吴侵陈，修旧怨也。” [12] 洪已奉调中原：谓崇祯三年（1630）三月云南广西府宁州土知州禄洪北上勤王事。清宣统《宁州志・人物》云：“洪，字霄宾，袭宁州土知州，年少多胆略，纪律严明，屡奏奇绩。崇祯三年庚午福建（似当作建州，或讳言建州）土酋入犯，云南巡抚王伉檄洪将兵入卫。洪动色曰：‘君父有难，臣子安敢束手坐视？赴汤蹈火，洪所不辞！’三月出滇，六月而抵都下。”清刘献廷《广阳杂记》卷二记述禄洪未赴京师：“朝议大师征之，更议用土攻土法，令禄洪辈协力合剿。不知其原为狐兔，阳相仇而阴实和也。是年秋，云南布政使周公士昌，受命监军，统大兵七万，匝阿迷州围数月。明声密侦我伍，哗卒涣，突入大营，禄洪佯逃，各将惊北奔溃，自相践踏，死者甚众。士昌骂贼死，文武官被害者共十八员。”所记不同如此，可参阅。 [13] 京青布二：京青布（一种靛蓝布）两匹。 [14] 责之金：谓索取原赏金。 [15] 解体：比喻人心离散。《左传》成公八年云：“信不可知，义无所立；四方诸侯，其谁不解体。” [16] 谍知：底本作“谍之”，似误，今据丁文江本改。谍，侦察，刺探。 [17] 抚仙湖：又称澄江海，位于今云南省玉溪市江川区、澄江市、华宁县间，距昆明70馀千米，在澄江南2000米，以湖中有二石耸立，犹如仙人抚肩巡游，名抚仙石，湖即因此得名。湖水清澈见底，晶莹剔透，古人对之有“琉璃万顷”之誉。抚仙湖是中国最大的深水型淡水湖泊，珠江源头第一大湖，属南盘江水系。湖面海拔为1722.5米时，水域面积216.6平方千米，容积206.2亿立方米，平均深度95.2米，最深处158.9米，蓄水量是滇池的12倍，洱海的6倍。孤山：又名瀛海山、环玉山，位于云南抚仙湖中。清顾祖禹《读史方舆纪要》卷一一五谓孤山名“海瀛山”，似倒文。今建有孤山风景区，占地85亩，山水交融，天水一线，秀丽无比。

岁馀，洪复故土，郁郁死[1]。贼次攻石屏州[2]，及沙土司等十三长官[3]，悉服属之[4]。志欲克维摩州南鲁白城[5]，即大举[6]。鲁白城在广南西南七日程[7]，临安东南九日程，与交趾界[8]，城天险[9]，为白彝所踞[10]。名胜常曰：“进图中原[11]，退守鲁白，吾无忧矣。”攻之三年，不能克。七年九月[12]，忽病死[13]。子福远[14]，方九岁。妻万氏[15]，多权略[16]，威行远近。当事者姑以抚了局[17]，酿祸至今，自临安以东、广西以南，不复知有明官矣！至今临安不敢一字指斥，旅人询及者，辄掩口相戒，府州文移[18]，不过虚文[19]。

《楚辞·九章·哀郢》云：“惨郁郁而不通兮，蹇侘傺而含戚。”汉王逸注：“中心忧满虑闭塞也。”

［注释］

[1] 郁郁：忧伤，沉闷貌。 [2] 次攻：依次攻击。 [3] 沙土司：当指云南王弄山长官司土司沙定海，为沙源之子，后娶普名胜遗孀万氏，又被其弟沙定洲与万氏合谋杀死。长官：即长官司，长官司为西南地方政权机构名。元始置于西南少数民族居住区，处理军民事务，有达鲁花赤、长官、副长官等官，参用当地土司。明、清沿置，次于招讨司一级，有长官、副长官、皆土司世袭官职。此处“十三长官”，“十三”疑当作“九”。《明史·云南土司一》云：“临安领州四，县四。其长官司有九，曰纳楼茶甸，曰教化三部，曰溪处甸，曰左能寨，曰王弄山，曰亏容甸，曰思陀甸，曰落恐甸，曰安南，其地皆在郡东南。” [4] 服属：顺从归属。《史记·朝鲜列传》云：“真番、临屯皆来服属，方数千里。” [5] 鲁白城：故址当在今路白以南一带，位于今云南砚山县平远镇东南。 [6] 大举：谓大兴军旅。汉陈琳《檄吴将校部曲文》云：“故大举天师百万之众……自寿春而南。” [7] 广南：即广南府，明洪武十五年（1382）改广南西路宣抚司置，属云南布政司，治所在今云南广南县。清乾隆元年（1736）在府治增设宝宁县，1913 年废。七日程：古人谓行进七天的路程。 [8] 交趾：指交趾布政司，明永乐初，安南黎季犛篡陈，又杀明大理卿薛嵓。永乐四年（1406），张辅、沐晟等进军其地，翌年设交趾布政司，治所在交州府（今越南河内），辖境相当于今越南中部以北地区。宣德二年（1427），黎利起事后，地又入安南。 [9] 城天险：意谓城池建筑于高险之处，是天然险要之地。北魏郦道元《水经注·洛水》云：“洛水又东迳一合坞南，城在川北原上，高二十丈。南北东三箱，天险峭绝，惟筑西面即为固。一合之名，起于是矣。” [10] 白彝：旧时中国西南彝族除土司（兹莫）为统治者外，尚有黑彝与白彝之分。黑彝即“诺合”，属于彝族奴隶社会中的统治阶级；白彝即“曲诺”，属于

彝族奴隶社会中的被统治阶级。白彝的人身权利和财产所有权受到一定的限制，被迫居住于主人的辖区内，承受一定的隶属性负担。但他们有相对的人身自由，主人不能将其买卖或杀害。他们占有一定的生产资料，有相对独立的经济，是自食其力的隶属民或一般劳动生产者。 [11] 中原：旧指整个黄河流域一带。 [12] 七年九月：即崇祯七年（1634）农历九月。 [13] 忽病死：有关普名胜之死的时间与原因，后世记述多有不同。《明史・云南土司一》云："朝廷以起衅罪伉，逮治，而名声就抚。然骄恣益甚，当事者颇以为患。已而广西知府张继孟道出阿迷，以计毒杀之。"清刘献廷《广阳杂记》卷二则谓普名胜因气病而死："继孟密令张质用间于有子之妾万氏，令氏弟万人英达之伊子，谓此时受抚，后子当袭，不则几百世基泯矣。万氏依其说苦责其夫，时三乡屡以兵北报，而内又掣之肘，兼陡发疮恙，阅三日中气而死。人幸祸根绝矣。"此外，《开化府志》则谓普名胜与官兵交战时中炮而亡。 [14] 子福远：即普祚远，或作普服远，后被其母万氏与沙定洲合谋杀死。 [15] 万氏：即万彩莲（不详—1648），又名万氏嫫，人称万氏。祖籍江西，祖辈为商，后落籍云南，为普名胜妾。普名胜死后，为扩大势力，先改嫁王弄土司沙定海，又与沙定海弟弟沙定洲私通，先后杀死其子普福远与沙定海，三嫁沙定洲。沙、普势力联合，扩充地盘，气焰嚣张。南明永历二年（1648）被原张献忠旧部后归顺南明政权的李定国杀死。 [16] 权略：权谋，谋略。 [17] 抚：指招抚，招安。了（liǎo）局：解决。 [18] 文移：官府文书，公文。 [19] 虚文：徒具形式的规章、制度。

予过安庄[1]，见为水西残破者[2]，各各有同仇志[3]，不惜为致命；而此方人人没齿无怨

徐霞客《黔游日记一》崇祯十一年（1638）四

月二十一日日记云："安庄后倚北峰，前瞰南陇，而无南、北门，惟东、西两门出入。西门外多客肆，余乃入憩焉。遂入西门，遇伍、徐二卫舍，为言：'此间为安邦彦所荼毒，残害独惨，人人恨不洗其穴。然以天兵临之，荡平甚易，而部院朱独主抚，以致天讨不行，而叛逆不戢。今正月终，犹以众窥三汊河，以有备而退。'"

言[4]，不意一妇人威略乃尔[5]！南包沙土司[6]，抵蒙自县[7]；北包弥勒州[8]，抵广西府；东包维摩州，抵三乡县；西抵临安府：皆其横压之区[9]。东唯三乡何天衢，西唯龙鹏龙在田[10]，犹与抗斗，馀皆闻风慑伏[11]。有司为之笼络[12]，仕绅受其羁靮者[13]，十八九[14]。王伉以启衅被逮[15]，后人苟且抚局[16]，举动如此，朝廷可谓有人乎！夫伉之罪，在误用周士昌，不谙兵机[17]，弥连数月[18]，兵久变生耳。当时止宜责其迟，留策其后效[19]。临敌易帅且不可，遽就军中逮之，亦太甚矣。嗟乎！朝廷于东西用兵[20]，事事如此，不独西南彝也！

［注释］

[1] 安庄：即安庄卫，明洪武二十三年（1390）置，属贵州都司，治所即今贵州镇宁布依族苗族自治县。清康熙十一年（1672）省入镇宁州。 [2] 水西：即水西土司。元在今贵州境内土司即有水西、水东之名。明贵州宣慰司（治今贵阳市）由安氏世袭宣慰使，宋氏世袭宣慰同知，两者各有分地。安氏辖境约当今贵州西北部息烽、修文以西，普定以北，水城以东，大方以南地区。因其大部分地区在鸭池河以西，通称水西。崇祯三年（1630）削其水外（指鸭池河以东）地设置卫所，辖境遂以水西为限。清顺治十五年（1658）改称水西宣慰使，康熙间以绝嗣停袭。 [3]"各

各有同仇志”二句：意谓贵州水西地区民众对于当地土司横行不法切齿痛恨、不惜拼命之群情。同仇，谓共同赴敌；对敌人表示共同的愤慨。语本《诗经・秦风・无衣》：“修我戈矛，与子同仇。”致命，犹捐躯。《易・困》云：“君子以致命遂志。” [4] 没齿无怨言：意谓终身没有埋怨的话。没齿，终身。《论语・宪问》云：“夺伯氏骈邑三百，饭疏食，没齿无怨言。” [5] 威略：声威谋略。宋曾巩《本朝政要策・南蛮》云：“今溪洞往往为东南之忧，而议者不谋威略，一欲怀之以利，是见其一，未见其二也。”乃尔：竟然如此。《后汉书・方术传下・蓟子训》云：“道过荥阳，止主人舍，而所驾之驴忽然卒僵，蛆虫流出，主遽白之。子训曰：‘乃尔乎？’” [6] 沙土司：这里谓云南临安府沙姓土司所统治的区域，即王弄山长官司，明洪武中置，属临安府，治所在今云南文山市西北六十七里老回龙。清初废入开化府，以其地为王弄里。 [7] 蒙自县：元至元十三年（1276）改目则千户置，属临安路，治所在今云南个旧市东部。明属临安府，成化二十年（1484）迁治今云南蒙自市。民国初为云南蒙自道驻地，1929年直属云南省。 [8] 弥勒州：元至元十二年置弥勒千户，二十七年改弥勒州，属广西路，治所即今云南弥勒市。明代属广西府，清乾隆三十五年（1770）降为弥勒县。 [9] 横压：谓横行霸道，欺压良善。 [10] 龙鹏：即云南石屏州龙朋寨，在今龙朋镇一带，位于今云南石屏县东北四十里。 [11] 慑伏：又作“慑服”，谓因畏惧而屈服。《战国策・秦策三》云：“赵楚慑服不敢攻秦者，白起之势也。” [12] 笼络：拉拢。 [13] 仕绅：即绅士，旧称地方上有势力有地位的人。一般是地主或退职官僚。羁靮（jīdí）：马络头和缰绳，泛指驭马之物，比喻束缚。 [14] 十八九：谓十之八九，即绝大多数。 [15] 启衅：挑起争端。 [16] 后人：谓承继王伉指挥明军者，这里当谓朱燮元。《明史・朱燮元传》云：“四年，阿迷州土官普名声作乱，陷弥勒州曲江所，又攻临安及宁州，远近震动。巡抚王伉、总兵官沐天波不能御，伉逮戍。燮元遣兵临之，遂就抚。”苟且：只图眼前，得过且过。抚局：指招抚的措置、安排。 [17] 谙（ān）：熟悉。兵机：用兵的机谋；军事机要。 [18] 弥：益；更加。 [19] 策：督促。后效：指日后的成效或劳绩。 [20] 东西用兵：当谓明廷镇压张献忠、李自成农民军及抵御清兵入侵的军事行动。

［点评］

明代晚期王纲解纽，官场腐败，人心涣散，社会动荡。李自成与张献忠的农民军纵横捭阖，所向披靡；后金在东北的势力不断扩大，战事频仍，对于明王朝的威胁日益严重。徐霞客作为一位正直的读书人，在以其双足丈量祖国山山水水的同时，“位卑未敢忘忧国”，对于日蹙的国势深感不安，体现了传统儒家“先天下之忧而忧”的深沉忧患意识。《粤西游日记四》崇祯十一年（1638）三月初九日日记记述的广西庆远府民生艰难状况令人痛彻心扉：“城内外俱茅舍，居民亦凋敝之甚，乃粤西府郡之最疲者或思恩亦然。闻昔盛时，江北居民濒江瞰流亦不下数千家，自戊午饥荒，蛮贼交出，遂鞠为草莽，二十年未得生聚，真可哀也。”体现了徐霞客关心民瘼的真诚。云南地处祖国西南边徼，“天高皇帝远”，动乱之机先伏，《随笔二则》真实地记录了徐霞客在云南的社会见闻，颇具史料价值。

第一则记录沐氏勋贵家族的飞扬跋扈，入木三分。《明史·云南土司传一》云：“自（沐）英平云南，在镇十年，恩威著于蛮徼；每下片楮，诸番部具威仪出郭叩迎，盥而后启，曰：‘此令旨也。’沐氏亦皆能以功名世其家。每大征伐，辄以征南将军印授之，沐氏未尝不在行间。数传而西平裔孙当袭侯，守臣争之，谓滇人知有黔国公，不知西平侯也。孝宗以为然，许之。自是，遂以公爵佩印为故事。”然而日久生弊，沐府逐渐形成尾大不掉之势，明廷终于也难以驾驭，这是专制社会所导致的必然结果。《明史·沐英传》附《沐昌祚》云：“沐氏在滇久，威权日盛，尊重拟亲王。昌祚出，佥事杨寅秋不避道，昌祚笞其舆人。寅秋诉于朝，下诏切责。已，以病命子叡代镇。”《徐霞客游记》所记述者与清人所撰正史内容近似，可见问题的严重性非同小可。沐府为了家族特权的传之久远，也付出了昂贵的代价，甚至发生了宋夫人毒死其亲生子的人伦惨剧，所谓“自作孽，不可活”“多行不义必自毙”，其警示作用当不仅限于一朝一代，从古至今，概莫能外。

第二则所记述者，不仅是有明一代西南民族矛盾的反映，更重要的是带有奴隶制社会性质的土司制度与封建统治的矛盾冲突。徐霞客敏感地捕捉到了隐藏于云南少数民族民间的这一动向，其《滇游日记二》崇祯十一年（1638）八月二十八日日记有云：“土司糜烂人民，乃其本性，而紊及朝廷之封疆，不可长也。诸彝种之苦于土司糜烂，真是痛心疾首，第势为所压，生死惟命耳，非真有恋主思旧之心，牢不可破也。其所以乐于反侧者，不过是遗孽煽动。其人不习汉语，而素昵彝风，故勾引为易。而遗孽亦非果有殷之顽、田横之客也，第跳梁伏莽之奸，藉口愚众，以行其狡猾耳。”可谓一针见血，洞见症结。至于本篇中“此方人人没齿无怨言，不意一妇人威略乃尔”的议论，更是哀其不幸，怒其不争的慨叹！云南从天启间贵州、四川的“奢安之乱”一直到崇祯间云南的“沙普之乱”，两者有着直接的联系，底层百姓迭遭兵燹之厄，痛苦万分，难以名状，究其始作俑者，明廷“以夷治夷”政策的失误当是其重要原因。17世纪初叶，长城内外与大江南北日益动荡不安，明统治者捉襟见肘，专制权威丧失殆尽，地方势力乘机坐大，建州兵力日趋强大。风雨飘摇中的明中央政府四面楚歌，左支右绌，动辄得咎，在少数民族地区实行“以夷治夷”政策虽属迫不得已，却无异于饮鸩止渴。徐霞客于本篇之末发出“事事如此”的读书人一声长叹，也绝非只知死读书的腐儒所能发。

滇游日记五[1]

二十八日[2]　晨起寒甚，亟披衣从南楼观日出[3]，已皎然上升矣[4]。晨餐后，即录碑文于天长、善雨之间[5]。指僵，有张宪副二碑最长[6]，独不及录。还饭迦叶殿[7]。乃从北门出。门外冈脊之上，多卖浆瀹粉者[8]。脊之西皆削崖下覆，岂即向所谓舍身崖者耶[9]？北由脊上行者一里，乃折而西下，过一敞阁，乃南下束身峡[10]。巨石双迸[11]，中窞成坑[12]，路由中下，两崖逼束

清顾祖禹《读史方舆纪要》卷一一七《大理府》云："鸡足山，府东北百里，与宾、邓二州接界。前有三距，后起一支，形若鸡足，因名。《志》云：'山峰攒簇如莲华然。盘折九曲，松杉郁葱，其崖壑台洞泉涧之属以数百记。上有石门号华首门，俨如城阙，人莫能通。佛寺环列，金碧辉映。绝顶五更见日出之光，游人经旬乃尽其胜。'"

徐霞客《滇游日记八》己卯（1639）三月二十九日日记云："两崖夹石如劈，中垂一窗，水捣石而下。"

而下坠甚峻，宛转峡中，旁无馀地，所谓"束身"也。下半里，得小坪[13]，伏虎庵倚之[14]。庵南向，从其前，多卖香草者，其草生于山脊。

［注释］

[1] 滇：云南省的简称。此处节选《游记》中有关鸡足山的部分。鸡足山，简称鸡山，古名青巅山，又名九曲山、九重崖，我国著名的佛教圣地。位于今云南大理白族自治州宾川县西北隅，跨宾川、大理、鹤庆三县市。东西长 7000 米，南北宽 6000 米。西望苍山洱海，北瞰金沙江，山势顶耸西北，尾掉东南，前列三支，后拖一距，宛然如同鸡足，故名。此山系共有 40 座奇山、13 座险峰，天柱峰上金顶寺海拔最高，为 3248 米；山麓沙址河海拔最低，为 1780 米。鸡足山中部地区属断裂形成的山间凹陷地带，悉檀溪纵贯其中，明嘉靖、万历间，僧俗建寺立庵形成高潮，沿溪两岸有寺院百馀座，尊胜塔院、悉檀寺、大觉寺、祝圣寺、石钟寺等构成大型寺院建筑群，僧众上千。徐霞客驻足鸡足山，正是其佛教鼎盛时期。现存祝圣寺、金顶寺、太子阁等。鸡足山为释迦牟尼十大弟子之一摩诃迦叶的道场。　[2] 二十八日：崇祯十一年十二月二十八日，即 1639 年 1 月 31 日。　[3] 南楼：谓鸡足山最高峰天柱峰上迦叶殿之云观楼。徐霞客《滇游日记五》崇祯十一年十二月二十七日日记云："（迦叶）殿亭四围，筑城环之，复四面架楼为门：南曰云观，指云南县昔有彩云之异也；东曰日观，则泰山日观之义；北曰雪观，指丽江府雪山也；西曰海观，则苍山、洱海所在也。"　[4] 皎然：明亮洁白貌。　[5] 天长：谓迦叶殿前之天长阁，为海盐一位名朱泰祯的巡按御史于天启七年（1627）所建。善雨：谓迦叶殿后之善雨亭，为一位姓张的巡

按御史于崇祯十年（1637）所建。 [6] 宪副：即副宪，明代都察院有左右都御史、左右副都御使，副都御使通称“副宪”。 [7] 迦叶（jiāshè）殿：崇祯十年（1637），为一位姓张的巡按御史所建。本日记二十七日日记云：“入门即迦叶殿。此旧土主庙基也，旧迦叶殿在山半。岁丁丑，张按君谓绝顶不可不奉迦叶，遂捐资建此，而移土主于殿左。”土主，供奉南诏三大保护神之一的摩诃迦罗（另两尊是观音、毗沙门），即俗称大黑天神的庙宇。清高奣映《鸡足山志》卷五云：“旧有土主殿，相传为沙漠土主。其神盖八大明王之一，自西域随迦叶尊者至此山护法。” [8] 卖浆瀹（yuè）粉者：出售茶水、酒、醋等饮料，以及煮食谷类或豆类粉末制成食品的小商贩。瀹，煮。 [9] 舍身崖：明冯时可《游鸡足山记》其四云：“从（普光）塔左行，道甚平，睨其傍，皆万仞悬崖。有特出更峻者，为舍身崖。”清高奣映《鸡足山志》未见著录。徐霞客《滇游日记六》己卯（1639）正月二十日日记云：“东还一里，过文殊堂后脊，于是脊南皆危崖凌空，所谓舍身崖也。愈东愈甚，余凌其端瞰之，其下即束身峡。”宾川《鸡足山志・景观》云：“即绝顶西北崖，直如刀削，深难见底，望之晕眩。” [10] 束身峡：从金顶北文殊庵经险路而下，两面巨石迸出，中如溜槽，仅能单人仄身而过，即称束身峡。清高奣映《鸡足山志》卷二云：“束身峡，绝顶西，当文殊阁前，两崖对视，通窄径，仅容一身，小石历落，挟足碍履，过者束身，犹畏坠失。”本日记二十七日日记云：“由北门出，陟后脊转而西南下者，束身峡出礼佛台，从华首门会铜佛殿道。而猢狲梯在东南，由脊上；束身峡在西北，由霤中。” [11] 迸：断裂。 [12] 窗（liù）：穴。 [13] 小坪：山间小块平地。 [14] 伏虎庵：故址位于礼佛台后。清高奣映《鸡足山志》卷五云：“在曹溪庵西崖，今废。”

清高奣映《鸡足山志》卷五云："曹溪庵，在古佛洞西，今废。万历癸卯，僧明悟建，御史宋兴祖重修。左腋出泉，甘美如曹溪。"

清高奣映《鸡足山志》卷四云："华首门，释曰：迦叶称饮光门为华首。夫石壁也，鬼工天劈，亦既门矣，何以谓之华首……阅梵书，得宝胜、华首二如来焉，又得华首童子、华首菩萨之各有其名称焉。"

循舍身崖东南转，为曹溪、华首之道[1]；绕庵西转，盘绝壁之上，是为礼佛台太子过玄关[2]。余乃先过礼佛台。有亭在台东，亦中圮[3]，台峙其前石丛起中，悬绝壑之上。北眺危崖倒插于深壑中，乃绝顶北尽处也，其下即为桃花箐[4]，但突不能俯窥耳。其东南壑中，则放光寺在焉[5]。其西隔坞相对者，木香坪也[6]。是台当绝顶西北隅悬绝处，凌虚倒影[7]，若浮舟之驾壑[8]，为一山胜处[9]，而亭既倾敝，不容无慨。台之北，崖壁倒悬，磴道斩绝[10]，而西崖之瞰壑中者，萼瓣上迸[11]，若蒂斯启。遥向无路，乃栈木横崖端，飞虬接翼于层峦之上[12]，遂分蒂而蹈[13]，如入药房[14]，中空外透，欲合欲分。穿其奥窟[15]，正当佛台之下，乃外石之附内石而成者，上连下迸，裂透两头。侧身而进，披隙而出，复登南台之上。仍东过伏虎[16]，循岩傍壁，盘其壑顶。仰视矗崖[17]，忽忽欲堕[18]，而孰知即向所振衣蹑履于其上者耶[19]。

［注释］

[1] 曹溪：即曹溪寺，或称曹溪庵。徐霞客《滇游日记六》已

卯（1639）正月二十日日记云："又西半里，稍上，又半里，为曹溪庵。庵止三楹，倚崖，门扃无人。"华首：即华首门，又名迦叶门。位于天柱峰西南绝壁，其崖状如两扇巨大的天然石门，高达 40 米，两扇石门各宽 9.9 米。其上部圆形石崖突出 2.9 米，形同门拱。门拱下中有垂直裂缝，如同双门对掩关闭，缝中恰有巨石如锁悬挂，天造地设一道石门。传说即大迦叶受衣入定处。徐霞客有《鸡山十景·华首重门》七律一首，首联云："巍崖高巩白云端，翠壁苍屏路几盘。"可见其高耸之状。 [2] 礼佛台太子过玄关：位于玄关洞侧。清高奣映《鸡足山志》卷五云："玄关洞，昔有度险缚身礼佛于悬崖小石上者，因名礼佛台。而台前三面绝壑冲深，大石突怒，横如骈胁，竖若枝拇。相叠成隙，隙下作栈，天堑凌空，下凭不测之险。俚称太子过玄关，跃摄小石，亘度石小台上，亦为临危礼佛所。少下则万壑争幽，其洞深广仅十数笏，三籁静虚，辟为灵境。" [3] 中圮：谓中途衰败。 [4] 桃花箐：即檀花箐。清高奣映《鸡足山志》卷二云："檀花箐，见青檀山多青檀，箐以得名；曰檀花箐也，亦多桃花，绵渺可玩。"又云："青檀山，西南与苍山相对，望之危峻，然宽平也。" [5] 放光寺：鸡足山寺院名。位于琼楼山下。清高奣映《鸡足山志》卷五云："放光寺，在琼楼山下。嘉靖丙午，僧圆惺同李元阳创建。万历三年灾，圆惺复建。崇祯戊辰年，敕颁藏典，合山耆宿募邓川土知州阿尚夔重修阁，以贮藏经……倚壁参天，面山横案，适当鸡山之胸臆。" [6] 木香坪：在桃花箐东南，位于高顶，围环 10 千米，古代僧人多在此结庐习静。清高奣映《鸡足山志》卷二云："木香坪，檀花箐东南。此坪甚高，近与点苍山相对，环宽二三十里，四下皆深林密竹，积雪坚凝，漫煦和熙，艺宜花果。" [7] 凌虚：升于空际。倒影：指天上最高处，日月之光反由下上照，而于其处下视日月，其影皆倒，故称天上最高的地方为"倒影"。《史记·司马相如列传》云："贯列缺之倒景兮，涉丰隆之滂沛。"南朝宋裴骃集解："列缺，天闪也。倒景，日在下。" [8] 浮舟之驾壑：谓行船在两山之上空。 [9] 胜处：美好的地方。 [10] 磴道：登山的石径。斩绝：陡峭貌。 [11] "萼瓣上迸"二句：形容岩石迸开，如同花瓣从花蒂向上裂开并绽放。 [12] 飞虬接翼：形容栈木如同无角龙在空中飞舞。 [13] 分蒂而蹈：谓循岩石迸裂之隙穿行。 [14] 药房：芍药的花冠。 [15] 奥窟：岩石裂隙的隐秘曲折所在。 [16] 伏虎：即伏虎庵。清高奣映《鸡足山志》卷五云："伏虎庵，在曹溪庵西崖，今废。" [17] 矗崖：向上直立的悬崖。 [18] 忽忽：恍惚。 [19] 振衣：抖衣去尘，整衣。蹑履：整理鞋子。

清高奣映《鸡足山志》未见著录，当即曹溪庵。

宗门，专讲禅宗的法门；其他的法门，像天台宗、净土宗、法相宗，都叫教门。法脉，即法嗣。

佛教指具有八种殊胜功德之水。又作八支德水、八味水、八定水。佛之净土有八功德池，八功德水充满其中。八功德即一甘、二冷、三软、

东南傍崖者一里馀，有室倚崖，曰曹溪寺。以其侧有水一泓[1]，在矗崖之下，引流坠壑，为众派之源，有似宗门法脉也[2]。稍下，路分为二：正道东南循崖平去，小径西下危坡。余睇放光在西南壑[3]，便疑从此小径是。西循之，一里馀，转而北逾一嘴[4]，已盘礼佛台之下，其西北乃桃花箐路，而东南壑底，终无下处，乃从旧路返。二里，出循崖正道，过八功德水[5]，于是崖路愈逼仄，线底缘嵌绝壁上[6]，仰眺只觉崇崇隆隆而不见其顶[7]，下瞰只觉窅窅冥冥而莫晰其根[8]，如悬一幅万仞苍崖图，而缀身其间，不辨身在何

际也。

四轻、五清净、六不臭、七饮时不损喉、八饮已不伤肠。

［注释］

[1] 一泓：清水一片或一道。这里谓曹溪。明王士性《五岳游草》卷七《游鸡足山记》云："三里而度曹溪。曹溪亦称漕溪也，水绀碧一泓，日供僧可三千馀众。又东二里尝八功德水，迦叶所卓锡处也。" [2] 宗门法脉：曹溪原为水名，在韶州府城东南三十里，源出狗耳岭，西流合溱水，后为禅宗六祖慧能之别号。这里即比喻禅宗如同清水一道，传承有绪。曹溪寺之得名或与此相关。 [3] 睇（dì）：视，望。 [4] 嘴：即山嘴，山脚伸出去的尖端。 [5] 八功德水：位于华首门与曹溪水之间，上有飞岩，水由崖石上流出，涓涓而下。传说为迦叶尊者在石上卓锡而成泉。徐霞客《滇游日记六》己卯（1639）正月二十日日记云："其西一里，有岐悬崖侧，余以为下放光道，又念层崖间何能垂隙下。少下，有水出崖侧树根间，刳木盛之，是为八功德水。刳木之外无馀地，水即飞洒重崖，细不能见也。" [6] 线：形容崖路细长如线绕崖。 [7] 崇崇隆隆：高起貌。 [8] 窅窅冥冥：极其幽暗貌。

东一里，崖势上飞，高穹如檐，覆环其下，如户阈形[1]，其内壁立如掩扉[2]，盖其石齿齿[3]，皆堕而不尽，堕之馀，所谓华首门也。其高二十丈，其上穹覆者，又不知凡几，盖即绝顶观海门下危崖也。门之下，倚壁为亭，两旁建小砖塔裹之，即经所称迦叶受衣入定处[4]，待六十百千遍游五岳之后，王士性又到过很多地方。万历十七年（1589），他游了桂林山水。十九年入云南，官澜沧两年。

山灵何罪而受此耶？这是徐霞客山水审美艺术趣味的体现。自然景观本是天趣的透露，非要强加之以无聊已极的人文景观，令山水蒙羞，从而引来霞客的鄙夷就在所难免。

岁以付弥勒者也。天台王十岳士性宪副诗偈镌壁间[5]，而倪按院大书“石状奇绝”四字[6]，横镌而朱丹之[7]。其效颦耶[8]？黥面耶[9]？在束身书“石状大奇”[10]，在袈裟书“石状又奇”[11]，在兜率峡口书“石状始奇”[12]。凡四处，各换一字，山灵何罪而受此耶[13]？

［注释］

[1] 户阈：门限，即门槛。元贡师泰《过仙霞岭》诗：“或列若屏幛，或限若户阈。” [2] 掩扉：关闭着的门。这里当指华首门。 [3] 齿齿：谓岩石排列如齿状。唐韩愈《柳州罗池庙碑》云：“桂树团团兮白石齿齿。” [4] “即经所称迦叶受衣入定处”二句：据佛经记载，释迦牟尼佛的著名弟子迦叶受佛委托，不得涅槃，乃持佛所赐之传法袈裟，于鸡足山华首门受衣入定，等待弥勒出世，以便将法衣传与弥勒，继释迦牟尼之后为佛。这个故事影响很大，中国禅宗即以迦叶为始祖，达摩为中国禅宗初祖，后经慧可、僧璨、道信，至五祖弘忍传六祖慧能，都是采取传袈裟的方式。而迦叶入定的鸡足山，也被认为位于我国云南大理宾川县境内；大理鸡足山遂被尊为“禅宗祖庭”“迦叶道场”。弥勒，意译“慈氏”，著名的未来佛。我国的弥勒塑像胸腹袒露，面带笑容。传说五代时布袋和尚是其化身。 [5] 天台王十岳士性宪副：即王士性，字恒叔，号太初，又号元白道人，台州府临海（今属浙江）人，天台属台州府，故称。万历五年（1577）进士，历官吏科给事中、四川参议、云南按察使司副使、南京鸿胪寺卿。《明史》有传。万历十八年（1590），王士性任云南按察使司副使，故称

宪副。王士性是早生于徐霞客四十年的旅行家与地理学家，著有《五岳游草》《广游志》《广志绎》等地理学著作。徐霞客称之为“王十岳”，当是对旅行家王士性的一种惺惺相惜的肯定性敬称。陈函辉《前纪游》诗有序云：“吾乡王恒叔有《五岳纪游》，实缺其二，而王十岳即以两游五岳而得名。”诗偈（jì）：类似佛家偈颂的诗作。王士性《五岳游草》卷七《游鸡足山记》云：“又东二里而谒华首门。门踞山半，石规十丈如半月，而檐外飞云。迦叶入此安禅。余与无心屈指龙华，尚馀八百八十万年。因题石上云：‘曾记曹溪钵，朝传夕弃命如丝。若为鸡足衣，独守空山八万期。为报佛恩传佛印，法以明心衣示信。谁解三生同一瞬，赵州大棒提在手。虚空粉碎君知否，弃钵留衣总何有。’”又云：“然余谓《法华》故如来最后授记，作佛心印，即声闻人不得闻，底若一翻小止观，令得各持欛柄以入。复偈谓之曰：‘谛视指头月，谩持法华说。饶是婆心切，应剩鸠摩舌。’”有论者认为后者为王士性在鸡足山所题偈颂语（参见杨文衡：《〈徐霞客游记〉中记载的王士性》，见中国徐霞客研究会、江阴市人民政府编：《徐霞客研究》第 2 辑，学苑出版社 1998 年版）。王士性在鸡足山喜用偈语明心，《游鸡足山记》又云：“西百步为水月庵，斗室三楹，僧用周坐圜中，始泥门半月，余倚瓮牖击磬，声起而问之曰：‘用即周三界，不用置何处？试问你坐关，亦还关坐你？’遂去而之圣峰寺，觅无心结趺跏论宗门旨，分禅榻宿焉。时余儿立彀从，年十三，与无心语彻夜，恍若有所睹记者，遂请终身持斋素，亦一奇也。晨起无心请转关中语，余乃自为答曰：‘竟无关坐我，我亦无关坐。要用即不是，不用仍这个。骑驴去觅驴，觅着无处骑。’” [6] 倪按院：谓姓倪的巡按御史，生平不详。按院，明代巡按御史的别称。 [7] 朱丹：谓用红色涂料涂饰石上所镌刻的字迹。这里用如动词。 [8] 效颦：谓不善模仿，弄巧成拙。效颦语出《庄子·天运》：“故西施病心而颦其里，其里之丑人见之而美之，归亦捧心而颦其里。其里之富人见之，坚闭门而不出，贫人见之，挈妻子而走。彼知颦美，而不知颦之所以美。” [9] 黥（qíng）面：古代的一种肉刑，即于面额上刺字，以墨涅之。 [10] 束身：即束身峡，参见前文“束身峡”条注释。 [11] 袈裟：即袈裟石，属于玄武岩波纹状流层与流纹之岩相。清高奣映《鸡足山志》卷四云：“石同切玉，方可丈馀，色青苍如古，溜刮铁痕，其纹则袈裟水田宛具……在铜瓦殿之坡右次，四翳藤萝，蒙茸紫翠，幽冲别胜。” [12] 兜率峡口：当在兜率庵附近。 [13] 山灵：山神。《文选·班固〈东都赋〉》云：“山灵护野，属御方神。”唐李善注：“山灵，山神也。”

王士性《游鸡足山记》云：“梯无路，仅仅崖石礌垂，俯深箐绝处，架木枕长一丈接之，犹非梯也。梯乃石齿龂龁，其芒上出廉利侔利剑，承足石芒内，啮其半，半踵悬外，惟瞰深箐，故可上而不可下，上亦牵挽虫缩而升。”

又半里，矗崖东尽，石脊下垂，有寺倚其东，是为铜佛殿[1]，今扁其门曰传灯寺[2]，盖即绝顶东突，由猢狲梯下坠为此[3]，再下即迦叶寺，而为西南支发脉者。寺东向，大路自下而来，抵寺前分两岐：由其北峡登寺后猢狲梯，为绝顶前门道，余昨从上所瞰者；由寺前循崖西转，过华首门，上束身峡，为绝顶后门道，余兹下所从来者。盖寺北为峡，寺西为崖，寺后猢狲梯由绝顶垂脊而下，乃崖之所东尽而峡之所南环者也。

［注释］

[1] 铜佛殿：即铜瓦殿。 [2] 扁：匾额。这里用如动词。传灯寺：即铜瓦殿，今称铜佛殿，原名迦叶寺，故址在猢狲梯下。寺左有

袈裟石，寺右接华首门。浩劫中被毁，1979年重修。清高奣映《鸡足山志》卷五云："传灯寺，在猢狲梯。原名迦叶寺，即铜瓦殿也。正德间，僧圆成同北胜土知州高世懋建，铸铜为瓦，以期坚久。万历间，中丞唐时英修，后郡人李元阳更为增扩，乃树碑以记之。" [3] 猢狲梯：即睹光梯，位于铜瓦殿后，为至顶路段，石齿棱棱，仅可容足。壁立陡上五十馀级，异常险峻。清高奣映《鸡足山志》卷五云："睹光梯，铜瓦殿后，崖脊下垂，粼粼齿齿，分于湿渗间。乃盘曲腾梯，陡立数百级，虽猿猱无以施其巧。济胜莫具者，无可如何，必乘篮舆而上，前之引绳渐收；当下时，后之引绳渐放，前者之一足，临后者之首，目仅视两手之移换，不敢移一二寸以他瞩也。"

寺北有石峰突踞峡中，有庵倚其上，是为袈裟石。余初不知其为袈裟石也，望之有异，遂不入铜佛殿而登此石。至则庵僧迎余坐石上。石纹离披作两叠痕[1]，而上有圆孔。僧指其纹为迦叶袈裟[2]，指其孔为迦叶卓锡之迹[3]。即无遗迹，然其处回崖外绕，坠壑中盘，此石缀崖瞰壑，固自奇也。僧瀹米花为献[4]，甚润枯肠。余时欲下放光、圣峰诸寺[5]，而不能忘情于猢狲梯，遂循石右上。半里，升梯。梯乃自然石级，有叠磴痕可以衔趾[6]，而痕间石芒齿齿，著足甚难。脊左瞰即华首矗崖之上，右瞰即袈裟坠壑之端，其齿齿之石，华首门乃垂而下，此梯乃错而上者，然质则同也。上半里，数折而梯尽，仍从峡上。问去顶迥绝，乃返步下梯，由铜佛殿北东下峡中。

［注释］

[1] 离披：分散下垂貌。　[2] 迦叶：佛祖释迦牟尼弟子以迦叶为名者五人，经论中单称迦叶是指摩诃迦叶波，他年高德劭，称为大迦叶。释迦牟尼涅槃后佛教结集三藏时，他是召集人兼首座。中国禅宗又说他是传承佛法的第一代祖师，西土二十八祖之始祖。袈裟：梵文的音译。原义为“不正色”，佛教僧尼的法衣。佛制，僧人必须避免用青、黄、赤、白、黑五种正色，而用似黑之色，故称。　[3] 卓锡：卓，植立；锡，锡杖，僧人外出所用。因谓僧人居留为卓锡。　[4] 米花：当是形制类似于今天豆腐脑一类的食品。　[5] 圣峰：即圣峰寺，故址在钟灵山前，即古明歌坪，面对尊胜塔院。浩劫中已被毁坏。清高奣映《鸡足山志》卷五云：“圣峰寺，在钟灵山前，即古明歌坪。背青檀山，面尊胜塔。按：此寺址为明歌坪，净月初建寺时，掘地得碑，其碑上有迦叶入定，八明王歌咏颂。”　[6] 衔趾：谓仅能着足前部。

一里，横盘峡底，有庵当其中，所谓兜率庵也[1]，已半倾。其后即绝顶与罗汉壁分支前突处[2]，庵前峡复深坠。循庵横度，循左崖下半里，崖根有洼内嵌，前有巨树流荫，并鹤峋居士诗碑[3]。其前峡遂深蟠[4]，路从其上，又分为两：

循右峡中西南下者，为迦叶寺、圣峰寺西支大道；循左崖下东向行者，为西来寺、碧云寺、罗汉壁间道[5]。余时身随西峡下，而一步一回眺，未尝不神飞罗汉壁间也。下半里，为仰高亭[6]，在悬峡中，因圮未入。既下，又半里出峡，为迦叶寺，其门东向，中亦高敞。此古迦叶殿，近因顶有新构，遂称此为寺云。入谒尊者[7]。从其前南向循岐而下，其路峻而大。两丐者覆松为棚。曲折夹道数十折，一里馀而至会灯寺[8]。寺南向，入谒而出。东下半里，有岐西去者，放光寺道也。恐日昃不及行[9]，遂不西向而东趋。

清高奣映《鸡足山志》卷五云："万历间，(西来寺)为僧如唐创，始构庵为栖禅之所，崇祯十年，僧性让扩建为寺。"

［注释］

[1] 兜率庵：故址位于传灯寺下。清高奣映《鸡足山志》卷五云："兜率庵，在滴雪崖前，今废。嘉靖初间，蔡关主建。" [2] 罗汉壁：位于金顶东花石山中部，与华严寺后熊罴岗之面壁山相对。宾川《鸡足山志·景观》云："罗汉壁，在金顶东花石山中部，西起仰高峡，东抵旃檀林，陡壁横开，从仰高峡横突而起，上下直削，高耸陡立，嵚崎叠耸，垂绡卷嶂，连亘四里，回曲万状。" [3] 鹤峋居士：生平不详。居士，梵语意译。佛教用以称呼在家佛教徒之受过"三皈""五戒"者。《维摩诘经》称，维摩诘居家学道，号称维摩居士。 [4] 蟠：盘曲，盘结。 [5] 西来寺：故址位于罗汉壁太华静室之左。碧云寺：故址位于西来寺左腋下。

明天启间，僧幻空创建，清康熙三十年（1691）僧有悟、有光重修。浩劫中被毁，2006年重建。 [6] 仰高亭：故址位于仰高峡中，在罗李二先生坊之上。清高奣映《鸡足山志》卷五云：“仰高亭，在罗李坊上。御史周懋相建，康熙三十一年（1692），僧慧辉重建。” [7] 尊者：佛教语，梵语“阿梨耶”，意译为尊者、圣者。一般泛指具有较高的德行、智慧的僧人。宋元照《四分律行事钞·资持记》云：“尊者，谓腊高德重，为人所尊。” [8] 会灯寺：故址不详。清高奣映《鸡足山志》未见著录。或即慧灯庵。宾川《鸡足山志·寺院》云：“慧灯庵，在弥勒院西面，北靠迦叶殿。万历三十三年（1605），洪平在此结茅庵居住。崇祯七年（1634），其徒普现向朱新祈募化，扩大建庵。康熙三十一年（1692），宗海募化重修。”浩劫中，慧灯庵被毁，1983年后重修。其院中花木扶疏，其四周古木参天。 [9] 日昃（zè）：太阳偏西，相当于现代下午二时左右。《易·离》云：“日昃之离，何可久也？”

其路坦而大，一里，为圣峰寺。寺东向，踞分支之上。前有巨坊[1]，后有杰阁，其势甚雄拓。阁祀玉皇，今皆以玉皇阁称之。从此北瞻，西来寺高缀层崖之上，屏霞亘壁，飘渺天半，其景甚异。出寺，东随陇行，二里，过白云寺[2]。又从其右东行一里半，过慧林庵[3]，则左右两溪合于前而陇尽。遂渡其左峡，东过大觉寺蔬园[4]，一里，从息阴后逾中支之脊[5]，从千佛阁前观街子[6]。街子者[7]，惟腊底集山中[8]，为朝

清高奣映《鸡足山志》卷五云：“群峰拱圣坊，在圣峰寺门首，今废。大理王治中建。”

又云：“玉皇阁，在圣峰寺内。万历间建。崇祯间，北胜州柴州守重修。”

大觉，谓佛之觉悟。凡夫无觉悟，声闻菩萨有觉

山之节[9]。昔在石钟寺前[10]，今移此，以近大觉，为诸寺之中也。由街子东半里，过西竺寺[11]，又二里馀，入悉檀[12]。

悟而不大，佛独觉悟实相，彻底尽源，故称大觉。

［注释］

[1]“前有巨坊”三句：意谓群峰拱圣坊与玉皇阁屹立前后，景象雄奇开阔。宾川《鸡足山志·寺院》云：“圣峰寺……前有群峰拱圣坊，屹立门前；后有玉皇阁，耸立寺后；左为镜光阁，阁中悬多面明镜光辉四射；右为观音殿，塑观音大士像。” [2] 白云寺：故址位于补处庵上，万历二十二年（1594），僧古事建。早毁。 [3] 慧林庵：当作慧灵庵，故址位于天竺庵上。清高奣映《鸡足山志》卷五云：“慧灵庵，在天竺庵上。万历间，包见捷、沈时泰重修。崇祯四年，僧普信移建今处。正德间，僧可秀习禅于此，有天人送供之异。” [4] 大觉寺：鸡足山著名寺院之一。清高奣映《鸡足山志》卷五云：“大觉寺，在紫云山前，万佛寺之上，背负望台，左去龙华寺数百武，右邻千佛阁。”原名觉云寺，万历八年，姚安知府李贽（卓吾）曾寄宿此寺。以后又建二观楼贮藏万历皇帝生母慈圣皇太后李氏所赐藏经。万历三十年经扩建，更名大觉寺。浩劫中被毁，1997 年，惟升在大觉寺故址创建虚云禅寺，四面有苍松翠柏，又有绿竹猗猗，环境优美。重建后的虚云寺顺山势而依次建有弥勒殿、大雄宝殿、虚云纪念馆等建筑，体现佛家庄严肃穆。 [5] 息阴：即息阴轩，故址位于观音寺南。清高奣映《鸡足山志》卷五云：“息阴轩，万历壬子，宪副冯时可为僧释禅建。崇祯十三年，丽江府知府木懿重修。” [6] 千佛阁：故址位于灵源庵上。清高奣映《鸡足山志》卷五云：“千佛阁，嘉靖甲寅，李元阳同僧明玉建。今改为寺。” [7] 街子：方言，即市场，市集。

《说郛》卷三六引元李京《云南志略·诸夷风俗》云："市井谓之街子，午前聚集，抵暮而罢。" [8] 腊底：农历十二月月底，即年底。 [9] 朝山：谓到名山大寺进香参拜。 [10] 石钟寺：为鸡足山最大最古老的寺院之一。故址位于祝圣寺之后的仙鹤山下，背倚狮子林望台，面对钵盂山。清高奣映《鸡足山志》卷五云："石钟寺，创自唐时，明洪武初重建。按：寺名石钟者，阁之左右有澄潭，上悬崖石，叩之如钟鸣，故以名寺。奣映考徐霞客所修志，谓明儒艾能奇谓赤龙移潭于寺左，风雨腾蟠，口堕石珠大如斗，敲之则如钟鸣，寺成，即以是得名寺焉。"浩劫中被毁，1998 年，宏亮在原址修复，渐成昔日规模，四周有参天古木，又有翠竹流水。 [11] 西竺寺：故址在龙华寺前。浩劫中被毁。清高奣映《鸡足山志》卷五云："西竺寺，弘治间僧慧彻建了空庵，其徒德林扩大之，更名古松庵。万历乙未，圆瑞募奣映曾祖重修，再更为西竺寺，后有昊天宝阁。" [12] 悉檀：即悉檀寺。故址位于满月山下，居大龙潭上，后倚石鼓峰。徐霞客《滇游日记五》崇祯十一年（1638）十二月二十三日日记云："悉檀为鸡山最东丛林，后倚九重崖，前临黑龙潭，而前则回龙两层环之。先是省中诸君或称息潭，或称雪潭，至是而后知其皆非也。"清高奣映《鸡足山志》卷五云："悉檀寺，万历丁巳，丽江府土知府加布政司参政木增，延僧释禅建。天启四年，敕颁藏经，赐额'祝国悉檀禅寺'。崇祯己巳，建法云阁，贮藏经。辛未，增子懿重加丹垩。辛巳年，僧道源朝普陀，又请嘉兴府全藏归奉大殿中。"崇祯十一年（1638），徐霞客入滇游鸡足山，曾入住悉檀寺月馀；翌年再入鸡足山，于悉檀寺一住数月，修成首部《鸡足山志》（已佚）。悉檀寺在浩劫中被毁，后于遗址侧改建鸡足山宾馆。2020 年初冬，徐霞客研究会副会长刘瑞升先生告知笔者，大理宾川偶然掘现一段石铺古道，位于悉檀寺旧址附近，最深处距今地表达 2 米，出土有瓦当、素瓷碗等，当系徐霞客驻足鸡山往来悉檀与大觉诸寺之旧道。笔者应邀撰《悉檀寺徐霞客古道祭并序》，中有句云：“古月曾照古道，经盛衰而常存；清潭常沐清风，去因革之骤易。”以表缅怀深情。

具餐后[1]，知沈公莘野乃翁来叩[2]，尚留待寺间，亟下楼而沈公至，各道倾慕之意。时已暮，寺中具池汤候浴[3]，遂与四长老及沈公就浴池中[4]。池以砖甃，长丈五，阔八尺，汤深四尺，炊从隔壁釜中，竟日乃温。浴者先从池外挽水涤体，然后入池，坐水中浸一时，复出池外，擦而涤之，再浸再擦，浸时不一动，恐垢落池中也。余自三里盘浴后[5]，入滇只澡于温泉，如此番之浴，遇亦罕矣。

陈垣《明季滇黔佛教考》卷四《僧徒拓殖本领第十一》云：“《徐霞客游记》有关于水法者数则，曰悉檀寺浴池，大觉寺水景，尊胜塔水管，以次述之，可见当时僧侣之巧思，扩而充之，则近代水法矣。”

［注释］

[1] 具餐：谓供置斋饭。 [2] 沈公：与其子沈莘野皆生平不详。《游记》中屡有提及。叩：探问。 [3] 池汤：供众人同时洗澡的浴池，区别于单人洗澡的盆汤。 [4] 四长老：悉檀寺住持僧，生平不详。长老，对寺院住持僧的尊称。 [5] 三里盘：地名，《游记》中仅此一见。

二十九日 饭于悉檀，同沈公及体极之侄同游街子[1]。余市鞋，顾仆市帽。遇大觉遍周亦出游[2]，欲拉与俱。余辞岁朝往祝[3]，盖以其届七旬也。既午，沈公先别去，余食市面一瓯[4]。一里馀，从大乘庵上幻住[5]。一里，入幻住，见其额为福宁寺，问道而出，犹不知为幻住也。由其右过峡西北行，一里而入兰陀寺[6]，寺南向。由正殿入其东楼，艮一师出迎[7]。问殿前所卧石碑。曰："此先师所撰迦叶事迹记也。"昔竖华首门亭中，潘按君建绝顶观风台[8]，当事者曳之顶，将摩镌新记，艮一师闻而往止之，得免。以华首路峻不得下，因纡道置此。余欲录之，其碑两面镌字，而前半篇在下。艮一指壁间挂轴云："此即其文，从碑誊写而出者。"余因低悬其轴，以案就录之。艮一供斋，沈公亦至。斋后，余度文长不能竟，令顾仆下取卧具，沈公别去，余订以明日当往叩也。迨暮，录犹未竟，顾仆以卧具至，遂卧兰陀禅榻。顾仆传弘辨、安仁语曰："明日是除夕，幸尔主早返寺，毋令人悬望也[9]。"余闻之，为凄然者久之。

徐霞客在万里遐征中与僧人建立了良好的友谊，与静闻堪称生死之交，可参见前文《楚游日记》。在鸡足山，徐霞客与众僧人相处，也关系融洽，除夕前夜，顾仆传两僧关怀问候，令霞客"凄然久之"，当是游子感叹异乡温暖之馀，"每逢佳节倍思亲"，也在所难免。

［注释］

[1] 体极：鸡足山悉檀寺僧人法号，在鸡足山狮子林筑有静室修行。与徐霞客多有交往。 [2] 大觉遍周：即大觉寺僧可全禅师，号遍周，鹤庆人，俗姓李。清高奣映《鸡足山志》卷七著录："年十六入山，依月轮。值妙峰、无心二师捧藏来山，由是开阅藏，制场百期，于中选师披剃，侍无心老人。迨妙峰复命，则无心老人居大觉矣。师侍侧历劳，感云邑杨公，募新大觉法席。师门下百人，如彻庸辈，咸其孙也。" [3] 岁朝：谓农历正月初一。 [4] 瓯：量词。谓碗一类的食具。 [5] 大乘庵：故址位于大士庵左。清高奣映《鸡足山志》卷五云："大乘庵，弘治初间，僧悟禅创建。万历间，周恕重修。崇祯十年，僧洪养再修。"幻住：即幻住庵，又称福宁寺。故址位于林泉室下，为万历间僧如堂所建。 [6] 兰陀寺：故址位于金龙潭，枕倚狮子林。清高奣映《鸡足山志》卷五云："兰陀寺，万历间，沐黔国考古重建，延僧真澄修。康熙庚午，僧寂戒叩募重修。"后被毁。 [7] 艮一：即僧如常。清高奣映《鸡足山志》卷七云："如常，号艮一，宜良人，自幼投大方和尚，剃落后嗣所庵，学华严法界。观师戒行威仪，无可比者。" [8] 观风台：故址位于绝顶迦叶殿后，又称多宝楼。本日记二十七日日记云："其前之天长阁，则天启七年海盐朱按君所建。后有观风台，亦阁也，为天启初年广东潘按君所建，今易名多宝楼。后又有善雨亭，亦张按君所建，今貌其像于中。" [9] 悬望：盼望，挂念。

三十日 早起，盥栉而莘野至[1]，相见甚慰。同饭于兰陀。余乃录碑，完而莘野已去。遂由寺循脊北上，其道较坦。一里，转而东，一里，出

重视异乡文献的收集整理并不辞辛劳，徐霞客在其

《游记》中每有记述，且持之以恒，并非偶一为之，如《滇游日记四》崇祯十一年（1638）十月二十六日日记云：“殿东西各有巨碑，为杨太史升庵所著，乃拂碑读之，知寺中有优昙花树诸胜，因觅纸录碑，遂不及问水。”

莘野庐前小静室[2]。又半里，而入莘野楼，则沈公在而莘野未还。沈公为具食，莘野适至，遂燕其楼[3]。父子躬执爨[4]，煨芋煮蔬[5]，甚乐也。莘野恳令顾仆取卧具于兰陀曰：“同是天涯，何必以常住静室为分[6]。”余从之，遂停寝其楼之北楹。其楼东南向，前瞰重壑，左右抱两峰，甚舒而称。楼前以桫松连皮为栏[7]，制朴而雅，楼窗疏棂明净[8]。度除夕于万峰深处，此一宵胜人间千百宵。薄暮，凭窗前，瞰星辰烨烨下垂，坞底火光，远近纷拿[9]，皆朝山者，彻夜荧然不绝，与瑶池月下[10]，又一观矣。

[注释]

[1] 盥（guàn）栉：谓梳洗整容。 [2] 静室：指寺院住房或隐士、居士修行之室。陈垣《明季滇黔佛教考》卷二《静室之繁殖及僧徒生活第六》有云：“今欲考滇黔静室及僧徒生活，《霞客游记》为最佳史料。”据大错和尚（钱邦芑）《鸡足山指掌图记》著录，罗汉壁、旃檀林、狮子林、九重崖及诸庵院在明末共有静室一百七十馀所。 [3] 燕：通“宴”。宴饮，宴请。 [4] 执爨：谓司炊事。《诗经·小雅·楚茨》云：“执爨踖踖，为俎孔硕，或燔或炙。” [5] 煨芋：喻指在寺庙中的餐饮。据《宋高僧传》卷一九，唐衡岳寺有僧，性懒而食残，自号懒残。李泌异之，夜半往见，时懒残拨火煨芋。见泌至，授半芋而曰：“勿多言，领取十

年宰相。”后人多将“煨芋”用为典实。　[6] 常住：古代僧、道称寺舍、田地、什物等为常住物，简称常住。　[7] 桫（suō）：木名，即桫椤（luó）。佛教谓释迦牟尼佛八十岁时于拘尸那拉城外桫椤双树林圆寂。中国寺庙中多以七叶树代替。　[8] 棂：窗户或栏杆上雕有花纹的格子。　[9] 纷拿：错杂貌。　[10] 瑶池月下：想象明月下的仙境般景象。语本唐李白《清平调》三首其一：“若非群玉山头见，会向瑶台月下逢。”原诗乃赞誉杨贵妃美貌如花，这里凸显月光明媚下的胜景，与边远山区残月无光的除夕形成强烈的视觉对比，从而烘托出当时一己复杂的心理感受。

［点评］

崇祯十一年（1638）五月初九日，徐霞客由滇黔交界的亦资孔驿进入云南，开始这位游圣万里遐征的最后旅程。这年年末徐霞客进入宾川，开始了对鸡足山的全面考察。他驻留于这座佛教圣山的悉檀寺达一月之久，用日记的形式记录了这里的山脉、水文、物产、寺院、静室，以及僧侣、文人等人物，其间实现了与之患难相交的静闻和尚埋骨鸡山的遗愿。翌年正月下旬，徐霞客应丽江土知府木增之邀赶赴丽江考察，随后又到大理、永昌、腾冲等地游历，于同年八月二十二日再登鸡山，受木增委托撰写属于开先河之作的《鸡足山志》。崇祯十三年春，徐霞客双足因病俱废，木增派人用竹舆护送他至湖北黄冈，随即由水路沿江东下，回到故乡江阴，翌年去世。

可惜的是，徐霞客所撰《鸡足山志》已佚，仅残存《志目》《志略》等。此后，清顺治间钱邦芑（即大错和尚，1602—1673)，康熙间范承勋（1641—1714)、高奣映（1647—1707）也曾先后编撰《鸡足山志》，后出转精，自以高《志》最为详备。高奣映字元廓，一字雪君，为清初姚安府土同知，又是白族（一说彝族）著名学者，加之他去徐霞客所处时代不远，以其所撰《鸡足山志》与《游记》对照，相互发明之处甚多。2012年，宾川县地方志编纂委员会办公室编的《鸡足山志》(云南人民出版社）出版，为鸡足山诸多寺院的历史及其兴废因革提供了较为可靠的文字依据。这两种古今山志及王士性《游鸡足山记》等文人的游记文章，对于注释《游记》不可或缺。

徐霞客对于鸡足山怀有浓厚的兴趣，不能简单地归结为其对佛家迦叶传衣的宗教情怀，由衷欣赏鸡足山壮美又旖旎的风光，当是其驻足流连于此的主要原因。徐霞客流传后世的诗作近四十首，大部分创作于鸡足山，如《鸡山十景》十七首的第一首《绝顶四观》是赞美绝顶之上观瞻东日、西海、南云、北雪四大景观的："芙蓉万仞削中天，抟捖乾坤面面悬。势压东溟日半夜，天连北极雪千年。晴光西洱摇金镜，瑞雪南云列彩筵。奇观尽收今古胜，帝庭呼吸独为偏。"王士性《游鸡足山记》有云："四周多童冈荒阜，不近荟蔚，独是山松杉郁盘，云霞所留，且饶名花锦卉，祇园宝刹，都房静室，亡论制广狭，无所不洁修庭除，良亦娑婆净土云。"用这段散笔之记述与徐霞客《绝顶四观》七律加以对照，可知鸡足山受到明代文人的倾心追慕，与当时士大夫阶层山水情怀的审美追求相应共振，并非兴到笔随、脱口而出的话语。

滇游日记六

初三日[1]　晨起，饭。荷行李将下悉檀，兰宗来邀[2]，欲竟山中未竟之旨[3]，余乃过其庐[4]，为具盒具餐[5]，遍征山中故迹[6]。既午，有念诚师造其庐[7]，亦欲邀过一饭。兰宗乃辍所炊，同余过念诚。路经珠帘翠壁下[8]，复徙倚久之[9]。盖兰宗所结庐之东，有石崖傍峡而起，高数十丈，其下嵌壁而入，水自崖外飞悬，垂空洒壁，历乱纵横[10]，皆如明珠贯索[11]。余因排帘入嵌壁中，

徐霞客《滇游日记六》崇祯十二年（1639）正月初一日日记云："薄暮，兰宗复来，与谈山中诸兰若缘起，并古德遗迹，日暮不能竟。"

又正月初二日日记云："饭于莘野，即再过兰宗，欲竟所征，而兰宗不在。"

外望兰宗诸人，如隔雾牵绡，其前树影花枝，俱飞魂濯魄[12]，极罨映之妙[13]。崖之西畔，有绿苔上翳[14]，若绚彩铺绒[15]，翠色欲滴，此又化工之点染[16]，非石非岚[17]，另成幻相者也[18]。崖旁山木合沓[19]，琼枝瑶干[20]，连幄成阴[21]，杂花成彩。兰宗指一木曰："此扁树，曾他见乎？"盖古木一株，自根横卧丈馀，始直耸而起，横卧处不圆而扁，若侧石偃路旁[22]，高三尺，而厚不及尺，余初疑以为石也，至是循视其端，乃信以为树。盖石借草为色，木借石为形，皆非故质矣[23]。

徐霞客《滇游日记八》崇祯十二年（1639）三月十二日日记云："峡中西望，重峰罨映。"

［注释］

[1] 初三日：崇祯十二年正月初三日，即1639年2月5日。此处再节选《游记》中有关鸡足山的部分。 [2] 兰宗：即如桂，号兰宗，俗姓王，黔中毕节人。清高奣映《鸡足山志》卷六云："年十八，皈所庵披剃，遍参海内知识，精通教典，住狮子林二十馀载，修华严法界观为宗。诸山耆德，无不钦仰，端坐而化。荼毗之时，异香满室，邻僧念诚，闻空中有天乐之声。"兰宗与徐霞客在鸡足山过从较密。 [3] 山中未竟之旨：意谓前两日兰宗对徐霞客所讲鸡足山诸多寺庙的由来及高僧事迹。 [4] 过：即过访，谓登门探视访问。 [5] 具盒具餐：为备办装盒的果品与饮食。 [6] 征：考求征信。故迹：遗迹。 [7] 念诚：鸡足山僧人，

清高奣映《鸡足山志》卷五《狮子林习静庵轩凡四十二》云：“松月阿，在吼天坪下。天启三年，僧念诚建。”造：到。 [8] 珠帘翠壁：即“珠帘串月”，此泉水为鸡足山“幽胜八景”之一；现代称“珠帘水”。位于狮子林观音崖东隅、翠屏石南崖。这处泉水正在兰宗所居狮子林静室附近。清高奣映《鸡足山志》卷三云：“珠帘串月，题辞曰：旧志名水为‘万珠帘’，又名‘四谛泉’。狮子林有观音崖焉，崖东隅有翠屏石，其南崖危石矗起，两崖饶竹箭，傍水多杂卉，水从石隙竹根中渗霰而下，则两崖均潜于幕帘间。《志》所谓水绡隐月，怡目畅心者是已。” [9] 徙倚：流连徘徊。 [10] 历乱：纷乱，杂乱。 [11] 明珠贯索：形容泉滴如同串线明珠所形成的帘幕洒落。 [12] 飞魂濯魄：形容为眼前旖旎景致所吸引刺激，神魂飞扬，令身心受到洗濯。 [13] 罨（yǎn）映：掩映。本日记初一日日记：“其庐新结……余先屡过其旁，翠条罨映，俱不能觉，今从兰宗之徒指点得之。” [14] 上翳：谓向上隐没崖壁。 [15] 绚彩铺绒：形容崖壁如同铺上一层绿绒，光彩炫目。 [16] 化工：指自然的造化者。语本汉贾谊《鹏鸟赋》：“且夫天地为炉兮，造化为工。” [17] 岚：山林中的雾气。唐王维《送方尊师归嵩山》诗：“瀑布杉松常带雨，夕阳彩翠忽成岚。” [18] 幻相：虚幻的形象或现象。幻相与实相相对，佛家认为宇宙事物的真相或本然状态为实相。明王守仁《传习录》卷下云：“释氏却要尽绝事物，把心看做幻相。” [19] 合沓：攒聚，重叠。 [20] 琼枝瑶干：形容树木枝叶如同美玉一般光润。 [21] 连幄成阴：谓树冠茂密相接如同篷帐一般遮蔽了阳光。 [22] 偃：安卧。此扁树当为古松。鸡足山多怪松，如传衣松，“望之如太湖之石然”，多已无存。有论者认为这是对植物化石进行考察最早的记述（褚绍唐：《徐霞客在云南的考察工作》，见中国科协、中国地理学会、中国国土经济研究会，等编：《纪念徐霞客诞辰四百周年文集》1987

年版，第 91—102 页）。 [23] 故质：谓原有的形态。

东半里，饭于念诚庐。别兰宗，南向下“之”字曲，半里，又入义轩庐[1]。义轩，大觉之派[2]，新构静室于此，乃狮林之东南极处也[3]。其上为念诚庐，最上为大静室[4]，即野愚所栖[5]，是为东支。莘野楼为西南极处，其上为玄明精舍[6]，最上为体极所构新庐，是为西支。而珠帘之崖，当峡之中，傍峡者为兰宗庐，其上为隐空庐[7]，最上为念佛堂[8]，即白云师之庐也[9]，是为中支。其间径转崖分，缀一室即有一室之妙，其盘旋回结，各各成境，正如巨莲一朵[10]，瓣分千片，而片片自成一界，各无欠缺也。

莲花，在佛教中有特殊的意义，经常比喻佛门的妙法。徐霞客用“巨莲”比喻狮子林东、西、中三支的精舍、静室的层层分布，意味深长，绝非等闲之笔墨。

［注释］

[1] 义轩：鸡足山大觉寺僧人名号。生平不详。 [2] 大觉之派：宾川《鸡足山志·佛教·源流宗派》著录“大觉寺少林福裕系（曹洞宗）”，内云：“本安（或庵），号无心，承天人，俗姓舒。万历十七年（1589）皇太后降敕，颁藏各省名山，奉旨与妙峰同赉宝藏至鸡足，遂留山开大觉禅林。其徒可全，号遍周，侍师数年，法席隆盛，门下百人。” [3] 狮林：即狮子林，位于九重崖与罗汉壁之间。清高奣映《鸡足山志》卷四《四林·狮子林》云：“绿天阴翳，白露依稀。古树旋文，宛若颦伸狮子；香泉喷玉，早同

法喜龙宫。翠滴千岩，苔衣润雨；黄纷万壑，叶脱寒云。” [4] 大静室：当谓倚天庵。清高奣映《鸡足山志》卷五《狮子林 · 习静庵轩凡四十二》云：“太清居，在念佛堂上。倚天庵，在太清居上。” [5] 野愚：即鸡足山僧人广慧，号野愚，徐霞客与之多有过从。清高奣映《鸡足山志》卷六《人物上》云：“广慧，号野愚，云南嵩明人，嗣水月法，行脚江南数十年，归来著《颂古》百则、《沤花集》一卷行世。逝于昆明，化时获舍利数十粒，手骨赤如珊瑚。聚洲王太史以师礼之。临终偈云：‘一句元无，踏倒太初。非凡非圣，万象如如。’塔于古庭之侧。” [6] 玄明：鸡足山僧人法号，生平不详。精舍：僧人修炼居住之所。徐霞客《滇游日记五》崇祯十一年（1638）十二月二十五日日记云：“乃从其左横转而东，一里，入野愚静室，所谓大静室也。有堂三楹横其前，下临绝壁。其堂窗棂疏朗，如浮坐云端，可称幽爽。” [7] 隐空：鸡足山僧人法号，生平不详。 [8] 念佛堂：故址位于狮子林。清高奣映《鸡足山志》卷五云：“念佛堂，万历四十七年，僧圆灿建。康熙丙寅，僧教盛、真行募鹤丽总镇王珍重建。俯瞰万壑，竹树深映，境颇幽胜。后有石漏泉。” [9] 白云：即僧圆彩。清高奣映《鸡足山志》卷七云：“圆彩，字白云，昆明人，入鸡足山狮子林，开念佛堂，苦行三十馀年。林间乏水，一日凿枯崖，石破泉涌，见者惊异。后阅大藏，恍然开悟。每入林经行，山猿野鹤辄依依随之。年八十立化。”“圆彩”与上注“圆灿”，当为一人，高《志》或因音讹致误，当以“圆灿”为是。 [10]“正如巨莲一朵”四句：喻指莲花世界，亦作“莲华世界”，谓佛地，即佛教所称西方极乐世界。所谓“莲华藏世界”，是释迦如来真身毗卢舍那佛净土之名。据佛经说，在风轮之上的香水海中有大莲华，此莲华中含藏着微尘数的世界，所以叫做“莲华藏世界”。此世界总共有二十层，我们所住的娑婆世界，就在华藏世界第十三层的中间。

徐霞客《滇游日记五》崇祯十一年（1638）十二月二十五日日记云："过大乘庵，有小水二派，一自幻住东，一自兰陀东，俱南向而会于此，为悉檀西派者也。从二水之中蹶坡上，二里馀，东为幻住，今为福宁寺，西冈为兰陀。幻住东水，即野愚师静室东峡所下，与九重崖为界者；幻住西水，即与艮一兰陀寺夹坞之水，上自莘野静室，发源于念佛堂，而为狮子林中峡之水也。"

无论南北，入春之际，杏花开放皆早于桃花数日。徐霞客触景生情，感叹时光荏苒，世事难料，当别有隐

从义轩庐又南向"之"字下，一里馀，过天香静室[1]。天香，幻住庵僧也，其年九十，余初上觅莘野庐，首过此问道者。又南一里，过幻住庵，其西即兰陀寺也，分陇对衡[2]，狮林之水[3]，界于左右，而合于其下焉。又南下一里馀，二水始合，渡之即为大乘庵。由涧南东向循之，半里，水折而南，复逾涧东南下，一里，过无我、无息二庵[4]。其下即为小龙潭、五花庵[5]，已在悉檀寺右廓之外[6]，而冈陇间隔。复逾涧南过迎祥寺[7]，乃东向随涧行，一里，抵寺西虎砂[8]，即前暗中摸索处也。其支自兰陀南来，至迎祥转而东，横亘于悉檀寺之前，东接内突龙砂，兜黑龙潭于内[9]，为悉檀第一重案。其内则障狮林之水，东向龙潭；其外则界旃檀之水[10]，合于龙潭下流，而脉遂止于此焉。于是又北逾涧半里，入悉檀寺，与弘辨诸上人相见[11]，若并州故乡焉[12]。前同莘野乃翁由寺入狮林，寺前杏花初放，各折一枝携之上；既下，则寺前桃亦缤纷，前之杏色愈浅而繁，后之桃靥更新而艳[13]，五日之间，芳菲乃尔[14]。睹春色之来天地[15]，益感浮云之

变古今也。

忧在。宋陆游所谓“位卑未敢忘忧国”，或可略识解徐霞客当时心态。

[注释]

[1] 天香静室：故址位于狮子林。徐霞客《滇游日记五》崇祯十一年（1638）十二月二十五日日记云：“循东冈幻住旁，北向一里而得一静室，即天香者。”天香，鸡足山幻住庵僧人法号，生平不详。 [2] 分陇对衡：意谓各踞一方，相互呼应。 [3] 狮林之水：谓发源于念佛堂石崖的泉水。 [4] 无我：即无我庵，故址位于悉檀寺以北，在龙泉庵上。清高奣映《鸡足山志》卷五云：“嘉靖间，僧普周建。万历间，灾，僧道定重建。”无息：即无息庵，未见著录。故址当在无我庵附近。 [5] 小龙潭：位于悉檀寺后冈。清高奣映《鸡足山志》卷二云：“小龙潭，悉檀后冈，庵曰‘五华’，晶碧一泓，杞柳焦桐，竹卉茸翳，故又曰‘柳枝泉’。”五花庵：当即五华庵。清高奣映《鸡足山志》卷五云：“五华庵，在龙象庵左。嘉靖元年，僧如月募众建；庚戌重修。康熙三十年，僧德寿重修。” [6] 右廓：右边界线。 [7] 迎祥寺：故址位于钵盂山下。清高奣映《鸡足山志》卷五云：“迎祥寺，在钵盂山下，即钵盂庵。嘉靖间，陈鎏创建。崇祯丙子，僧周定重修。康熙丙午，僧普宜、广富重修。李卓吾尝寓此听经。” [8] 虎砂：与下文“龙砂”皆为中国古代风水堪舆学名词。一般指建筑物或坟墓左右两边的土堆。左为青龙，右为白虎。明缪希雍《葬经翼·四兽砂水篇七》云：“贴身左右二砂，名之曰龙虎者，以其护卫区穴，不使风吹，环抱有情，不逼不压，不折不窜，故曰青龙蜿蜒，白虎驯俯。” [9] 黑龙潭：即大龙潭，又称乌龙潭。位于原悉檀寺前，空心古树北。清高奣映《鸡足山志》卷二云：“大龙潭，溪名软石香芹，悉檀寺未建，黑龙踞焉。龙嗔，旁树竹箭不敢以斧斤伐；人至则雷雨作。释普禅者锡杖咒诅，龙徙赤石崖又潭焉。遂建寺也，

潭水惟此甚大。” [10] 旃檀：即旃檀岭。徐霞客《滇游日记五》崇祯十一年（1638）十二月二十五日日记云：“望台之西，山势内逊，下围成峡，而旃檀林之静室倚之。峡西又有脉一支，自山尖前掩而下，是为旃檀岭，即西与罗汉壁分界者。是脉下坠，即为中支，而寂光、首传寺倚之，前度息阴轩，东转而尽于大士阁者也。”旃檀林，位于罗汉壁狮子林之下。 [11] 上人：南朝宋以后，多用作对和尚的尊称。《释氏要览 · 称谓》引古师云：“内有德智，外有胜行，在人之上，名上人。” [12] 若并（bīng）州故乡：徐霞客与弘辨等僧人早有书信往来，见本书前选《楚游日记》，这次旅居鸡足山，即住在悉檀寺中，因而就将这里当作自己的故乡江阴。语本唐贾岛《渡桑干》诗：“客舍并州已十霜，归心日夜忆咸阳。无端更渡桑干水，却望并州是故乡。”（或谓此诗乃唐刘皂作，诗题《旅次朔方》） [13] 桃靥（yè）：形容桃花盛开如脸颊上有酒窝的少女的微笑。 [14] 芳菲：芳香盛美。 [15] “睹春色之来天地”二句：形容时光易逝，世事变幻无常。语本唐杜甫《登楼》诗：“锦江春色来天地，玉垒浮云变古今。”

徐霞客《鸡山志略二 · 瀑布腾空》云：“匡庐之瀑，不及雁宕，独得列名四景，以人所共瞻也。鸡山玉龙瀑布，亦不若猴子峒峡中崖石掩映，然玉龙独挂山

初四日 饭于悉檀，即携杖西过迎祥、石钟二寺。共二里，于石钟、西竺之前，逾涧而南，即前山所来大道也。余前自报恩寺后渡溪分道[1]，误循龙潭溪而上，不及过大士阁出此[2]，而行李从此来。顾仆言大士阁后有瀑甚奇[3]，从此下不远，从之，即逾脊。脊甚狭而平，脊南即瀑布所下之峡，脊北即石桥所下之涧，脊西自息

阴轩来，过此南突而为牟尼庵[4]，尽于大士阁者也。脊南大路从东南循岭，观瀑亭倚之[5]。瀑布从西南透峡，玉龙阁跨之[6]。由观瀑亭对崖瞰瀑布从玉龙阁下陨[7]，坠崖悬练，深百馀丈，直注峡底，峡逼箐深，俯视不能及其麓。然踞亭俯仰[8]，绝顶浮岚，中悬九天[9]，绝崖陨雪，下嵌九地[10]，兼之霁色澄映[11]，花光浮动[12]，觉此身非复人间，天台石梁[13]，庶几又向昙花亭上来也。时余神飞玉龙阁，遂不及南下问大士阁之胜，于是仍返脊，南循峡端共一里，陟瀑布之上，登玉龙。其阁跨瀑布上流，当两山峡口，乃西支与中支二大距凑拍处[14]，水自罗汉华严来[15]，至此陨空下捣。此一阁正如石梁之横翠[16]，鹊桥之飞空[17]，惜无居人，但觉杳然有花落水流之想[18]。阁为杨冷然师孔所题[19]，与观瀑亭俱为蒋宾川尔弟所建[20]。有一碑卧楼板，偃踞而录之[21]。

前，漾荡众壑，领挈诸胜，与匡庐同，不得分大小观也。”

又徐霞客《鸡山十景·瀑布腾空》七律云：“三支东向谁为钥，匹练中悬万壑前。鼎足共瞻鸡在后，涛头忽见马争先。珠玑错落九天影，冰雪翻成双壁喧。我欲倒骑玉龙背，峰巅群壑共蹁跹。”

［注释］

[1] 报恩寺：故址在文笔山尊胜塔院垂冈下。清高奣映《鸡足山志》卷五云：“嘉靖初间建。万历庚寅，姜应雷重修。顺治壬辰，

僧寂顺重修。康熙壬申，僧通壁重修。” [2] 大士阁：故址在三摩庵内。清高奣映《鸡足山志》卷五云：“万历乙巳，御史沈正隆建。康熙庚申，僧德海、德寿重修。” [3] 瀑：当谓鸡足山最著名的玉龙瀑布，位于祝圣寺西南一里。明清列入鸡山“胜概八景”之一，称“玉龙吹霰”，今称“飞瀑穿云”。在鸡足山十馀处大小瀑布中，以悬练千尺的玉龙瀑布落差最大，达 60 米，轰如雷鸣，景象壮观。 [4] 牟尼庵：故址位于钵盂庵右。宾川《鸡足山志・寺院》云：“牟尼庵，在钵盂庵右，隔涧约半里，位于大士阁凹口，接近玉龙瀑布。嘉靖年间（1522—1566），有僧人在此修建茅庵，施舍茶水，后遇火灾，杨周改建为牟尼庵。延请僧人智空住持……庵在万历年间（1573—1620）又遭大火，后再重建。”浩劫中牟尼庵被毁，1998 年，又在原址重建。 [5] 观瀑亭：故址位于牟尼庵后。宾川《鸡足山志・寺院》云：“观瀑亭，在解脱坡牟尼庵后，今祝圣寺西南，正对玉龙瀑布。天启六年（1626），宾川知州蒋尔弟建，废于康熙年间（1662—1722）。1989 年，人民政府重修，为六角重檐式，亭内可观玉龙瀑布，亦可供游人凭栏远眺并小憩。从亭到箐底，修建有台阶。” [6] 玉龙阁：故址位于玉龙瀑布所在两山峡口上。明周仕国《玉龙阁记》云：“鸡足泓峥萧瑟，名闻海内，而诸峰秀峭，插于云表，故不可名状，至崖际悬泉，更洞心骇目，令人徘徊不能去……阁据泉上游，其中洞然若城栏，其下流声瑟瑟若津梁，其上供白衣大士金像，弘敞四达。入之可以观泉之来，出之可以观泉之往，奔腾直泻，坠之潭，有声潨然。而两崖烟霏雾箐，即六月盛暑，犹寒气逼人。阁前崖置亭，以便观憩。坐对久之，觉朱藤绿树，与金碧素流映发，即孙处士染毫伸素，当不过是夫。”清高奣映《鸡足山志》卷五云：“玉龙阁，在瀑布上，大理周太守建。” [7] 隤（tuí）：坠下。 [8] 俯仰：低头和抬头。这里偏义谓抬头。 [9] 九天：谓天空最高处。 [10] 九地：这里指各种隐秘难测的地形。 [11] 霁色澄映：雨过天晴后水光清澈明净。 [12] 花光浮动：形容雨后日光下山崖间杂花色彩闪烁。南朝陈后主陈叔宝《梅花落》诗其一云："映日花光动，迎风香气来。" [13] "天台石梁"二句：以天台山昙花亭观赏石梁瀑布为参照，形容在观瀑亭观赏玉龙瀑布的感受。昙花亭，位于天台山中方广寺大雄宝殿前，登亭可以俯视"石梁飞瀑"的壮观。参见本书前文《游天台山日记》。 [14] 凑拍：即"凑泊"，谓聚合。 [15] 罗汉华严：谓罗汉壁与其下之华严寺。华严寺，宾川《鸡足山志·寺院》云："华严寺，在鸡足山西支大脊北面，背靠熊罴冈，面向九重崖。嘉靖年间（1522—1566），真圆从南京来，在此建庵，人称'南京庵'。后来黔国公捐资命张举、郭子荣二总管扩建为寺。'华严'为佛经名，全称为《大方广佛华严经》，故名。寺内建有沐公祠，万历十八年（1590）颁赐藏经，四十三年（1615）遭火灾，后由海川向张举、郭子荣募化重修，丽江土知府木增建藏经阁。"浩劫中寺被毁。1980 年开始重建。 [16] 横翠：呈现翠绿色。唐李远《题桥赋》云："铜梁杳杳以横翠，锦水翩翩而逆浪。" [17] 鹊桥：在天台山寒岩洞右半山上，两崖对峙，中架一石桥，桥洞高五六米，桥下冬夏无水，故称旱石梁，又称"鹊桥"。参见本书前文《游天台山日记》。 [18] 但觉杳然有花落水流之想：形容超然物外的愉悦心情。语出唐李白《山中问答》诗："问余何意栖碧山，笑而不答心自闲。桃花流水窅然去，别有天地非人间。"杳然，深远貌。这里用同"窅然"。 [19] 杨冷然师孔：即杨师孔（1570—1630），字愿之，一字冷然，号霞标，明贵州卫（今贵州贵阳）人，明末抗清志士杨龙友之父。万历二十九年进士，选庶吉士。天启四年（1624）出任云南按察使佥事兼提学。七年晋布政司右参议。崇祯元年（1628）转浙江左参政，卒于官，归葬贵阳。 [20] 蒋宾川尔弟：即蒋尔弟

（生卒年不详），字从基，泉州南安（今属福建）人。万历三十四年举人，历官应天、苏州府同知，宾川知州。 [21] 偃踞：弯腰蹲着。

遂沿中支一里，西上息阴轩。从其左北逾涧，又北半里，入大觉寺，叩遍周老师。师为无心法嗣[1]，今年届七十，齿德两高[2]，为山中之耆宿[3]。余前与之期以新旦往祝[4]，而狮林迟下，又空手而前，殊觉怏怏[5]。师留餐于东轩。轩中水由亭沼中射空而上[6]，沼不大，中置一石盆，盆中植一锡管，水自管倒腾空中，其高将三丈，玉痕一缕，自下上喷，随风飞洒，散作空花。前观之甚奇，即疑虽管植沼中，必与沼水无涉，况既能倒射三丈，何以不出三丈外？此必别有一水，其高与此并，彼之下，从此坠，故此上，从此止，其伏机当在沼底，非沼之所能为也。至此问之，果轩左有崖高三丈馀，水从崖坠，以锡管承之，承处高三丈，故倒射而出亦如之，管从地中伏行数十丈，始向沼心竖起，其管气一丝不旁泄，故激发如此耳。雁宕小龙湫下，昔有双剑泉[7]，其高三尺，但彼则自然石窍，后为人斫窍而水不涌起。

将近四百年前的徐霞客已经认识到液体的连通器原理：连通器为底部彼此相连的敞口容器，由于大气压力的作用，同一种液体在连通器里从液面高的一端向液面低的一端流动，直到液面等高为止。但若连接部分中途漏气，则不具备连通器功能。

是气泄之验也。余昔候黄石斋于秣陵[8]，见洪武门一肆盆中[9]，亦有水上射，中有一圆物如丸，跳伏其上，其高止三尺，以物色黄君急[10]，不及细勘，当亦此类也。**既饭，录碑于西轩。轩中山茶盛开[11]，余前已见之，至是折一技。**

鸡足山地处中亚热带，气候适宜，植被茂盛，古树名木众多。古梅、雪兰、紫玉兰等奇花异草众多。其中名贵者为茶花，宾川《鸡足山志·自然地理》著录："茶花，现馀三株。两株在华严寺旧址，一为大红狮子头（九心十八瓣），一为菊瓣绯红通草片。另一株在慧灯庵后，为九心十八瓣，在海拔 2450 米，为人工栽培海拔最高的一株。"

［注释］

[1] 无心：即本安禅师，号无心。清高奣映《鸡足山志》卷六云："本安禅师，号无心，承天人。俗姓舒，幼随母至燕，不茹荤，遂辞母祝发法海寺，年十六受具戒，大阐宗教。万历己丑，慈宫颁藏鸡山，赐紫衣，与妙峰同赍至山。师驻锡觉云寺，轮奂益新，遂改觉云为大觉，一山咸宗仰焉。"法嗣：佛教语。禅宗指继承祖师衣钵而主持一方丛林的僧人。 [2] 齿德：指年龄与德行。语出《孟子·公孙丑下》："天下有达尊三：爵一，齿一，德一。" [3] 耆（qí）宿：年高有德者之称。 [4] 新旦：新年第一天。古代指农历正月初一日。 [5] 怏怏（yàngyàng）：闷闷不乐的神情。 [6] 沼：水池。 [7] 双剑泉：因已毁坏，故址不详。 [8] 黄石斋：即黄道周（1585—1646），字幼玄，号石斋。秣（mò）陵：秦置秣陵县，后世遂以之为南京代称。 [9] 洪武门：明代南京故宫的正南门，原名广敬门，建成于洪武八年（1375），洪武二十五年至二十八年改名洪武门。位于正阳门（今光华门）内北面。 [10] 物色：访求。 [11] 山茶：或称茶花，常绿灌木或乔木。原产中国，久经栽培，为著名的观赏植物。叶革质，有光亮。冬春开花，花形大，有红、白等色，品种繁多。

佛教传入云南大理，最早当在南诏时期（738—902），从古印度、中国西藏与中原三条路线传播相继进入鸡足山。中晚明时期正是佛教禅宗在鸡足山弘传之际，徐霞客适逢其时，因而对于鸡足山寺庵及其僧众记述尤详，与稍后于徐霞客的清高奣映《鸡足山志》的有关记述对照而读，若合符契，具有很高的历史认识价值。

别遍周，西半里，过一桥，又北上坡一里，入寂光寺[1]。寺住持先从遍周东轩同餐，至此未返。余录碑未竟，暝色将合，携纸已罄[2]，乃返悉檀。又从大觉东一探龙华、西竺二寺[3]，日暮不能详也。

［注释］

[1] 寂光寺：故址位于锦霞山下，背靠旃檀岭，因院中有两口镏铜大锅，故俗称大锅寺。宾川《鸡足山志·寺院》云：“寂光寺……弘治年间（1488—1505）创建花椒庵，嘉靖年间（1522—1566）庵毁，嘉靖三十七年（1558），高僧本贴同苏鹏程、杨舟建寺。万历年间（1573—1620）高僧儒全向童指挥募化重修，天启年间（1621—1627），儒能再修。康熙二十八年（1689）学产、通智重建。佛教对寺名的解释为：寂是真理的寂静，光是真智的光照，理和智的结合叫寂光。”浩劫中寺被毁，2007年重建。 [2] 罄：尽，竭。 [3] 龙华：即龙华寺，故址在白花山前，位于西竺寺之上。宾川《鸡足山志·寺院》云：“龙华寺……左接极乐庵，右邻大觉寺，背靠望台。弘治年间（1488—1505），圆亨建。嘉靖四十三年（1564），悟学向李元阳募化重修。万历四十三年（1615），普坤、李春富重修。万历四十六年（1618），洪聚、王治中重修。”浩劫中寺被毁。

［点评］

《徐霞客游记》以文学书写彪炳后世。徐霞客善于借鉴古人的艺术手法描写祖国的山山水水，令读者仿佛身临其境，有目不暇接之感。所谓：“余因排帘入嵌壁中，外望兰宗诸人，如隔雾牵绡，其前树影花枝，俱飞魂濯魄，极罨映之妙。”显然不无对前人写景手法的借鉴。交叠组合的巧妙与空间遮掩的运用，如此写景状物就能产生一种独特的情韵，宋曾季狸《艇斋诗话》有云：“欧公词云‘杏花红处青山缺’，本乐天诗‘花枝缺处青楼开’。”元曲家马致远《双调夜行船·百岁光阴》套曲，也有《秋思》的别名，长期以来脍炙人口。其中如《拨不断》：“绿树偏宜屋角遮，青山正补墙头缺，更那堪竹篱茅舍。”前两句的四重意象本极平常，但一经动词“遮”与“补”的串联，就会产生出非同一般的审美意境。徐霞客隔水帘，又隔“树影花枝”外望诸人，利用视野的遮掩效果写景，从而衬托出自己愉悦畅快的心情，用笔墨无多，却事半功倍。

徐霞客对于各地瀑布的书写也各臻其妙，各有千秋。无论前选天台山、雁宕山、庐山还是白水河瀑布，都有描写瀑布的传神之笔。鸡足山的玉龙瀑布令徐霞客有“觉此身非复人间”之想，可见其心旷神怡之态。九个月以后，徐霞客再上鸡足山，又得以欣赏具有季节性特点的旃林瀑布，见于《滇游日记十三》崇祯十二年（1639）九月初九日日记：“其上一瀑垂空倒峡，飞喷迢遥，下及壑底，高百馀丈，摇岚曳石，浮动烟云。虽其势小于玉龙阁前峡口瀑，而峡口内嵌于两崖之胁，观者不能对峡直眺，而旁觑倒瞰，不能竟其全体；此瀑高飞于穹崖之首，观者隔峡平揖，而自颡及趾，靡有所遗。故其跌宕之势，飘摇之形，宛转若有馀，腾跃若不及，为粉碎于空虚，为贯珠于掌上，舞霓裳而骨节皆灵，掩鲛绡而丰神独迥，不由此几失山中第一胜矣！”有比较方有鉴别，徐霞客从观赏瀑布的角度及其视野评判两瀑，全面细致中自有其独到处，欣赏山河美景，就当有此眼光。

滇游日记七[1]

十八日[2]　昧爽促饭[3]，而担夫逃矣。久之，店人厚索余赀，为送浪穹[4]。遂南行二里，过一石桥，循东山之麓而南，七里，至牛街子[5]。循山南去，为三营大道[6]；由岐西南，过热水塘[7]，行坞中，为浪穹间道。盖此地已为浪穹、鹤庆犬牙错壤矣[8]。于是西南从支坡下，一里，过热水塘，有居庐绕之。余南行塍间[9]，其坞扩然大开。西南八里，有小溪自东而西注。越溪又南，东眺

清王士禛《居易录》卷二七云："大理府浪穹县北十五里，有茈碧湖，一名宁湖，出罢谷山下，即洱河之源。水如碧玉色，湖中有花名茈碧，如荷花而差小，其色有白者，有淡红而锦绿者，叶似荷钱，花叶本皆入水，长五六丈。昼则上浮，花见日始开，夜即拳曲水底。其花清芬殊常，采茎叶作羹，味过于莼。门人黄自先元治，以大理通判入为宗人府经历，为予道之。"

三营，居庐甚盛，倚东山之麓，其峰更崇；西望溪流，逼西山之麓，其畴更沃；过此中横之溪，已全为浪穹境矣。三营亦浪穹境内，余始从鸡山闻其名，以为“山阴”也[10]，而何以当山之西南？至是而知沐西平再定佛光寨[11]，以其地险要，特立三营以控扼之。土人呼“营”为“阴”，遂不免与会稽之邻县同一称谓莫辨矣[12]。

清顾祖禹《读史方舆纪要》卷一一七《浪穹县》云：“佛光山，县东北二十五里，山盘亘回远，接邓川、鹤庆之界，佛光砦以此名。其南崭然险绝。山半有洞，可容万人。山后尤为险巇。仄径仅容一人，名曰一女关山。”

另据洱源县志编纂委员会编纂的《洱源县志》(云南人民出版社 1996 年版)：“佛光寨古战场遗址，位于三营乡朱家营东山，为明将傅友德、沐英讨平元右丞普颜笃之地。其势雄伟……山腰有洞，可容万人，昔普军人马俱潜其中，洞口光呈五色，故名‘佛光寨’。”

［注释］

[1] 此处节选《游记》中有关茈（zǐ）碧湖的部分。茈碧湖，又名宁湖，位于明邓川州浪穹县（今云南洱源）东北罢谷山下，东与北靠山，西南连田，南北狭长，为断陷溶蚀洼地形成的淡水湖，为洱海上游的主要湖泊。由于湖中盛产“巳时开放未时收”（现代计时上午 9—11 时开花，下午 1—3 时闭合）的茈碧花而得名。17 世纪上半叶，茈碧湖南北长约 9000 米，东西宽约 3000 米，面积超过 20 平方千米；平均水深 3 米—4 米，最深处可达 30 米以上。在 17 世纪，这一片水域实则由北部较深的洱源海子（清人或称之为茈碧湖）与南部较浅的茈碧湖（清人或称之为草湖）组成，下文所谓“南湖北海，形如葫芦”的描述可证。以后随自然环境的变迁，特别是清代以后围湖造田，以及 20 世纪 50 年代中一座中型水库的修建，终令全湖面积大幅度缩小，当今的茈碧湖面积不足原湖的二分之一，早已非复旧观（参见邓辉、朱竞海、李新峰：《从徐霞客游记研究三百多年来茈碧湖的演变》，《地理研究》1995 年第 14 卷第 1 期）。清雍正《云南通志》卷三云：“茈碧湖，在城北十五里，承宁湖之流，水深无底，澄碧一色。有花曰茈碧，如莲差小，叶如荷。 [2] 十八日：崇祯十二年二月十八

日，即 1639 年 3 月 22 日。 [3] 昧爽：拂晓，黎明。 [4] 浪穹：元至元十一年（1274）改浪穹千户所置，属邓川州，治所即今云南洱源县。清属大理府，1913 年改洱源县。 [5] 牛街子：即今县城东北 20 千米的牛街乡。明初此地以十二属相中的牛（丑）日为街期，故称。 [6] 三营：即今县城东北 17 千米的三营镇。元世祖攻入大理，以此地为控制吐蕃势力的咽喉地带，留军三百户镇守，故称。 [7] 热水塘：滇地多称温泉为热水塘。浪穹地热资源丰富，温泉出露点众多，今玉湖镇一带热水塘更闻名遐迩。据洱源县志编纂委员会编纂的《洱源县志》卷二《自然地理·水文》（云南人民出版社 1996 年版），牛街乡炼渡村有炼渡温泉，牛街村南有赖子塘温泉，水温分别为 78℃与 75℃。此处与下文之“热水塘”，当分别指上述两处今存之温泉。 [8] 鹤庆：明鹤庆府，明洪武十五年（1382）改鹤庆路置，属云南布政司。治所即今云南鹤庆县。辖境约相当今鹤庆、剑川两县地。犬牙错壤：形容浪穹、鹤庆两地接壤如同犬牙般交错。 [9] 塍（chéng）：田埂。 [10] 山阴：山朝北的一面。《汉书·郊祀志上》载“从阴道下”，唐颜师古注：“山南曰阳，山北曰阴。” [11] 沐西平：即沐英（1345—1392），字文英，濠州（今安徽凤阳）人，明太祖朱元璋的养子，明朝开国功臣。洪武九年（1376）以副帅之职随邓愈征讨吐蕃，因军功被封西平侯，赐丹书铁券。洪武十四年，与傅友德、蓝玉率兵三十万征云南，后留滇镇守，劝课农桑，礼贤兴学，传播中原文化。卒后追封黔宁王，赐谥“昭靖”，享太庙。此后，沐氏子孙世代镇守云南，直至明末。《明史·沐英传》：“英沉毅寡言笑，好贤礼士，抚卒伍有恩，未尝妄杀。在滇，百务具举，简守令，课农桑，岁较屯田增损以为赏罚，垦田至百万馀亩。滇池隘，浚而广之，无复水患。居常读书不释卷，暇则延诸儒生讲说经史。”佛光寨：浪穹有军事价值的险要之地。本日记二十三日日记云："佛光寨者，浪穹东山之最高险处。东山北自观音山南下，一穹而为三营后山，再穹而为佛光寨，三穹而为灵应山，其势皆崇雄如屏，连障天半，遥望虽支陇，其中实多崩崖叠壁，不易攀跻，故佛光寨夙称天险。" [12] 会稽之邻县：明代会稽县与山阴县相邻，同为绍兴府（今属浙江）之附郭县。"山阴"之得名，即谓此县地处会稽山以北。

又南十里，则大溪自西而东向曲[1]。由其西，有木桥南北跨之，桥左右俱有村庐。南度之，行溪之西三里，溪复自东而西向曲。又度桥而行溪之东三里，于是其溪西逼西山南突之嘴，路东南陟陇而行。四里，则大溪又自西而东向曲，有石梁南跨之，而梁已中圮，陟之颇危。梁之南，居庐亦盛，有关帝庙东南向，是为大屯[2]。屯之西，一山北自西大山分支南突，其东南又有一山，南自东大山分支北突，若持衡之针[3]，东西交对，而中不接。大溪之水北捣出洞鼻之东垂[4]，又曲而南环东横山之西麓，若梭之穿其隙者。两山既分悬坞中，坞亦若界而为二。

徐霞客《粤西游日记三》崇祯十年（1637）十月二十五日日记记述广西飘岩山洞："由中窦入，其门甚隘，已而渐高，其中悬石拱把，翠碧如玉柱树之，其声铿然。旁又有两柱，上垂下挺，中断不接，而相对如天平之针焉。"

［注释］

[1] 大溪：当谓瀰茨（mǐcí）河，沿当时茈碧湖东岸南流，属

于当地涨苴（xié）河水系。 [2] 大屯：位于 17 世纪芘碧湖东岸，在湖中九气台的东北方向。 [3] 持衡之针：即“天平之针”，谓称衡物品的天平指针。 [4] 出洞鼻：即今之观音山，为罗坪山脉东南突之分支，位于明代洱源海子东北，在涨茨河的西侧。详下文。东垂：泛指东方。

于是又西南行塍间，三里，转而西，三里，过一小石梁，其西则平湖浩然[1]，北接海子[2]，南映山光，而西浮雉堞[3]，有堤界其中[4]，直西而达于城。乃遵堤西行，极似明圣苏堤[5]，虽无六桥花柳[6]，而四山环翠，中阜弄珠[7]，又西子之所不能及也。湖中鱼舠泛泛[8]，茸草新蒲[9]，点琼飞翠[10]，有不尽苍茫、无边潋滟之意[11]，湖名“芘碧”，有以也。西二里，湖中有阜中悬，百家居其上。南有一突石，高六尺，大三丈，其形如龟。北有一回冈，高四尺，长十馀丈，东突而昂其首，则蛇石也。龟与蛇交盘于一阜之间，四旁沸泉腾溢者九穴，而龟之口向东南，蛇之口向东北，皆张吻吐沸，交流环溢于重湖之内[12]。龟之上建玄武阁[13]，以九穴环其下，今名九炁台[14]。余循龟之南，见其腭中沸水，其上唇覆出，

清康熙间徐崇岳《游九气台芘碧湖记》云：“出东门即草湖，湖中砌一线堤，沿以古柳，映水同碧。跨石梁四，风致虽小，不减六桥苏堤之胜。”

清顾祖禹《读史方舆纪要》卷一一七《浪穹县》云：“又县东二里有九气台，台凡九窍，下有温泉，其气从窍而升，台因以名。”

另据洱源县志编纂委员会编纂的《洱源县志》（云南人民出版社 1996 年版），九气台今名“九气朝

蒸”，“四侧有沸泉九穴，每日清晨，气分九缕，冉冉上升，因名‘九气朝蒸’。温泉水质优异，可饮可浴。泉中产‘天生磺’‘皮硝’等特产。四周秀壤平畴，荷鲜柳绿，每年春二三月，游览沐浴者络绎不绝”。

为人击缺，其水热不可以濯。有僧见余远至，遂留饭，且及夫仆焉。其北蛇冈之下，亦新建一庵，余以入城急，不暇遍历。

［注释］

[1] 浩然：水盛大貌。徐霞客《粤西游日记一》崇祯十年（1637）五月二十一日日记云：“又东南二十里，过龙门塘，江流浩然，南有山嵯峨骈立。” [2] 海子：这里即指茈碧湖北部深水区的洱源海子。 [3] 西浮雉堞：这里指浪穹县城城墙在茈碧湖南部浅水区西边的倒影。明代浪穹县城东门紧邻古茈碧湖西岸。雉堞，城上短墙。《明史·广西土司传一·柳州》云：“始洛容在万山中，城小无雉堞。” [4] 堤：17世纪的茈碧湖南部修筑有一道经九气台而横跨湖面的东西长堤，为当时的交通要道。 [5] 明圣苏堤：即今西湖苏堤。西湖，在今浙江杭州，又称武林水、西子湖、钱塘湖。湖周约三十里，孤山峙立湖中，小瀛洲（三潭印月）、湖心亭、阮公墩三小岛鼎立湖中，苏堤、白堤将湖面分为外湖、里湖、岳湖、西里湖与小南湖五部分，风景优美。苏堤，又称苏公堤，为宋代文学家苏轼于元祐四年（1089）任杭州知府时，开浚西湖，取湖泥葑草筑成，横贯西湖南北，全长2.8千米。 [6] 六桥：杭州西湖苏堤上有映波、锁澜、望山、压堤、东浦、跨虹六座桥，即称六桥。 [7] 中阜弄珠：当即下文所记述之九气台。中阜，谓茈碧湖中的小岛。弄珠，形容泉水不断上涌状。 [8] 鱼舠（dāo）：一种形体较小的渔船。鱼舠，底本作“鱼舫”，今据《四库》本作“鱼舠”，义胜，改从。泛泛：浮行貌。语出《诗经·小雅·采菽》：“泛泛杨舟，绋纚维之。” [9] 茸草新蒲：谓初生细软的水草与菖蒲。 [10] 点琼飞翠：形容湖水在阳光辉映下如同晶莹的碎

玉翡翠一样荡漾。 [11] 潋滟（liànyàn）：水波荡漾貌。宋苏轼《饮湖上初晴后雨二首》其二云：“水光潋滟晴方好，山色空蒙雨亦奇。欲把西湖比西子，淡妆浓抹总相宜。” [12] 重（chóng）湖：湖南洞庭湖南与青草湖相通，故别称重湖。茈碧湖北通洱源海子，徐霞客故仿称之。 [13] 玄武阁：又称真武阁，明万历三十一年（1603）建，清雍正十一年（1733）增修，毁于咸丰、同治间兵燹，光绪间重修。现存南北两殿及西厢房一间，已改为当地小学（参见洱源县志编纂委员会编纂：《洱源县志》卷二一《文化》，云南人民出版社 1996 年版）。玄武，古代神话中的北方之神，其形为龟，或龟蛇合体。《楚辞 · 远游》云：“时暧曃其曭莽兮，召玄武而奔属。”汉王逸注：“呼太阴神，使承卫也。”宋洪兴祖补注：“玄武，谓龟蛇。位在北方，故曰玄。身有鳞甲，故曰武。” [14] 九炁（qì）台：位于南湖即明茈碧湖的中央，即前文所述“百家居其上”的九台村热水泉。炁，“气”的古字，道教多以指人的元气。

由台西复行堤间，一里，度一平桥，又二里，入浪穹东门。一里，抵西山之下，乃南转入护明寺，憩行李于方丈[1]。寺东向，其殿已久敝，僧方修饰之。寺之南为文昌阁[2]，又南为文庙[3]，皆东向，而温泉即洋溢于其北[4]。既憩行李，时甫过午[5]，入叩何公巢阿[6]，一见即把臂入林[7]，欣然恨晚[8]，遂留酌及更[9]，仍命其长君送至寺[10]，宿焉。何名鸣凤，以经魁初授四川郫县令[11]，天启四年（1624），徐霞客由闽人王琦海介绍初识陈继儒并为其母王孺人求撰八十寿序。陈继儒寿序有云：“王琦海先生携一客见访，墨颧雪齿，长六尺，望之如枯道人，有寝处山泽间仪，而实内腴多胆骨。与之谈，磊落嵯峨。”

徐霞客《滇游日记四》崇祯十一年（1638）十月二十三日日记云：“晋时，晋宁之地曰宁州，南蛮校尉李毅持节镇此……至唐武德中，以其为晋时宁州统会之地，置晋宁县。此州名之所由始也。”

升浙江盐运判官[12]。尝与眉公道余素履[13]，欲候见不得。其与陈木叔诗[14]，有“死愧王紫芝[15]，生愧徐霞客”之句，余心愧之，亦不能忘。后公转六安州知州[16]，余即西游出门。至滇省，得仕籍[17]，而六安已易人而治；讯东来者，又知六安已为流寇所破，心益忡忡[18]。至晋宁[19]，会教谕赵君[20]，为陆凉人[21]，初自杭州转任至晋宁，问之，知其为杭州故交也，言来时从隔江问讯，知公已丁艰先归[22]。后晤鸡足大觉寺一僧，乃君之戚，始知果归，以忧离任，即城破，抵家亦未久也。

[注释]

[1] 憩：停放。方丈：僧人长老、住持的居室。 [2] 文昌阁：祭祀文昌帝君（梓潼帝君）以求科举顺利的阁楼建筑。 [3] 文庙：孔子庙。唐朝封孔子为文宣王，称其庙为文宣王庙。元明以后省称为文庙。 [4] 洋溢：水充溢流动貌。 [5] 甫：刚刚。 [6] 何公巢阿：即何鸣凤（生卒年不详），字巢阿，浪穹（今云南洱源）人，白族。万历四十三年（1615）云南乡试经魁，历官四川郫（pí）县令、浙江盐运判官、六（lù）安州知州，后归乡以奖掖后进为务。著有《半留亭稿》《嵩寮集》，属于明中后期至清初大理白族何氏五代六诗人之一，他与徐霞客相慕已久，至崇祯十二年（1639）仲春，二人始在云南浪穹相见，曾陪同徐霞客泛舟游览云南浪穹的茈碧湖等名胜地。《游记》中对他屡有提及。徐霞客《滇游日记四》崇祯十一年（1638）十月十二日日记云：“遇学师赵，相见蔼蔼。及往拜赵于学斋，遇杨学师，交相拜焉。询赵师：‘陆凉

有何君巢阿否？’（赵，陆凉人，故询之）赵言：‘陆凉无之。当是浪穹人。然同宦于浙中，相善。’赵君升任于此，过池州，问六安何州君，已丁艰去矣。四月初至镇远，其所主之家，即何所先主者，是其归已的。” [7] 把臂入林：原义谓与友人一同归隐。语本南朝宋刘义庆《世说新语·赏誉》：“谢公道：‘豫章若遇七贤，必自把臂入林。’”七贤，指竹林七贤。这里仅用其握持手臂之意，用来表示亲密。 [8] 恨晚：意即相见恨晚。形容一见如故，意气极其相投。 [9] 及更：谓到打初更之时。初更，旧时每夜分为五个更次，以现代计时的晚 7—9 时为“初更”。 [10] 长（zhǎng）君：敬称对方成年的公子。 [11] 经魁：明代科举考试分五经取士，应试者除“四书”须统一应考外，于“五经”中须各占一经应试，每科乡试及会试的前五名即分别于五经应试者中各取其第一名，称为经魁。郫县：古郫邑，秦置县，位于今四川成都市西。 [12] 盐运判官：明代都转运盐使司判官，秩从五品。见《明史·职官四》。 [13] 眉公：即陈继儒（1558—1639），字仲醇，号眉公，华亭（今上海松江）人。素履：比喻质朴无华、清白自守的处世态度。语出《易·履》：“初九：素履往，无咎。象曰：素履之往，独行愿也。”三国魏王弼注：“履道恶华，故素乃无咎。”高亨注：“素，白色无文彩。履，鞋也。‘素履往’比喻人以朴素坦白之态度行事，此自无咎。” [14] 陈木叔：即陈函辉（1589—1645），初名炜，字木椒，乡举后改今名，字木叔，号寒椒道人，以读书小寒山，又自号小寒山子。台州临海（今属浙江）人。崇祯七年（1634）进士，除靖江知县。清人入主中原，辅鲁监国，进兵部侍郎兼侍读学士，兵溃后自经殉国。著有《小寒山子集》等。曾撰《徐霞客墓志铭》。 [15] 王紫芝：生平不详，似为浙江人，万寿祺尝从之学道术。 [16] 六安州：治所六安县（今安徽六安市），辖境今安徽六安、霍山及湖北英山等地。 [17] 仕籍：旧指记载官吏名籍的簿册。[18] 忡忡（chōngchōng）：忧愁貌。《诗经·召南·草虫》云："未见君子，忧心忡忡。" [19] 晋宁：晋宁县，治所今云南昆明市晋宁区东北三十二里晋城镇。[20] 教谕：明代县学学官，掌文庙祭祀、教育所属生员。[21] 陆凉：即陆凉州，治所在今云南陆良县东北二十四里旧州。[22] 丁艰：即丁忧。旧制，遭逢父母丧事，子女要守丧，三年内不做官，不婚娶，不赴宴，不应考。

十九日 何君复具餐于家，携行李入文庙西庑，乃其姻刘君匏石读书处也[1]。上午，何君具舟东关外[2]，拉余同诸郎四人登舟。舟小仅容四人，两舟受八人，遂泛湖而北。舟不用楫[3]，以竹篙刺水而已。渡湖东北三里，湖心见渔舍两三家，有断埂垂杨环之，何君将就其处，结楼缀亭[4]，绾纳湖山之胜[5]，命余豫题联额[6]，余唯唯。眺览久之，仍泛舟西北，二里，遂由湖而入海子[7]。南湖北海，形如葫芦，而中束如葫芦之颈焉。湖大而浅，海小而深，湖名茈碧，海名洱源。东为出洞鼻，西为剧头村[8]，北为龙王庙[9]。三面山环成窝，而海子中溢，南出而为湖。

清康熙间徐崇岳《游九气台茈碧湖记》云："见乎湖中，十树一村，五树一坞，水面人家以蒲柳之疏密为隐现，时出小舟，人影半绿。"此文写于《徐霞客游记》四十七年之后，曾几何时，当地居民数量增加不少，所谓"渔舍两三家"已成追忆。

[注释]

[1] 姻：由婚姻关系而结成的亲戚。刘君匏（páo）石：即刘匏

石，生平不详。 [2] 东关：指浪穹县城东门。 [3] 楫（jí）：船桨。短曰楫，长曰棹。 [4] 结楼缀亭：谓修筑楼亭。 [5] 绾（wǎn）纳：犹延纳。 [6] 豫：预备，先事准备。 [7] 海子：17 世纪位于茈碧湖以北的洱源海子，属深水水域。 [8] 郦头村：即今历头村，位于洱源县城北 1.5 千米，茈碧湖西岸。 [9] 龙王庙：故址位于今茈碧湖北岸梨园以南处。原在 17 世纪洱源海子北端。

海子中央，底深数丈，水色澄莹，有琉璃光穴从水底喷起[1]，如贯珠联璧[2]，结为柱帏[3]，上跃水面者尺许，从旁遥觑，水中之影，千花万蕊，喷成珠树，粒粒分明，丝丝不乱，所谓“灵海耀珠”也[4]。《山海经》谓洱源出罢谷山[5]，即此。杨太史有《泛湖穷洱源》遗碑[6]，没山间，何君近购得之，将为立亭以志其胜焉。从海子西南涯登陆，西行田间，入一庵，即护明寺之下院也[7]。何君之戚，已具餐庵中，为之醉饱。下午，仍下舟泛湖，西南二里，再入小港，何君为姻家拉去，两幼郎留侍，令两长君同余还，晚餐而宿文庙西庑[8]。

［注释］

[1]琉璃光穴：形容闪烁着琉璃光亮的涌泉水泡聚合体。 [2]贯珠联璧：形容涌泉如成串的珍珠与并列的玉璧向上翻腾。 [3]柱

帏：形容涌泉如同柱形的帷帐突出水面。 [4] 灵海耀珠：其位置处于今茈碧湖东北水中。这一摇人心旌的景观在17世纪属于浪穹县的一大奇观，这与当时地下水压高的自然条件密不可分。今天，“灵海耀珠”景观已经不复存在。 [5《山海经》：中国古代以“山”和“海”为纲领，广泛辑录多种巫师、方士所记各地山川、神话、巫术的资料汇编。西汉末由刘歆（后改名秀）编定。今本凡十八卷。袁珂《山海经校注》卷二《西山经》云：“西五十里，曰罢父之山。洱水出焉，而西南流注于洛，其中多茈碧。”袁珂按语云：“经文罢父，王念孙、吴任臣、毕沅、郝懿行并校作罢谷。” [6] 杨太史：即杨慎（1488—1559），字用修，号升庵，新都（今属四川）人。正德六年（1511）进士第一，授翰林院修撰。嘉靖三年（1524），众臣因“议大礼”，违背世宗意愿受廷杖，杨慎谪戍云南永昌卫，居云南三十馀年，死于戍地。杨慎对诗、文、词、赋、散曲、杂剧、弹词，皆有涉猎，尤精于诗；考论经史及研究训诂、文学、音韵、名物的杂著亦多建树。《明史》称明代记诵之博，著作之富，推慎为第一。除诗文外，其杂著多至百馀种。其主要作品收入《升庵集》，达八十一卷。《明史》有传。太史，官名。西周、春秋时太史掌记载史事、编写史书、起草文书，兼管国家典籍和天文历法等。明、清修史之职归之翰林院，故俗称翰林为太史。 [7] 下院：僧寺的分院。 [8] 庑：泛指房屋。

17世纪中，九气台原在南面的茈碧湖中一土丘之上，有长堤将之与

二十日 何君未归，两长君清晨候饭，乃携盒抱琴，竟堤而东[1]，再为九炁台之游。拟浴于池，而浴池无覆室，是日以街子，浴者杂沓[2]，乃已。遂由新庵掬蛇口温泉，憩弄久之，仍至九

炁台，抚琴命酌。何长君不特文章擅藻[3]，而丝竹俱精[4]。就龟口泉瀹鸡卵为餐，味胜于汤煮者。已而寺僧更出盒佐觞[5]，下午乃返。西风甚急，何长君抱琴向风而行，以风韵弦[6]。其声泠泠[7]，山水之调，更出自然也。

陆地连接。今天的九气台已然在茈碧湖南岸的陆地上，无复昔日水乡风光了。

[注释]

[1] 竟堤：穿越湖堤。 [2] 杂沓：纷杂繁多貌。 [3] 擅藻：擅长辞藻。 [4] 丝竹：弦乐器与竹管乐器之总称。这里泛指音乐。 [5] 佐觞：劝酒。 [6] 以风韵弦：谓疾风吹拂琴弦振动，发出自然乐声。 [7] 泠泠（línglíng）：形容声音清越、悠扬。宋朱熹《次秀野韵题卧龙庵》："更把枯桐写奇趣，鹍弦寒夜独泠泠。"

[点评]

崇祯十二年（1639）二月十八日至三月九日，徐霞客游历浪穹县，这里的山山水水给他留下了深刻的印象。徐霞客在当地友人何氏父子的陪同下，于二月十八日至二十日详细考察踏勘了茈碧湖，为我们呈现出17世纪中洱海淡水湖的旖旎风光。徐霞客漫步于茈碧湖的长堤之上，发出"中阜弄珠，又西子之所不能及也"的慨叹。将自己记忆犹新的江南水乡风光与滇地山水的奇特景观相比较，又见于《滇游日记八》崇祯十二年三月初十日日记记述邓川西湖景物："湖中菱蒲泛泛，多有连芜为畦，植柳为岸，而结庐于中者。汀港相间，曲折成趣，深处则旷然展镜，夹处则窅然罨画，翛翛（xiāoxiāo）有江南风景；而外有四山环翠，觉西子湖又反出其下也。”如果没有对祖国西南边陲地区的由衷热爱，类似热情洋溢的比较书写是很难形诸笔墨的。

《诗经·小雅·十月之交》云：“高岸为谷，深谷为陵。”除非地震、滑坡等自然灾害可以瞬间改变山河面貌，这一类自然界的变迁往往体现于一个较长的时间进程中。至于沧海桑田一类的山川巨变，如远古燕山运动、喜马拉雅运动等强烈的地壳活动，则发生于侏罗纪到白垩纪乃至新生代，可见晋葛洪《神仙传》有关麻姑一类的神话传说并非荒诞不经之谈。湖泊、河流的变化常有一个渐变的过程，往往不易为人察觉，但置于历史的进程中，其变化则不容忽视。由于自然环境与人文环境的变迁，茈碧湖无论形态、生态皆已今非昔比，原来的南湖几乎消失殆尽，全湖面积大幅度缩小。《徐霞客游记》真实地记录了茈碧湖当年的“重湖”面貌，其历史价值不言而喻。邓辉等的《从徐霞客游记研究三百多年来茈碧湖的演变》一文（《地理研究》1995年第14卷第1期），详细分析了茈碧湖三百多年的变化，他们认为：“茈碧湖在很短的时间内发生这样大的变化，不能排除自然环境本身的变化，如湖泊自然淤积，降水量减少，气温升高，蒸发量增加等原因，但更重要的作用则来自人类活动的影响，砍伐森林加剧了土壤流失，使湖泊淤积速度变快，而围湖造田、引凤羽河入湖，更导致了南湖迅速淤平。”如这篇游记所描述的“灵海耀珠”的涌泉景象，当今济南的趵突泉也难与之相提并论。可惜这一壮观已经悄然消失于历史的长河中，今天惟有晴天时方可见到湖中有少许气泡冒出，追影昔日曾有的辉煌。湖泊与湿地的巨大调控作用，可以减轻雨季极易发生的洪涝自然灾害。今人的确不能漠然视之，否则必然遭受大自然的惩罚。

滇游日记八[1]

初九日[2]　早饭于何处[3]。比行，阴云四合，大有雨意，何长君、次君仍以盒饯于南郊。南行三里，则凤羽溪自西而东注[4]，架木桥度之，又南里馀，抵天马山麓[5]，乃循而东行，风雨渐至。东里馀，有小阜踞峡口之北，曰练城[6]，置浮屠于上[7]，为县学之案[8]。此县普陀崆水口既极逼束[9]，而又天生此一阜，中悬以锁钥之[10]。茈碧湖、洱源海及观音山之水[11]，出于阜东，凤

清顾祖禹《读史方舆纪要》卷一一七《浪穹县》云："普陀崆，县东南十五里，为往

羽山之水[12]，出于阜西，俱合于阜南，是为三江口[13]。由其西望之而行，又二里，将南入峡，先有木桥跨其上流，度桥而东，应山铺之路自东北逾横山来会[14]，遂南入峡口。

［注释］

[1] 此处节选《游记》中有关普陀崆的部分。普陀崆，当即普陀江，位于浪穹县城南，地处西面天马山与东面灵应山馀脉的峡谷一带，即今下江口峡谷。崆，这里有岸石与江中礁石峻峭且多洞穴的意思。《明一统志》卷八六云：“葡萄江，源自浪穹县宁河，经邓川州北至州南入西洱河，今名弥苴佉（qū）江。”清顾祖禹《读史方舆纪要》卷一一七《邓川州》云：“普陀江，在州北，其上源即浪穹县之宁河，东流经州北，折而南流入于西洱河。一名弥苴佉江，或谓之葡萄江，即普陀之讹耳。” [2] 初九日：崇祯十二年三月初九，即 1639 年 4 月 11 日。 [3] 何处：即何鸣凤处。 [4] 凤羽溪：即凤羽河，属于沵苴河水系。发源于点苍山西北坡，经凤羽坝入洱源坝，绕县城东侧，经海口村入茈碧湖。全长 35 千米。 [5] 天马山：南起云弄峰北坡，北至洱源县城南山，长约 21 千米，有海拔 3000 米以上高峰 20 处。 [6] 练城：即今炼城山，位于今洱源县玉湖镇。 [7] 浮屠：佛教语，梵语佛塔的音译。 [8] 县学：旧时供生员读书之学校。科举制度童试录取后准入县学读书，以备参加高一级之考试，谓之“进学”“入学”或“入泮”，士子称“庠生”“生员”，俗称“秀才”。 [9] 水口：一般指水流的出入口或其近旁。在古代风水堪舆学中，水口意义重大。明缪希雍《葬经翼·水口篇》有云：“夫水口者，一方众水所总出处也……盖局之大小，山之贵贱，咸于是乎别也。”逼束：

来要隘之地，有巡司戍守。其南有龙马洞，深不可测。石壁上马迹犹存。《志》云：普陀崆巡司东十里曰下山口，南二十里曰闷江门，西三十里曰大树关，北三十里曰观音山。”

徐霞客《滇游日记七》崇祯十二年（1639）二月十七日日记云：“又半里乃下，及其东麓，数家濒东溪而居。其溪自三岔路涧峡发源，经观音山过此，而西南绕出洞鼻，合浪穹海子及凤羽闷江，而同入普陀崆，南经中所下洱海者也。”

谓狭窄。徐霞客《滇游日记六》崇祯十二年（1639）正月二十日日记云："仍返过伏虎庵，由束身峡上，峡势逼束。" [10] 锁钥：锁，用以扃固门户箱匣的器具。这里用以比喻极其重要、起决定作用的因素。 [11] 观音山：为罗坪山脉东南突之分支，位于明代洱源海子东北，在浵荻河的西侧。 [12] 凤羽山：即今云南洱源县西南罗坪山。《明一统志》卷八六云："凤羽山，在浪穹县西南三十里，旧名浮罗山。相传蒙氏细奴逻兴时有凤翔于此，故名凤羽。后凤死，每岁冬，众鸟哀吊其上，故又名凤吊。至今土人于鸟来时，举火取之，鸟见火辄赴火自死。"本日记初二日日记云："凤羽，一名鸟吊山，每岁九月，鸟千万为群，来集坪间，皆此地所无者。土人举火，鸟辄投之。" [13] 三江口：浵荻河、海尾河、凤羽河三水汇聚于普陀崆前，即称三江口。 [14] 应山铺：今名同，位于今茈碧湖东面，在214国道侧。横山：位于今茈碧湖西面，属茈碧湖镇。

是峡东山即灵应山西下之支[1]，西山即天马山东尽之处，两山逼凑[2]，急流捣其中，为浪穹诸水所由去。路从桥东，即随流南入峡口。有数家当峡而居，是为巡检司[3]。时风雨交横，少避于跨桥楼上。楼圮不能蔽，寒甚。南望峡中，风阵如舞[4]；北眺凌云诸峰，出没闪烁。坐久之，雨不止，乃强担夫行[5]。初从东崖南向行普陀崆中，一里，峡转而西曲，路亦西随之。一里，复转而南，一里，有一家倚东崖而居。按《郡志》[6]，

徐霞客《楚游日记》崇祯十年（1637）正月二十八日日记云："又五里，水口，两山逼凑，水由其内破壁而入，路逾其上。"

有龙马洞在峡中[7]，疑即其处，而雨甚，不及问。又南，江流捣峪中愈骤，峪中石耸突而激湍[8]，或为横槛以扼之，或为夹门以束之，或为龃龉[9]，或为剑戟，或为犀象[10]，或为鸷鸟[11]，百态以极其搏截之势[12]；而水终不为所阻，或跨而出之，或穿而过之，或挟而潆之，百状以尽超越之观。时沸流倾足下[13]，大雨注头上，两崖夹身，一线透腋[14]，转觉神王[15]。

徐霞客《滇游日记八》崇祯十二年（1639）正月二十一日日记云："始犹藤箐蒙茸，既乃石崖耸突。"

宋苏轼《石钟山记》云："微风鼓浪，水石相搏，声如洪钟。"

［注释］

[1] 灵应山：位于洱源县东部，属马鞍山脉。明李元阳纂《嘉靖大理府志》卷二云："浪穹：灵应山，在县东二十五里，嵩屋有像，祷雨辄应。" [2] 逼凑：犹言聚集靠拢。 [3] 巡检司：明代普陀峪巡检司，位于普陀峪峡口，今附近有巡检村。 [4] 风阵：犹阵风。金刘著《渡辽》诗："风阵横秋雁，雷声吼夜蚊。" [5] 强（qiǎng）：劝勉。 [6] 郡志：当指《嘉靖大理府志》。 [7] 龙马洞：位于普陀峪南。明李元阳编纂《嘉靖大理府志》卷二云："龙马洞，在蒲陀峪之南，深不可测，石壁上马迹见存。" [8] 耸突：高耸突起。激湍：急流。 [9] 龃龉（jǔyǔ）：上下齿不相对应。比喻岸石不平整，参差不齐。 [10] 犀象：形容江中状如犀牛与象的明礁。 [11] 鸷（zhì）鸟：形容江中状如鹰鹯之类凶猛禽鸟的明礁。 [12] 搏截：拍击拦截。徐霞客《滇游日记七》崇祯十二年（1639）二月十二日日记云："然其境水石潆回，峰崖倒突。" [13] 沸流：形容水波翻涌。 [14] 一线透腋：指只有一条狭

窄的山路穿越山峡。山腋，山峡。徐霞客《游雁宕山日记》云："山腋两壁，峭立亘天，危峰乱叠。" [15] 神王（wàng）：指精神旺盛。王，通"旺"。语出《庄子·养生主》："泽雉十步一啄，百步一饮，不蕲畜乎樊中，神虽王不善也。" 唐成玄英疏："心神长王，志气盈豫。"

二里，顾西崖之底，有小穴当危崖下，东向与波流吞吐，心以为异。过而问热水洞何在[1]，始知即此穴也。先是，土人言普陀崆中有热水洞，门甚隘，而中颇宽，其水自洞底涌出如沸汤。人入洞门，为热气所蒸，无不浃汗[2]，有疾者辄愈。九炁台止可煮卵，而此可麋肉[3]。余时寒甚，然穴在崆底甚深，且已过，不及下也。又南一里，峡乃尽，前散为坞，水乃出崆，而路乃下坡。半里抵坞，是为下山口[4]。盖崆东之山，即灵应南垂，至是南尽，馀脉逊而东[5]，乃南衍为西山湾之脊[6]；崆西之山，南自邓川西逆流而上[7]，中开为南北大坞，而弥苴佉江贯其中焉[8]。峡口之南，有村当坞，是为邓川州境。于是江两岸垂杨夹堤。路从东岸行，六里馀而抵中所[9]。时衣已湿透，风雨不止，乃觅逆旅[10]，沸汤为饭[11]。入叩刘

《明史·地理七》云："邓川州：北有钟山，又有普陀江，一名蒲萄江，又名弥苴佉江，南入西洱河。"

陶石。名一金，父以乡荐为涿州守[12]，卒于任。前宿其来凤庄者[13]。刘君出酒慰寒，遂宿其前楼。出杨太史《二十四气歌》相示[14]，书法带赵吴兴[15]，而有媚逸之致[16]。

逆旅，《左传》僖公二年云："今虢为不道，保于逆旅。"晋杜预注："逆旅，客舍也。"

［注释］

[1] 热水洞：即普陀泉，属于珍稀医疗热矿泉，位于洱源县下山口。 [2] 浃汗：遍身出汗。 [3] 糜肉：谓将肉煮烂。 [4] 下山口：地名，今同。位于今洱源县南境的右所镇。 [5] 逊而东：谓向东逐渐变低，仿佛退缩一样。 [6] 南衍：谓向南延伸。 [7] 邓川：即邓川州，明代属大理府，万历二十八年（1600），治所迁至风冈，即今洱源县东南三十二里旧州。 [8] 弥苴佉江：即今洱源县瀰苴河，从下山口起至洱海止，长 22 千米，纵贯邓川坝中心，是县内防洪、灌溉及养殖的重要河道。 [9] 中所：即今中所村，辖于洱源县右所镇，位于今 214 国道西侧。 [10] 逆旅：客舍，旅馆。 [11] 沸汤：将水烧开。 [12] 乡荐：明代称乡试中式为领乡荐，即考中举人。涿州：明代属顺天府，即今河北涿州市。 [13] 前宿其来凤庄者：《游记》对于此前寄宿来凤庄事，无有关记述。 [14] 二十四气歌：有关农历二十四节气的歌谣。我国古代历法，根据太阳在黄道上的位置，将一年划分为二十四节气。清赵翼《陔馀丛考·二十四节气名》云："二十四节气名，其全见于《淮南子·天文》篇及《汉书·历志》。三代以上，《尧典》但有二分二至，其馀多不经见，惟《汲冢周书·时训解》，始有二十四节名。" [15] 赵吴兴：即赵孟頫（1254—1322），字子昂，湖州吴兴（今属浙江）人。宋太祖十一世孙，以父荫补官，历真州司户参军。宋亡仕元，官至翰林学士承旨。其书画皆佳，擅长

山水、花石、竹木、人马，字称赵体，为一代名家。卒谥“文敏”。著有《松雪斋集》。《元史》有传。 [16] 媚逸：秀美脱俗。致：意态，风度。

[点评]

明崇祯《邓川州志》载录明人姜忻《过蒲陀崆》五律一首云：“苍洱西头路，秋来几往还。一村三渡水，十里九重山。僧寺多依岭，人家半杂蛮。廿年成底事，岩险苦难攀。”从诗中文字可见，过普陀崆绝非轻而易举的事情。《徐霞客游记》名传后世，很大程度上决定于其文学书写的巨大成功。本篇日记记述了普陀崆中水石相搏之惊心动魄，令读者印象深刻。排比句与骈偶句的适当运用，皆极大地丰富了《徐霞客游记》的文字表现力。俯瞰水流汹涌澎湃，头上大雨倾盆，脚下石径逼仄蜿蜒，如此艰难困苦，徐霞客毫无畏惧之心，反而精神焕发、信心百倍地冒雨前行，真不愧是千古游圣！

时代稍后于徐霞客的王夫之，在其《姜斋诗话》卷一《诗绎》有云：“‘昔我往矣，杨柳依依；今我来思，雨雪霏霏。’以乐景写哀，以哀景写乐，一倍增其哀乐。”这是从阅读接受的角度阐明文学写作相反相成的道理的。至于徐霞客是否有意如此书写其旅途困境，则未必如此，他真诚地拥抱自然，由衷地感叹造物奇幻的无所不能，所谓“时沸流倾足下，大雨注头上，两崖夹身，一线透腋，转觉神王”的描述，声情并茂中自有其一往无前的精神支撑。游况不佳时如此，游况令人心旷神怡时也是如此。《浙游日记》崇祯九年（1636）十月十四日日记记述浙江龙游一带江上夜景："江清月皎，水天一空，觉此时万虑俱净，一身与村树人烟俱熔，彻成水晶一块，直是肤里无间，渣滓不留，满前皆飞跃也。"可见徐霞客拥抱自然，物我同一，随遇而安，属于大自然的真正知音。然而无论游况优劣与否，《徐霞客游记》给予读者的感受，却皆非轻易中可以完成的壮丽旅程，而其相得益彰的文字魅力，也正在于此。

清顾祖禹《读史方舆纪要》卷一一八《腾越州》云："府西南二百七十五里。南至南甸州界二十里，西至马里长官司界三百里，北至茶山长官司界二百四十里。"

清屠述濂修《云南腾越州志》卷三《山水》云："宝峰山，城西南（北）十里，东向屏立，分为二箐，中垂石崖。北箐之上环冈一支，前绕如堵墙。石崖中有石梯，名曰猢狲梯。"

清屠述濂修《云南腾越州志》卷三《山水》云："云峰山，一名尖山，城西百二十里乌索地……中建玉皇阁。前立关帝庙，真幽绝境也。"

滇游日记九[1]

二十一日[2] 饭后别邵道[3]，下纯阳阁[4]，东经太极崖[5]。其处若横北箐而上[6]，半里而达宝峰寺[7]；余以南箐悬峭[8]，昨所未经，乃从大路循玉皇阁下悬崖[9]。曲折下半里，又度北箐之下峡，从环冈大道复半里，北上宝峰寺。问道于尼。尼引出殿左峰头，指山下核桃园[10]，直北为尖山道[11]，西北登岭，为打鹰山道。闻打鹰山有北直僧新开其地[12]，颇异，乃先趋打鹰。

［注释］

[1] 此处节选《游记》中有关打鹰火山的部分。打鹰火山，即打鹰山，又名集鹰山、马鞍山，为休眠型火山，位于今云南腾冲市以北 14 千米的中和镇。以先时林木繁茂，鹰多集于此而得名。打鹰山地处腾冲 50 平方千米的火山群中心，山头截顶圆锥状；火山口直径 200 米，深达 60 米；海拔 2614 米，相对高度 640 米。熔岩流动丘、流动索随处可见，属于安山岩的色赭赤而质轻浮的浮石遍布山顶。 [2] 二十一日：崇祯十二年四月二十一日，即 1639 年 5 月 23 日。 [3] 邵道：居住于宝峰山三清殿姓邵的道士。 [4] 纯阳阁：位于宝峰山猢狲梯北的宗教建筑。 [5] 太极崖：位于纯阳阁附近。本日记二十日日记云："梯北纯阳阁踞其上，旧有额名为'太极悬崖'，而吴参戎又大书镌其上，曰'奠高山大川'。" [6] 北箐：位于宝峰山下。本日记二十日日记云："宝峰山东向屏立其前，下分为二箐，中垂石崖高穹，两旁倒插箐底。北箐之上，环冈一支，前绕如堵墙，石崖中裂，凿级悬其间，名猢狲梯。" [7] 宝峰寺：今存明清遗址，位于今腾冲市城西宝峰山，1988 年被定为腾冲文物保护单位。清屠述濂修《云南腾越州志》卷四《城署》云："宝峰寺，在城西十里，高僧摩迦陀修定之所。上有天池，峰峦秀拔。" [8] 悬峭：陡峭无所依傍。 [9] 玉皇阁：故址位于云峰山，《云南腾越州志》卷四著录，称其为"州中第一幽栖之地"。 [10] 核桃园：今名同，即核桃园村，在宝峰山下，今属腾冲市西源街道。 [11] 直北：正北。尖山：位于打鹰山以北，即云峰山，参见后文"尖山"条注释。 [12] 北直：即北直隶。明成祖永乐十九年（1421）正式迁都北京，以南京为南直隶，北京为北直隶。北直隶辖境大约相当于今北京、天津二市，以及河北大部与河南、山东的小部地区。

清屠述濂修《云南腾越州志》卷二《疆域》云："北练，在城北……酒店，因卖酒名。十一甲。"

清屠述濂修《云南腾越州志》卷三《山水》云："缅箐坝，田多高原，待雨乃稼，而滨河者又苦于涝。"

于是东北下坡，一里，抵坡北。又北一里馀，有数家倚西山麓，是为核桃园。其西北有坳颇低，乃宝峰之从北度脊者，有大道西向之，有小溪东注。逾之，直北一里馀，乃西北登坡。四里，逾坡脊而西，是名长坡[1]。又西半里。乃转而北，挟西峰而循其北，仍西行脊上。其脊北下，即酒店岭之东度为笔峰、巃嵸者[2]，南下，即野猪坡之南出为鹅笼、缅箐者[3]，盖俱从分支之脊行也。西五里，岭坳间路交"十"字，乃西北横陟之。当从北蹑坡，误从西行岭之南。二里，遇樵者，知为鬼甸道[4]，打鹰开寺处已在直北双峰下。然此时已不见双峰，亦不见路影，乃蹑棘披砾。直上者三里，雾气袭峰，或合或开。又上二里，乃得乱坪，小峰环合之，中多回壑，竹丛杂布。见有撑架数柱于北峰下者，从壑中趋之，仍无路。柱左有篷一龛[5]，僧宝藏见余[6]，迎入其中，始知即开山之人也。因与余遍观形势。饭后，雾稍开，余欲行，宝藏固留止一宵。余乃从其后山中垂处上，其山乃中起之泡也[7]，其后复下，大山自后回环之，上起两峰而中坳，遥望之，状如马鞍，故又名马鞍山[8]。

［注释］

[1] 长坡：地名。今腾冲界头镇新庄村、曲石镇双河村皆有长坡，此处当指后者。 [2] 酒店岭：或以当时地名附会为山岭名。酒店，今名同。腾冲县志编纂委员会编纂的《腾冲县志》（中华书局 1995 年版）卷一《地理》著录曲石区回街乡（今曲石镇回街村）有“下酒店”“中酒店”“上酒店”自然村名，位于巃嵸（lóngzōng）山东侧。笔峰：即笔峰山，位于打鹰山东侧。巃嵸：即巃嵸山，位于笔峰山东侧。清屠述濂修《云南腾越州志》卷三《山水》云：“巃嵸山，城西北三十里。山云合即雨，州人望之，以卜阴晴。是山之脉直至赤土山，又名笔峰。‘巃嵸朝云’为八景之二，‘笔峰霁雪’为八景之四。” [3] 野猪坡：即野猪坡坝，位于鹅笼山南侧。鹅笼：即鹅笼山。《云南腾越州志》卷三《山水》云：“鹅笼山，西南四十里。古勇正南入缅箐，形似，故名。”缅箐：当谓缅箐坝，位于鹅笼山南侧。 [4] 鬼甸：即鬼甸山。《云南腾越州志》卷三《山水》云：“鬼甸山，西南三十里，即魁甸。近集鹰山，从古勇分支南下处。” [5] 篷：即茅篷，僧人于山中静修的简陋住所。龛：谓小的窟穴。 [6] 宝藏：北直隶的僧人法号，即前文所述在打鹰山“新开其地”以修筑寺院者。其事迹另详后文。 [7] 中起之泡：形容打鹰山火山锥的形状如同水泡一样凸起。这种山形在古代风水堪舆学中也有其特殊意义。 [8] 马鞍山：腾越州西另有一座名为马鞍山的休眠火山，位于今腾冲市和顺镇西 2000 米处，海拔 1793 米。

据土人言，其上多鹰，旧《志》名为集鹰

山，而土音又讹为打鹰云。其山脉北自冠子坪南耸[1]，从顶上分二岐，一峙西南，一峙东北，二峰之支，如抱臂前环。西南下者，当壑右而伏，过中复起小阜而为中案[2]，南坠而下，复起一峰为前案。东北下者，当壑左而伏，结为东洼之钥[3]。两峰坳处正其环窝处[4]，前蹲一峰当窝中，其脉复自东北峰降而中度，宛如一珠之托盘中。其前复起两小阜，如二乳之列于胸。其脉即自中蹲之峰，从左度右，又从右前度，而复起一阜于中，与双乳又成鼎足，前列为中峰近案，即南与中案并峙。稍度而东，又起一阜，即北与东洼之钥对夹。故两乳之前，左右俱有洼中坳，中峰之后，左右亦有峡中扃，其脉若甚平，而一起一伏，隐然可寻。其两峰之高者，左右皆环而止，唯中之伏而起者，一线前度，其东为笔峰、巃嵸，南为宝峰、龙光者[5]，皆是脉也。

徐霞客《粤西游日记四》崇祯十一年（1638）三月十九日日记云："又半里，有村在山北之麓，其名曰金村，乃是站之当钥者。"

［注释］

[1] 冠子坪：即冠子坪山。《云南腾越州志》卷三《山水》云："冠子坪山，在集鹰山后，形如冠，即马鞍山也。山顶有峰，中凹，而自北望之，不见双峰如鞍，止觉两旁隆起，层起如冠

云。”[2] 中案：中国风水堪舆学说中的案山（迎砂），位于穴山与朝山（朝砂）的中间，故称。下文之“前案”当指穴前远方高大秀丽之山，与穴山如宾主相对的“朝山”；下文之“近案”当指“左青龙”与“右白虎”的凸起地形（“其前复起两小阜，如二乳之列于胸”），也是决定风水好坏的重要因素。徐霞客通晓风水堪舆学，因而常在《游记》中提及“案山”，并对山水的“来龙去脉”兴趣甚浓，屡有记述。 [3] 结为东注之钥：即风水堪舆学中所谓“结穴”的关键处。结穴，旧时堪舆家谓地脉顿停处地形洼突，地气所藏结，称为“结穴”。钥，关键，枢要。 [4] 环窝：这里即指风水学中的“窝穴”，又名窟穴、开口穴、金盆穴，为窝、钳、乳、突四大穴形之一。僧宝藏在打鹰山欲修筑佛寺，因而徐霞客在此处详论风水，并非无的放矢。 [5] 宝峰：即宝峰山。《云南腾越州志》卷三《山水》云：“宝峰山，城西南十里，东向屏立，分为二箐，中垂石崖。北箐之上环冈一支，前绕如堵墙。石崖中有石梯，名猢狲梯。高下殿阁，颇饶胜境。为高僧摩迦陀静修之所。《一统志》云：‘一名长洞山，上有玉宝寺。’”龙光：即龙光山。《云南腾越州志》卷三《山水》云：“龙光山，城南三里。下临叠水河，孤峰横梗，有台，可观飞瀑。”

土人言，“三十年前，其上皆大木巨竹，蒙蔽无隙，中有龙潭四[1]，深莫能测，足声至则涌波而起[2]，人莫敢近；后有牧羊者，一雷而震毙羊五六百及牧者数人，连日夜火，大树深篁[3]，燎无孑遗[4]，而潭亦成陆，今山下有出水之穴，俱从山根分逗云[5]。”山顶之石，色赭赤而质轻

徐霞客从云南返回故乡后，对火山浮石爱不释手。明陈函辉《徐霞客墓志铭》云：“既归。不能肃客，惟置怪石于榻前，摩挲相对，不问家事。”

浮[6]，状如蜂房，为浮沫结成者，虽大至合抱，而两指可携，然其质仍坚，真劫灰之馀也[7]。宝藏架庐在中峰之下，前临两乳，日后有扩而大者，后可累峰而上[8]，前可跨乳为钟鼓之楼云[9]。今诸洼虽中坳，而不受滴水，东洼之上，依石为窞[10]，有潴水一方[11]，岂龙去而沧桑倏易[12]，独留此一勺以为开山之供者耶[13]！

徐霞客《粤西游日记三》崇祯十年（1637）十月初四日日记云："后有窞深陷，炬烛之，沉黑。"

[**注释**]

[1] 龙潭：即火山湖。火山喷发后，喷火口内因大量浮石被喷出来和挥发性物质的散失，引起颈部塌陷形成漏斗状洼地，即火山口。此后，由于降雨、积雪融化或者地下水使火山口逐渐储存大量的水从而形成火山湖。火山湖包括火山口湖、火口原湖和熔岩堰塞湖。 [2] 足声至则涌波而起：当系脚步震动导致玄武岩内部所藏气体集中上涌所致。 [3] 篁（huáng）：竹林。 [4] 孑（jié）遗：遗留，残存。《诗经·大雅·云汉》："周馀黎民，靡有孑遗。" [5] 分逗：谓分别涌出。 [6] "色赭赤而质轻浮"三句：据皇甫岗、姜朝松主编《腾冲火山研究》（云南科技出版社 2000 年版），打鹰山火山喷出岩主要为安山岩，火山碎屑物质由浮石、火山弹碎块、火山灰组成，属于全新世中期的火山堆积。徐霞客所记述的"状如蜂房"的岩石就是浮石，是一种如同泡沫般的多气孔熔岩，带有许多空洞与孔隙，这些气孔相互连接，构成贯穿整个岩石的通道。浮石密度很小，轻于水，虽然坚硬却可漂浮于水面，故称浮石。材质类似于我们过去公共澡堂常用的搓脚石。 [7] 劫灰：谓劫火的馀灰。属于徐霞客的一种想象。南朝梁

慧皎《高僧传·译经上·竺法兰》云："昔汉武穿昆明池底，得黑灰，问东方朔。朔云：'不知，可问西域胡人。'后法兰既至，众人追以问之，兰云：'世界终尽，劫火洞烧，此灰是也。'" [8] 累峰而上：意谓顺依山势一层一层地增建寺院。 [9] 钟鼓之楼：即较大的寺院所建的钟楼与鼓楼。一般钟楼在东，鼓楼在西。佛寺中晚击鼓、早撞钟，以报时间，并劝人精进修持，即所谓"暮鼓晨钟"。 [10] 窞（dàn）：小而深的坑。 [11] 潴水：蓄水。 [12] 沧桑倏易：比喻世事突然发生巨大变化。沧桑，即沧海桑田，谓大海变成农田，农田变成大海。语本晋葛洪《神仙传·王远》："麻姑自说云：'接侍以来，已见东海三为桑田。'" [13] 一勺：一勺水，谓少量的水。语本《礼记·中庸》："今夫水，一勺之多，及其不测，鼋鼍蛟龙鱼鳖生焉，货财殖焉。"

宝藏本北直人，自鸡足、宝台来[1]，见尖山虽中悬而无重裹[2]，与其徒径空觅山至此，遂龛坐篷处者二年。今州人皆为感动，争负木运竹，先为结此一楹，而尚未大就云。径空，四川人，向从戎为选锋[3]，复重庆[4]，援辽援黔，所向有功，后为腾越参府旗牌[5]。剃发于甘露寺[6]，从师觅山。师独坐空山，径空募化山下，为然一指[7]，开创此山，俱异人也[8]。是晚宿龛中。有一行脚僧亦留为僧剃地者[9]，乃余乡张泾桥人[10]，萧姓，号无念，名道明。见之如见故

所言即"安氏乱"，或称"奢安之乱"。徐霞客《黔游日记一》崇祯十一年（1638）四月十六日日记云："白云之后，共十静庐，因安氏乱，各出山去，惟此两庐有栖者十二。"另参见本书所选"随笔二则"第二则点评。

人也。

[注释]

[1] 鸡足：即鸡足山，参见前选《滇游日记五》注。宝台：即宝台山，位于今大理白族自治州永平县。 [2] 尖山：即云峰山，位于腾越州以北 20 千米处，孤峰突起，挺拔如笋，海拔 2200 米，山腰常有云雾缭绕。重裹：谓山峦重重环绕。在中国古代风水学中，无“重裹”之孤峰不利于建筑。 [3] 从戎：投身军旅。三国魏曹植《杂诗》其二云：“类此游客子，捐躯远从戎。”选锋：古代指挑选精锐的士兵组成的突击队。《六韬·武锋》云：“凡用兵之要，必有武车、骁骑、驰阵、选锋。” [4]“复重庆”二句：所概括者即所谓“安氏乱”，为明末西南土司发动的叛变。天启元年（1621）四川永宁宣抚使罗罗族人奢崇明（不详—1629）借调兵援辽之机，起兵反明，攻陷重庆、遵义、泸州等地，进围成都，建国号大梁。第二年，贵州水西罗罗族人安邦彦亦举兵反明，自称罗甸大王，围攻贵阳，与奢崇明互为声援，后又合兵一处，黔蜀震动。崇祯二年（1629）总督朱燮元率明军攻破水西，擒杀安邦彦、奢崇明，终于平定了这次叛乱。 [5] 旗牌：即旗牌官，担任传递号令等职的军吏。 [6] 甘露寺：故址位于今腾冲市东境，芹菜塘以东，今存地名。本日记十三日日记云：“又转而西一里馀，有庵施茶，当脊北向而踞，是为甘露寺。” [7] 然一指：即燃指，或称“烧指”，信佛者以身供养于佛，自烧其指，以示虔诚。然，“燃”的本字。唐韩愈《论佛骨表》：“（百姓）焚顶烧指，百十为群，解衣散钱，自朝至暮，转相仿效，惟恐后时。” [8] 异人：谓非同寻常的人。 [9] 行脚僧：指步行参禅的云游僧。宋陆游《双流旅舍》诗：“开门拂榻便酣寝，我是江南行脚僧。”剃地：这里是整治地基的意思。 [10] 张泾桥：位于今无锡市锡山区锡北镇张泾

社区。在明代，徐霞客家乡江阴县与无锡县皆属常州府管辖，故称“余乡”。

［点评］

徐霞客于崇祯十二年（1639）四月十三日抵达腾越州（今腾冲市），至五月二十二日东渡潞江返回永昌府。其间驻留腾越州近四十天，徐霞客对于休眠火山打鹰山的考察日记，为后人留下了宝贵的资料。

今云南腾冲市地处祖国西南边陲，东以高黎贡山山脊与保山市分界，西与缅甸接壤，山川奇特秀美，是中国著名的火山区之一。经有关研究及田野考察论证，腾冲有较为明显火山特征的山体凡68座，其中打鹰山火山位于今腾冲市西部，与马鞍山、老龟坡三座火山属于本区域内最为年轻的火山。本篇日记中，徐霞客记述的“土人”所言牧羊人遭遇的雷震、大火，以及“潭亦成陆”的巨变，有论者认为是打鹰山火山某次喷发的实录，比意大利人莫洛（A. L. Moro，1687—1764）观察维苏威火山要早70多年（参见褚绍唐:《徐霞客在云南的考察工作》，见中国科协、中国地理学会、中国国土经济研究会，等编:《纪念徐霞客诞辰四百周年文集》1987年版，第91—102页）。实则从其受灾状况与程度而论，当是某次地震叠加雷暴天气所导致的自然灾害，雷击引来山火的酷烈与火山复苏喷发的景况，实在难以同日而语。日记所言打鹰山“三十年前”竹木植被“蒙蔽无隙”的景况与其后自然灾害的发生，时间上并不一定同步，这为我们考证当时灾难发生的确切时间带来了一定的困惑。

好在我国有关地震的记录较为详备，可为我们再加探索提供资讯。

据皇甫岗、姜朝松主编《腾冲火山研究》(云南科技出版社2000年版)第八章“历史地震活动”一节，明万历年间的强震总共发生两次，一次在1577年(万历五年)3月12日，震级6.75，中心烈度Ⅸ度；另一次在1592年(万历二十年)1月，震级5.75，中心烈度Ⅶ度。若以后者所记为准，则打鹰山受灾当在徐霞客登临此地的四十三年以前，这与《游记》所记述的时间龃龉，可不论。另据腾冲县志编纂编委会编纂的《腾冲县志》(中华书局1995年版)第四章“自然灾害·地震”记录，明代万历间，腾冲总共发生大小地震十三次，以万历三十二年十二月(1605年1月7日)、万历四十五年七月二十五日(1617年8月25日)两次地震，距离徐霞客在打鹰山旅行的时间最近，且后一次烈度强于第一次。若以后者所记为准，则打鹰山受灾当在徐霞客登临此地的二十二年以前；若以前者所记为准，则打鹰山受灾恰好在徐霞客登临此地的三十四年以前。这次地震的震级当低于二十二年以前所发生的那一次，但与雷暴天气的猝然相遇，两者叠加造成人畜在“连日夜火”中的死亡，或许正是灾难惨烈的重要原因。《徐霞客游记》的历史认识价值，从中可见一斑。

清屠述濂修《云南腾越州志》卷三《山水》云：

二十六日[1] 凌晨起饭，西下行田间，半里，抵江岸。溯江北行，有木桥跨江而西，度之。复溯江西岸北行，一里，北上坡。半里，折而东，盘其东突之嘴。半里，复转而北，从坡上行。西循峰腰，东瞰江流，坞底至此，遂束而为峡。隔峡瞻东山之崖，崩石凌空[2]，岩岩上拥，峡中之水，北自阿幸厂北姊妹山发源南下[3]，南趋乌索而为固栋西江者也[4]。东西两界山，自姊妹山分支：西下穹为滇滩东北峰[5]，而下为土瓜山[6]；东下穹为阿幸东山，而南接雅乌[7]。东山之东，北为明光[8]，南为南香甸[9]，第此山峻隔[10]，路仄难逾，故行者避之。

［注释］

[1] 以下节选《游记》中有关热水塘的部分。热水塘，位于今云南腾冲市北固东镇以东偏南，今存。本日记二十四日日记云："近法界新开小路，下十里至小甸，乃固栋西向入峡，经此而趋古勇之道。其坡有热水塘，亦法界新开者，由此东可出固栋，西可穷古勇，"又二十五日日记云："已复逾冈北下，北坞稍开。有小水交流西注，蒸气杂沓而起，即热水塘也。半里，抵塘上，有池而无屋，雨霏霏扑人。"二十六日：崇祯十二年四月二十六日，即 1639 年 5 月 28 日。　[2] 崩石：谓险峻的山崖。　[3] 阿幸厂：位于今云南腾冲市以北滇滩镇。清屠述濂修《云南腾越州志》卷三《山水》云："阿幸山，昔开厂于此，相连有小甸山。"姊妹山：位于今云南腾冲市以北，在滇滩镇与明光镇之间。清屠述濂修《云南腾越州志》卷三《山水》云："姊妹山，在滇滩关西北三十里，"热水塘温泉，在阿幸。其热水所出甚异，坞中本有小水自东峡而来，为冷泉。小水左右泉孔随地而喷，其大如管，作鼓沸状，跃跃有声，跃出水面二三寸，其热如沸，有数孔突出一处者，有从石隙中斜喷者。其热殊甚。土人就其下流作一圆池而露浴之。此冷泉南坡之热水也。其北倚东坡热亦如之。两池相望，溢孔不啻百也。"此段记述即径用本日记之文字，详后。

本日记二十七日日记云："南香甸，余疑为'兰香'之讹，盖其甸在北，不应以'南'称也。山自明光分脉来，西即阿幸东南下之山，东乃斜环而南，至甸东乃西突而南下，夹江流于中。其流亦发于明光，北即姊妹山东行之脉也，是为固栋东江之源。”

其地崇山密岭，有双峰插天，亭亭卓立，宛如巫峡神女峰。山后即茶山野人矣。其山出斑竹。” [4] 乌索：位于今云南腾冲明光镇东。本日记四月二十三日日记云：“路左则西江自西壑盘曲东来，破峡而东南去，于是出固栋西山之西北矣。始下见盘壑西开，江盘壑底，而尖山兀然立其西南矣。又西下一里，随江北岸西行二里，始有村庐倚冈头，是为乌索。”固栋：即今固东镇，位于今腾冲市中部偏北。本日记二十二日日记云：“固栋一名谷栋，聚落当大坞中，东、西二江夹之。其北则雅乌山南垂，横亘两山间，至此而止；其南则两江交合于三里外，合流东南去，至曲尺入龙川江；东则江东山，北自石洞东南向而下；西则三清山，北又起一峰，南与三清雁行而峙，其中有峡如门，而小甸之路从之。”西江：当指今固东西侧之西沙河，固东东侧为东江，今称瑞丽江（其上游称明光河，在固东附近称磨龙河），两水汇合于固东镇南，称龙江。 [5] 滇滩：即今滇滩镇，位于西沙河西侧，打洞山以东。 [6] 土瓜山：山名，位于周家山东侧。清屠述濂修《云南腾越州志》卷三《山水》云：“土瓜山，在阿幸、滇滩之间，为中界之一峰，以形似名之。” [7] 雅乌：即今鸦乌山，海拔 2236 米，其东北有鸦乌村，位于今固东镇东北。清屠述濂修《云南腾越州志》卷三《山水》云：“鸦乌山，在城西百二十里。东西二江皆从其两腋南出。徐霞客云应名挨河山。” [8] 明光：位于今云南腾冲市以北偏东的明光镇一带。清于腾越州设有七隘，明光隘为七隘之一。清屠述濂修《云南腾越州志》卷二《疆域・关隘》云：“明光隘，由固东汛至明光八十里，其地两旁夹江，别有天地，前明时有六厂。其地由坝迤逦前行约五十里，据土弁云已到隘口，过此即为野人境。恐其说尚荒谬也。”[9] 南香甸：疑为“兰香甸”之讹，今传方志亦作“兰香甸”。位于今腾冲市北小辛街。甸，当是元代云南地方行政单位名称的遗存。《元史・地理志四》云：

“云南诸路行中书省，为路三十七、府二，属府三，属州五十四，属县四十七。其馀甸寨军民等府不在此数。”又云：“（石旧）县在州东，有四甸：曰掌鸠，曰法块，曰抹捻，曰曲蔵。” [10] 第：副词，谓但是，表示转折。峻隔：谓因山高峻而令无路可通。

北行西坡五里，稍下，有小涧自西而东，涉之北上，于是屡陟东突之坡，再渡东流之涧。八里，西坪稍开，然北瞻姊妹，反茫不可见。又北二里，盘西山之嘴，始复见姊妹山北倚，而前壑之下，炉烟氤氲，厂庐在焉。遂五里而至厂。厂皆茅舍，有大炉、小炉。其矿为紫色巨块[1]，如辰砂之状。有一某姓者，方将开炉，见余而留饭于龛中。言其北姊妹山后，即为野人出没之地[2]，荒漠无人居，而此中时为野人所扰，每凌晨逾箐至，虽不满四五十人，而药箭甚毒，中之无不毙者。其妻与子，俱没于此，现葬山前。姊妹山出斑竹[3]，北去此三十里，可望而尽，不必登。明光逾峻而过，东去此四十里，然径仄无行者，恐箐深蔓翳[4]，亦不可行。乃遂出，仍二十里下土瓜山。又一里，过江桥而东，乃沿江南随坞中捷径，二里，抵西南坡下。江漱坡而南[5]，路稍东，

本日记二十七日日记云：“东峰之东北有石洞厂，与西北之阿幸，东南之灰窑，共为六厂云。诸厂中惟此厂居庐最盛。然阿幸之矿，紫块如丹砂；此中诸厂之矿，皆黄散如沙泥，似不若阿幸者之重也。”

所谓“黄散如沙泥”的矿石，当指钼铅矿，其矿石稻草黄至蜡黄色，成分中含钨的呈橘红色或褐色，条痕白色至浅黄色。

逾东峡来小涧。其涧西注于江，即前涉土主碑坡北之流[6]。江之西亦有小涧自滇滩南来，东注于江，其处乃正流之会也。复东南上坡半里，至石屏土主碑下，与前来之道合。又南越冈而下，过松山及诸所[7]，二十里而入热水塘李老家。时犹下午，遍观热水所泄，其出甚异。盖坞中有小水自东峡中注而西者，冷泉也。小水之左右，泉孔随地而出，其大如管，喷窍而上，作鼓沸状，滔滔有声，跃起水面者二三寸，其热如沸，有数孔突出一处者，有从石窖中斜喷者，其热尤甚。土人就其下流，作一圆池而露浴之。余畏其热，不能下体，仅踞池中石上拂拭之而已。外即冷泉交流，若导入侵之即可浴。此冷泉南坡之热水也。其北倚东坡之下，复有数处，或出于砂孔，或出于石窖，其前亦作圆池，而热亦如之。两池相望，而溢孔不啻百也。

［注释］

[1]“其矿为紫色巨块”二句：这里当指浓红银矿，又名深红银矿或硫锑银矿。浓红银矿矿石呈暗樱红色，金刚光泽，粉末呈绛红色。辰砂，矿物名。俗称朱砂、朱砂，又称丹砂。以湖

南辰州（今沅陵）所产最佳，故名。中医学上用为安神、定惊药。 [2] 野人：历史上多指未开化的民族，也是明廷对于未入编民系列的一部分少数民族原始部落的蔑称。清顾祖禹《读史方舆纪要》卷一一九《麻里长官司》云："野人者，在二长官司（茶山、麻里）界外，赤发黄睛，树皮为衣，夜宿树上，丑恶凶悍，逢人即杀，无酋长约束。"清《云南腾越州志》卷二《疆域》云："旧谓，古临夷之路皆剿抚所必由，惟茶山所往号野人境，峭壁不可梯绳，" [3] 斑竹：一种茎上有紫褐色斑点的竹子，也叫湘妃竹。晋张华《博物志》卷八云："尧之二女，舜之二妃，曰湘夫人，帝崩，二妃啼，以涕挥竹，竹尽斑。" [4] 蔓翳：滋长遮蔽。 [5] 漱坡：冲刷河岸。由于地球自转偏向力的影响，北半球的河水总是倾向于向右偏，于是河流的右岸总是被冲刷的，而左岸所受河水的冲刷力小，流速较慢，所以经常有沙石堆积。久而久之，即使原本是平直的河道也会开始弯曲了。 [6] 土主碑：位于腾越州北之土主山上。本日记二十五日日记云："溯水北上，从脊间行二里，乃西北下。半里，有石屏西向立峰头，是为土主碑，乃神之所托也。从石西随坡下，涉江西上，乃滇滩关道，已茅塞不通。"清屠述濂修《云南腾越州志》卷三《山水》云："土主石山，入滇滩关道，有石屏西向立峰头，土人名为土主碑。" [7] 松山：位于云峰山北。本日记二十五日日记云："东大山直亘而南，分坠西窜，下突小山，横界于北，为松山坡，坡之北，即阿幸北进之峡。其西北，高峰浮出于横坡之上，则阿幸、巅滩之间，又中界之一峰，所谓土瓜山也。行江东岸一里，复折而东北一里，抵东山腋下。山峰丛立处，有两三家倚东坡而栖，是为松山。"清屠述濂修《云南腾越州志》卷三《山水》云："松山，尖山之北有西大山、东大山，下笑小山为松山坡。"诸所：谓名为"左所""后所屯"等位于瑞滇北之各屯田士兵的驻地，今仍遗存左所、后所诸地名。本日记二十五日日记云："五里，北上坡，为左所，盖其分屯处也。其处居庐甚盛，行者俱劝余宿此，谓前皆僰彝家，不可栖，且多茶山彝出入，不可晚行。余不顾。又北二里，逾一坡，又三里，过后所屯。"

[点评]

云南的地热资源丰富，热泉有八百馀处，属于中国热泉最多的地方，而腾冲又居云南之冠，热海是热泉最为集中之地。据现代统计，腾冲共有水热活动区 62 处，其中温度高于 45℃的热泉区 24 处，凡火山地热区常见的沸泉、热泉、温泉、碳酸泉、自然硫、硅华、钙华以及易溶性盐华等，在腾冲均可见到。清张泓《滇南新语》云："古汤池擅名者，陕之华清，为天下最。而云南在在有之，如宜良、浪穹等处，水俱如沸，有硫磺气，可以焊鸡豚。亦有浴池，土人咸浴之。"

清屠述濂修《云南腾越州志》卷三《山水》记述腾越州有 6 处温泉，分别是位于大董练的大洞温泉、位于城东南三十里明朗练的硫黄塘温泉、位于城北阿幸的热水塘温泉，以及缅箐温泉、曩宋温泉、陇川温泉。其中硫黄塘温泉，位于州城西南，在大盈江东侧，即今享有盛誉的"大滚锅"，又称"一泓热海"，因盛产硫磺，又称硫磺塘。大滚锅呈圆形，直径 6.12 米，水深 1.5 米，内有三个喷水孔，水温可达 96℃—97℃。徐霞客在崇祯十二年（1639）五月初七日日记中记述了当时硫磺塘的惊心动魄景象："有峡东注大溪，遥望峡中蒸腾之气，东西数处，郁然勃发，如浓烟卷雾，东濒大溪，西贯山峡。先趋其近溪烟势独大者，则一池大四五亩，中洼如釜，水贮于中，止及其半。其色浑白，从下沸腾。作滚涌之状，而势更厉，沸泡大如弹丸，百枚齐跃而有声，其中高且尺馀，亦异观也。”由于环境变迁，大四五亩的硫磺塘已缩小为直径六米的“大滚锅”，幸亏徐霞客在《游记》中为我们留下了昔日的壮观景象。可喜的是，这则日记中所记热水塘的变化不大，游者仍可“按图索骥”般一睹热水塘的昔日风貌。

徐霞客观察仔细认真，对于腾越州阿幸厂一带银矿或铅矿矿产的记述，也为今天留下了宝贵的历史资料。

滇游日记十三

本日记十一日日记云："是晚，鹤庆史仲文适自省来。史乃公子，省试下第归，登山自遣。"

又十二日日记云："是夜，与史君对谈复吾斋头。史君留心渊岳……谓生平好搜访山脉，每被人哂，不敢语人，邂逅遇余，其心大快。然余亦搜访此脊几四十年，至此而后尽，又至此而遇一同心者，亦奇矣。"

徐霞客《滇游日记六》崇祯十二年（1639）正月初七日日记云："复吾，鹤庆人，以庠士为本无高徒。今主摩尼，间归本刹，乃四长老之兄行也。有子现在鹤庠。"

十三日[1]　史君为悉檀书巨扁[2]，盖此君夙以临池擅名者[3]，而诗亦不俗。复相与剧谈[4]。既午，舆人催就道[5]，史恳余同游九重崖[6]，横狮林、旃檀而西[7]，宿罗汉壁，明日同一登绝顶作别[8]。余从之。遂由悉檀东上坡，半里，过天池静室[9]。六里而过河南止足师静室。更北上里馀，直蹑危崖下，是为德充静室。德充为复吾高足[10]，复吾与史君有乡曲之好[11]，故令其徒引游此室，而自从西路上罗汉壁，具饭于西来寺[12]，以为下榻地[13]。

[注释]

[1] 十三日：崇祯十二年九月十三日，即 1639 年 10 月 9 日。这是《徐霞客游记》最后两日的日记。 [2] 史君：即史仲文，生员，鹤庆府（今云南鹤庆）人。悉檀：即悉檀寺。故址位于满月山下，居大龙潭上，后倚石鼓峰。详见本书前选《滇游日记五》注。扁：匾额。后多作"匾"。宋杨万里《真州重建壮观亭记》云："米元章尝官发运司，迨暇则裴回其上，为之赋，且大书其扁。" [3] 临池：谓书法。语出《晋书·卫恒传》："汉兴而有草书……弘农张伯英者，因而转精其巧。凡家之衣帛，必书而后练之。临池学书，池水尽黑。"擅名：享有名声。 [4] 剧谈：犹畅谈。《汉书·扬雄传上》云："口吃不能剧谈，默而好深湛之思。" [5] 舆人：轿夫。 [6] 九重崖：除作为鸡足山之别称外，实有其景点。宾川《鸡足山志》卷三《景观》云："九重崖，在花石山东部，从罗汉壁而来，岭冈东行，至此回掉西顾，冈负崖，崖负冈，层层叠叠，横开四里，尤为奇险，山巅如翠屏横列，自上而下，林木茂密。" [7] 横：谓横穿而过。这里用如动词。 [8] 绝顶：即鸡足山之中峰天柱峰，又称四观峰，海拔 3248 米。因其孤峰如笋挺立，状如天柱而得名。 [9] 天池：与下文之"止足""德充"皆为鸡足山修持僧人法号。清高奣映《鸡足山志》未见著录。 [10] 复吾：原为鹤庆府在学生员（秀才），后为鸡足山大觉寺僧人，升摩尼寺住持僧。在鸡足山，徐霞客与复吾时相过从。高足：犹言优秀门生。 [11] 乡曲：乡亲，同乡。史仲文与复吾皆为鹤庆府人。 [12] 西来寺：故址位于罗汉壁太华静室之左。 [13] 下榻：

寄居，住宿。

此室当九重崖之中，为九重崖最高处，室乃新构而洁，其后危岩之半，有洞中悬，可缘木而上。余昔闻之，不意追随首及于此。余仰眺丛木森霄[1]，其上似有洞门仿佛[2]。时史君方停憩不前，余即蹑险以登。初虽无径，既得引水之木，随之西行，半里，又仰眺洞当在上，复蹑险以登。初亦无径，半里，既抵岩下，见一木倚崖直立，少斫级痕以受趾，遂揉木升崖。凡数悬其级，始及木端，而石级亦如之，皆危甚。足之力半寄于手，手之力亦半无所寄，所谓凭虚御风[3]，而实凭无所凭，御无所御也。洞门正南向，上下皆削壁[4]，中嵌一门，高丈五，阔与深亦如之，而旁无馀隙。中有水自顶飞洒，贮之可供一人餐，憩之亦仅受一人榻，第无馀隙，恐不免风雨之逼。然临之无前，近则木香坪之岭已伏于下，远则五龙坝之障正横于南[5]，排沙、观音箐诸山[6]，层层中错，各献其底里而无馀蕴焉[7]。久之，闻室中呼声，乃下。又随引水木而东过一栈，观水所

徐霞客《游天台山日记》云："余赤足跳草莽中，揉木缘崖，莲舟不能从。"

御风，乘风飞行。《庄子·逍遥游》云："列子御风而行，泠然善也。"

出处，乃一巨石下。甫出，即刳木引之西注，此最上层之水也；其下一二丈，又出一水，则复吾之徒引入静室；其下又出一水，则一衲轩引之[8]。连出三级，皆一峡坳，虽穴异而脉必潜通，其旁分而支引者，举岩中皆藉之矣[9]。

［注释］

[1] 森霄：谓直立于云端。 [2] 仿佛：似有若无貌，隐约貌。 [3] "所谓凭虚御风"三句：意谓前人所说的凌空乘风飞行，在这里却完全没有依靠凭借。宋苏轼《前赤壁赋》云："浩浩乎如凭虚御风，而不知其所止。" [4] 削壁：陡峭的山崖。徐霞客《粤西游日记三》崇祯十年（1637）九月二十七日日记云："两门外俱削壁千丈，轰列云表。" [5] 五龙坝：即乌龙坝。今乌龙坝村位于云南大理州宾川县宾居镇。清周钺纂修《雍正宾川州志》卷四："乌龙坝在州之西五十里，源出乌龙山顶，其流甚微，居民潴之以灌近村之田。" [6] 排沙：当为明廷军屯"排栅营"的音讹。今宾川县大营镇有"排营"村，又系"排栅营"的称谓简化。《雍正宾川州志》卷四著录"排栅营"，与"乌龙坝"同属"上川南门外村庄"。观音箐：当即观音谷。《雍正宾川州志》卷四云："观音谷在州之西五十里，谷深十里许，水从山麓混混而出，白涌碧翻，四时不竭。里人立龙王庙祀之。"明廷设置观音箐哨，为宾川二十关哨之一。 [7] 底里：指内情。馀蕴：谓蕴藏于中而未全部显现。《朱子语类》卷二一云："推发此心，更无馀蕴，便是忠处，恕自在其中。" [8] 一衲轩：故址在九重崖。清高奣映《鸡足山志》卷五"九重崖习静庵轩凡十五"著录"一衲轩"云"崇祯二年，

丽江土知府木增同僧道源建；庚寅年，灾，仅存后楼。背倚高岭，面俯西山，地宇宏敞，重阁相向”。 [9] 藉（jiè）：借助，依仗。

本日记初九日日记云：“复从瀑布上，东盘望台之南。二里馀，从其东胁见一静室、其僧为一宗，已狮林西境矣。室之东，有水喷小峡中，南下涉之。又东即体极静室，其上为标月静室。”

徐霞客《滇游日记五》崇祯十一年（1638）十二月二十五日日记云：“既乃取道由林中西向罗汉壁，从念佛堂下过，林翳不知，竟平行而西。共一里半，有龛在磐石上，入问道。从其西南半里，逾一突嘴，即所谓望台也，此支下坠，即结为大觉寺者。望台之西，山势内逊，下围成

既下室中，啜茶果，复继以饼饵，乃随下层引水之木，西一里，入一衲轩。延眺久之[1]，又茶而行。西一里，过向所从登顶之坡。横而西，路渐隘，或盘坡嘴[2]，或过峡坳，皆乱砾垂脊[3]，而中无滴水，故其地不能结庐，遂成莽径[4]。二里馀，峡坳中有一巨木，横偃若桥。又西二里，乃践坡转嘴而上，过野愚静室[5]。又半里，上至白云静室[6]。白云固留，以日暮而去。白云随过体极静室而别。西半里，过一宗静室[7]。傍水又蹑坡半里，逾望台南突之脊[8]，于是暝色已来，月光渐耀。里馀，两过望台西坳之水，又一里，南盘旃檀岭[9]，乃西过罗汉壁东垂，皆乘月而行也。又稍盘嘴而上，半里，是为慧心静室[10]，此幻空碧云寺前南突之坡也[11]。余昔与慧心别于会灯寺[12]，访之不值，今已半载馀，乃乘月叩扉。出茗酌于月下，甚适。此地去复吾先期下榻处尚三里，而由此西下度箐，暗不可行，慧心乃曳杖为指迷。半里，度而上，又半里，登坡，

与碧云大路合，见月复如前，慧心乃别去。又西一里，过一静室，乃盘嘴北向蹑坡，则复吾使人遍呼山头矣。又一里，入西来寺。寺僧明空他出[13]，其弟三空，余向所就餐者，闻之，自其静庐来迎。复吾知吾辈喜粥，为炊粥以供。久不得此，且当行陟之后，吸之明月之中，不啻仙掌金茎矣[14]。

［注释］

[1] 延眺：引颈远望。《新唐书·韦弘机传》云："天子乃登洛北绝岸，延眺良久，叹其美。" [2] 坡嘴：山坡伸出去的尖端。 [3] 乱砾：杂乱细碎的小石子。 [4] 莽径：长满草丛的山路。 [5] 野愚：即僧广慧，号野愚，云南嵩明人。详见本书前选《滇游日记六》注。 [6] 白云：即僧圆灿，住鸡足山狮子林念佛堂。详见本书前选注。 [7] 一宗：鸡足山狮子林静室僧人法号。 [8] 望台：位于鸡足山狮子林与旃檀林之间。清高奣映《鸡足山志》卷二《山总论》云："望台，狮子、旃檀二林之间，横岭隆起，萦磴如穿翠幄中；平负一冈，望鸡山如观掌果，小阜联垂，突若贯珠，别臻雅况。" [9] 旃檀岭：参见本书前选《滇游日记六》注。 [10] 慧心：鸡足山祝国寺僧人。清高奣映《鸡足山志》卷七《人物下》云："慧心，字妙空，通海人，俗姓马，法派自大随禅师，传曲靖真峰山师，依镜中和尚剃染。万历间，来朝华首门，即住祝国寺，建云海、妙觉二庵，立教严明，其徒甚众。弟子若普禅辈，皆妙悟能文，于云南筇竹寺立师行实，即普禅所作，辞义弘博，文理精该，师之优行悉备。" [11] 幻空碧云寺：故址位

峡，而旃檀林之静室倚之。峡西又有脉一支，自山尖前拖而下，是为旃檀岭，即西与罗汉壁分界者。"

徐霞客《滇游日记五》崇祯十一年（1638）十二月二十五日日记云："复下碧云庵。适慧心在，以返悉檀路遥，留余宿。主寺者以无被难之，盖其地高寒也。余乃亟下。"可见徐霞客与慧心之交往。

于西来寺左下。明天启间，僧幻空创建。详见本书前选《滇游日记五》注。幻空，即幻空禅师。清高奣映《鸡足山志》卷七《人物下》云："幻空和尚，北京人。初入山住大觉前楼，次住迦叶殿崖上，又住罗汉壁崖边大树下。后诸方宗仰，遂创碧云寺。师居山四十馀年，惟以参禅为宗，有来问法者，但随机接人，时有直指姜思睿慕师道德，入山访师，见师真容挂壁，师坐龛中，即云：'和尚和尚，业障业障。既在龛中，又在纸上。此处为真，彼处为妄。彼处为真，此处为妄。速道速道，免吃吾棒。'师从龛中答云：'业障业障，不止和尚。赤条床头，冠裳舆上。这也不真，那也不妄。真则俱真，妄则俱妄。如此是说，请收尊棒。'姜公改容礼之，遂为建寺勒碣云。" [12]"余昔与慧心别于会灯寺"三句：此为追忆八个多月以前事，"半年前"，举其成数而已。徐霞客《滇游日记六》崇祯十二年（1639）正月十九日日记云："又西半里，再盘突嘴而上，即慧心静室。慧心为幻空徒，始从野愚处会之，前曾过悉檀来叩，故入叩之，方禅诵会灯庵，其徒供茶而去。后即碧云寺，不入。"会灯寺，或称会灯庵，当即慧灯庵。参见本书前选《滇游日记五》注。 [13]明空：与下文"三空"为兄弟，皆为鸡足山僧人。 [14]仙掌金茎：比喻仙露。汉武帝为求仙，在建章宫神明台上造铜仙人，舒掌捧铜盘玉杯，以承接天上的仙露，后称承露金人为仙掌。金茎，形容用以擎承露盘的铜柱。《文选·班固〈西都赋〉》云："抗仙掌以承露，擢双立之金茎。"唐李善注："金茎，铜柱也。"此外，鸡足山绝顶天柱山有"仙人擎露盘"的美誉。这里当有"双关"的修辞意味。清高奣映《鸡足山志》卷二《山》云："天柱山，中峰之巅，少降之则如仙人擎露盘，稍平即名为四观峰矣，然即一峰也。"

十四日 三空先具小食[1]，馒后继以黄黍之糕[2]，乃小米所蒸，而柔软更胜于糯粉者[3]。乳酪、椒油、葼油、梅醋[4]，杂沓而陈，不丰而有风致[5]。盖史君乃厥兄明空有约而来[6]。（以下缺）

［注释］

[1] 小食：原指早餐，后泛指点心、零食。现代或称之为“小吃”。 [2] 馒：即馒头，或称馒首。一种用面粉发酵蒸成的食品，形圆而隆起。本有馅。现在北方称无馅的为馒头，有馅的为包子。吴语区有馅无馅统称馒头。宋高承《事物纪原·酒醴饮食·馒头》云：“稗官小说云：诸葛武侯之征孟获，人曰：‘蛮地多邪术，须祷于神，假阴兵一以助之。然蛮俗必杀人，以其首祭之，神则向之，为出兵也。’武侯不从，因杂用羊豕之肉，而包之以面，象人头，以祠。神亦向焉，而为出兵。后人由此为馒头。”黄黍：即黍子，去皮后北方通称黄米，性黏，可酿酒。其不黏者，别名穄，亦称稷，可作饭，北方称为小米，与黍外貌同，故霞客谓之“小米所蒸”。 [3] 糯粉：即糯米，黏性的稻米，可以酿酒。或称之为江米。 [4] 乳酪：一种用牛、羊等动物乳汁提炼而成的食品。椒油：当指辣椒油。葼（zōng）油：即用一种真菌类植物鸡葼所制类似今酱油的调味油。《云南通志》卷二七云：“鸡葼，旧志云：鸡以形言，葼者，飞而敛足之貌。说本杨慎……以六七月大雨后生沙土中或松间林下，鲜者香，味甚美。土人咸而脯之，经年可食。若熬液为油，以代酱豉，其味尤美。出临安、蒙自者佳。”鸡葼，或作“鸡棕”。明谢东山《游鸡足山记》云：“一僧洛阳人，留供食，所具馒头、鸡棕、蒸栗仁皆佳品。”在《徐霞客游记》中，作者屡次提及鸡葼这种真菌类植物。《滇游日记二》崇祯十一年（1638）八月十八日日记云：“市新榛子、薰鸡葼还杨店，而雨蒙

蒙 复至。”《滇游日记六》崇祯十二年（1639）正月十四日日记云：“上午，妙宗师以鸡葼、茶果饷。”《滇游日记十一》崇祯十二年七月十九日日记云：“另觅鲜鸡葼瀹汤以佐饭。”《滇游日记十一》崇祯十二年七月二十七日日记：“并以银五钱畀禹锡，买鸡葼六斤。湿甚，禹锡为再蒸之，缝袋以贮焉。”《滇游日记十二》崇祯十二年八月十二日日记云：“为余瀹茗炙饼，出鸡葼、松子相饷。”《滇游日记十二》崇祯十二月八月二十日日记云：“先是余从途中，见牧童手持一鸡葼，甚巨而鲜洁，时鸡葼已过时，盖最后者独出而大也。余市之，至是瀹汤为饭，甚适。”梅醋：用青梅所酿制的调味醋。 [5] 风致：风味，情趣。明谢肇淛《五杂俎·物部三》云：“京师有薏酒，用薏苡实酿之，淡而有风致，然不足快酒人之吸也。” [6] 厥：代词，其。表示领属关系。

［点评］

所谓“最后两日日记”，仅是就《徐霞客游记》的存世现状而言，并非其日记真正的“获麟”绝笔之日，这从其崇祯十二年（1639）九月十四日日记“盖史君乃厥兄明空有约而来”戛然而止这半句话即可推知，显然还有徐下许多内容未能传世，这当然不是徐霞客的日记写作因故中辍，而是日记文本在其后的转移交接过程中的阴差阳错所致。曾被论者誉为整理《徐霞客游记》“第一人”的徐氏家庭塾师季梦良在十四日这一小段日记后有附识云：

季梦良曰：“王忠纫先生云：‘自十二年九月十五以后，俱无小纪。’余按公奉木丽江之命，在鸡山修《志》，逾三月而始就。则自九月以迄明年正月，皆在悉檀修

《志》之日也。公另有《鸡山志》摘目三小册，即附载此后，而《丽江纪事》一段，及《法王缘起》一段，并附见焉。”

识语中所云“王忠纫”是谁？吕锡生《论江阴徐霞客与无锡王忠纫的友谊》（见中国地质学会徐霞客研究分会、江阴市人民政府编:《徐霞客研究》第36辑，中国大地出版社、地质出版社2019年版）考出王永吉（1595—1654），字漫修，号忠纫（别号晦海），无锡人，天启二年（1622）进士。2020年9月20日“澎湃新闻”网首发林霄先生《发现王忠纫:〈徐霞客游记〉的首位整理者》一文，通过对元人《任仁发五王醉归图》后明人陈继儒的跋语文字考证，确认王忠纫即无锡人王永吉，字曼修，号忠纫，天启二年壬戌进士，历官定兴知县、南京礼部主事，曾间隔十年两任福州知府，皆以忠正立身迅即去职。明亡里居不仕。王永吉小徐霞客八岁，是东林党领袖高攀龙的弟子，与文震孟、姚希孟、黄道周、瞿式耜等“以道义相砥砺”，与徐霞客也多有交往，当属于一个时代的同声相应之友，《浙游日记》崇祯九年（1636）九月二十日日记与二十五日日记，记述了徐霞客与王永吉交好之状。据《明清进士题名碑录索引》，同时代另有高邮人王永吉，为天启五年进士，同名而已。

另据林霄先生文：“季梦良是徐霞客儿子的塾师，他在序言中说，徐霞客去世前托付他编辑游记文稿，不久即去世。季梦良于是转托王永吉，王永吉再次赴任福州知府之前，将友人文稿整理后，由徐霞客的儿子交回给季梦良。于是季梦良在王永吉所整理游记的基础之上，补遗拾漏，完成了《徐霞客西游记》最早的抄本。”如此而论，徐霞客托付季梦良编稿之际，《徐霞客西游记》已非完帙，其中缘故，正如《游记》开篇《游天台山日记》并非其旅程之发轫一样，今天皆已难于考证清晰（参见本书前选之“点评”）。

《徐霞客游记》文字优美，内容丰富，具有百科全书的性质。从所选“最后两日日记”中记述与鸡足山僧俗之友情以及所谓“小食”之名目，也可见徐霞客一丝不苟的写作态度。

主要参考文献

明季滇黔佛教考　陈垣撰　中华书局 1962 年版

中国历史地图集（元明时期）谭其骧主编　地图出版社 1982 年版

水经注校　王国维校　袁英光、刘寅生整理标点　上海人民出版社 1984 年版

徐霞客游记 （明）徐弘祖著　丁文江编　商务印书馆 1986 年版

徐霞客游记（增订本）（明）徐弘祖著　褚绍唐、吴应寿整理　上海古籍出版社 1987 年版

徐霞客游记导读　吴应寿著　巴蜀书社 1988 年版

徐霞客旅行路线考察图集　褚绍唐主编　中国地图出版社 1991 年版

千古奇人徐霞客——徐霞客逝世 350 周年国际纪念活动文集　徐霞客逝世 350 周年国际纪念活动筹备委员会编辑　科学出版社 1991 年版

徐霞客游记人名地名索引　冯菊年、萧琪编　上海古籍出版社 1993 年版

腾冲县志　腾冲县志编纂委员会编纂　中华书局 1995 年版

徐学概论——徐霞客及其《游记》研究　朱钧侃、倪绍祥主编　江

苏教育出版社 1999 年版

徐霞客逝世 360 周年纪念文集　徐霞客逝世 360 周年纪念活动暨学术研讨会组委会 2001 年版

明代云南政区治所研究　陈庆江著　民族出版社 2002 年版

鸡足山志　（清）高奣映著　芮增瑞校注　云南人民出版社 2003 年版

旅游地质学　陆景冈等著　中国环境科学出版社 2003 年版

徐霞客研究古今集成　吕锡生主编　中国书籍出版社 2004 年版

中国分省地图集　成都地图出版社编著　成都地图出版社 2004 年版

读史方舆纪要　（清）顾祖禹撰　贺次君、施和金点校　中华书局 2005 年版

中国历史地名大辞典　史为乐主编　中国社会科学出版社 2005 年版

《云南腾越州志》点校　（清）屠述濂修　文明元、马勇点校　云南美术出版社 2006 年版

五岳游草　广志绎　（明）王士性撰　周振鹤点校　中华书局 2006 年版

中国文学编年史（明末清初卷）　赵伯陶主编　湖南人民出版社 2006 年版

徐霞客评传　朱钧侃、潘凤英、顾永芝著　南京大学出版社 2006 年版

岩石与矿物　［英］佩兰特著　谷祖纲、李桂兰译　中国友谊出版公司 2007 年第 2 版

鸡足山志　宾川县地方志编纂委员会办公室编　云南人民出版社 2012 年版

徐学研究纵横 杨载田等著 电子科技大学出版社 2014 年版

徐霞客在云南 朱惠荣著 生活·读书·新知三联书店 2014 年版

徐霞客游记（国学典藏本）（明）徐弘祖著 上海古籍出版社 2016 年版

高山景行霞客路 顾晓华主编 地质出版社 2017 年版

徐霞客游记书影 刘瑞升著 上海远东出版社 2017 年版

徐霞客游记校注（中华国学文库）（明）徐弘祖撰 朱惠荣校注 中华书局 2017 年版

徐霞客游记 （明）徐霞客著 赵伯陶选注 中州古籍出版社 2018 年版

《中华传统文化百部经典》已出版图书

书　　名	解读人	出版时间
周易	余敦康	2017 年 9 月
尚书	钱宗武	2017 年 9 月
诗经（节选）	李　山	2017 年 9 月
论语	钱　逊	2017 年 9 月
孟子	梁　涛	2017 年 9 月
老子	王中江	2017 年 9 月
庄子	陈鼓应	2017 年 9 月
管子（节选）	孙中原	2017 年 9 月
孙子兵法	黄朴民	2017 年 9 月
史记（节选）	张大可	2017 年 9 月
传习录	吴　震	2018年11月
墨子（节选）	姜宝昌	2018年12月
韩非子（节选）	张　觉	2018年12月
左传（节选）	郭　丹	2018年12月
吕氏春秋（节选）	张双棣	2018年12月
荀子（节选）	廖名春	2019 年 6 月
楚辞	赵逵夫	2019 年 6 月
论衡（节选）	邵毅平	2019 年 6 月
史通（节选）	王嘉川	2019 年 6 月
贞观政要	谢保成	2019 年 6 月
战国策（节选）	何　晋	2019年12月
黄帝内经（节选）	柳长华	2019年12月
春秋繁露（节选）	周桂钿	2019年12月
九章算术	郭书春	2019年12月
齐民要术（节选）	惠富平	2019年12月
杜甫集（节选）	张忠纲	2019年12月
韩愈集（节选）	孙昌武	2019年12月
王安石集（节选）	刘成国	2019年12月
西厢记	张燕瑾	2019年12月